IJS 서울대학교 일본연구소

현대일본생활세계총서 **2**

도쿄 메트로폴리스

- 시민사회·격차·에스닉 커뮤니티 -

한영혜 엮음

박문사

서울대학교 일본연구소의 첫 기획 총서로서 〈현대일본생활세계
총서〉(전5권)를 발간하게 되었다. 〈현대일본생활세계총서〉는 일본연
구소가 2008년 11월부터 수행하고 있는 인문한국(Humanities Korea, 약
칭 HK)사업 제1단계 3년간의 핵심적인 연구 성과다. 첫 3년의 마무리
단계에 접어든 지금, 연구 활동과 학술 교류의 성과는 2009년 3월에
창간된 정기학술지 『일본비평』을 비롯하여 〈현대일본생활세계총
서〉, 〈SNU일본연구총서〉, 〈리딩재팬〉, 〈교양도서〉 등 다양한 형태의
출판물로 결실을 맺고 있다. 그 중에서도 〈현대일본생활세계총서〉는
아젠다에 입각하여 기획된 공동연구의 산물이라는 점에서 핵심적인
연구 성과로 자리매김될 수 있다.

서울대학교 일본연구소의 HK사업 아젠다는 '현대일본 생활세계
연구의 세계적 거점 구축'이다. 여기서 '생활세계'는 연구대상을 한정
하는 것이 아니라, 거시적인 구조 변동과 인간의 주체적인 행위의 역

동성을 구체적인 삶의 장에 주목하여 섬세하게 포착해낸다는 방법론적인 입장을 함축하는 개념이다. 우리는 문제의식의 출발점을 '현대일본'에 두고 일본사회의 중요한 현상들에 대한 경험적 연구를 추구하면서, 동시에 그 역사적·사상적 맥락에 대한 탐구를 중시하고, 우리의 일본연구가 갖는 역사성에 대해 성찰적인 시점을 확보하고자 한다.

이 같은 관점에서 HK사업단은 기획공동연구를 1단계 사업의 핵심과제로 설정하고, 수차례의 기획회의를 통해 공동연구의 주제들을 정하고 연구팀을 구성하였다. 2009년 7월 '전후 일본과 동아시아', '일본의 사회변동과 지역사회', '전후 일본의 지식형성', '일본의 전통과 문화예술' 등을 주제로 4개의 공동연구팀이 발족했으며, 이듬해 7월에 '일본의 노사관계'를 주제로 새로운 연구팀이 발족하여, 총 5개의 기획공동연구를 추진하게 되었다. 모든 연구팀은 HK사업단 구성원을 중심으로 인문학과 사회과학의 다양한 분야 연구자들로 구성하여, 학제적 연구를 통해 지역연구의 의의를 충분히 살릴 수 있도록 하였다. 1차로 출범한 4개 연구팀의 연구가 어느 정도 마무리 단계에 들어간 2011년 3월에는 연합 학술회의를 개최하여, 연구팀 간의 소통을 통해 '현대일본 생활세계의 연구'라는 아젠다 하에서의 통합성을 확보하고자 하였다. 이후 연구가 완료된 연구팀은 각 팀 별로 원고의 윤독회 등을 거쳐 단행본 출판을 준비해왔으며, 단행본의 제목은 이 과정에서 새롭게 정해졌다.

〈현대일본생활세계총서〉가 선을 보이기까지 다양한 분야의 연구자들이 연구의 기획에서부터 출판에 이르기까지 함께 해온 과정이 갖는 의미는 매우 크다. 그러나 무엇보다도 중요한 것은 우리의 연구 결과가 학술적으로, 또한 사회적으로 어떤 기여를 할 수 있는가 하는 것이다. 연구의 완성도 면에서는 아직 보완되어야 할 부분이 적지 않다고 생각되며, 읽는 분들의 냉정한 비판과 조언을 부탁드리고 싶다.

이 총서는 서두에 밝혔듯이 한국연구재단의 HK사업에 의해 탄생했다. 10년간의 장기 비전하에 연구를 수행할 수 있도록 획기적인 지원체계를 마련해준 한국연구재단에 깊은 감사를 드린다. 연구를 진행하는 동안, 워크숍, 연합 학술회의 등에서 다양한 분야의 연구자들로부터 좋은 논평을 받아 연구 수준을 제고하는 데 큰 도움을 받았다. 그 모든 분들께도 깊이 감사드린다. 연구 결과를 책으로 묶어 사회에 내보내는 것은 또 다른 의미를 갖는 중요한 작업이다. 학술 저서의 출판 사정이 그리 좋지 않은 가운데서도 기꺼이 총서의 출판을 맡아주신 박문사에 감사를 드린다. 끝으로 기획공동연구에 참여해주신 많은 동료 연구자들, 각 연구팀의 조교로서 모든 과정을 뒷받침해준 대학원생들, 원활한 연구 수행이 가능하도록 세심하게 행정적 지원을 해준 일본연구소 행정팀 등, 서울대학교 일본연구소 HK사업단 여러분께도 그동안의 노고에 감사드리고 싶다.

2011년 7월 26일
서울대학교 일본연구소 소장·HK사업단장
한영혜

2부 격차사회와 고용

도쿄 메트로폴리스 : 시민사회 · 격차 · 에스닉 커뮤니티

서
　문

한영혜

현대일본생활세계총서 2

도쿄 메트로폴리스
: 시민사회 · 격차 · 에스닉 커뮤니티

한영혜

2009년 7월 서울대 일본연구소의 1단계 HK기획공동연구 4개 팀이 출범했다. 각 연구팀은 연구 주제를 집약적으로 표현하는 키워드를 넣어 '동아시아팀', '지식형성팀', '전통팀', '지역팀' 등의 약칭으로 불렸다(2010년 봄에는 새롭게 '노동팀'이 합류했다). 그 중 지역팀의 연구 성과를 엮은 것이 바로 이 책『도쿄 메트로폴리스』다. '도쿄 메트로폴리스'를 제목으로 하고 있지만, 이 책에서는 도쿄에 대한 총체적인 상(像)을 제시하지는 않는다. '도쿄 메트로폴리스'는 우리가 탐구하고자 한 사회현상들이 전개되는 장(場), 즉 세팅이라 할 수 있다. 또한, 도쿄는 일본의 중심이고, 세계 도시로 꼽히지만, 우리는 일본 국가나 세계의 중심이 아니라 지역으로서의 도쿄를 들여다보고자 하였다.

지역팀은 연구의 기본 방향으로서 두 가지를 공유하였다. 첫째는, 1990년대 이후 일본의 사회변동에 대한 경험적인 연구, 둘째는 거시적인 구조변동이 생활세계에 구체적으로 나타나는 양상에 대한 탐구다. '지역'은 생활세계가 전개되는 장으로서, 경험적 연구의 대상이 된다. 다시 말해, 현재 일본에서 진행 중인 변화를 구체적인 현실에 대한 경험적 연구를 통해 포착한다는 방법론적인 관점을 표현한 것이 '지역'이라는 키워드다. 이러한 연구에 관심을 가진 연구자들이 모여서 지역팀을 구성하고, 수차례의 세미나를 통해 연구 주제와 방법, 대상 지역 등에 대한 논의를 거쳐 공동연구의 세부계획을 세워 나갔다.

1990년대 이후로 시기를 잡은 것은 우선 현재 진행 중인 변화를 짚어봄으로써 현 시점에서의 일본을 이해하고, 향후 일본의 나아갈 방향에 대한 전망도 어느 정도 세워본다는 의미가 있다. 1990년대 이후 전 세계적으로는 탈냉전, 지구화 등 구조변동이 진행되고, 일본에서는 거품경제 붕괴 후 장기화된 경제침체와 함께 급속한 고령화와 인구감소로 활력의 상실이 우려되는 가운데 시스템 개혁이 모색되었다. '잃어버린 10년', '잃어버린 20년'으로 단순화되어 '정체'의 이미지가 강하지만, 다른 각도에서 보면 1990년대 이후 일본사회는 중대한 변화를 경험하고 있다. 예를 들어, 외국인 인구의 증가 및 국적·민족의 다양화에 따른 변화, 볼런티어·NPO의 증대와 시민사회의 변화 등은 90년대 이후에 진전되어, 이전에 볼 수 없던 새로운 담론과 운동의 형성을 보여준다. 우리의 연구는 이러한 새로운 변화가 생활세계에서 구체적으로 전개되는 다양한 양상을 경험적으로 탐구함으로써, 거시적인 구조변동이 일본인의 생활세계를 어떻게 재편시키고 있는지를 다양한 측면에서 그려내고자 한 시도다.

이러한 관점에 기초해서 연구계획을 세워나가는 가운데, '도쿄 메트로폴리스'의 구상이 떠오르게 되었다. 연구팀은 사회학 4명, 지리학 2명, 정치학, 경제학, 법학, 문학 각 1명이었고, 동일 학문분야의 연구진도 세부전공은 서로 다르다는 점에서 매우 다학제적으로 구성되어 있었다. 자연히 각자의 문제의식과 관심있는 주제도 다양했고, 주제에 대한 접근방법에도 적지 않은 차이가 있었다. 다학제적 구성의 장점이랄 수 있는 다양성을 살리고 개별 연구자들의 관심을 존중하면서도, 공동연구로서 어느 정도 일관성이 있는 틀을 만드는 것이 필요했다. 각 연구자들의 희망 주제들을 놓고 검토, 논의를 통해 방법을 모색한 결과, 현지조사 대상 지역을 수도권=도쿄 대도시권에 한정하기로 하였다. 그 이유는 비교적 단순한 것으로, 도쿄 대도시권에서는 참여 연구자들이 관심을 갖는 현상들을 모두 볼 수 있다는 점에서였다. 실제로, 참여 연구자들이 이미 조사 대상으로 상정하고 있는 지역 다수가 도쿄 대도시권에 포함되어 있었고, 다른 연구자들도 조사 대상 지역을 도쿄 쪽에서 선정하는 것은 방법론적으로나 편의적인 면에서나 별 문제가 없는 것으로 판단되었다. 뒤집어보면, 1990년대 이후의 중요한 사회변동, 특히 우리가 관심을 갖는 변화들이 집약적으로 나타나는 공간이 대도시권이라 할 수 있고, 도쿄 대도시권은 그 하나로 자리매김 될 수 있다.

여기서 도쿄 대도시권은 우리가 들여다보고자 하는 다양한 지역들을 품고 있는 지리적·사회적 공간으로 자리매김 되었고, 그 안에서 연구팀원들은 각자의 관심에 따라 도쿄도 내의 신주쿠(新宿), 신오쿠보(新大久保), 오타(太田), 하치오지(八王子), 가나가와현의 요코하마(橫浜), 가와사키(川崎), 치바현의 노다(野田) 등 다양한 지역을 찾아 연구를 수행했다. 도쿄 대도시권으로서 여러 가지 조건을 공유하면서도, 이들은 각기 고유의 역사와 사회적 특성을 갖고 있는 지자체들이다. 즉, 도쿄 대도시권 내에도 '도쿄'라는 한마디로 획일화될 수 없는 다양한 지역과 그곳을 토대로 한 다양한 주체들이 존재한다. 우리의 연구에서는 그 다양한 장과 주체들의 움직임을 드러내고 그 의미를 생각하는 데 주안점을 두었다. 도쿄 대도시권으로서 공유하는 조건과의 연관성을 통해 이들을 총괄하는 작업은 중요하지만, 이번 연구에서는 향후의 과제로 남겨두기로 하였다.

이 책에서는 공공성과 시민사회의 재편, 고령화, 도시개발, 지방분권, 격차와 빈곤, 청년층 고용 문제, 산업구조 전환, 다민족·다문화화 등 다양한 주제들이 다뤄지고 있다. 이 주제들을 '행정개혁과 시민사회', '격차사회와 고용', '에스닉 커뮤니티' 등 크게 3개 범주로 묶어 정리하였다.

제1부 「행정개혁과 시민사회」는 최근 진행되고 있는 행정개혁, 도시개발, 공공성 재편 등을 둘러싼 정부의 정책과 시민사회의 대응을 탐구한다. 제1장 한영혜의 연구는 일본사회에서 중요한 화두로 등장한 '공공성'의 재편의 의미를 탐구하고, 이에 대응하여 새롭게 제기

된 주체에 주목한다. 일본에서 제기되고 있는 새로운 공공론의 핵심은 정부가 일원적으로 담당했던 공공 서비스 제공을 민간 비영리섹터 내지 시민사회로 이관하여 공공적 과제를 시민의 주체적 참가를 통해 풀어가고자 하는 것이다. 이러한 흐름은 국가가 전유해왔던 '공공'에 시민사회가 주체적으로 참가하려는 노력의 결과인 동시에, 경기침체의 장기화로 심화된 재정문제를 풀기 위해 정부가 추진하는 행정개혁의 일환이라는 측면도 있다. 저자는 1971년 이후 30년간 혁신 지자체의 역사를 지닌 가와사키시에 주목하여, 지난 20년간 새로운 공공의 논리가 어떻게 구축되었고, 그 과정에서 이를 담당하는 주체는 어떻게 등장하게 되었는지를 탐구한다. 즉 새로운 공공론이 혁신 시장과 보수 시장의 이데올로기적 차이를 넘어서 어떻게 연속되고 변화하는지를 면밀히 분석하는 동시에, 이를 시민사회에서는 어떻게 받아들이고 있으며, 어떻게 주체적으로 활동을 하는지 탐구한다. 시민사회의 현장에서 '새로운 공공론'을 고찰하는 이 연구는 양날의 칼로서 '새로운 공공론'이 지니는 한계와 가능성을 환기시킨다.

제2장 임채성의 연구는 고도성장기 도쿄의 베드타운으로 성장했던 '타마뉴타운'에 주목하여, 고령화에 따른 인구전환과 시민사회의 과제를 탐색한다. 타마뉴타운은 고도성장기의 인구증가와 지가 상승을 배경으로 국가적 차원의 도시 개발 사업을 통해 형성된 대규모 단지다. 그러나 저자는 최근의 저성장 구조 하에서 그 유효성이 의문시되고 있다고 평가한다. 저성장과 고령화로 인해 타마뉴타운의 일부지구에서는 폐교와 근린상점가의 폐업이 이어지고 있으며, 최근의 도심

회귀 경향과 20-30대의 직주근접 추구에 따른 세대 분리가 진전되는 가운데 자금력이 부족하여 뉴타운에 머무는 노년층의 고독사가 발생하고 있다. 이러한 변화는 지자체의 세수입 감소를 야기하고, 이는 행정 역량의 축소로 이어져, 행정 서비스를 보완할 시민의 역할이 요청되는 실정이다. 그러나 시민단체 역시 고령화와 더불어 재원확보 문제가 걸려 있어 그러한 역할을 담당하기에는 한계가 있다. 저자는 뉴타운이 올드타운으로 전락하는 것을 방지하기 위해서는 다양한 세대가 지역 커뮤니티를 형성할 필요가 있다고 제언한다.

제3장에서 김은혜는 21세기 저성장 시대를 살아가는 일본, 도쿄는 왜 2016년 올림픽을 유치하려고 했는가라는 질문에서 출발하여, 도쿄도의 올림픽 유치 계획과 그에 반대하는 시민운동을 중심으로 저성장 시대 도시개발의 정치과정을 탐구한다. 1964년 도쿄 올림픽 유치는 일본의 선진국 진입에 걸맞게 '수도 도쿄'의 인프라 시설을 확충하려는 정치적 성격이 강했다. 반면 2016년 올림픽 유치 활동은 '세계도시 도쿄'의 경쟁력과 23개 특별구 중심의 도심회귀를 지향하는 경제적 성격이 강하게 나타났다. 도쿄도는 '환경, 컴팩트, 재정'이라는 슬로건을 내세워 올림픽 개최를 위한 도시 재개발을 계획하였으나, 이는 사회통합적인 도시재생과는 거리가 멀었다. 이에 시민사회에서는 올림픽 개최 지역인 매립지의 환경오염과 안전성 문제, 시설비 증가에 따른 도쿄도의 재정 악화 등을 이유로 올림픽 유치 반대 운동을 벌인다. 저자는 행정은 과거 경제성장시대의 이익 유도형 정치인 '성장 연합형' 발상을 되풀이 한 반면, 시민사회는 저성장 시대에 합당한 생활

정치를 요구하고 있다고 분석한다.

　제4장 조아라의 연구는 지방분권개혁의 일환으로 최근 대대적으로 진행된 행정구역 재편 과정에 주목한다. 인구감소와 고령화에 대응하기 위해, 광역화된 일상생활권과 행정경계를 일치시키기 위해, 효율적인 재정운영을 위해, 또는 지방분권을 감당할 수 있는 지자체의 역량 확보를 위해, 시정촌 통합이 이루어졌다. 즉, 일본에서 시정촌 통합은 소위 '구조조정'의 일환으로 추진되었다. 이 연구는 도쿄 대도시권 내에서 진행된 시정촌 통합의 공간적 특성과 유형을 분석함으로서, 그 내부에는 일률적으로 설명하기 어려운 다양한 지역적 맥락이 존재함을 보여준다. 각각의 지자체가 안고 있던 재정문제, 인구문제, 중심성, 기간산업이 상이한 만큼, 각자가 시정촌 통합을 추진하면서 안고 있던 꿈과 희망이 달랐던 것이다. 도쿄 대도시권에서는 '생존'을 위해 통합을 단행할 수밖에 없었던 주변부 지자체가 있는가 하면, 시로 승격됨에 따른 '경쟁력' 확보를 기대하며 통합을 적극 추진한 지자체도 있다. 재정적 이해관계 때문에 자립을 '선택'한 지자체가 있는 반면, 심각한 재정적자로 인해 통합대상에서 배제되어 고립 상태가 된 지자체도 있다. 저자는 다양한 맥락을 유형화하며, 결론적으로 시정촌 통합이 지역 간 격차를 심화시키는 요인이 될 수 있음을 지적한다.

　제2부 「격차사회와 고용」에서는 글로벌화, 노동시장 유연화 등 구조변동에 따른 고용 및 생활의 문제, 그리고 제조업 공동화 문제 등을 제기하고 이에 각 주체가 어떻게 대응하고 있는지 살펴본다. 제5장

정영훈의 연구는 격차사회, 근로빈곤층 문제에 대한 지역의 대응을 '공계약 조례' 제정운동 사례에 주목하여 고찰한다. 거품 붕괴 이후 불황이 장기화되면서 일본 기업들은 기존의 '일본적 경영'에서 탈피하여 새로운 경영전략을 수립하게 되었으며, 이는 저소득 비정규직의 양산이라는 결과를 낳았다. 한편, 근로 빈곤층의 인간다운 생활을 위한 최저임금의 인상은 경제 불황 속에서 좀처럼 실행되지 않았다. 이에 노동운동 진영에서는 지역 차원에서의 대응을 모색하게 되는데, 이것이 바로 공계약 조례 재정운동이다. 저자는 치바현의 노다시, 가나가와현의 가와사키시 등 공계약 조례 제정에 성공한 사례를 분석함으로써, 일본 노동사회의 변동에 대해 지역이 어떻게 대처해 나가고 있는가를 고찰한다. 저자는 근로빈곤층 문제에 대처하기 위해서는 중앙정부의 역할과 책임이 무엇보다 중요하다는 전제 하에서, 나아가 격차와 빈곤은 지역의 특성을 반영하는 경우가 많기 때문에, 각 지역의 특수성을 반영하여 대책을 강구할 필요가 있다고 주장한다.

제6장에서 김영은 청년층의 고용 불안정과 사회적 배제 문제에 주목한다. 저자는 불황과 노동시장의 유연화가 특히 노동시장에 새롭게 진입하는 청년층에 더 심각한 영향을 끼치고 있음을 도쿄의 청년에 대한 데이터를 통해 보여준다, 그에 의하면, '학교에서 시장으로' 이행이 곤란해진 청년층 일부는 프리터와 니트를 넘어 심지어 노숙자가 되는 극한 상황에 내몰리고 있다. 나아가 도쿄 청년의 노동시장 내에서도 분절이 일어나고 양극화 현상이 심화되고 있다. 즉 학력과 성별에 따라 고용 안정성, 노동조건, 노동시간의 차이가 심화되고 있는

것이다. 이러한 청년층의 고용 불안정은 사회적 배제로 이어진다는 점에서 더욱 심각한 문제가 된다. 그 동안 일본은 공적 복지제도가 취약한 반면, 가족과 기업이 그 구성원의 복지와 생활보장 기능을 담당해왔다. 노동시장의 유연화와 비정규직의 양산은 그러한 기능의 외연에 놓이게 되는 층의 증대를 가져온다. 저자는 최근 일본사회가 노동시장의 고용유연성을 확대하는 방향으로 근본적인 변화를 겪고 있다면, 이는 일본의 생활보장체계 자체가 근본적으로 재편되어야 할 필요성을 제기하는 것이라고 지적한다.

제7장에서 이종구는 공장의 해외 이전에 따른 산업 공동화가 진전되는 지역에서 제조업이 새로운 활로를 열어가는 과정을 탐구한다. '모노즈쿠리'는 제조업을 뜻하는 말이지만, 숙련 기술과 장인 정신에 뒷받침된 제조업이라는 일본 특유의 의미 부여를 통해 제조업 강국으로서 의 위상을 표현하는 용어이기도 하다. 저자는 이 모노즈쿠리 담론에 주목하여, 제조업의 고부가가치화를 뒷받침할 수 있는 숙련공과 제조 기반 기술의 재생산이 이루어지는 장으로서 지역공장집단의 가치를 재조명한다. 특히 오타의 마치고바(町工場)가 밀집된 산업지역에서 오랜 세월 생활해온 숙련공 개인의 생애사를 통해, 그와 같은 숙련공들이 어떻게 기계공의 이미지에서 고도의 지적 구상능력을 발휘할 수 있는 생산 노동자로 위상을 탈바꿈해가게 되었는지를 섬세하게 보여준다. 오타지역의 지역공장집단은 규모가 축소되고 있지만, 대기업의 연구개발 기능을 지원하는 기능을 수행하고 있으며, 지역에 축적된 정밀가공 기술을 바탕으로 신산업을 창출하여 고부가가치 제조

업으로 변신하고 있다.

　제3부「변화하는 에스닉 커뮤니티」는 성장하고 있는 재일외국인 사회, 특히 재일한인(올드커머와 뉴커머)과 화교를 통해 1990년대 이후 일본사회의 변화를 고찰한다. 여기서 재일외국인 사회는 독자적인 정체성을 지니면서도 일본사회의 한 부분으로서 일본사회와 더불어 변화를 겪고, 정책의 대상이면서 동시에 변화의 주체이기도 하다. 제8장 박정진의 연구는 도쿄도의 재일외국인 정책의 형성과 변화를 재일조선인 정책과의 연관성에 의해 설명하고자 한다. 도쿄도정의 고찰을 통해 박정진은 오늘날 수많은 외국인들이 생활하는 세계도시 도쿄의 재일외국인 정책은 재일조선인 시책, 그 중에서도 대 총련 시책을 계기로 형성되었음을 밝힌다. 도쿄도 차원의 재일외국인 정책은 혁신지자체였던 미노베(美濃部) 도정 하에서 중요한 틀이 형성되었다. 저자는, 이렇게 형성된 도쿄도의 재일외국인 정책은 1999년 극우 보수파의 이시하라(石原) 도정에 접어들면서 혼란을 거듭하게 되고, 재일조선인 문제는 재일외국인 시책과 분리되면서 점차 실종되고 있다고 본다. 이 연구는 1990년대 이후 재일외국인의 급속한 증대를 배경으로 '다문화사회' 담론 속에서 주변부화되는 '올드 커머'의 존재를 부각시킨다.

　제9장은 또 다른 '올드 커머'인 화교 집단에 주목한 서동주의 연구다. 저자는 에스닉 미디어를 통해 이들 집단의 자기 표상을 분석한다. 에스닉 미디어는 지역사회에 근거를 두고 '일본인' 사회와 에스닉 마이너리티 집단의 '가교' 역할을 하는 로컬 미디어로서, 지역사회에

서 전개되고 있는 다문화공생의 실천의 구체적인 양상과, 행위자의 자기인식과 상호인식을 보여주는 유용한 창이 된다. 요코하마에서 발행되는 에스닉 미디어를 통해 살펴본 다문화공생의 현장은 깊은 '괴리'의 양상을 드러내고 있다. 에스닉 집단의 외부와 내부의 시선 사이에서 괴리가 나타날 뿐 아니라, '탈 본국화'와 '본국지향성'이라는 에스닉 집단 내부의 아이덴티티의 분화에서 기인된 괴리이기도 하다. 저자는 요코하마의 사례를 통해 다문화공생과 에스닉 미디어의 '순기능'에 대한 막연한 낙관론에 주의를 환기시키며, 오히려 '혼성사회 속의 내셔널리즘'이라는 잠재적 긴장에 어떻게 대응해 갈 것인가라는 과제를 제기한다.

끝으로 제10장 이호상의 연구는 신오쿠보 지역의 한인 커뮤니티를 중심으로 에스닉 커뮤니티의 성장에 따른 지역사회의 변화와 새로운 갈등 구조의 형성, 그리고 그 의미를 고찰한다. 이 책에서는 공공성과 시민사회의 재편, 고령화, 도시개발, 지방분권, 격차와 빈곤, 청년층 고용 문제, 산업구조 전환, 다민족·다문화화 등 다양한 주제들이 다뤄지고 있다. 이 주제들을 '행정개혁과 시민사회', '격차사회와 고용', '에스닉 커뮤니티' 등 크게 3개 범주로 묶어 정리하였다. 저자는 신오쿠보 일대의 한인 상권의 실태에 대한 데이터를 근거로, 최근의 변화상으로 한인 커뮤니티가 어떻게 변화하였는지를 보여준다. 신오쿠보 지역은 에스닉 커뮤니티로 그 뿌리를 내렸으나 한류와 같은 외부요인에 의해 이 지역의 한인상권은 크게 성장하였다. 이는 상권 내부의 업종 전환을 동반한 구조적 변화로 진행되는데, 이러한 현상은 신오쿠보 지역을 과거 슬럼가 이미지에서 대표적인 한류 중심지로 탈바꿈시켰고, 일시적으로 한인 커뮤니티를 주류사회로 편입시키는 효과도 나타났다. 그러나 한인상권이 성장함에 따라 점차 새로운 갈등과 균열이 등장한다. 일본인 상가가 지속적으로 감소하면서 지역주민과의 갈등이 심화되고, 한인 상가 내에서도 과열 경쟁으로 인한 부작용이 나타나고 있기 때문이다. 또한 이 지역의 다른 외국인 주민과의 공생문제가 제기되면서, 이지역이 '코리아 타운'화되는 것을 경계하는 목소리도 나오고 있다.

이상 10편의 글은 처음부터 3부 구성을 염두에 두고 주제를 정한 것은 아니다. 각 연구자들이 자신의 문제의식과 관심에 따라 주제를 정하고, 자율적으로 연구를 진행하였다. 공동연구인만큼 여러 차례의 세미나를 통해 전체를 관통하는 문제의식과 연구의 기본방향을 확인하고, 그에 비추어 개별 연구의 방향이나 내용을 얼마간 조정하기도 했으나, 그것도 기본적으로 각 연구자의 독자적인 판단에 기초하였다. 각 논문의 초안이 어느 정도 마련되었을 때 비로소 이 10편의 글을 어떤 구성으로 엮을 것인가를 검토하기 시작했다. 그런데, 10편의 주제들은 자연스럽게 3개의 범주로 묶어졌다. 이들은 현대 일본의 생활세계에서 공동체의 틀을 구성하고 살아가는 것과 관련된 문제, 생활을 위한 소득을 얻는 동시에 인간으로서 기본적인 존엄을 확보하는 것과 관련된 문제, 정체성을 형성하고 재구축하며 살아가는 것과 관련된 문제 등으로 의미를 부여할 수 있다. 각 범주에서 제시된 키워드들-행정개혁, 시민사회, 지방분권, 고령화, 노동시장 유연화, 격차, 빈곤, 사회적 배제, 모노즈쿠리, 다문화공생, 에스닉 커뮤니티, 정체성 등-은 그러한 문제들의 소재를 보여준다.

지역팀의 도쿄 대도시권 연구는 2010년에 일단 마무리를 짓고, 출판을 위한 준비에 들어가게 되었다. 그런 가운데 2011년 3월 11일 동일본대지진이 발생하였다. 필자는 서울대 일본연구소에 새롭게 조직된 동일본대지진 연구의 책임을 맡아, 2011년 5월 하순 예비조사를 위해 도쿄를 방문하게 되었다. 도쿄 거리를 걷고, 사람들을 만나 이야기를 들으면서 동일본대지진의 충격이 여러 형태로 존재함을 실감하였다. 문득, 지역팀의 연구에서 다루고 있는 주제들이 '3.11'로 인해 어떤 형태로든 영향을 받지 않을까 하는 생각이 들었다. 이번에 엮어내는 『도쿄 메트로폴리스』는 1990년대 이후 일본의 사회변동을 도쿄 대도시권을 중심으로 고찰한 것인데, '3.11 이후'의 도쿄는 새로운 주제와 쟁점들이 부상하는 장이 될 것이다. 이렇게 동일본대지진은 '도쿄 메트로폴리스'의 '3.11 이후'에 대한 관심을 불러일으켰다. 동일본대지진 발생에 대응하여 일본연구소 내에는 특별 연구팀으로서 '진재팀'이 구성되었는데, 도쿄 대도시권 연구에 참여했던 연구자들 상당수가 진재팀의 주축을 이루었다. 그러나 동일본대지진 연구는 도호쿠 피재지역에 대한 경험적 연구를 목표로 하였고, '3.11 이후의 도쿄 메트로폴리스'에 대한 마음은 일단 접어두기로 하였다.

돌이켜보면 이 연구의 아이디어가 싹트기 시작한 것은 2009년 봄 무렵이었던 것 같다. HK사업 연구소로 선정된 이후, 2009년부터 서울대 일본연구소에는 다양한 전공의 일본연구자들이 전임연구진으로 들어오게 되었다. 그 안에서 자연스럽게 공통의 관심사를 이야기하는 계기들이 만들어졌고, 공동연구의 주제를 모색하는 가운데 '지역'과 '정체성'이 키워드로 등장했다. 이후 1단계 기획공동연구 구상이 진전되면서, 이들의 모색은 기획공동연구 '지역팀'으로 발전하였다. 그 과정에서, 또는 연구팀 출범 이후, 새로운 연구자들이 합류하게 되어, 최종적으로 9명의 연구자로 연구팀이 꾸려졌다. 또한, 당시 일본연구소 보조연구원으로서 지역팀의 조교를 맡은 사회학과 박사과정생 김은혜도 연구 관심이 우리의 연구주제와 일치하여 집필에 참여하기로 함으로써, 결국 10명이 공동 작업을 하게 된 셈이다.

연구팀이 닻을 올린 시점부터 계산하여 3년이란 시간이 흘렀다. 그동안 연구팀 구성원들에게도 여러 가지 변화가 있었다. 정영훈 박사는 헌법재판소 산하 헌법재판연구원 책임연구관으로 자리를 옮겼다. 떠나는 것은 아쉽지만 축하해야 할 이동이었다. 김은혜 조교는 아츠미(渥見) 국제교류재단 2011년도 장학생으로 선발되어 1년 동안 도쿄대학 사회과학연구소에서 연구를 마치고 귀국하였다. 지금은 박사 논문의 완성을 목전에 두고 마지막 작업에 몰두하고 있다. 이호상 박사는 2009년 7월부터 일본연구소에서 박사 후 연수를 하게 된 인연으로 지역팀 연구에 참여하게 되었는데, 2012년에 HK연구교수로 채용되어 서울대 일본연구소의 전임연구진에 합류하였다. 그 사이에 결혼도 하여 여러 면에서 축하할 일이 많았던 흐뭇한 경우다. 일본연구소 HK연구진의 가장 초기 멤버이자 지역팀의 간사로서 맹활약한 조아라 박사는 그 사이에 출산을 하여, 자칭 '고슴도치 엄마'가 되었다. 이동이나 가족 형성 같은 특별한 변화는 아니지만, 다른 연구자들도 각자의 지점에서 좀 더 중요한 또는 책임 있는 일을 맡게 되거나, 새로운 연구를 개척하는 등 다양한 변화가 있었다.

당초 HK사업 1단계가 종료되는 2011년 여름까지는 단행본을 출판한다는 목표를 세웠으나, 목표 기한을 훌쩍 넘긴 지금에야 출판을 실현하게 되었다. 그 책임은 전적으로 연구 책임자인 필자에게 있다. 필자의 원고 마무리가 지체되는 바람에 다른 모든 원고들이 출판사로 넘어간 후에도 오랜 시간을 기다려야 했다. 그 때문에 다른 모든 참여 연구자들께 폐를 끼치게 되었고, 지역팀 간사이면서 일본연구소의 출판 관련 업무를 담당한 조아라 박사를 무수히 애타게 만들었다. 출판 사정이 어려운 가운데 흔쾌히 출판을 맡아주신 박문사에도 큰 폐를 끼쳤음을 두말할 나위도 없다. 이 장을 통해 모든 연구팀 구성원들과 박문사의 담당자 분께 죄송한 마음과 더불어 인내심을 갖고 기다려주신데 대한 감사의 마음을 전하고 싶다.

이번 연구는 많은 분들의 협력에 힘입어 이루어졌다. 이 책에 수록된 10편의 글이 모두 구체적인 현장을 갖는 경험적 연구였던 만큼, 현지조사 과정에서 인터뷰, 자료 제공 등 다양한 방식으로 받은 도움은 대단히 많다. 도움을 주신 많은 분들을 이 서문에서 일일이 거명하기는 어려우나, 누구보다도 먼저 그 분들께 깊은 감사를 드리고 싶다. 그동안 우리의 연구에 관심을 갖고 유익한 비판과 조언을 해주신 동료 연구자들께도 감사드린다. 연구팀으로서는 2010년 7월 히도츠바시

(一橋)대학과의 공동 워크샵, 2010년 12월 서울대 일본연구소 워크샵, 2011년 3월 서울대 일본연구소 HK기획공동연구 합동 심포지엄 등을 통해 연구내용을 발표할 기회가 있었다. 많은 연구자들이 토론자로서, 혹은 청중으로 참여하여 제시해주신 귀중한 의견들은 우리의 연구 내용을 정리하는데 소중한 밑거름이 되었다. 히도츠바시대학의 마치무라 다카시(町村敬志) 교수님은 학기말의 바쁜 시기에 흔쾌히 워크샵을 마련하여, 일본의 연구자들과 더불어 진행 중인 우리의 연구의 의미를 검토할 수 있는 소중한 기회를 주셨다. 마치무라교수님과 당시 워크샵에 참가했던 히도츠바시 대학의 관계자 여러분께 이 자리를 빌려 다시 한 번 감사를 드린다. 많은 해외지역연구가 그렇듯이, 주로 현지조사에 의한 경험적 연구로 이루어진 이번 연구도 적지 않은 경비를 필요로 하였다. 이 연구는 한국연구재단의 HK사업의 일환으로 이루어진 것으로, 이러한 재정적 뒷받침이 없이는 연구가 제대로 이루어지기 어려웠을 것이다. 지원해주신 한국연구재단에도 깊은 감사를 드리며, 앞으로도 많은 성원을 부탁드린다. 연구실의 작은 세미나 모임에서부터 이 책이 나오기까지 함께 해준 '지역팀' 연구자들에 대한 감사의 인사도 빼놓을 수 없다. 특히, HK일반연구원으로서 연구에 참여해주신 이종구 교수, 김영 교수 두 분은 연구가 진행되는 동안 세미나 참석을 위해 관악 캠퍼스까지 먼 길을 오가는 수고를 감수해주셨다. 두 분께 다시 한 번 죄송하고, 진심으로 감사드린다. 끝으로, 마지막까지 필자를 독려하며 『도쿄 메트로폴리스』가 독자들 앞에 나올 수 있게 꼼꼼하게 챙겨준 조아라 박사와 성심으로 책을 만들어주신

박문사에게 깊은 감사를 드린다. 이 연구 성과가 앞으로 새로운 생각과 새로운 이야기들을 만들어내는 단초가 될 수 있기를 기원한다.

2012년 6월

한영혜

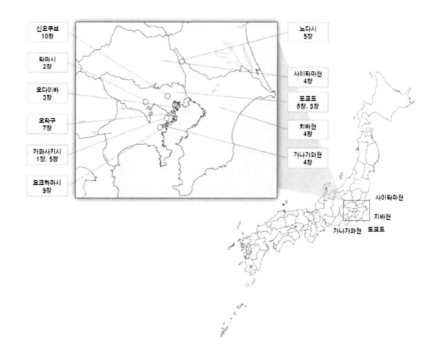

신오쿠보
10장

타마시
2장

오다이바
3장

오타구
7장

가와사키시
1장, 5장

요코하마시
9장

노다시
5장

사이타마현
4장

도쿄도
6장, 8장

치바현
4장

가나가와현
4장

사이타마현

지바현

가나가와현   도쿄도

제1부

행정개혁과
시민사회

현대일본생활세계총서 2

도쿄 메트로폴리스
: 시민사회·격차·에스닉 커뮤니티

01 새로운 '공공' 창출의 논리와 구조

- 가와사키시의 정책과 시민활동을 중심으로

한영혜

1. 새로운 공공론

1990년대 말경부터 일본에서는 '공공성'이 중요한 화두로 등장했다.[1] 이러한 일본의 공공성 논의의 핵심은 정부가 일원적으로 담당했던 공공 서비스 제공을 민간 비영리섹터 내지 시민사회로 이관하여, 공공적 과제를 시민의 주체적 참가를 통해 풀어가고자 하는 것이다. 이는 정부 기능의 축소를 추구한다는 점에서 신자유주의적 개혁의 흐름에 속하지만, 공공 서비스 제공 기능을 영리 섹터=시장이 아닌 비영리 섹터=시민사회로 이관한다는 점에서 민영화와 차별화된다.

일본에서 공적 영역에의 시민참가는 전적으로 새로운 이슈는 아

---

[1] 야마구치에 의하면, '공공성'이라는 개념을 표제나 내용에 포함하는 논문 수는 90년대 들어 증대 경향을 보였다. 특히 1999년에는 119건, 2001년에는 174건으로 급증하는 등 2003년까지 연간 100건을 크게 넘는 글들이 발표되었다(山口定, 『市民社会論』, 2004, 260-261쪽).

니다. 1970년대 이래 일본 시민운동의 중요한 흐름 중 하나는 시민참가를 통해 대의민주주의 체제하에서 정치로부터 소외된 주권자의 관점을 반영시키고, 생활을 의제화함으로써 민주주의의 실질을 확보하는 것이었다. 공-사 분리에 따라 사적 영역으로 치부된 생활세계를 정치와 연계시키는 것은 국가가 '공공'을 전유하는 데 대한 시민사회의 이의 제기, 시민사회의 '공공'에의 주체적 참가에 대한 요구라고 할 수 있다. 그러한 시민운동은 도시부를 중심으로 정치운동으로 발전하여 혁신지자체 탄생의 중요한 동력이 되었고, 특히 지자체 행정에서 시민참가 제도의 도입에 기여했다.

한편, 생활수준의 향상과 라이프스타일의 다양화에 따라 시민들의 요구는 변화되고 다양화된 반면, 정부의 공공 서비스는 재정 악화까지 더해 그러한 요구에 대응하는 데 한계를 노정하게 되었다. 이에 시민사회 내에서 공공 서비스를 제공하는 NPO들이 등장했으나, 이들은 '사업'의 형태를 띠고 있다는 점에서 공공적인 활동으로 인정받지 못하는 상황이었다. 1990년대에는 복지 외에도 다양한 분야에서 비영리 시민섹터가 확대되어 '시민운동의 시대', 'NPO, 볼런티어' 등이 회자되었으나, 이들은 공공의 일익을 담당하는 것으로 자리매김 되지 못했다. 이를 인정받기 위한 시민사회의 노력이 1995년 한신대지진을 계기로 1998년에 특정비영리활동 촉진법 제정으로 결실을 맺게 되었다. 이러한 흐름은 1970년대의 시민운동이 행정, 내지 공권력에 대한 이의제기와 요구라는 성격을 띠었던 데 대해, 시민사회의 사회적 연대와 주체적 참가, 그리고 이를 통한 시민사회의 자율성 확대 등을 모색하는 점에서 새로운 변화를 보여준다. 이는 시민사회의 공공성을 회복함으로써 국가에 의해 전유되어온 공공을 새롭게 재구축하고자 하는 문제의식과 연결된다.[2]

이렇게 시민운동, 시민사회의 관점에서 공공성 재구축 논의가 전개되는 한편, 정부가 행정개혁이라는 차원에서 공공성 재편을 정책적으로 추진하고 있는 것도 90년대 말 이후의 공공성 논의의 중대한 배경으로 들 수 있다. 경기침체의 장기화로 인해 재정 문제가 심화됨에 따라 비용 절감 차원에서 행정 축소를 기조로 하는 행정개혁이 추진되었다. 80년대 이후 추구되어온 민영화 노선과 더불어 90년대 후반 이래 민간 비영리섹터 내지 시민사회로 정부 기능을 이관하는 '새로운 공공' 구축이 정책과제로서 추진되기에 이르렀다. 그런데, 90년대 이후 행정 축소와 더불어 추진되는 공공성의 재편=새로운 공공의 구축이란, 오히려 민영화 보다 적은 비용으로 행정 업무를 외주화하는 수단으로서 이용되어, 시민사회는 행정보완적인 기능을 하게 되는 것이라는 우려와 비판도 있다. 다나카(田中)는 고이즈미(小泉淳一郎) 정권이 '관에서 민으로'라는 슬로건 아래 행정 업무의 민간 위탁을 적극적으로 추진한 결과, 위탁 업무를 중심으로 NPO의 공적 영역에의 진

---

2) 야마구치는 90년대 말에 대두한 공공성론의 배경으로 히다카 로쿠로(日高六郎)가 "멸사봉공에서 멸공봉사로의 전환"[1]이라 일컬은 상황이 오늘날 극한에 이르렀다는 연구자들의 문제의식을 들었다(山口定, 『市民社会論』, 2004, 262쪽). 즉, 과거에는 '공'을 위해 '사'를 희생할 것이 요구되는 문화였던 데 대해 반대로 사적 가치를 우선하는 경향이 팽배하여, 시민사회에서 사회적 연대가 상실되었다는 것이다.

출이 증대하여 NPO와 행정의 관계는 깊어졌으나, NPO와 일반시민의 관계는 오히려 거리가 생긴 것 같다고 지적했다.[3] 정부 기능의 시민 사회로의 이관이 시민사회의 사회적 연대 형성과 자율성 확대를 수반하는, 즉 시민사회의 공공성 회복 내지 공공화로 이어질 것인가 하는 문제의식, 행정개혁 차원에서 추구되는 분권화와 시민참가, 새로운 공공 구축을 시민적 공공성 확립의 계기로 만들고자 하는 실천적 문제의식이 존재한다.

1990년대 이후 정책적으로 추구된 새로운 공공의 구축은 분권개혁과 연계되어 있다. 그동안 복지 등 사회적 서비스 제공을 포함한 지방행정의 업무는 대개 국가에서 위임된 것으로, 국가의 통제를 받으며 기본적으로 정부 보조금에 의존하여 추진되었다. 그러나 2000년 〈지방분권일괄법〉[4]이 시행됨에 따라 지자체 행정의 주된 업무였던 기관위임사무는 모두 폐지되고, 지방정부는 지자체 운영의 권한과 자율성을 갖게 되었다. 그러나 한편으로 분권개혁에 의해 국가의 보조금도 삭감된 데다가 지자체 재정도 악화되어, 자생력 확보가 더욱 중요한 과제로 등장하였다. 더욱이, 저출산과 고령화가 급속히 진전되면서 복지를 중심으로 한 공공정책, 특히 지역 밀착형으로 추진해야 할 공공정책에 대한 수요는 점점 증대하고 있다.[5] 따라서, 지자체

---

3) 田中重好, 『地域から生まれる公共性』, ミネルヴァ書房, 2010.
4) 정식 명칭은 「지방분권의 추진을 도모하기 위한 관계 법률의 정비 등에 관한 법률(地方分権を図るための関係法律の整備などに関する法律)」. 1999년 7월16일에 국회에서 성립, 공포되었고, 2000년4월부터 시행하였다.
5) 小原隆治, 「地域と公共性」, 斎藤純一(編), 『公共性の政治理論』, ナカニシヤ出版, 2010, 170쪽.

차원에서도 사회적 서비스 제공 등 공공부문을 근본적으로 재검토하는 것과 새로운 공공을 구축하는 것이 중대한 정책 과제로 대두하였다.[6]

이런 맥락에서 최근 많은 시정촌이 지자체 운영의 기본 이념으로서 '참가와 협동'을 내세우고, 정책의 의사결정 과정뿐 아니라 집행 과정에도 주민이 참가하여 공공서비스를 제공하는 주체가 될 것을 역설하고 있다.[7] 도미노(冨野)는 공공성의 재구축을 수반하는 일본사회의 지방자치 개혁이 비서구적인 경로를 통한 시민사회의 실현에 중요한 계기가 될 수 있다는 기대를 보인다.[8]

이 글에서는 공공성의 재편 또는 새로운 공공의 구축이 지자체 수준에서 정책과제로서 추진되는 양상과 그것이 시민사회에 어떤 변화를 야기하고 있는지를 구체적인 사례를 통해 고찰해보고자 한다. 고찰 대상은 도쿄에 인접한 인구 140만의 정령지정도시 가나가와(神奈川)현 가와사키(川崎)시의 사례다. 1971년 혁신계의 이토 사부로(伊藤三郎) 후보가 8기에 도전하는 보수계의 현직 시장을 누르고 당선되어 1989년까지 재임했고, 뒤이어 역시 혁신계의 다카하시 기요시(高橋清) 시장이 2001년까지 재임하여 30년간 혁신시정을 유지하였다. 이토 시장은 '시민자치', '분권', '시민생활 최우선'을 시정의 기본 이념으로 내세우고 시민의 시정 참가 제도로서 구민간화회(区民間和会)

---

6) 冨野輝一郎, 「自治体における公共空間」, 山口定・佐藤春吉・中島茂樹・小関素明(編), 『新しい公共性』, 有斐閣, 2000.
7) 小原隆治, 「地域と公共性」, 177쪽.
8) 冨野輝一郎, 「自治体における公共空間」.

를 도입했으며, 행정구를 시민자치의 기본 단위로 한다는 방침을 취했다. 다카하시 시장의 2기 혁신시정은 이런 기본 이념과 정책 방향을 유지하는 한편, 동시에 1990년대의 지자체 재정 악화와 지방분권, 새로운 공공 과제 등에 대응하는 개혁을 모색해야 했다. '새로운 공공' 정책의 핵심 개념이라 할 수 있는 '협동(協働)'은 1990년대 다카하시 시정 하에서 대두했는데, 이 시기에 '새로운 공공' 구축의 논리가 만들어지고, 이를 위한 정책과 제도 마련 등의 준비가 진전되었다.

그러한 가운데 2001년 선거에서 30년간 지속된 혁신시정이 무너지고, 보수계의 아베 타카오(阿部孝夫) 시장은 적극적인 행정 축소와 더불어 공공 서비스 제공의 기본방향을 전환하는 등 혁신시정과 차별화된 정책을 추진하였다. 그러나 '시민참가', '자치·분권', '협동' 등 혁신시정의 핵심적인 개념들은 아베 시정 하에서도 유지되었으며, 1990년대 다카하시 시정에 의해 준비된 공공성의 재구축에 관한 논의와 정책은 2000년대 아베 시정에 의해 계승되어 본격적으로 추진되기에 이르렀다.

이 글에서는 먼저 1990년대-2000년대 가와사키시에서 공공성에 관한 논의와 정책이 어떻게 전개되었는지를 혁신시정과 포스트혁신시정의 연속성과 차이에 주목하여 고찰한다. 그리고 '새로운 공공' 정책과 시책들이 시민사회에 어떤 영향을 끼치고 있는지, 지역 조직의 재편과 시민의 대응 사례들을 중심으로 고찰한다. 이 연구는 주로 2011년 2월5일-2월9일, 5월22일-27일, 7월6일-10일 세 차례에 걸쳐 이루어진 가와사키시 현지조사를 통해 이루어졌다. 가와사키시의 정책과 시책들에 대해서는 가와사키시 및 관련 위원회 등에서 발행된 1차 문헌들을 중심으로 하면서 관계자 인터뷰로 보충하였고, 시민사회의 대응 사례에 대해서는 시민활동 단체 또는 NPO 활동가 인터뷰에 기초해서 1차 문헌들을 참고하였다.

2. '협동(協働)' 개념의 대두

1993년 3월에 책정된 가와사키시 총합계획 『가와사키 신시대 2010플랜(川崎新時代2010プラン)』(1993.3, 이하 『신시대 2010 플랜』)을 통해 다카하시 시장은 인권 존중과 국제평화, 자치와 분권, 시민생활 최우선 원칙 등을 시정의 기본 이념으로 제시했다. 이것은 혁신시정 성립 이래 견지되어온 이념으로서 이토 시정과의 연속성을 보여주는데, 다카하시 시장은 이와 더불어 '협동(協働)'이라는 새로운 개념을 제시하였다. 『신시대 2010 플랜』의 원안인 「기본구상」에서 "주권자인 시민의 참가와 연계에 의해 시민자치를 키우는 도시"를 목표로 '시민과 협동하는 시정'을 확립한다는 방침을 명시했다. 오늘날 지자체 행정에서는 '협동', '파트너십'이 일반적으로 사용되고 있지만, 당시에는 새로운 개념이었다. 「기본구상」의 의회 심의과정에서 시 기획재정국장은 '협동'의 의미를 "두 명 이상의 사람들이 힘을 합쳐서 일을 하는 '공동'에서 한걸음 더 나아가 자립적으로 대등한 입장에서 서로 이해하면서 만들어가는 관계"라고 설명했다[9].

'협동' 이념을 구체적인 시책으로 만든 것이 '구(区) 만들기 백서' 책정 사업이다. 구 만들기 백서사업은 「신시대 2010 플랜」의 기본계획으로 명기되어, 1994-1997년에 미야마에(宮前)구, 1995-1998년에 그 외 6개 구에서 실시되었다[10]. 기존의 시민참가 방식은 관이 마치즈쿠리(まちづくり) 계획을 수립하는 주체가 되고, 계획수립 과정에서 시민의 의견을 수렴하는 것인데 비해, 구 만들기 백서 사업은 시민이 공적 사업의 수행 주체가 되고 관=행정이 일정한 역할을 맡아 그에 참가하는 방식으로 이루어졌다. 구 별로 '구 만들기 백서 책정위원회'(이하 '백서 책정위원회')가 조직되어 이 사업을 주관했다. 구 만들기 백서 사업은 기존의 방식대로 시민단체에 위탁하는 대신 이 사업을 수행하기 위해 별도의 조직을 구성했다는 점도 새로운 특징으로 꼽을 수 있다.

위원회 사무국을 구청에 두었고, 예산 집행권한이나 사무처리 책임도 행정에 있었지만, 사업수행을 위한 예산배분은 백서 책정위원회가 직접 담당했다. 백서 책정위원회는 설문지나 인터뷰 조사, 워크샵 등을 통해 지역의 과제에 대한 시민의 의견과 정보를 수집하는 한편, 포럼과 심포지움 등을 조직하여 공론의 장을 마련했다. 포럼 기획이나 설문 조사의 설계, 백서 구성이나 디자인 등 작업 전반에 걸쳐 컨설턴트의 조언을 받으면서 사업을 수행해나갔다. 이렇게 해서 1997년 3월 「미야마에 구 만들기 플랜(宮前区づくりプラン)」을 필두로,

---

9) 川崎市平成15年度政策課題研究Bチーム報告書, 『協働のルール ―新しい公共サービスのあり方とその手法を探る―』, 2004. 29쪽.
10) 川崎市平成15年度政策課題研究Bチーム報告書, 『協働のルール ―新しい公共サービスのあり方とその手法を探る―』, 2004. 29쪽.

1997-1999년 사이에 각 구의 '구 만들기 백서'가 작성되었다.

1989년 취임 후 다카하시 시장은 지역에 기초한 분권형 행정체제를 확립하는 것을 행정개혁의 과제로 삼고, 구(区) 행정의 자율성을 확대하는 방안을 모색하였다. 가와사키시에서는 혁신시정이 성립된 1971년에 이미 구를 주민자치의 지역단위로 삼아 행정구의 자립성을 강화하고 공공서비스에 관한 권한을 대폭 행정구로 이양한다는 방침을 세운 바 있었다. 정령도시의 구는 자치구가 아닌 행정의 단위로서 지역에서 공공 서비스를 제공하는 창구 기능에 머물러 있었는데, 구청의 자율성 확대와 기능 강화를 통해 주민자치를 실현해간다는 방침이었다. 그 연장선상에서 다카하시 시정은 시민의 주체적인 참가와 관민협동에 의한 마치즈쿠리, 시민의 생활실감에 맞는 행정을 실현하기 위해 구의 자립성을 높여간다는 방침을 표명했다. 그에 입각해서 취임 직후 구가 자율적으로 기획하여 추진할 수 있는 '구정 추진사업'을 신설하고, 그 예산으로 각 구에 3000만 엔씩의 구정 추진비를 배정했다. 이와 더불어 구정 추진사업의 기획과 구정 추진비 사용 방법에 관한 구청장 자문기관으로서 〈구정 추진회의〉를 설치하고, 구청에 구정 추진 담당 직원을 배치하였다. 〈구정추진회의〉는 지역의 여러 단체들로부터 추천된 시민들과 구청장이 추천한 학계 인사들 총 15명 이내로 구성되었다.[11] 이렇게 해서 각 구의 마치즈쿠리와 관련하여

---

11) 각 구에는 이토 시장에 의해 설치된 구민간화회가 존재했다. 두 단체는 사실상 지역의 단체를 망라하는 방식으로 구성된 점에서 유사했는데, 이타바시(板橋洋一) 미야마에구 부구청장(인터뷰 당시)에 따르면, 유사한 두 개의 시민참가 제도가 존재하게 됨에 따라, 두 조직 간의 관계 설정이 애매하다

구청이 시민과의 협동의 거점이 되도록 함으로써, 구청을 단순히 시의 행정 서비스를 지역에 제공하는 창구역할을 넘어서서 지역의 종합적인 행정기관으로 자리매김하고자 하였다.

이렇게 가와사키에서 1990년대 초에 대두한 정책방향으로서의 '협동' 개념은 혁신시정의 '시민자치, 분권'의 이념에 기초해서 관과 민의 관계를 대등한 관계로 재구축하고, 권리 주체로서 시민의 공적 영역에의 참가를 확대, 심화한다는 의미가 부여되었다[12]. 그런 점에서 다카하시 시정은 혁신시정의 이념과 구체적인 정책을 한걸음 더 진전시킨 것으로 평가할 수 있는데, 그러나 한편 그 배경에는 거품경제의 붕괴와 재정 문제라는 새로운 요인이 존재하고 있었다. 다카하시 시장이 취임하여 새로운 시정의 비전을 담은 총합계획『신시대 2010 플랜』을 책정할 당시, 일본에서는 거품 경제가 붕괴하면서 장기적인 경기침체가 시작되었다. 1991년 이후 가와사키시도 세수입이 감소하여 1993년에는 세수입이 전년도 대비 마이너스를 기록하기에 이르렀다. 이런 상황을 배경으로『신시대 2010플랜』의 제1차 중기계획 서문에서는 처음으로 향후의 재정 상황에 대한 우려가 표명되었다. 이런 상황은 관민협동이라는 개념이 대두하는데 영향을 주었으리라고 짐작할

는 평가도 있었다고 한다(2011년 2월 8일 필자 인터뷰).
12) 이타바시(板橋洋一)씨는 구 만들기 백서 책정 작업을 통해 시민과 행정이 대등한 입장에서 지속적으로 학습활동을 하고 정보를 공유함으로써 상호 이해와 신뢰 관계를 구축했으며, 시민과 행정의 관계가 '공동'에서 '협동'으로 한 단계 올라가게 되었다고 평가했다. 그리고 구민간화회 등 기존의 시민참가가 '형식적 참가'에 머무른 데 비해, 구 만들기백서 작업은 '권력적 참가'라고 하였다.(2011년 5월 필자 인터뷰)

수 있다. 그러나 '관민협동', '파트너십' 이라는 용어가 처음 등장한 시점에서는 이들은 재정문제와 직접 연관 지어지지 않았다.

3. 행재정 개혁의 요구와 '새로운 공공'의 논리

(1) 재정 악화와 행재정 체제 개혁 모색

1993년에 시의 세수입이 전년도 대비 마이너스를 기록하기에 이르자, 가와사키시는 대책 마련을 위해 행재정 긴급 대책회의를 조직하게 되었다. 한편 1995년 국회에서 지방분권추진법이 성립되었다. 지자체의 재정 악화와 중앙정부의 분권개혁을 배경으로, 가와사키시에서도 지자체 행재정 체제의 개혁이 중대한 과제로 대두하였다. 행재정 체제의 개혁을 위해 가와사키시는 1995년 〈가와사키 신시대 행재정 시스템 개혁 간담회〉(이하 〈파워업 간담회〉)와 〈가와사키 신시대 행재정 시스템 개혁 추진본부〉(이하 〈개혁 추진본부〉)를 설치했다. 행재정 전문가를 중심으로 구성된 파워업 간담회는 개혁방향에 대한 제언을 하고, 시청 내 관련 부국들로 구성된 개혁 추진본부가 이 제언을 토대로 구체적인 실행계획을 수립하였다. 1995년 11월에 파워업 간담회 보고서 「행재정 시스템 개혁 추진을 위한 기본 방침」이 제출되었고, 1996년에는 이를 토대로 1996-1998년을 계획 기간으로 하는 「행재정 시스템 개혁 실시계획」(이하 '개혁 실시계획')이 수립되었다. 이와 더불어「신시대 2010 플랜」의 제2차 중기계획(계획 기간 1996-2000)도 발표되었다. 이와 같이 재정 악화를 배경으로 행재정 개혁 방안을 본격적으로 모색하기 시작한 1995년 전후를 분수령으로, '시민참가', '협동', '시민활동' 등의 개념이 새로운 의미를 띠게 된다.

제1기 파워업 간담회는 1995년 보고서를 통해 공공 서비스의 질을 유지하면서 동시에 재정부담을 완화하는 데 주안점을 둔 행재정 시스템 개혁을 제언했다. 즉, 공공 서비스에 대한 시민의 요구가 변화되고 다양화된 만큼, 그에 적극적으로 대응할 수 있는 서비스 제공 시스템을 구축하는 동시에 재정 부담을 완화할 방안을 모색해야 한다는 것이다.

「신시대 2010 플랜」제2차 중기계획에서는 제1차 중기계획 수립 이후에 전개된 새로운 상황을 언급하고, 가장 긴급한 과제로서 재정 문제를 들었다. 지자체 재정 악화는 일시적인 현상이 아니라 사회구조 변동에 따른 구조적인 문제로, 재정 호전을 기대하기는 어렵다는 우려를 표명하였다. 그런 가운데, 고령화의 급진전, 제조업의 공동화, 한신대지진을 계기로 드러난 도시구조의 취약성 등 중대한 과제들이 대두하여, 재정구조의 재구축을 도모하면서 다양한 사회적 과제들을 풀어가야 하는 상황이라고 진단하였다. 따라서 지방분권의 실현이 가까와지고 있고, NPO의 역할이 증대하고 있는 현실을 고려할 때, 향후 행정, 사업자, 시민의 적절한 역할 분담과 연계가 필요하다 하고, 이를 위해 향후 시민의 자주적 활동에 대한 지원을 강화한다는 방침을 제시하였다.

(2) '위기의식 · 고통분담'의 '새로운 공공'론

이듬해인 1997년에는 〈재정문제 검토회(財政問題檢討会)〉가 설치되기에 이르렀는데, 동 검토회는 중간보고에서 향후 가와사키시가 거액의 세수입 부족 사태에 직면하게 될 것이라고 예측하면서,[13] 이는 특정 지자체에 국한된 문제가 아니라 경기 침체를 배경으로 한 범국가적 상황이라며, 장기적으로 안정적인 행재정 운영을 확보하기 위한 방안을 모색할 필요가 있다고 강조했다. 그에 따라 가와사키시는 1998년에 제2기 파워업 간담회와 개혁 추진본부를 설치하여, 행재정 시스템 개혁을 심화시켜가게 되었다.

제2기 파워업 간담회는 보고서 『위기의식의 공유화에 의한 새로운 파트너십 확립과 21세기 시민사회를 전망한 지자체 운영의 방향(危機意識の共有化による新たなパートナーシップの確立と21世紀の市民社会を展望した自治体運営のあり方)』(1999년 1월)에서, 막대한 수지 악화와 고령자 개호, 저출산 대책, 안전하고 살기 좋은 마을 만들기 등 행정수요 증대에 따른 비용 부담, 지자체 채권 발행의 상환 압력 증대 등으로 가와사키시의 재정은 향후에도 어려운 상황이 지속될 것으로 전망하였다. 우선 행정의 철저한 자기개혁과 행정 운영의 효율화를 통해 현상을 타개할 필요가 있지만, 현재의 재정 위기는 그것만으로는 대응할 수 없고, 지자체 운영의 근본적인 전환이 필요하

---

13) 명목 경제성장률이 2.4%일 경우 1999년부터 2003년까지 5년간 1,300억엔, 성장률이 0인 경우에는 5년간 2,200억엔의 세수 부족이 발생할 것으로 예측했다(川崎市財政問題検討委員会, 『川崎市財政問題検討会中間報告書』, 1997).

다고 하였다. 즉, 정부(행정 및 의회), 사업자, 시민 등 지자체를 구성하는 모든 주체가 재정 상황에 대한 위기의식을 공유하고, 각각의 책임 범위와 수행해야 할 역할을 새롭게 검토하여 상호 신뢰에 기초한 새로운 파트너십을 구축해야 한다는 것이다. 행정의 힘만으로는 공공서비스 수요 확대에 대응할 수 없으므로, 시민, 사업자, 행정의 협동에 의한 서비스 제공 시스템을 구축할 필요가 있다고 하였다. 여기서, '공공'이라는 개념에서 '공(公)'은 행정, '공(共)'은 지역을 의미하는 것인데, 그동안 후자에 행정이 너무 관여함으로써 시민을 안이하게 만든 측면이 있다고 하며, 시민의 역할분담을 통해 지역에 공(共)을 창출할 필요성이 있다고 역설하였다.

제1기에 비해 제2기 파워업 간담회의 논의가 특징적인 것은 각 주체들의 '위기의식의 공유'와 '고통분담'을 강조하고 있다는 점이다. 산업도시 가와사키는 고도성장기 이래 세수입의 신장율이 높았고 자주재원도 풍부한 편이었다.[14] 혁신시정은 이러한 재원을 바탕으로 해서 시의 자주사업으로 생활 관련 공공 서비스를 확충하고, 시민의 보육료 부담금이나 노인 의료비 부담을 경감시키는 등 복지의 충실화를 도모해왔다. 파워업 간담회는 행정은 '시민생활 최우선'을 기치로 행정의 비대화를 초래했고, 시민과 사업자는 자조 노력 없이 행정에 의존하는 체질을 키워왔다고 비판했다. 수십 년간 계속된 '저부담, 고서비스' 구조는, 결국 시민이 정치를 매개로 그런 시책을 결정해온 결과

---

14) 1997년도 결산에 따르면, 1997결산. 대도시 평균이 41.4%인 데 대해 가와사키는 55.2%였다(川崎市, 『財政のあらまし平成9年12月版』, 1998.)

라고 시민의 책임을 지적하고, 행정, 시민, 사업자 등 모든 주체가 공평하게 고통을 분담해야 한다고 주장했다. 개혁에 대한 관점이나 판단은 각 주체나 개인에 따라 다를 수 있고, 기득권을 잃는 경우 마찰이 생길 수도 있겠지만, 시민의 자기 책임에 대한 인식을 분명히 하여, 시정 운영에서 행정만이 할 수 있는 일을 제외한 나머지는 민간이나 비영리 단체가 담당하는 방향으로 전환되어야 한다고 하였다. 이를 위해 '시민, 자치회/정내회, NPO, 볼런티어단체, 사업자/기업, 노동조합' 등 지역사회의 다양한 주체가 육아, 고령자개호, 방재, 마치즈쿠리 등에 참가할 수 있는 시스템을 만들 것을 제언했다. 파워업 간담회는 이것이야말로 '새로운 공공'의 의미이며, '21세기 시민사회'를 전망하는 출발점이라고 하였다.

　　제2기 파워업 간담회 보고서와 더불어 재정문제검토회의 최종보고서와 『신시대 2010 플랜』 제3차 중기계획(1999-2003)도 발표되었고, 곧이어 1999년 6월에는 제2차 행재정 개혁 실시계획이 발표되었다. 제3차 중기계획에서는 시민과 행정의 협동작업에 의한 파트너십형 사업의 마치즈쿠리를 중요한 과제로 설정했다. 이미 정해진 사업들에 대해서는 공(公), 공(共), 사의 역할 분담을 명확히 하면서 파트너십형으로의 전환을 도모한다는 방침이 제시되었다. 제2차 행재정 개혁 실시계획에서도 행재정 개혁의 기본 방향의 하나로 '파트너십과 협동에 의한 지역사회 만들기'가 설정되었다. 이와 더불어 시민의 자주적 활동을 지원하기 위한 기반 형성, 정보 제공, 계발 활동 등에 대해 '총합적 지침'을 책정한다는 방침도 실시계획에 명기되었다.

이상과 같이, 가와사키에서는 1990년대 혁신시정 하에서 공공성 재편의 논리적 틀이 거의 완성되었다. 공공성 재편의 기본이념과 맥락은 다카하시 시장 취임 직후에서 3기에 이르는 사이에 중대한 변화를 겪었다. 혁신시정에 의해 설치된 제2기 파워업 간담회는, 혁신시정의 정책 방향을 근본적으로 비판하고 전환을 촉구하였다. 일본의 구조변동(저성장, 고령화 등)으로 지자체 운영 방향의 전환이 요구된다는 것이었다. 공교롭게도, 이러한 보고서와 그에 기초한 개혁 실시계획, 그리고, 시 중기계획이 발표되어 행재정 체재개혁과 새로운 공공 구축을 위한 구체적인 시책들이 추진되기 시작한 무렵, 선거에서 현직의 다카하시 시장이 보수계 후보에게 패배함으로써 30년 혁신시정은 막을 내리게 되었다. 결과적으로, 혁신시정 하에서 논리가 구축되고 준비되어온 정책을 포스트 혁신시정의 보수계 정권이 계승하여 본격적으로 추진하는 형태가 되었다.

4. 포스트혁신시정의 행재정 개혁과 「자치기본조례」의 성립

2001년 11월 선거에서 다카하시 현역 시장을 누르고 당선된 아베 시장은 가와사키시의 재정재건을 최우선 과제로 꼽았다. 취임 후 가장 먼저 공표한 지자체 운영 방향에 관한 문서는 「가와사키시 행재정 개혁 플랜(川崎市行財政改革プラン)」(이하 「행재정 개혁 플랜」)이다. 아베 시장은 2002년 9월 정례 기자회견 석상에서 공표한 「행재정

개혁 플랜」을 통해 시의 재정위기를 선언하고, 2002년을 '가와사키 재생 원년'으로 하는 2010년까지의 행재정 개혁방안을 제시했다. 즉, 행정 축소와 시에서 행정구(区)로의 권한 위양을 골자로 행정체제를 재정비하는 한편, 모든 공공사업과 건설사업을 근본적으로 재고하고, 시민 서비스는 "정말로 필요한 사람들에게 필요한 서비스를 신속하게 적정 비용으로, 선택적으로 제공"한다는 방침을 밝혔다. 「행재정 개혁 플랜」에 이어 2005년 4월에는 새로운 총합계획 「가와사키 재생 프론티어 플랜」(이하 「프론티어 플랜」)을 발표했고, 동시에 〈가와사키시 자치 기본조례〉(이하 〈자치 기본조례〉)를 제정하였다.

「프론티어 플랜」은 다카하시 시정의 「신시대 2010 플랜」을 대신하는 가와사키시의 총합계획으로, "누구나 활기차게 풍요로운 마음으로 살아갈 수 있는 지속가능한 시민도시"를 마치즈쿠리의 기본 목표로 제시하였다. 여기서는 '지속가능성'이 마치즈쿠리의 핵심적인 개념으로 등장하였다. 〈자치 기본조례〉는 가와사키시의 자치의 이념과 자치 운영의 기본원칙, 자치 운영의 주체인 시민, 의회 및 행정의 역할과 책무 등을 규정한 지자체 차원의 법규다. 2000년 4월 지방분권일괄법이 시행되자, 가와사키시는 이듬해 〈자치 기본조례 검토 연구회〉를 조직하여 조례도입을 검토하기 시작했다. 2003년 10월 설치된 동 연구회는 학계 인사 4명과 공모를 통해 선정된 시민 30명으로 구성되었는데, 이후 조례 제정작업이 본격화되어, 2004년 12월 정령지정도시 최초로 〈자치 기본조례〉가 제정되었다(시행은 2005년4월).

〈자치 기본조례〉는 "시민이 지역사회의 과제를 스스로 해결해가는 것"을 기본 이념으로 하고, '정보 공유', '참가', '협동'을 자치 운영의 기본원칙으로 규정하였다. 여기서 '시민'은 "본시에 주소가 있는 사람, 본시 구역 내에서 일을 하거나 공부하는 사람, 또는 본시 구역 내에서 사업 활동이나 기타 활동을 하는 사람 또는 단체"(제3조1항) 로 정의 된다. 지자체 구성원으로서의 '시민'은 일반적으로 해당 시에 주소를 두고 있는 사람, 즉 지방자치법상의 '주민'을 말하는데, 〈자치 기본조 례〉의 '시민' 은 가와사키시 주민 뿐 아니라 통근 또는 통학자를 포괄 하고, 개인을 넘어서서 단체까지 포함되는 매우 확장된 개념이다. 이 러한 '시민' 개념은 고하라(小原隆治)[15]의 '주민믹스'라는 개념과 거의 일치한다. 고하라는 "지역에 정주하는 주민에 재근, 재학, 재활동자를 더한" 새로운 단위를 '주민믹스'라 명명하였다. 이와 같이 '시민'을 새 롭게 규정한 것에 대해 시 당국은 "본격적인 소자 고령화 사회의 도래, 지구환경에 대한 배려, 행정 수요의 다양화, 정책 과제의 광역화 등 새로운 상황 속에서 지역사회가 안고 있는 과제를 해결하고 마치즈쿠 리를 추진하려면, '주민' 뿐 아니라, 가와사키라는 지역사회에서 폭넓 은 사람들이 힘을 합칠 필요가 있다는 인식에 기초한 것"이라고 설명 하였다.[16]

'시민의 역할과 책무'와 관련해서 '커뮤니티'에 대한 규정을 두고 있는 것도 〈자치 기본조례〉의 중요한 특징이다. 조례 제4조에서 "시민

---

15) 小原隆治, 「地域と公共性」, 斎藤純一(編), 『公共性の政治理論』, ナカニシヤ 出版, 2010, 177쪽에서 재인용.
16) 川崎市総合企画局政策部 『川崎市自治基本条例逐条説明書』, 2005.

은 살기 좋은 지역사회를 만들기 위해, 커뮤니티(거주지, 관심 또는 목적을 함께 함으로써 형성되는 연계, 조직 등을 말함)를 각자의 자유 의사에 따라 형성할 수 있다"고 하고, "시민과 시는 커뮤니티의 역할을 존중하고, 시는 커뮤니티의 자주성 및 자율성을 존중하면서 커뮤니티 관련 시책을 추진한다"고 하며 시와 커뮤니티의 관계를 규정하고 있다. 일본에서 지역 커뮤니티는 대개 일정한 범위의 지역을 단위로 하여, 지연을 기반으로 한 일정한 동질성과 정서적 유대감이 전제가 되는 사회적 관계를 뜻하는 것으로 받아들여져 왔다. 그런 의미에서, 정내회(町內会)는 지역사회의 대표성을 갖는 커뮤니티로 간주되어왔고, 정내회를 구심점으로 연령 내지 세대(世代) 또는 성별 등에 기초한 다양한 지역조직들이 상호 연계된 네트워크가 지역 커뮤니티로 생각되어졌다. 관심 또는 목적을 공유함으로써 이루어지는 조직은 이런 의미의 지역 커뮤니티와는 무관하게 활동하였다. 〈자치 기본조례〉에서는 서로 다른 조직 원리와 활동 방식을 지닌 이 두 조직을 '커뮤니티'로 함께 묶었다.

한편, 〈자치 기본조례〉에서는 지자체 운영 주체의 하나로서 구청을 마치즈쿠리의 거점, 협동의 거점으로 규정하였다. 이로써 구청의 역할은 지역의 과제를 발견하고 해결하기 위한 지역 활동이나 비영리 활동을 지원하는 것으로 자리매김 되었다.[17] 이와 관련하여 구민회의

17) 구청의 역할과 관련하여, 학계 전문가들로 구성된 〈구 행정 검토위원회〉는 구행정 개혁 방안에 대한 보고서를 통해, 구청을 "지역의 과제를 스스로 발견하고 해결"하기 위한 "지역 활동이나 비영리 활동을 지원하는 시민협동의 거점"으로 구축할 것을 제언한 바 있다(区行政検討委員会, 『区行政改革

설치도 조례에 명기되었다. 그에 따라 2006년4월에 〈가와사키 구민회의조례〉가 제정되었고 이듬해 각 구에 구민회의가 설치되었다. 구민회의의 역할은 "구에서 지역사회의 과제를 파악하고 그 해결을 도모하기 위한 방침 및 방책에 대해 조사 심의를 하는 것"으로 규정되었다(제3조). 구민회의는 20명 이내의 위원으로 조직되며, 구에 따라 구성이 약간 다를 수 있지만, 대개 지역에서 활동하는 시민단체의 추천과 구청장의 추천, 그리고 시민 공모를 통해 선정된다.

　「자치기본조례」는 구체적인 실천규정이 아니라 지자체 운영의 이념과 기본 방향을 제시한 선언적인 법규라는 성격을 지닌다. 1990년대 다카하시 시정 하에서부터 전개된 행정개혁과 새로운 공공 구축의 논리는 아베 시정에 이르러 「자치 기본조례」라는 제도적 형태를 갖추게 된 셈이다.

の基本方向ー窓口サービス機能中心の区役所から地域の課題を自ら発見し解決できる市民協働拠点へー」, 2004. 5). 2005년4월에 〈자치 기본조례〉와 더불어 발표된 가와사키시 총합계획 「프론티어 플랜」에서도 구청은 "지역의 과제를 스스로 발견하고 해결할 수 있는 시민활동의 거점"으로 자리매김되었다(金子浩美, 「区民会議 第2期の現状と課題」, 2010.). 또한, 마치즈쿠리를 추진하기 위해, 각 행정구가 구의 계획에 기초해서 행재정을 운영하게 한다는 방침도 명시되었다.

5. 시민활동 지원의 기본방향과 체계

(1) 시민활동 지원의 의미와 기본 방향

이상에서 살펴본 바와 같이 '시민참가', '자치·분권'은 1971년 혁신시정 성립 이래 오늘날까지 가와사키 시정의 기본 이념이었다. 1990년대 다카하시 시장은 여기에 '협동'이라는 새로운 이념을 더했고, 2000년대 아베 시장은 적극적인 행정 축소와 공공 서비스 제공 방식 재고 등 혁신시정과는 배치되는 방향의 정책을 추진했지만, '시민참가', '자치', '협동' 등은 여전히 시정의 기본 이념으로 자리매김 되었다. 시민활동에 대한 지원을 확대하고, 행정구를 자치의 단위로 하여 구청의 기능을 강화하는 정책방향은 그런 맥락에서 연속성을 갖고 있었다. 시민활동 지원과 관련하여 아베 시정에서 본격적으로 추진된 많은 시책들은 다카하시 시장 재임시부터 준비되어온 것이다.

제1기 파워업 간담회가 시민의 역할 분담을 제언하고, 제2차 중기계획에서 시민활동 지원을 강화하는 방침이 명시됨에 따라 1996년에는 시청 내에 〈시민활동 지원 정책연구회〉가 구성되어 가와사키의 시민활동에 관한 기초적인 조사연구가 시작되었다.[18] 이듬해에는 가와사키시 관내 시민활동단체의 실태와 과제, 요구 등에 대한 조사와

---

18) 그 연구 성과로 1997년에『시민과 행정의 새로운 관계 창조를 위해: 가와사키시에서 시민활동에 관한 조사연구와 제언(市民と行政の新しい関係の創造に向けて－川崎市における市民活動に関する調査・研究と提言)』과『행정과 시민의 파트너십의 진전을 향해: 시민활동 지원 정책에 관한 조사연구 보고(行政と市民のパートナーシップの前進に向けて－市民活動支援政策に関する調査研究報告)』가 제출되었다.

가와사키시청 각 부국의 시민활동단체 관련 사업의 내용과 실적에 대한 조사, 그리고 시민활동 지원과 관련한 여러 기관의 조사보고서들의 내용 검토 등을 포함한 기초 조사연구를 실시했다.[19] 이러한 기초연구를 토대로 학자, 시민활동단체, 노조, 기업 등 각 분야의 11명으로 구성된 〈가와사키시 시민활동 지원시책 검토위원회〉(이하 〈지원시책 검토위원회〉)가 설치되어 시민활동 지원의 기본적인 방향과 검토 과제를 정리하였다. 그 결과 보고서 『가와사키시 시민활동에 대한 조사연구보고서(川崎市市民活動にについての調査硏究報告)』(1999.3)에서 시민활동이 오늘날 새로운 공공서비스의 공급 주체로서 기대되고, 시민주체의 지역 만들기에 불가결한 존재가 되고 있음을 확인하고, 시민활동 지원의 기본원칙을 제언했다.

이상과 같은 조사연구 과정을 거쳐 2000년에는 시민활동 지원에 대한 종합적 지침책정을 위한 구체적인 작업에 들어갔다. 학계 인사와 시민활동단체 관계자 등 7명으로 구성된 〈가와사키시 시민활동 지원 지침 책정위원〉(이하 〈지원지침 책정위원회〉)가 시장 자문기구로 설치되어, 시민활동 지원의 논리적 근거와 지원 방향 및 기준에 대한 기본적인 틀이 만들어졌다.[20] 시는 이를 토대로 2001년9월에 「가와사

---

19) 市民活動支援政策研究会, 『시민활동 지원을 위한 기초 조사보고서(市民活動支援に向けた基礎調査報告書)』1998.

20) 지원지침 책정위원회가 과제를 설정하고, 시 관계 각 부국에서 조직한 시민활동지원시책 등 추진회의의 과제별 워킹부회가 과제를 검토 분석하여 그 결과를 추진회의에서 논의한 후 이를 위원회에서 최종 정리하는 방식으로 그 내용이 만들어졌다. 지원지침 책정위원회에서 정리된 초안은 시민포럼을 통해 시민의 의견을 반영한 뒤 위원회의 최종 보고서로 시장에게 제출되었다. 大場博, 「市民活動支援のための具体的な課題」, 『政策情報かわさき』,

키시 시민활동 지원지침」(이하 「시민활동 지원지침」)을 만들었다.

시민활동 지원지침 책정위원회는 보고서 『가와사키시 시민활동 지원지침 책정에 대해-시민과의 협동의 마치즈쿠리를 위해(川崎市市民活動支援指針－市民との協働のまちづくりのために－)』(2001. 9)에서 시민활동을 "볼런티어활동을 비롯해서, 시민이 자발적, 계속적으로 참가하여, 사회서비스의 제공 등 제3자나 사회의 과제 해결에 공헌하는, 영리를 목적으로 하지 않는 활동"(포교 목적의 종교활동과 특정 정당이나 후보자를 지원하는 정치활동은 제외)이라고 정의했다. 수익사업의 형태를 띠더라도 그 목적이 영리 추구가 아닌 공공 서비스 제공 활동일 경우에는 시민활동으로 인정하고, 행정이나 기업에 비판적인 제언을 함으로써 사회를 변화시키는 것도 공공서비스 제공의 범주에 들어갈 수 있다고 규정하였다.

지침 책정위원회는 시민활동에 기대되는 사회적 역할로서 '공공 서비스의 공급 주체'와 '새로운 일의 방식'을 들었다. 공공 서비스 공급 주체와 관련해서는, 행정은 공평원칙을 우선하여 비용감각이 희박하고, 시장은 영리를 추구하는 데 비해, 시민활동은 서비스 수요자인 시민이 서비스 공급자가 됨으로써 서비스와 비용의 균형을 잡을 수 있으며, 서비스 내용을 유연하게 수정할 수 있다는 것을 장점으로 들었다. 한편, 동 위원회는 1998년에 실시된 가와사키시 시민활동 실태 조사 결과, 일에 대한 새로운 관념이 대두하고 있음에 주목했다. 우선,

---

9号, 2000, 33쪽.

노동시간 단축에 의해 생긴 자유시간이나 정년 후의 삶을 사회 공헌에 사용하고자 하는 사람들이 늘고 있다는 점이다. 또한, 사회적 공헌을 기준으로 직업을 선택하는 경우도 증가하고 있으며, 주부가 무상노동과 사회참가에 관한 문제제기를 위해 시민활동에 참가하는 현상도 나타났다. 이는 사회의 성숙화와 성장신화 붕괴에 따라 노동의 의미가 변화되어, 시민활동이 새로운 일의 방식으로 자리매김 될 수 있음을 보여주는 것으로 해석되었다.[21]

지원의 기본 방향으로서 다음 4가지가 제시되었다.

첫째, 행정의 '지원'이란 "시민사회 내부에서 시민들이 '상호지원'하는 체제를 만드는 것"을 의미한다. 당초 '지원'이라는 용어는 행정과 시민활동의 불균등한 관계가 전제되어 있다는 문제가 제기되어, '진흥', '협동(協働), 협동(協同), 공동(共同)' 등 다른 개념을 검토했으나, '지원'의 의미를 재규정하여 사용하는 쪽으로 결정되었다. '시민들의 상호지원'이란 필요한 활동자원(인재, 자금, 활동의 장, 정보 등)이 시민사회 안에서 제공되는 것을 말한다. 즉, 행정의 시민활동 지원시책은 이 같은 자원제공 체제를 구축하는 데 주안점이 있다.

둘째, 행정이 자원을 제공하는 경우라도, 직접 지원하기 보다는 시민이 어떤 형태로든 참가하거나 체크할 수 있는 '중간지원조직'을 통해서 한다. '중간지원조직'이란 "시민활동단체의 연합, 중개, 교류 촉진을 목적으로 한 조직"으로 정의되며,[22] 자원의 중개, NPO들의 네트

---

21) 川崎市市民活動支援施策検討委員会, 『川崎市市民活動についての調査研究報告書』1999, 7,8쪽

워크 촉진, NPO의 성과를 확산시키기 위한 조사연구나 제언활동, 새로운 사업의 배양(가치 창출) 등을 그 중요한 기능으로 한다. 자원의 중개란 시민활동에 불가결한 사람, 자금, 공간, 물건, 정보 등의 자원에 대해 자원 제공자와 NPO 사이를 연결해주는 것을 의미한다.

셋째, 지원 대상은 활동 주체인 시민단체가 아니라 활동과제다. 주체로서는 정내회 같은 지연단체, 협동조합, 지역이나 직장을 기반으로 결성된 볼런티어 서클 등 어떤 단체도 참여가 가능하며, 주소지를 불문하고 가와사키시에서 활동하고 있는 단체는 지원을 받을 수 있다.

네째, 지원받는 활동에 대해서는 시민활동 주체와 행정 모두가 시민에 대해 정보공개 및 설명 책임을 진다. 그동안 정보공개와 설명 책임은 행정에 대해 요구되어 왔으나, 시민활동 단체가 공공영역의 주체로서 참여할 경우, 그에 합당한 책임성이 부과된다는 점을 분명히 한 것이다.

「시민활동 지원지침」제정 후, 지침에 근거한 후속 조치로서 시민활동 지원에 대해 협의, 검토를 목적으로 하는 〈시민활동 추진위원

---

22) 川崎市市民活動推進委員会, 『市民活動センターの開設に向けて(提言)』, 2002.11. 이 보고서에서 지원지침 책정위원회는 '중간지원조직'이라는 용어에 대해 미국의 NPO계에서 사용되는 intermediary의 번역으로, 그런 의미에서는 '중개조직'이라고 번역하는 것이 맞으나, 기존의 용례에 따라 중간지원조직이라는 명칭을 사용한다고 설명하였다. 이는 내각부 보고서의 "다원적 사회에서 공생과 협동이라는 목표를 위해 지역사회와 NPO의 변화와 니즈를 파악하여 인재, 지금, 정보 등의 자원 제공자와 NPO를 중개하거나, 넓은 의미에서는 각종 서비스 수요와 공급을 코디네이터 하는 조직"(内閣府, 『中間支援組織の現状と課題に関する調査報告』, 2002)이라는 정의에 따른 것이다.

회〉(이하 추진위원회)가 설치되었다. 추진위원회는 학계 인사, 시민활동단체 대표, 공모시민 등 총 8명의 위원으로 구성되었다. 추진위원회는 지원지침에 의거하여 시민활동 지원을 위한 과제들을 검토했는데, 우선적으로 시민활동 지원의 조직 기반과 활동자금 지원에 관한 검토를 하고 그 보고서를 제출하였다. 여기서 제언된 내용은 시책에 반영되어, 시민활동을 지원하기 위한 체제의 정비가 진전되었다.

(2) 중간지원조직; 지역조직의 재편

추진위원회는 보고서 『시민활동센터 개설을 위해(제언)(市民活動センターの開設に向けて(提言))』(2002.11)에서 다양한 중간지원조직의 육성을 시민활동 지원을 위한 첫 번째 과제로 제시했다. 시, 행정구, 지역 등 각 단위에 거점을 정비하여 각 거점이 독자성을 지니면서 역할분담을 하도록 하고, 민간 중간지원조직들이 대두할 수 있도록 환경을 조성하면서 과도기적인 시책으로서 가와사키시의 출자법인과 기존 시설들을 중간지원조직으로 활용하는 방법을 제시했다. 추진위원회의 제언에 따라, 가와사키시는 2004년에 출자법인인 〈가와사키 볼런티어센터〉를 전 시 차원의 중간지원조직으로 재정비하여 〈가와사키시 시민활동센터〉(이하 시민활동센터)[23]를 설립했다.

---

23) 시민활동센터의 전신인 가와사키 볼런티어센터는 1983년에 설립되었다. 그 설립 과정에서 볼런티어를 기존의 개념, 즉 복지 중심의 좁은 의미의 볼런티어가 아니라 시민의 지역활동을 포함하는 넓은 의미로 규정하려는 시민 측은 '시민활동 센터'라는 명칭을 강력히 주장했으나, 결국 '볼런티어 센터'로 결정된 경위가 있다. 그 센터가 약 20년 후 시민활동 지원을 목적으로 한 중간지원조직으로 재편되면서, 명칭도 '시민활동센터'로 바뀌게 된 것이다.

시민활동센터 설립 이후, 행정구 차원에서도 중간지원조직 설립이 진전되어, 2005년 9월에 미야마에구 마치즈쿠리협의회가, 이듬해에는 '아사오구 시민 회의(麻生市民の会)'가 출범했다. 다른 구에서도 중간지원조직을 설립하기 위한 준비작업이 이루어져 왔다. 사실 구 단위에서 시민활동 지원조직을 설립하려는 움직임은 이미 1990년대 말 경부터 존재했다. 행정구 차원의 중간지원조직은 그 연장선상에 자리매김할 수 있는 것으로, 기존 조직의 재편을 통해 설립되었다. 그 조직개편의 중요한 계기가 된 것이 1990년대 중후반에 이루어진 구만들기 백서 작성사업이었다.

이 사업 수행주체로서 구별로 백서책정위원회가 조직되었음은 2절에서 본 바와 같다. 백서 작성이 완료된 후, 백서의 마치즈쿠리 제언을 실현하기 위한 마치즈쿠리 실천조직의 필요성이 제기됨에 따라, 백서 책정위원회를 발전적으로 해체하여 백서 추진조직으로 재편하는 방향으로 새로운 조직화가 진행되었다. 그런 가운데, 모든 구에서 백서사업이 종료된 후 1999년 3월 구민간화회 요강이 폐지됨으로써 구민간화회도 공식적으로 사라지게 되었고, 이와 더불어 각 구에서 마치즈쿠리 실천조직을 만드는 움직임이 본격화되었다. 이렇게 해서 각 구에 탄생한 새로운 마치즈쿠리 조직들은 훗날 구 중간지원조직으로 다시 재편된다. 재편 과정에서 중간지원조직으로서의 기능을 갖추기 위해 조직과 제도를 정비하게 되는데, 이러한 과정은 구 단위에서 독자적으로 진행되는 것이어서, 구 중간지원조직으로 확립되는 시기도 일정치 않다. 일례로 아사오구의 경우, 1999년 1월 20명으로 구성된 준비회가 설치되었고, 2000년 2월 회원수 126명(그 중 공모 시민 72명)의 〈아사오 마치즈쿠리 회의〉가 정식으로 발족했다. 2003년 제2기에 들어서면서 명칭을 〈아사오 마치즈쿠리 시민의 모임〉으로 바꾸고 부회를 기능별로 재구축했는데, 마침내 2006년에 조직이 정비되면서 시민활동의 중간지원조직으로 재편되었다.

이와 같이 구 만들기 백서 사업을 계기로 지역 시민조직의 재편을 통해 행정구 단위의 중간지원조직들이 성립되었다. 구 중간지원조직은 구청에 사무국을 두고 있으며 구의 협동추진사업 위탁료가 주된 수입원으로 조직 운영이나 활동의 경비로 사용된다. 중간지원조직의 주된 활동은, 행정의 협동형 사업 또는 시민활동 지원 사업 등을 통해 시민활동 자금을 지원하는 것, 정보지나 시민활동 상담창구 등을 통해 시민활동에 필요한 활동자금이나 활동장소, 인재 등에 대한 정보를 제공하는 것 등이다. 또한, 활동계획서 작성방법에 관한 세미나를 마련하여 시민활동 단체의 지원금 신청에 도움을 주거나, 시민활동 단체들 간의 교류 네트워크 형성을 지원하는 등의 활동도 한다.

(3) 활동자금

활동자금의 지원은 시민활동 지원 중에서 가장 중요하고도 민감한 부분이라고 할 수 있다. 시민활동의 자주성과 책임성을 동시에 확보해야 하기 때문이다. 활동자금 지원방법으로서 가장 큰 비중을 차지하는 것은 협동형 사업을 통한 지원이다. 다카하시 시장은 취임 직후 구청장 주재로 기획, 추진되는 구의 독자적인 사업으로서 구정 추진사업을 신설하고 3천만 엔씩을 예산으로 배정한 바 있다. 최초의 협동형 사업으로 자리매김 된 구 만들기 백서 사업은 이 예산 틀 내에서 이루어졌다. 1999년에는 '구 파트너십 마치즈쿠리 사업 추진 사업비'로 각 구에 300만 엔씩 책정됨으로써, 구 차원에서 마치즈쿠리를 위해 사용할 수 있는 예산은 3,300만 엔으로 증가했다. 이 예산은 아베 시정 출범 직후 '매력있는 구 만들기 추진사업비'로 통합되면서 5000만 엔으로 증액되었고, 2006년에는 명칭이 '협동사업 추진비'로 변경됨과 더불어 예산도 5500만 엔으로 다시 증액되었다. '협동사업 추진비'는 2011년에 '지역과제 해결 예산'이라는 명칭으로 다시 변경되었다.

구정추진사업이 도입된 초기에는 대개 행정 주도 사업들이었으나 90년대 말 경부터 이는 협동형 사업으로 전환되기 시작하였다.[24] 1999년에 공포된 「신시대 2010 플랜」제3차 중기계획과 제2차 행재정 개혁 실시계획에서 '시민과 행정의 협동과 파트너십에 의한 마치즈쿠리'를 주요 과제로 설정하고, 이미 정해진 사업들도 파트너십형으로의 전환을 도모한다는 방침을 명기함으로써, 이후 협동형 사업비에 의한 시민활동 지원이 확대되고, 그 예산도 증액이 되었다. 이와 더불어 협동형 사업의 룰을 제정할 필요성도 증대되었는데, 이에 2003년 시는

---

24) '파트너십 사업'은 시민과의 파트너십으로 수행하는 것이 특히 필요한 사업으로, 사업 구상 단계부터 실시 단계에 이르기까지 시민참가 부분을 담보하는 사업이며, 이는 당해 사업의 소관 부국의 양해 하에 구가 실시하는 사업을 말하는 것으로 설명되었다(皆川敏明, 「区政推進業務の現況について」, 『政策情報かわさき』, 第9号, 2000, 82-83쪽).

이를 주제로 한 정책과제 연구팀을 발족시켰고, 2008년 「가와사키시 협동형 사업의 룰」을 만들었다.

「협동형 사업의 룰」에서는 협동의 형태를 위탁, 공최, 사업협력, 보조·조성 등 4가지로 규정하고 있는데, 행정이 사업비 전액을 부담하고 사업내용, 계획도 정하며, 사업의 책임과 성과도 행정에 속하는 것이 '위탁'이며, '보조·조성'은 시민활동단체가 독자적으로 행하는 공익적 사업에 대해 행정시책 상 필요성을 인정한 경우에 행정이 그 일부를 부담하는 것을 의미한다.[25] 협동형 사업은 행정이 시민에게 일정 수준의 공공적 서비스를 제공하기 위해 사업목적을 공유하는 시민활동 단체의 자원과 특성을 도입하는 것이므로, 시민활동 단체에 책임성을 담보할 수 있는 사업수행 능력 기대한다. 시민활동센터의 설명에 의하면, 협동형 사업은 시민활동 지원을 목적으로 하는 것은 아니지만, 결과적으로 시민활동 지원과 같은 효과가 있다. 우선 시민활동 단체에 부족한 자금, 물자, 장소, 홍보 등을 행정이 분담함으로써 단체의 활동목적을 실현할 수 있으며, 행정과의 사업경험은 해당 단체의 역량 강화에도 도움이 되고 시민으로부터 단체에 대한 신뢰성이 높아지는 효과도 기대된다는 것이다.[26]

협동형 사업은 구 행정이 직접 주관하지 않고 대개 중간지원조직이나 출자법인을 통해 시행한다. 이들 기관은 지원할 시민활동의 공

---

25) 財団法人かわさき市民活動センター, 『川崎市協働型事業ガイドブックー協働ってなあに！？ー』, 2009, 2쪽.
26) 財団法人かわさき市民活動センター, 『川崎市協働型事業ガイドブックー協働ってなあに！？ー』, 2009.

모에서부터 평가에 이르기까지 전 과정을 관리한다. 시민활동 자금 지원의 방식은 사업의 종류와 주관기관에 따라 약간씩 달라질 수도 있지만, 기본적으로 지원금을 신청할 때 활동 계획서를 제출하고, 소정의 심사를 거쳐 대상이 결정되며, 지원받은 단체는 활동 종료 후에 보고서를 제출해야 한다. 활동 보고서를 평가하여 최종 지원액을 결정하고, 그에 따라 이미 지급된 지원금을 정산하는 방식을 취하기도 한다. 지원 대상 단체는 보고서를 제출하는 외에 워크샵 등을 통해 활동 내용에 대해 발표를 한다. 이러한 절차들은 행정 뿐 아니라 지원을 받는 시민활동 단체도 공적 자금 사용과 관련하여 시민에 대한 설명 책임이 부과되기 때문이다.

마치즈쿠리 또는 '지역 과제' 해결과 관련된 시민활동에 대해 활동 자금 등을 지원하는 경우, 지원자격은 개인이 아니라 대개 일정 인원 이상의 단체로 국한된다. 그러나 반드시 참가 인원수가 많아야 하는 것은 아니어서, '5명 이상의 단체'와 같이 소그룹에서부터 지원 가능하도록 되어 있는 경우도 많다.[27] 이러한 지원 방식은 활동을 매개로 해서 다양한 소그룹이나 단체들이 형성되는 것을 촉진시키게 된

---

27) 예를 들어 가와사키시 공원녹지협회는 "공개성이 높은 장소에 나무 심기, 화단 만들기, 플랜터 등에 의해 녹화를 이루어, 연간 유지 관리를 하는 단체나 잡초제거 등의 녹지 보전활동을 하는 5인 이상의 단체"를 지원 대상으로 한다. 또 다른 예로, 음식물 쓰레기를 퇴비로 만들어 농지에 활용하는 재활용 활동에 대한 지원의 경우, 활동 단체는 가와사키시에 주소를 둔 10세대 이상으로 구성될 것과 6개월 이상 계속해서 활동할 것을 요건으로 한다. 2008년에 아사오구의 위탁에 의해 시민활동 서포터센터가 주관한 '지역 커뮤니티활동 지원 사업'의 경우에도, 지원 대상은 공모를 통해 선정하고, 지원 자격은 아사오구를 활동 거점으로 하는 5명 이상의 조직으로 하였다.

다. 예를 들어 정내회 또는 자치회는 일정 구역 내에서 포괄적인 기능을 갖는 대표적인 지연 조직인데, 이 안에서 특정 활동을 위한 소그룹을 형성하여 이 소그룹의 이름으로 시민활동 지원 사업에 신청할 수 있다. 이것은 정내회 같은 지연조직 뿐 아니라 환경단체나 마치즈쿠리 운동 단체, 친목단체 등 기존의 어떤 단체에도 해당된다. 따라서 시민활동 지원시책에 의해 기존의 단체들이 활동자금을 지원받을 수 있는 테마들을 발굴 또는 기획하여 새로운 활동을 개척하는 등의 움직임을 통해 활성화되는 경우도 있다.

중간지원조직은 협동형 사업을 시민단체들의 활동자금 확보의 중요한 방법으로서 중개, 관리하는 외에 행정 및 민간재단 등의 다양한 지원제도들에 대한 정보를 제공하기도 한다. 협동형 사업은 자금을 사용하는 데 일정한 제약이 따르기 때문에 기업이나 재단 등이 만든 보조금·조성금 제도를 함께 활용하는 방법이나, 기부금을 받거나 사업 이용자로부터 요금을 징수하는 등 자주재원을 확보하기 위한 노력도 권장한다.

6. 시민활동 단체 사례

행정이 시민활동을 지원하는 것은 그 주안점이 일정 수준의 공공서비스를 제공하기 위한 사업 수행에 있는 경우도 있고, 시민활동 단체의 역량 강화에 있는 경우도 있다. 그러나 어떤 경우든 궁극적인 목적은 시민사회 내부에서 공공 서비스 제공이 이루어지는 체제를 구축하는 데 있으며, 공공 서비스 제공을 담당할 수 있는 활동주체들의 창출 내지 육성은 가장 핵심적인 과제의 하나다. 앞에서는 새로운 공공 서비스 제공 체제 구축을 위한 가와사키시의 정책과 시민활동 지원 체제를 살펴보았다. 이러한 정책은 '21세기 시민사회' 내지 '새로운 시민사회'라는 비전을 중요한 논리적 토대로 하여 추진되어 왔으나, 이를 통해 시민사회에는 실제로 어떤 변화가 일어나고 있는지, 시민단체 또는 시민은 이러한 정책을 어떻게 받아들이고 있으며, 어떻게 시민 측의 활동들을 만들어나가고 있는지 살펴볼 필요가 있다. 특히, 시민의 공적 영역 참가와 시민사회의 자율성 확보는 시민사회가 추구해 온 과제이기도 하다는 점에서, 행정의 정책으로서 추진되는 공공성 재구축에 대한 시민사회의 연루와 대응을 고찰하는 것은 의미가 있다. 그에 대한 본격적인 고찰은 별도의 연구 과제로 남겨두고, 이 절에서는 그러한 정책이 시민사회에 야기하는 변화에 대해 세 가지 시민활동 사례들을 통해 시사점을 찾아본다.

첫 번째는 미야마에, 다마(多摩)구 등 가와사키 북부를 관통하는 하천 히라세가와(平瀬川)를 역사 및 환경 자원으로 삼아 이를 활용한 마치즈쿠리 활동을 하는 〈히라세가와 마치즈쿠리협의회〉(이하 히라세가와 마치협) 사례다. 이 단체는 주민운동에서 배태된 조직으로서, 행정의 시민활동 지원 제도를 이용하면서 다양한 활동을 펼치고 있다. 두 번째는 〈NPO법인 어린이 미래 숙(塾)/ 모모노카(もものか) 보육원〉 사례다. 2007년7월 가와사키시가 '긴급 5개년 보육소 정비 계획'

을 통해 소규모 인가보육소 제도의 도입을 공표하자, 가와사키의 시민운동 그룹은 시민이 만드는 보육원 설립을 추진하여, 이듬해 '시민립' 보육원을 실현시켰다. 〈NPO법인 어린이 미래숙〉은 시민립 보육원 설립 주체로서 결성된 단체로, 생활클럽을 모체로 하며, 인가보육원 설립 활동은 생활클럽의 사회운동의 연장선상에 자리매김 된다. 세 번째는 〈NPO법인 아사오 시민활동 서포트센터〉(이하 서포트센터) 사례다. 서포트센터는 아사오구 시민교류관 운영 주체로서 설립된 조직으로, 아사오구로부터 사업위탁을 받아 중간지원조직의 기능을 하고 있다. 노년 세대가 운영의 주축이라는 점이 중요한 특징으로, 고령화에 대응하여 고령자의 사회참가 확대를 위한 모델케이스로 주목받고 있다.

〈히라세가와 유역 마치즈쿠리협의회〉

히라세가와 마치협은 1993년 가와사키시 당국의 히라세가와 개수 계획에 반대하는 주민운동으로부터 배태되었다. 행정이 하천개수를 치수(治水)의 관점으로만 접근하는 것에 대해 주변 지역주민들이 이의를 제기하고, 지역의 역사와 문화라는 관점에서 주민측이 작성한 대안 계획을 제시하여 계획변경을 얻어냈다. 주민 측은 포럼을 통해 히라세가와를 중심으로 한 향토사를 공부한 뒤, 시민 측의 하천 개수 설계도를 작성했다. 당시 이 운동에는 다양한 지역단체들이 참가했으며, 시민의 의사를 반영하여 하천이 정비된 후, 히라세가와 마치협은 히라세가와 유역을 중심으로 역사 및 환경에 관련된 다양한 활동들을 전개하게 되었다.

　우선, 하천이 개수된 후 지역에서 하천 연변에 벚나무를 심고 이것을 지역활동의 장으로 발전시켜 매년 벚꽃 축제를 열고 있다. 또한 1996년부터 시작된 '다나바타(七夕) 서미트'도 히라세가와 유역을 중심으로 매년 여름에 열리는 연례행사다. 이 행사에는 히라세가와 유역의 정내회·자치회, 상점회, 로터리 클럽, 초중학교 등 지역의 주요 단체들이 참가하여, 하천 연변의 청소와 수질 조사 등 환경보호 활동을 하는 한편, 마치즈쿠리 포럼을 개최하여 학생들의 지역에 대한 학습 발표, 히라세가와 마치협의 활동 발표 등을 하고, 참가 단체들이 마치즈쿠리 교류회를 갖는다. 히라세가와 주변의 8개 코스를 담은 히라세가와 탐색 지도 만들기 사업도 해왔는데, 2009년에는 지도 작성을 완료하여 1,500부를 지역의 주요 단체들과 히라세가와 마치협 회원들과 주요 행사 참가자들에게 배포했다. 나아가, 이 지도에 의거해서 각 코스를 답사하는 프로그램을 새롭게 만들기도 했다. 마치협의 핵심적인 활동가 마츠이(松井隆一)씨에 의하면, 히라세가와 개수 문제는 이 지역 주민들이 테마를 갖고 다양한 네트워크를 만들어 활용하면서 새로운 활동영역을 개척해나가는 계기를 제공해준 셈이다.

　이렇게 히라세가와 마치협으로서 활동을 하는 한편, 다른 시민단체와 네트워크형의 별도 단체를 구성하여 그 단체 이름으로 새로운 활동을 개척하기도 한다. 예컨대 돔모리야도(とんもり谷戸), 미즈사와모리비토노카이(水沢森人の会) 등과 함께 〈그린 포럼 21 미야마에〉(이하 그린 포럼 21)를 조직하여, 히라세가와 마치협이 아니라 그

린 포럼 21로서 미야마에구 마치즈쿠리 협의회에 참여한다. 그린 포럼 21은 미야마에구의 녹지, 환경과 더불어 농업·농산물에 대한 활동도 전개하고 있다.

히라세가와 마치협의 활동 자금은 회비, 사업 수입, 조성금, 기부금 등으로 이루어진다. 조성금에는 협동사업 위탁료나 시민활동 지원금으로 받은 것들이 포함되며, 활동에 따라 지역의 여러 단체들로부터 협찬금을 받기도 한다. 행정은 조직 자체에 대해 예산을 배정하지는 않기 때문에, 활동에 필요한 자금은 관련 재단 등의 조성금 제도에 응모하여 확보하거나, 기부금 모금 등을 통해 스스로 마련하고 있다. 이러한 자금은 대개 조직이 아닌 활동에 대해 주어지는 것이므로, 다양한 활동을 창출하고 실행해가면서 자금을 확보하며, 시민활동 지원제도를 잘 활용하고 있다. 마츠이 씨는 지역활동이 재미있으며, 지역의 기본적인 활동 보다는 특정한 테마를 중심으로 활동하는 편이 더 즐겁다고 하였다.

〈 NPO법인 어린이 미래숙(塾)
/ 모모노카보육원(子ども未来じゅく / もものか保育園)〉

가와사키에서 시민립 보육원 설립 운동을 주도한 사토 요코(佐藤洋子)씨는 80년대부터 생활클럽 생협과 생활클럽의 정치조직인 〈가나가와네트(神奈川ネット)〉에서 활동해온 활동가로, 1991년부터 8년간 가와사키시의원, 이후 4년간은 가나가와현 의원을 역임한 바 있다. 1997년 현 의원을 그만둔 후, 가나가와네트 가와사키의 정치·정책

코디네이터로 활동하면서 새로운 활동 방식을 모색하던 중에 가와사키시의 시민립 보육소 설립 운동을 주도하게 되었다.

사토 씨는 지역의 운동 그룹과 손잡고 〈가와사키시 소규모 인가 보육소 정비 사업에의 참가에 관한 프로젝트〉를 발족시켜 3개월간 보육소 설립 준비를 하였다. 회원을 모집하여 회비를 모으고, 기부금, 생활클럽의 '복지 서로 돕기 기금(生活クラブ福祉たすけあい基金)'의 조성금(150만엔)을 획득하는 한편, 대출금 등의 시민자금을 3,296만엔 모집하였다. 사토씨가 '참가형 사람, 물건(もの), 자금확보 프로젝트'라 칭한 이러한 운동을 통해 목표를 초과 달성할 수 있었고, 결국 보육원 설립 인가를 받아냈다.

가와사키시의 '소규모 인가 보육소 정비사업'에 참가하려면, 인가 보육원 실적 3년 이상이 필요했기 때문에, 보육소 개설 법인은 〈NPO법인 어린이 미래숙〉으로 하게 되었다. 〈NPO법인 어린이 미래숙〉은 기성 단체가 아니라, 시민립 보육원 설립 주체로서 결성된 것으로, 그 모체는 생활클럽생협과 가나가와네트다. 생활클럽생협과 가나가와네트는 1960년대 말 결성된 생활클럽에서 배태된 조직들로, 국가와 자본의 지배 하에서 사적 영역으로 분절, 왜소화된 생활세계의 자율성과 공공성을 회복하고자 하는 운동의 일환으로 탄생하였다. 가나가와네트는 생활클럽생협의 육아지원과 아츠기(厚木), 요코하마(横浜) 등에서의 NPO법인에 의한 인가 보육원 실천 현장과 정책 연대를 맺고 정책제언을 해왔다. NPO법인 어린이 미래숙은 첫번째는 다카츠(高津), 두번째는 다마(多摩)에 각각 고노하나 보육원과 소라마메(そら

まめ) 보육원을 설립했으며, 미야마에의 〈모모노카 보육원〉은 이 단체가 만든 세 번째 보육원이다.

사토 씨는 시민립 보육소의 의의를 시민활동의 공적인 성격이 인정됐다는 점에서 찾았다. 시대의 흐름 속에서 생활클럽이나 가나가와 네트도 새로운 활동방식을 모색할 필요가 있다는 문제의식을 갖고 있으며, 이용할 수 있는 자원을 이용하여 시민의 힘을 확대해야 한다고 생각했다고 한다. 사토 씨는 인가보육원 설립 활동도 생활클럽 활동의 하나로서 정치활동의 일환이라 생각한다. 그런 맥락에서 2008년에 현(県) 의원 또는 정(町)의원을 경험한 4명의 이 〈가나가와 시민자치 연구회〉를 결성하여(2008) 정책형성을 위한 조사연구 및 정책제언 활동을 하고 있다.

〈NPO법인 아사오구 시민활동 서포트센터〉

서포트센터는 아사오구 시민교류관 '야마유리'(やまゆり)의 운영 주체로서 설립된 조직이다. 야마유리는 관내의 개발업자가 기부한 시설로, 그 활용방안을 시민검토회의에서 검토하여 시민교류관으로 활용하기로 하였다. 야마유리는 시민공모를 통해 정한 시민교류관의 애칭이다. 시설의 소유는 아사오구지만, 운영은 시민에 맡기는 것으로 하고, 2007년에 아사오구의 마치즈쿠리 조직인 아사오구 시민의 모임과는 별도의 조직으로서 서포트센터를 설립하여 운영을 맡게 되었다. 아사오구는 기부받은 시설을 서포트센터에 유상 대여하고, 시민활동 지원사업을 위탁함으로써 중간지원조직의 기능을 할 수 있도록 했으

며, 서포트센터는 설립 이듬해인 2008년에 법인격을 획득했다.

서포트센터는 아사오구의 위탁에 의한 '아사오구 지역커뮤니티 활동 지원 사업'과 시민활동 상담창구, 각종 이벤트의 기획과 지원 등 시민활동을 지원사업을 하는 외에 세미나와 강좌 등의 생애학습 프로그램 운영, 정보지와 웹 운영을 통한 홍보활동 등 다양한 활동을 하고 있다. 센터의 운영 및 활동 자금은 아사오구의 위탁료와 재단 등으로부터 받는 조성금이 큰 비중을 차지하며, 그 밖에 시설이용 요금과 자주사업 수입으로 충당한다.

서포트센터의 가장 중요한 특징은 노년 세대가 운영 주축이라는 점이다. 조직은 이사, 운영위원회, 운영 스태프 등으로 구성되는데, 대부분이 노년 세대의 퇴직자들이며, 남성이 다수를 차지한다.[28] 유급 직원은 없고 무상 볼런티어(교통비, 간식비 지급) 3명이 업무를 위해 상주하는 체제로 운영되는데, 이들도 모두 노년 세대다. 정년 퇴직자를 대상으로 한 '액티브 시니어들의 세미나'는 서포트센터의 특징적인 사업이다. 이 세미나 수강자들은 매 기마다 세미나 종료 후 서클을 만들어 활동하고 있는데, 교류나 친목을 목적으로 한 활동 뿐 아니라 예를 들어 컴퓨터로 전단지를 만드는 일 같은 실용적인 활동을 하기도 한다. 서포트 센터 운영에 참가하는 것은 퇴직자의 '지역 데뷔'라는 의미가 부여되며, 야마유리는 고령화에 대응하여 고령자의 사회 참가 확대를 위한 모델케이스로 자리매김 되고 있다.

---

28) 이사의 정년은 75세이며 10명의 이사진 중 남성이 8명, 여성이 2명이다. 운영 스태프도 총 58명 중 남성이 46명, 여성 12명이다.

서포트센터의 대표이사 다케이치(竹市八郎)씨는 퇴직 후, 정내회 부회장을 3년간 맡은 후 회장을 역임했는데, 정내회 관계로 아사오시민의 모임에 참여했다가 시민활동 서포트센터의 대표이사를 맡게 되었다. 기획위원인 우에키(植木昌昭)씨는 57세에 조기 퇴직을 한 후, 지역의 정보지를 통해 야마유리 검토위원회의 홍보위원 모집 광고를 보고 응모하여 센터에 참여하게 되었다. 우에키 씨 자신이 아사오의 정년 퇴직자 세미나 제1기 수강생이기도 하다. 세미나 종료 후 참가자들이 그룹을 만들어 활동하면서, 스스로 세미나를 기획하고 서클을 창출하는 일을 하게 되었다. 지역에서는 젊은 인재라고 환영받고, 홍보와 사업기획 부문에서 왕성하게 활동 중이다. 두 사람은 지역에서 행정에게 뭔가를 요구해도 행정은 담당이 바뀌어 사명감이 약하므로, 주민이 지역을 담당하고, 지역에서 자신의 경력을 개발해갈 필요가 있다고 하였다. 이들은 서포트센터 활동을 통해 지연(地緣)이 아니라 지연(知緣)에 기초한 테마형 커뮤니티를 만들어가고자 하며, 장래에는 사회적 기업을 만들고자 하는 희망도 있다.

7. 새로운 공공론과 시민사회의 변화

가와사키시에서 '새로운 공공'의 구축이 정책과제로 설정된 것은 1990년대 후반 재정악화와 지방분권화에 대응하는 행재정 체제 개혁의 맥락에서였다. 거품경제 붕괴 이후 지속된 경기침체로 인해 가와사키시도 90년대 들어 세수입 감소 등에 의한 재정문제에 봉착했다. 급속한 고령화에 따른 복지수요 등 대응해야 할 공공과제는 더욱 증대하고 있는데, 일본은 본격적인 저성장 시대로 접어들어 지자체의 세수입 증대를 기대하기가 어려운 상황이 되었다. 이런 상황을 타개하기 위해 행재정 체제 개혁을 추진하였다. 개혁의 방향은 행정의 영역으로 여겨졌던 '공공'을 행정과 시민사회의 '협동'(協働)에 의해 뒷받침되는 '공공'으로 재구축하는 것으로, 즉, 행정의 공공 서비스 제공 기능을 시민사회로 이관함으로써, 비대화된 행정을 축소하는 동시에 행정의존이 심화된 시민사회에 공공과제 해결주체로서의 역할을 분담하도록 하는 것이다.

가와사키에서는 1990년대 말에 이러한 '새로운 공공'의 논리가 명확히 제시되어, 2000년대 들어 이에 입각한 정책과 시책들이 본격적으로 추진되었다. 시민이 공공 서비스 제공 주체로서 역할을 할 수 있는 체제를 구축하는 것은 가장 중요한 정책과제의 하나였으며, 이를 위해 시민활동 지원의 제도적 근거와 지원체계를 마련하였다. 시민활동은 "시민의 자발적, 계속적 참가에 의해 사회적 서비스 제공 등 제3자나 사회의 과제 해결에 공헌하는 비영리적 활동"으로 정의되었다. 행정의 시민활동 지원은 시민사회 내부에서 활동에 필요한 자원이 제공되는 '상호지원' 체제의 구축을 지원하는 것으로 규정하고, 이를 위한 거점으로서 중간지원조직의 설립을 추진하는 한편, '협동형 사업'을 통해 시민활동 자금을 제공하는 방식으로 지원체계를 마련하였다.

이러한 시민활동 지원체계는 행정구를 단위로 해서 구축되었다.

구청의 기능을 확대하고 구가 독자적으로 기획, 실시할 수 있는 사업의 틀로서 구정추진사업을 만들어 예산을 배정함으로써, 구청은 종합적 행정 기구로서 지역에서 마치즈쿠리의 거점 역할을 하도록 하였다. 구정추진사업은 '협동형 사업'으로 하여, 행정과 목적을 공유하는 시민활동에 대해 그 사업 틀에서 활동자금 등을 지원하는 방식을 취했다. 단, 이 때 행정이 직접 지원하는 것이 아니라 구의 중간지원조직이 매개 역할을 한다. 협동형 사업은 시민활동 단체의 육성을 목적으로 한 것이 아니라, 공공 서비스 제공 또는 공공 과제 해결을 목적으로 하고 시민단체 고유의 활동이 이러한 목적에 부합된다고 판단될 때 그 역량을 활용하기 위한 것이지만, 결과적으로 시민활동 단체의 성장에 기여한다고 해석되었다.

이상과 같은 가와사키시의 공공성 재구축 정책은 시민사회에 어떤 변화를 가져오고 있는가? 우선 가와사키시의 〈자치기본조례〉에서 '시민'과 '커뮤니티'에 대한 새로운 정의를 제시하고 있는 점은 주목할 만하다. 〈자치기본조례〉에서는 가와사키에 거주하지 않아도 이곳을 활동의 거점으로 하는 개인이나 단체를 모두 '시민'으로 규정하고 있다. 이러한 정의로 '지자체의 주민이고 유권자인 개인'이라는 종래의 '시민' 개념이 단순히 확장되었을 뿐 아니라, 기본적으로 '정치적 주체'로서 의미를 지닌 시민 개념도 크게 변화하였다. 시 당국은 이와 같이 '시민' 개념을 재정의하는 것은 공공 과제 해결의 주체를 폭넓게 확보하는데 도움이 되기 때문이라고 설명하였다. '새로운 공공'의 논리를 강하게 제시한 제2기 파워업 간담회 보고서는, 시민의 지자체 구성원으로서의 자각과 위기의식의 공유, 책임 의식과 고통 분담 등을 강조하였다. 이런 맥락에서 시민은 지자체·지역사회의 공공 과제 해결의 책임을 공유하는 주체로서 재규정되었다. 행정 개혁의 맥락에서 대두한 '새로운 공공'론에서는 이와 같이 새로운 '시민' 상(像)을 제시하고, 이를 「자치기본조례」에 규정으로 자리매김한 것이다.

고하라는 '주민믹스'가 단체 수준에서는 정내회, 시민활동단체, 그리고 이들이 교류, 연계하는 장이 되는 조직체를 주체로 하게 된다고 하고, 공공성을 지역에 심기 위해 "지역에 기반을 두는 NPO등의 시민활동 단체와 정내회와의 상호교류 연계에 의해 커뮤니티를 재생하는 구상을 하는 것이 우선 중요"하다고 강조했다. 그리고 이렇게 상이한 조직 원리에 기초한 조직들을 하나의 범주로 묶어서 '커뮤니티믹스'로 개념화하였다[29]. 「자치기본조례」에서는 "시민은 살기 좋은 지역사회를 만들기 위해 커뮤니티를 각자의 자유 의사에 따라 형성할 수 있다"고 규정하고, 여기는 '커뮤니티'는 '거주지, 관심 또는 목적을 함께 함으로써 형성되는 연계, 조직 등'을 말한다고 하였다. '거주지'를 함께 하는 것은 지연에 기초한 연계, 조직으로 일본에서는 정내회가 대표적인 예인 전통적, 공동체적인 사회관계라 할 수 있으며, '관심 또는 목적'을 공유하는 것은 그와 구분되는 근대적, 도시적인 사회관계 내지 조직이라 할 수 있다. 이렇게 상이한 조직 원리에 기초한 조직들을 '살기 좋은 지역사회 만들기'라는 목적 하에 '커뮤니티'로 함께 묶어낸 〈자치기본조례〉의 커뮤니티 개념은 '커뮤니티믹스' 개념과 거

---

29) 小原隆治, 「地域と公共性」, 2010, 177쪽에서 재인용

의 일치한다.

가와사키시의 시민활동 지원 체계는 결과적으로 이러한 '시민' 및 '커뮤니티믹스'의 형성과 지속을 뒷받침한다. 가와사키시의 시민활동 지원은 단체가 아니라 활동을 대상으로 하기 때문에, 활동 내지 사업의 수행주체로서 한시적으로 활동하는 단체가 결성될 수 있으며, 이 단체는 또 다른 활동을 위해 재편될 수도 있다. 가와사키 사례를 통해 이러한 '테마형(또는 목적형)' 조직의 창출은 기존의 조직을 대체하는 방향으로 전개되는 것이 아니라, 오히려 기존의 지연조직이 테마형 조직의 모태가 되기도 하고, 역으로 테마형 조직의 활동을 통해 기존 조직이 강화되기도 하는 현상을 볼 수 있다. 예를 들어 정내회나 생협 등에서 프로젝트 조직이 만들어져 활동 자금을 지원받는 경우, 이런 프로젝트는 정내회나 생협의 본연의 활동은 아니더라도 조직의 유지 또는 새로운 활동 자원의 확보를 통한 활성화에 기여할 수 있다. 이렇게 해서 서로 다른 유형의 조직들이 중층적으로 존재하게 된다. 사회변동에 따라 정내회의 영향력은 약화되고, 쇠퇴가 진전되고 있지만, 모든 지역에 존재하는 사회적 자본으로서 이를 활용할 필요성이 주장되기도 한다. 새로운 시민활동 지원의 틀에 의해 이렇게 전통적인 지연조직과 새로운 시민활동 조직들이 연계될 수 있도록 함으로써, '지역 과제 해결'에 참가(또는 동원)할 수 있는 주체의 확대를 기대할 수 있다.

1990년대 후반 이래 가와사키에서는 수차에 걸쳐 행정구 단위에서 지역 조직의 재편이 이루어졌는데, 시민의 의견을 수렴하고 토의하는 장으로부터 공공 과제 해결을 위한 구체적인 실천 주체로, 조직화의 주안점이 달라졌다는 점이다 1977년에 가와사키 최초로 시민의 시정참가를 목표로 도입된 구민간화회는, 구 만들기 백서 추진위원회를 거쳐 구 만들기 백서 사업이 모두 종료된 1999년 이후 새롭게 탄생하는 마치즈쿠리 추진 조직으로 사실상 흡수되었으며, 구 마치즈쿠리 조직은 2000년대 중반 무렵부터 중간지원조직으로 재편되어 왔다. 한편, 구정추진회의는 2009년에 설치된 구민회의에 그 기능이 통합되었다. 이렇게 여러 차례에 걸쳐 새로운 조직이 만들어지고, 재편되기도 하였으나, 이러한 조직들의 구성 방식은 기본적으로 연속성을 지닌다. 이토 시정 하에서 도입된 구민간화회는 개인 자격으로 참가하는 형태를 띠었지만 사실상 지역 단체들을 망라하는 방식으로 이루어졌으며, 구정 추진회의, 마치즈쿠리 초직, 구민회의에 이르기까지 구 단위에서 행정과 긴밀한 관련 속에서 탄생한 조직들은 지역의 각종 단체가 참가(위원 추천 또는 단체 대표로 조직 참가)하는 방식으로 조직되었다는 점에서 기본적으로 유사한 구성이다. 그러나, 조직화의 취지 내지 의미는 중요한 변화를 내포한다.

이토 시장에 의해 설치된 구민간화회는 시민의 의견을 시정에 반영한다는 취지에서 도입되었다. 가와사키에서는 1968년 북부 유통센터 건설계획에 반대하는 주민운동이 제기되어서, 1971년에 시민에 의한 가와사키시 자연환경 보전조례 직접청구가 이루어졌다. 이 청구는 임시 시의회에서 부결되었으나, 이후 시장 제안으로 〈가와사키시 자연환경의 보전과 회복 육성에 관한 조례〉가 제정되어 유통센터 건설 규모가 축소되었다.[30] 이는 행정 계획에 대해 지역주민으로부터 반대의사가 표출되는 경우 시민의 다양한 의사를 시정에 반영할 수 있는 제도적 장치의 필요성을 보여준 사례로, 구민간화회는 이러한 상황을 배경으로 탄생한 조직이다.[31] 구민간화회는 실제 운영 면에서는 행정의 광청, 광보 수단에 머무르게 되었지만, 장기적으로는 구 의회에 준하는 역할을 한다는 비전하에서 도입되었다고 할 수 있다. 그에 비해 구 마치즈쿠리 추진 조직이나 중간지원조직은 여론 수렴 보다는 지역 과제 해결을 위한 실천, 또는 사업의 시행에 주안점이 있는 조직이다. 2007년에 설치된 구민회의도 그 범위를 크게 벗어나지 않는 것으로 보인다. 구민회의에서는 행정과 구민회의 위원들이 파악한 지역과제들 중심의 대상을 정하고 심의한 과제들의 실행계획을 작성하는데, 구민회의에서 제안된 사업은 대개 위원이 소속된 단체가 실행하게 된다.[32] 이는 제안된 사업의 실효성을 담보하는 데 중점이 두어짐을 단

---

30) 斎藤大介, 「分権時代にふさわしい市民参加手続」『政策研究』, 第9号, 2000, 29-31쪽.

31) 이러한 시민참가 제도는 당시 압도적인 소수 여당으로 출범한 혁신시정이 보수계가 장악한 시의회를 경유하지 않고 직접 시민의 여론을 수렴하는 수단인 동시에 지역사회에 네트워크를 형성하는 길이기도 했다. 당시 이토 시장은 구민간화회에 '간접 민주주의의 보완'이라는 의미를 부여해서, 시의회의 강력한 반발을 불러일으키기도 했다. 구민간화회에 대해서는 이종구, 「구민간화회와 하향적 사회교육의 시도」, 이시재 외, 『일본의 도시사회』, 서울대학교 출판부, 2001, 299-319쪽을 참조. 구민간화회 설치를 둘러싼 시정 당국과 시의회의 갈등에 대해서는 308쪽 참조.

32) 예를 들어 가와사키구의 제2기 구민회의에서 제안된 14개 항목 중 80%에 해당하는 11개 항목의 사업이 위원 소속 단체에 의해 실행되었다(中岡祐一, 「参加と協働を進めるための区民会議の役割―第2期川崎区区民会議の取組と課題から」, 『政策情報かわさき』, 第25号, 27쪽). 이런 점은 구민회의 위원을 추천한 단체(=위원 소속단체) 이외의 구내 시민단체들과의 관계나, 일반 시민과의 관계에서는 중대한 문제가 있는 것으로 지적되었다. 구민회의는 2008년7월 제2기를 맞이하여 시행된 시민 설문조사에서 인지도가 2할 이하의 매우 낮은 수준을 보였다(金子浩美, 「区民会議「第二期の現状と課題」」,

적으로 보여준다.

　이상과 같이 가와사키에서 '새로운 공공' 구축은 사실상 '지역과제 해결'을 목적으로 한 정책으로써 추진되었다. 그런 점에서, '새로운 공공' 구축이란, 비판적 시각에서 주장하는 바와 같이, 값싼 비용으로 행정의 기능을 시민사회에 전가하기 위한 수단에 불과할 수도 있으나, 그것이 설령 행정 측의 의도라 하더라도, 그러한 정책이 의도하지 않은 결과를 낳을 가능성도 존재한다. 6절에서 든 사례들에서는 시민활동 지원 제도를 이용하여 새로운 활동과 조직을 만들어내고 활동 영역을 넓혀가며, 자신의 역량을 발휘하고 또 역량을 확대해가는 활동가적 시민의 모습을 볼 수 있다.

　이들은 목표하는 활동을 실현하기 위해 행정이 제공하는 것 이외의 다양한 지원 제도들에 대한 정보를 수집하고 이를 이용한다. 활동 자금이나 그 밖의 필요한 자원을 확보하기 위해 사업(활동) 계획서를 작성하고, 사업수행 내용을 공론의 장에 발표하며, 회계 보고서와 사업 결과보고서를 작성하기도 한다. 이러한 활동들은 직업 또는 노동의 장이 아닌 사회 영역에서 자신의 역량을 발견하고, 새로운 경력을 형성하는 기회가 되며, 자기실현과 더불어 활동의 사회적 의미를 부여할 수 있게 해준다. 그런 점에서 개인이 사회에 대한 새로운 의식을 형성하고, 그로부터 정치에 대한 새로운 인식이나 정치와의 새로운 통로를 획득할 가능성도 있다.

21쪽).

그런데, 새로운 역량을 발견하고 계발시켜가는 이러한 시민의 모습은 시민사회 발전에 적극적인 의미를 지닐 수 있다. 반면, 직업 등 사회활동에서 축적된 역량을 지닌 사람들이 은퇴 등 여러 가지 이유로 이른바 '지역 데뷔'를 함에 따라, 사회활동 경험 여부 및 사회에서의 경력이나 역량이 그동안 그와는 다른 세계였던 지역으로 연장되어, 지역에서 새로운 차등을 만들어낼 가능성도 배제할 수는 없다. 또한 지역 주민의 인적 구성이 그 지역의 사회적 자본이 되기 때문에 지역간 격차가 커질 우려도 있다.

사실 '새로운 공공' 구축론에서 제시된 '시민' 개념은 주권자=정치적 주체로서의 '시민' 개념과 반드시 상호 배타적인 것은 아니다. 이두 시민 개념을 어떻게 연결시키고 관계 설정을 하는가가 향후 일본 시민사회의 향방에 중요한 관건이라고 생각된다.

http://www.

참고문헌

皆川敏明, 「区政推進業務の現況について」, 川崎市総合企画局都市政策部, 『政策情報かわさき』, 第9号, 2000.
金子浩美, 「区民会議 第2期の現状と課題」, 川崎市総合企画局都市政策部, 『政策情報かわさき』, 第25号, 2010.
大場博, 「市民活動支援のための具体的な課題」, 川崎市総合企画局都市政策部, 『政策情報かわさき』, 第9号, 2000.
冨野輝一郎, 「自治体における公共空間」, 山口定・佐藤春吉・中島茂樹・小関素明(編), 『新しい公共性』, 有斐閣, 2000.
山口定, 『市民社会論』, 2004.
小原隆治, 「地域と公共性」, 斎藤純一(編), 『公共性の政治理論』, ナカニシヤ出版, 2010.
市民活動支援政策研究会, 『市民活動支援に向けた基礎調査報告書』1998.

_____, 『市民と行政の新しい関係の創造に向けて－川崎市における市民活動に関する調査・研究と提言』, 1999.

_____, 『行政と市民のパートナーシップの前進に向けて－市民活動支援政策に関する調査研究報告』1999.

이종구, 「구민간화회와 하향적 사회교육의 시도」, 이시재 외, 『일본의 도시사회』, 서울대학교 출판부, 2001.

財団法人かわさき市民活動センター, 『川崎市協働型事業ガイドブック－協働ってなあに』, 2009.

田中重好, 『地域から生まれる公共性』, ミネルヴァ書房, 2010.

中岡祐一, 「参加と協働を進めるための区民会議の役割―第2期川崎区区民会議の取組と課題から」, 『政策情報かわさき』, 第25号.

川崎市, 『分権事始め in かわさき』, 1999.

_____, 『財政のあらまし平成9年12月版』, 1998.

_____, 『地区まちづくり育成条例活用マニュアル: みんなで進める「地区まちづくり」』, 2010

_____, 『川崎市財政読本―141万市民のおサイフ』, 2010.

_____, 『川崎市行財政改革プラン』, 2002.

_____, 『川崎市における分権推進方策－応答性・整合性の確保のために』, 2000.

_____, 『川崎市における分権推進の基本的な考え方－条例制定に関する指針を中心として』, 1999.

_____, 『川崎新時代2010プラン』, 1993

_____, 『行政と市民のパートナーシップの前進に向けて―市民活動支援政策に関する調査研究報告』, 1997.

_____, 『行財政システム改革の推進に向けた実施計画』, 1996.

_____, 『市民活動支援に向けた基礎調査報告書』, 1998.

_____, 『21世紀の市民社会を展望した自治体改革の推進に向けて―第2次・行財政システム改革実施計画―』, 1999.

_____, 『川崎市行財政改革プラン―「活力とうるおいのあう市民都市・川崎」をめざして：萌える対地と躍るこころ―』(概要版), 2002.

_____, 『新行財政改革プラン―「元気都市かわさき」を実現する都市経営基盤の確立―』, 2008.

_____, 「巻頭鼎談 分権改革と自治のかたちを展望する」『政策情報かわさき』第25号, 2010.

_____, 「これまでの行財政改革の取り組み」, 2010.

第2期川崎新時代・行財政システム改革懇談会, 『危機意識の共有化による新たなパートナーシップの確立と21世紀の市民社会を展望した自治体運営のあり方（提言書）』, 1999.

川崎市全町内会連合会・川崎市, 『町内会・自治会　ハンド・ブック』2010.

宮前区役所,『平成22年度　宮前区役所事業概要―地域の課題を発見し、迅速・的確な解決を図る区役所をめざして―』, 2010.

宮前区まちづくり協議会,「まちづくり市民活動応援カタログ」, 2012.

平瀬川流域まちづくり協議会,「平成21年度活動報告 平成22年度活動計画 みんなで育てよう歴史のふる里　みんな集まれ平瀬川」, 2010.

「2009年 平瀬川探索マップ」

麻生区役所,『市民調査研究報告―麻生区魅力ある区づくり推進事業「2004あさお市民調査研究事業」―あさお市民調査研究事業市民企画提案―』, 2004.

麻生区づくり白書策定委員会・麻生区役所区政推進課,『麻生区づくり白書　21世紀へのメッセージ　ともに創りあげる麻生』, 2010.

NPO法人あさお市民活動サポートセンター,「あさお市民活動レポート」, 第1号~第5号(2009~2010).

小林はるみ,「市民の手による福祉 オンブズパーソン組織〈福祉ネットワークみやまえ〉設立に向けて」,『政策情報かわさき』, 第9号, 2000.

菊池剛露,「川崎市自治基本条例に基づく市民自治の推進―川崎市自治推進委員会の取り組みから―」, 政策情報かわさき, 第25号, 2010.

山口定・佐藤春吉・中島茂樹・小関素明(編),『新しい公共性』, 有斐閣, 2000.

_____,『川崎市市民活動支援指針―市民との協働のまちづくりのために―』, 2001.

川崎市市民活動支援施策検討委員会,『川崎市市民活動にについての調査研究報告』, 1999.

_____,『川崎市市民活動支援指針策定に向けて―市民との協働のまちづくりのために』, 2001.

川崎市市民活動推進委員会,『市民活動センターの開設に向けて(提言)』, 2002.

_____,『市民活動の活動資金の確保に向けて(提言)』, 2003.

川崎市財政問題検討委員会,『川崎市財政問題検討会中間報告書』, 1997.

川崎市平成12年度政策課題研究Aチーム報告書,『分権時代にふさわしい市民参加手続きのあり方について』, 2001.

川崎市平成15年度政策課題研究Bチーム報告書,『協働のルール　―新しい公共サービスのあり方とその手法を探る―』, 2004.

川崎市総合企画局政策部,『川崎市自治基本条例逐条説明書』, 2005..

内閣府,『中間支援組織の現状と課題に関する調査報告 』, 2002

区行政検討委員会,『区行政改革の基本方向―窓口サービス機能中心の区役所から地域の課題を自ら発見し解決できる市民協働拠点へ―』, 2004.

斎藤大介,「分権時代にふさわしい市民参加手続」,『政策研究』. 第9号, 2000.

02 타마뉴타운의 인구전환과 시민사회

임채성

1. 뉴타운 개발 속의 타마

　　전후 일본은 내부순환적 설비투자에 기반한 고도경제성장의 시대를 경험하였다. 이에 따라, 농촌에서 대도시로의 인구유입이 계속되어 대규모 주택수요가 발생하게 되었다. 그러나 주택사정은 종래의 도심 개발만으로 결코 해결될 전망이 보이지 않자, 교외의 시가지화가 진전되었다. 단카이세대로 불리는 베이붐 세대가 졸업후 안정된 직장을 얻어 새로운 가정을 꾸리자, 이들은 도시주변에 거주공간을 확보하기 위해 장시간 통근을 하지 않을 수 없었다. 이를 정책적으로 실현한 것이 뉴타운 개발사업이었다. 센리뉴타운(사업년도 1964-69년, 면적 1,160ha, 계획인구 15만명)을 시작으로 코조우지뉴타운(사업년도 1965-85년, 면적 702ha, 계획인구 8만1천명), 츠쿠바연구학원도시(사업년도 1968-98년, 면적 2,696ha, 계획인구 10만6천명), 센보쿠뉴타운(사업년도 1965-82년, 면적 1,557ha, 계획인구 18만명), 타마뉴타운(사업년도 1964-2000년, 면적 2,984ha, 계획인구 29만9천명) 등 전국적으로 40개 지역를 넘는 뉴타운사업이 고도성장기에 시작되어, 고도성장기의 맨파워였던 베이붐 세대에게 거주공간을 제공하였다.

그러나 고도성장기가 종식되고 인구가 감소함에 따라, 많은 뉴타운이 활기를 잃고 건물도 사람도 노쇠하여 올드타운으로 전락하게 되었다. 특히 도심부의 지가하락과 재개발은 통근시간을 단축하고 직주근접(職住近接)을 추구하는 도심회귀현상을 가져와 뉴타운에는 상대적으로 자금력이 부족한 이들이 남게 되었다. 물론, 지자체와 NPO 등이 중심이 되어 뉴타운 재생 프로젝트를 시작하고 있지만, 이를 완전히 반전시킬 수는 없었으며, 다만 인구감소와 고령화를 전제로 사태악화를 막고 있을 뿐이다.

이에 본고는 전국적으로 규모가 가장 크고 장기간에 걸쳐 조성된 타마뉴타운 사례를 가지고 고령화로 인한 문제 발생과 이에 대한 지역사회의 대책을 검토함으로써 시사점을 얻고자 한다. 물론, 타마뉴타운이 전국의 뉴타운 문제를 모두 반영하고 있지는 않다. 다른 뉴타운의 경우, 타마뉴타운보다 사태가 심각하다. 타마뉴타운의 경우, 도쿄도의 일부로서 잠재적 고객을 갖고 있지만, 타마뉴타운 가운데 타마시의 경우에는 지역에 따라 폐교문제가 발생하고, 근린상점가의 계속되는 폐점으로 상권의 쇠퇴가 심각하다. 따라서 타마뉴타운은 특정지역에서 전형적인 뉴타운의 문제점을 갖고 있는 동시에, 수도권이라는 이점을 살려 재기의 가능성이 있다는 점에서, 현재의 문제와 이에 대한 해결의 실마리를 살펴볼 수 있다.

타마뉴타운에 관해서는 타마뉴타운 학회가 설립될 정도로 다방면에서 적지 않은 연구가 이루어져왔으나 그 대부분이 특정사항 내지 조사결과를 소개하는 연구가 대체로 많았다. 그러한 가운데 뉴타운 개발사에 주목한 연구가 야마기시 고이치[1]와 호조 아키요시[2]이지만, 아직 본격적인 분석이 이루졌다고 하기는 힘들다. 이에 대해 호소노 스케히로·나카니와 미츠히코[3]는 개발사업의 담당자에 대한 인터뷰 조사를 통해 타마뉴타운의 개발정책사와 지역내 소셜 캐피털의 형성 과정을 분석하여 개발사의 전모를 밝혔다. 또한 하야시 코이치로[4]와 카네코 아츠시[5]는 생활재건자와 영농업자를 중심으로 뉴타운 개발이 지역사회에 미친 영향을 분석하였다.

뉴타운 개발사와 인구동향에 관해서 통시적 시각을 가지고 분석하여 그 문제점을 도출하고 이를 해결하기 위한 지역사회의 제반 활동에 주목한 연구로서는 아키야마 타카오[6]가 있다. 아키야마는 자신

1) 山岸紘一,「多摩ニュータウンの開發史」多摩ニュータウン學會編『多摩ニュータウン硏究』3, 八王子：中央大學出版部, 2001.
2) 北條晃敬,「多摩ニュータウン計劃·構想の段階から：多摩ニュータウン開發事始め時代の回想記」多摩ニュータウン學會編『多摩ニュータウン硏究』4, 八王子：中央大學出版部, 2002.
3) 細野助博·中庭光彦編著,『オーラル·ヒストリー 多摩ニュータウン』, 八王子：中央大學出版部, 2010.
4) 林浩一郎,「多摩ニュータウン開發の情景：實驗都市の迷走とある生活債勸者の苦鬪」『地域社會學會年報』20(2008年5月).
5) 金子淳,「ニュータウンの成立と地域社會：多摩ニュータウンにおける『開發の受容』」, 大門正克·大槻奈巳·岡田知弘·佐藤隆·進藤兵·高岡裕之·柳澤遊編『過熱と揺らぎ 高度成長の時代2』, 東京：大月書店, 2010.
6) 秋元孝夫,『ニュータウンの未来：多摩ニュータウンからのメッセージ』(多摩：多摩ニュータウン·まちづくり專門家会議, 2005).

이 NPO활동가로서의 입장에서 타마뉴타운의 개발과 현황을 분석하고 이를 통해 고령화 사회에 적합하지 않은 주택시설을 개선하기 위한 노력으로 거주공간을 확보하기 위한 실천적 행동계획으로서 나가야마 하우스 프로젝트를 제시하고 있다. 하지만, 지가추이, 초·중학교 학생동향, 장기간에 걸쳐 코호트 인구추이 등이 분석되지 못하였고, 시민사회의 활동이 부각되어 행정당국의 입장을 살피고 있지 않다. 또한 기술과정에서 일부 객관화되지 못한 부분이 존재하고 있다.

이하, 본고는 다음과 같은 구성을 갖는다. 제1절에서는 타마뉴타운의 개발배경과 더불어, 개발이 이루어지는 프로세스를 검토한 다음, 제2절에서는 타마뉴타운의 현문제를 발생시키는 인구전환과 부동산시장의 동향을 분석한다. 이에 대해서 뉴타운 재생을 꿈꾸고 이를 현실로 변화시키고 하는 행정당국과 NPO의 활동을 제3절에서 고찰한다.

2. 타마뉴타운 개발의 논리와 역사

타마뉴타운은 표고 70m 전후에서 150m 전후의 고저차를 갖는 구릉지대로, 능선이 남부지역에서 동서방향으로 전개되어 있고, 이 능선에서 북쪽으로는 습지가 펼쳐져 있다.[7] 이러한 타마, 하치오지, 마치다, 이나기의 4개 시에 걸친 면적 2,984ha에 인구 29만9천명을 입

---

7) 東京都首都整備局, 「多摩ニュータウン計劃の槪要」 東京都首都整備局 『多摩ニュータウン計劃關係資料集』(1966年9月).

주시킬 수 있는 타마뉴타운계획이 사업년도 1964년부터 2000년에 걸쳐 실시되었다. 약 35년에 걸쳐 시행된 일본 최대의 뉴타운사업이었지만, 그 개발 배후에는 당연히 도쿄의 인구증가와 도심부의 지가상승이 있었다.

〈그림 1〉 도쿄의 인구추이와 6대 도시지가지수 (단위 : 천명, 2000년＝100)

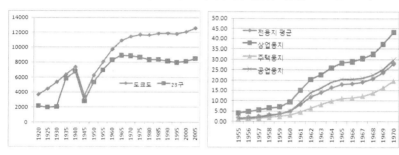

※ 출처 : 東京都(各年度版), 務省統計局(2010)
　　주 : 1. 1932년10월1일 도쿄시, 인접 5개군82정촌을 합병하여 35구가 되었다.
　　　　2. 1943년7월1일 도쿄도제(東京都制) 실시
　　　　3. 1947년3월15일 22구제 실시(8월에 네리마 구가 독립해서 23구)
　　　　4. 6대 도시는 도쿄, 요코하마, 나고야, 교토, 오사카, 고베.

　　우선, 도쿄의 인구추이를 보도록 하자(〈그림 1〉). 전전기부터 도쿄의 인구는 외부로부터의 인구유입에 의해 급속히 증가하였다. 이의 원인으로는 1932년10월에 도쿄시가 인접 5개군 82정촌을 합병해서 35구가 되었다는 사실도 있다. 그러나 전시하 공습으로 인해 인구소개가 실시됨에 따라, 1945년 시점의 인구는 1920년 전후 수준으로 급감하였다. 패전후 전재부흥으로 도쿄 인구집중이 다시 나타나고 고도성장이 시작된 1955년에는 전전수준을 웃돌아, 1965년에는 도쿄인구 1,087만명, 23구만으로도 889만명에 달하였다.

　이러한 인구압력에 대처하기 위해, 상하수도, 교통망, 전력 등 인프라스트럭처의 확충과 더불어, 신규인구에 맞추어 주택을 제공해야만 하였다. 예를 들어, 도쿄도의 세대수는 1960년 277만3,076세대에서 70년 394만7,787세대로 증가하여 단순계산으로도 117만이라는 주택이 신규건설되지 않으면 안되었다. 그러나 23구내에서는 대규모 주택지의 확보가 곤란하였을 뿐 아니라, 기존 시가지에 대한 공업용지의 수요가 급증하였다. 그 결과, 1960년을 경계로 지가가 급증하여, 지가가 저렴한 교외가 택지로서 개발되게 되었다. 하지만, 이는 시장원리에 의한 것이었기 때문에, 열악한 스프롤화(urban sprawl)를 면할 수 없었다.

　이에 도쿄도는 타마라는 내륙부 교외에 눈을 돌렸다. 도쿄도수도 (首都)정비국이 1960년에 설치되어, 1960-62년에 걸쳐 집단적 택지조성계획에 관한 조사를 수행하는 등 타마 남부를 대상으로 한 대규모 택지개발구상을 검토하였다.[8] 이에 입각하여 63년에는 도쿄도수도정비국이 일본주택공단 수도권 택지개발본부에 타마뉴타운 구상의 작성을 의뢰하였다. 타마뉴타운보다 먼저 계획된 센리뉴타운 등에서는 토지조성시 이권조정이 제대로 이루어지지 못하여 주택개발계획이 지연되었다는 점에서 신주택시가지개발법(1963년7월 시행, 이하 신주

---

8) 日本住宅公團南多摩開發局,『多摩ニュータウン15年史』, 1981, 東京都南多摩新都市開發本部,『多摩ニュータウン開發の歩み』, 東京 : 東京都南多摩新都市開発本部, 1987.

법)에 입각한 전면토지매수방법을 채용하였다.9) 정책의 추진 주체였던 건설성, 도쿄도, 주택공단 3자는 1963년에서 65년까지 7차에 걸친 수정을 통하여 타마뉴타운의 매스터 플랜을 작성하였다.10) 그 가운데, 개발면적의 확대(2200ha→3000ha), 행정구획의 변경, 케이오 철도, 오다큐 철도의 부설계획 조정, 철도와 버스 간의 수송기능분담, 인도와 차도의 분리, 녹지 확보, 대규모 주택단지의 확정 등이 제시되었다.

---

9) '이 법률은 인구집중이 심각한 시가지 주변지역의 주택시가지 개발에 관련 하여 신주택시가지개발사업의 시행 등 필요사항을 규정함으로써, 건전한 주택지의 개발과 주택에 곤궁한 국민을 위해 거주환경이 양호한 주택지의 대규모 공급을 꾀함으로써, 국민생활의 안정에 기여하는 것을 목적으로 한다.'

10) 住宅·都市整備公團南多摩開發局事業部事業計劃第一課,『多摩ニュータウン事業槪要』, 1997, pp.15-22.

〈그림 2〉 타마뉴타운 지도

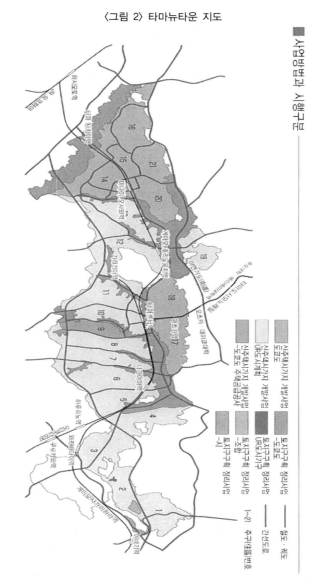

※ 출처 : 東京都·住都公團·東京都住宅供給公社, 『多摩ニュータウン』(1965)

계획의 기본방침[11]을 보면, 타마뉴타운에서는 〈그림 2〉와 같이 ①총면적에 대한 인구밀도를 1ha당 100명으로 하여 구역 내 30만명을 수용하도록 하였다. 또한, ②대량수송기관인 철도를 지형상 그리고 개발효과상 가장 유리한 지점에 부설하고, ③구역 내 교통은 주로 노면교통(자동차, 버스)에 의하며, 그 원활성을 위하여 구역 내 간선도로를 정비하는 동시에, 주변도시와의 교통망을 정비하고자 하였다. ④인구 30만명에 대응하기 위한 도시센터(중심상업지구)는 집적이익을 최대한 발휘하도록 1개소로 하여, 철도와 주요간선도로가 집중되도록 하였다. 또한 주변의 기존도시를 포함해서 필요한 문화, 후생시설을 이 지구에 계획하였다. ⑤취업인구의 정착을 도모하기 위해, 대학, 연구소 등 교육문화시설을 적극 유치할 수 있도록 그 용지를 확보했으며, ⑥공원녹지시설에 관해서는 도쿄전체에서 녹지자원으로서의 타마구릉이 갖는 가치에 주목하여 본 구역만이 아니라 광역권으로서의 정비를 기하였다. ⑦1주구(住區) 8,000명, 1중학교구 16,000명을 기본으로 구성하고, 나아가 기존 취락이 많은 곳은 개발속도가 지체되기 때문에, 가능한 한 이 지역만으로 1주구를 구성하였다.

---

11) 東京都首都整備局,「多摩ニュータウン計劃の概要」, p.113.

<표 1> 타마뉴타운 계획토지 이용비율 (단위 : ha, %)

구분			면적ha	%	비고
택지 (538만평) (59%)	주택 용지	계획주택지	783.8	26.2	
		민간 기존 조성지	31.4	1.0	
		기존 취락 등	265.9	8.9	
		계	1081.1	36.1	
	교육 시설 용지	초등학교	97	3.2	40교 * 2.4ha
		중학교	61.6	2.1	20교 * 2.4ha
		고등학교	40	1.3	6교 * 2.4ha
		계	198.6	6.6	
	상업·관공청· 문화시설 등 용지	주구(住區)서비스시설	72	2.4	1주구 3개소 * 3.6ha
		역전 쇼핑	19.7	0.7	지구 내 3개소
		도시센터	57.2	1.9	지구 내 1개소
		계	148.9	5.0	
	의료 시설 용지		10.5	0.4	각종병원용지
	유치 시설 용지		282.6	9.4	대학, 연구소, 유원시설 등 (묘지 포함)
	공급 처리 시설 용지		7	0.2	쓰레기 소각장, 수도시설 용지 등
	철도 시설 용지		43.9	1.5	지구 내 면적
	소계		1772.6	59.2	
비택지 (370만평) (41%)	도로하천용지	도시간선, 주구내간선, 세 가로, 하천 등 계	484.6	16.2	
	공원녹지용지	공원	아동공원	69	2.3	1 중학교구 6-8개소 * 0.5ha
			근린공원	89	3.0	1 중학교구 2개소, 1개소당 2.0ha 혹은2.5ha
			지구공원	63.4	2.1	지구 내 5개소
			중앙공원	90.4	3.0	운동시설, 공회당 등 포함
			계	311.8	10.4	
		녹지		424.2	14.2	자연 그대로 보존한 녹지 (유보도 포함)
		계		736	24.6	
	소계			1220.6	40.8	
합계				2993.2	100.0	

※ 출처 : 東京都首都整備局,「多摩ニュータウン計劃の槪要」, pp.124-125.

기본계획이 토지이용에 있어 어떻게 구현되는지를 보면, 〈표 1〉

과 같이 택지는 1,772.6ha, 전체의 59%로, 이중 주택지 1081.1ha, 교육 시설 198.6ha, 상업·관공청·문화시설 148.9ha, 의료·철도 344ha이며, 비 택지는 남은 40.8%로, 이중 도로·하천 484.6ha, 공원녹지 736ha이었다. 처음부터 일상생활하는데 필요한 상업시설 이외에는 산업시설을 계 획하고 있지 않아 베드타운으로서의 역할만이 기대되었던 것이다. 특 히 택지개발에서는 영국의 근린주구이론(近隣住區理論, neighborhood unit)이 도입되어, 보행자 동선과 자동차 동선의 완전 분리를 염두에 두고 간선도로로 주구를 나누고 주구마다 소학교와 상점, 문화시설 등의 근린센터를 배치함으로써, 지역콤뮤니티의 육성을 꾀하였다.[12] 그 실현을 위해 도쿄도주택국에는 신주택시가지개발과(1965년7월), 주택공단에는 남타마개발사무소(65년8월)를 설치하였다. 이미 용지매 수는 1963년12월부터 공단에 의해 개시되었고, 도쿄도 주택국에 의해 서도 64년12월에는 도쿄도 주택공급공사용지가 매수되기 시작하였다. 기존농민에 대해서는 생활재건조치가 결정되어, 단지 내 상점가에 대 한 출점을 알선하고 상업으로의 전업을 보장하는 방침이 마련되었 다.[13] 그럼에도 불구하고 일부 농민이 격렬하게 반대운동을 전개하는 등, 지권자들의 이의도 많아, 1966년2월에는 지권자 413명이 신주구역 제외요망서를 타마정의회의장에 제출하였다. 그것이 11월에 도쿄도 와 현지 지자체 간에 인정되어, 기존 취락지역은 구획정리사업으로

---

12) 秋元孝夫,『ニュータウンの未来 : 多摩ニュータウンからのメッセージ』, pp.76-78.
13) パルテノン多摩・多摩市文化振興財團編,『多摩ニュータウン開發の軌跡 : 「巨大な實驗都市」の誕生と變容』, 多摩 : パルテノン多摩, 1998, pp.42-43.

정비하는 것이 합의되었다. 1966년12월에는 도쿄도남타마신도시개발
본부가 설치되었다.

　그 결과, 신주법에 입각한 공단과 도쿄도가 용지를 전면매수해서
개발사업을 하고, '신주택시가지개발사업구역' 외에 지권자의 의도가
반영되어, '토지구획정리구역'이 인정됨에 따라, 타마뉴타운은 기존시
가지, 신주지구, 구획정리지구라는 세 지구로 나누어지게 되었다.[14]
개발사업별로는 면적, 호수, 인구를 보면, 신주사업은 2,218.2ha,
64,430호, 225,700명, 구획정리사업 666.5ha, 17,220호, 60,200명으로 사
업의 77-79%가 신주사업으로 실시하게 되었다. 결과적으로 이는 타마
뉴타운의 계획성을 저해하는 것이었지만, 동시에 개발의 다양성을 가
져왔다. 신주지구에서는 주택공단, 도쿄도, 도주택공급공사의 삼자가
기반정비를 담당하고, 도쿄도는 공영주택을 건설하고, 공사와 도시기
구는 공적임대주택과 분양주택을 건설하였다. 이는 주택간의 역할을
염두에 둔 것으로, 젊은 저소득자는 공적보조가 많은 공영주택에 입
주하고, 소득이 높아지면서 공사와 공단의 임대주택으로 이주하고,
이후 분양주택을 구입한 다음, 최종적으로는 교외의 독립주택을 구입
하게 된다.[15] 따라서 언제, 누구에 의해 어떠한 소유관계로 주택이 조
달되는가에 따라 세대구성은 달라지고, 시가지의 형태와 콤뮤니티의
양태도 변하게 되었다.

---

14) 日本住宅公團南多摩開發局,『多摩ニュータウン15年史』. 東京都南多摩新都
　　市開發本部,『多摩ニュータウン開發の歩み』.
15) 大山眞人,『團地が死んでいく』, 東京 : 平凡社, 2008, p.94.

1969년3월에 스와·나가야마 지구에 대한 제1차 입주가 시작되었다. 그러나 교육시설과 상하수도 등의 인프라가 신규입주에 맞추어 확충되지 못하였고, 계획되었던 오다큐철도, 게이오철도 사가미하라선이 1974년까지 개통되지 못하였기 때문에 가장 가까운 오다큐철도 세이세키사쿠라가오카역까지 버스를 이용하지 않을 수밖에 없었다. 또한 학교신설 등 공공시설의 확충에 따른 지자체의 재정부담이 급증하여, 10년간 100억엔이상의 누적재정적자가 예측되었다.[16]

이에 타마시는 1971년 ①지원지자체의 재정부담, ②철도의 조기개통, ③종합병원의 개설, ④행정구획의 변경 등 네 가지 문제를 해결하지 않는 한, 1972년도 이후의 주택건설을 인정할 수 없다는 강경한 자세를 보였다. 결국 도쿄도의 미노베시장하에 타마뉴타운개발계획회의가 개최되어, '타마뉴타운에서의 주택의 건설과 지원시의 행재정에 관한 요강'(1974년10월, 이하 행재정요강)이 확정되어, 재원, 인구, 토지, 학군에 관한 기본방침이 제시되었다. 예를 들어, 학교용지를 무상 혹은 감액양도하고, 나아가 교사건설에 대한 특별보조금을 증액하기로 하는 등, 타마시의 주장이 많이 반영되었다. 이것이 타마뉴타운정책의 터닝 포인트가 되었음은 물론이다. 제1차 입주에서 5년 후가 되는 1974년에 비로소 가이도리·토요가오카 지구에 대한 제2차 입주가 실시되었다.

---

16) 臼井道男「多摩ニュータウンの開発と学校教育の変遷」パルテノン多摩·財団法人多摩市文化振興財団編『多摩ニュータウン開発の軌跡：「巨大な実験都市」の誕生と変容』1998年, 14頁。

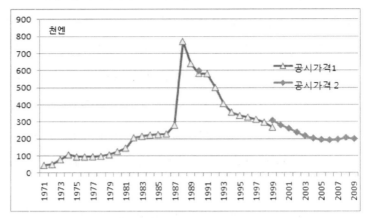

※ 출처 : 東京都本部 / 自治勞都廳職員勞働組合 · 多摩開發本部, 「多摩ニュータウンにお
     けるまちづくりと地域再生について」 第29回地方自治硏究全國集會 『自治硏
     報告書集』(2002年10月), 東京都(各年度版).
   주 : 공시지가1은 타마시 사쿠라오카 3-33-8, 공시지가2는 타마시 콧타 838-1
        (케이오 타마센터).

나아가 도쿄도의 스즈키시장은 타마지역이 23개 지구에 필적하
도록 중심성을 발휘하는 복합형 다기능도시로 발전시킨다는 입장을
표명하였다. 그 영향으로 '행재정요강'이 개정되어, 단독주택의 건설
이 인정되었다. '서부지구개발대강'(1977년)에 입각해서 미나미사와를
중심으로 서부지역이 개발되었다. 80년대에 들어서 버블경기가 발생
하고, 규제완화가 단행됨에 따라, 도심부의 지가상승, 도쿄 일극주의
의 진전으로 교외지의 택지개발이 더욱 촉진되었다. 백화점, 호텔, 레
저시설 등도 개발되었다. 그러나 〈그림 3〉과 같이 타마시가지의 공시
지가가 하락한 것에서 알 수 있듯이 버블 붕괴에 따라 사정이 일변하

자, 지역경제는 어려워져, 2000년에는 타마소고라는 백화점이 철수하기에 이르렀다. 특히 도심에 가까운 지역에서도 지가하락, 공장이전 등에 의한 재개발이 이루어져, 도심회귀현상이 나타나기 시작하였다. 세계적으로 많은 도시의 인구가 감소하고 있어, 도시의 축소는 비단 일본에 한정된 현상이 아니지만,[17] 타마뉴타운의 경우, 방대한 재정 적자의 발생으로 업무시설 외에 학교, 녹지, 주차장, 예비용지 등에 관한 전면 재검토가 이루어져, 계획인구의 대폭적인 삭감이 이루어지지 않을 수 없었다.[18] 그 인구는 계획의 약 30만명을 크게 밑도는 20만명 정도에 머무르고 있다. 인구면에서 미완성인 채로, 다시 말해 축소된 형태로 2004년3월 도쿄도는 신주택시가지개발사업완료를 선언하였다. 2006년에는 도시재생기구(UR)도 사업완료를 선언하였다.[19] 그 후 뉴타운개발은 시장원리에 충실한 민간 개발업자에 의해 이루어지고 있다.

이상과 같이, 타마뉴타운은 고도성장기중에 도심부 근무자의 베드타운으로 개발되어, 다양한 이해관계와 경제의 상승세 약화에 따라 20만명 규모로 축소되었다. 그렇지만, 개발논리에서 시작된 타마뉴타운은 오늘날에 이르러 새로운 국면에 직면하였고 여러 가지 문제점을 드러내게 되었다.

---

17) 矢作弘, 『縮小都市』の時代』, 東京 : 角川書店, 2009.
18) 日本住宅公團南多摩開發局, 『多摩ニュータウン15年史』, p.30.
19) 일본주택공단(1955-81) + 택지개발공단(1975-81) → 주택·도시정비공단 (1981-99) → 도시기반정비공단(1999-2004) + 지역진흥정비공단의 지방도시 개발정비부문(1974-2004) → 독립행정법인도시재생기구(2004.7-현재).

3. 타마뉴타운의 인구전환과 주택시장
: 뉴타운에서 올드타운으로

〈그림 4〉 타마시의 연령별 인구구성과 타마뉴타운의 초중학생수(단위 : 명, 교)

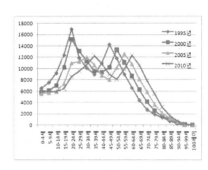 

※ 출처 : 多摩市HP (http://www.city.tama.lg.jp/zaisei/jinkou/285/index.html); 東京都南多
摩保健所,「多摩ニュータウンの人口動態」(2004年10月); 多摩市都市づくり部
都市計劃課,『多摩ニュータウン』, 2004, p.22.

타마뉴타운 입주시 30-40대의 가족이 한꺼번에 유입되었기 때문
에, 30년후, 고령화는 급속하게 진행되고 있다. 뉴타운 인구의 7할을
차지하는 타마시의 연령별 인구구성(〈그림 4〉)을 보면, 1990년 전반까
지는 20대전반이 가장 많았으나, 그것이 점차 오른쪽으로 이동하여,
고령화가 진행되고 있는 것을 확인할 수 있다. 베이붐 세대와 그 주니
어 모두 오른쪽으로 이동하고 있다는 것은 명확하다. 그럼에도 불구
하고, 일본 전체에 비해 뉴타운의 고령화는 심각하다고 할 수 없다.
왜냐하면, 타마뉴타운의 인구는 증가하고 있는데, 그것을 각시역별로
보면, 하치오지, 이나기, 마치다 3개시 지역의 뉴타운 인구가 증가하

여 타마시 뉴타운 인구감소를 보전하고, 전체적인 타마뉴타운 인구를 끌어올렸기 때문이다. 즉, 타마시를 중심으로 진행중인 고령화를 다른 세 지역이 커버하고 있는 셈이다.

그렇다고는 하나, 인구구성이 변함에 따라, 1987-88년을 경계로 학생수가 감소하고, 타마시 교육위원회로부터 학구(學區)조사연구협의에 자문이 의뢰되어 초중학교의 폐교와 통합이 결정되었다(〈그림 4〉). 타마시에서는 시내의 도립고교도 폐교되기에 이르렀다. 타마시를 뉴타운과 기존시가지로 나누어보면, 타마시 인구의 32%를 점하는 기존 시가구역에서는 인구증가가 완만했지만, 타마시의 뉴타운 인구는 1990년대 전반 이후 감소경향을 보인다. 그 중에서도, 신주사업구역은 버블붕괴후 인구감소를 보인 반면, 구획정리구역은 대조적으로 인구증가세를 유지하고 있다. 초기에 입주한 타마뉴타운 특히 신주사업구역이 심각한 문제를 안고 있다는 사실을 알 수 있다. 이러한 실태를 타마시의 연령대별 인구추이를 통해 살펴보도록 하자.

<그림 5> 연령대별 인구증감 추이

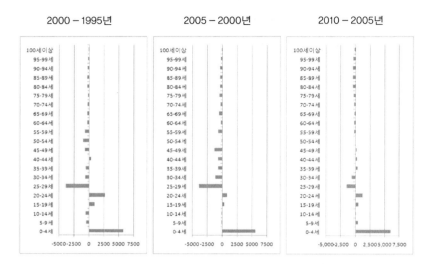

| 2000 – 1995년 | 2005 – 2000년 | 2010 – 2005년 |

※ 출처 : 多摩市HP (http://www.city.tama.lg.jp/zaisei/jinkou/285/index.html; 東京都南多摩
保健所, 「多摩ニュータウンの人口動態」

　　1995년부터 2010년까지의 15년간을 5년마다 구분하여 연령대별
인구증감 추이(〈그림 5〉)를 계산해 보았다. 그 결과, 당연히 0 - 4세는
증가했지만, 5 - 14세가 감소하였고, 15 - 24세는 증가했지만, 25 - 29세
는 크게 감소하는 움직임을 보였다. 그 이상의 연령층에서는 2000년
- 1995년, 2005년 - 2000년 모두 일관되게 인구가 저하하였으나, 2010
년 - 2005년은 좀 상이하였다. 전체적으로 인구의 이동이 그 이전에 비
해서 둔화되는 가운데, 35 - 54세의 연령층에서 약간의 증가가 확인되
었기 때문이다. 그러나, 그 이상의 연령층에서의 감소경향은 여전하
였다. 25 - 34세의 대폭적인 감소는 직주근접 때문에 사회경제활동의

중견층이 도심부에 진출하던가, 혹은 결혼과 더불어 세대분리가 이루어졌다는 것을 의미한다. 또한, 정년퇴직 대상자가 되는 55세 이상의 연령층은 노후생활을 보내기 위해, 노인이 살기 쉬운 배리어 프리(barrier free) 주택을 구하여 이동한다. 타마시의 주택은 그 8할이 배리어 프리가 아니기 때문에, 앞에서 언급한 바와 같이, 자금력이 있는 사람들만 다른 지역으로 이주할 수 있다.

〈그림 6〉 공단 나가야마 단지의 전경

※ 출처 : 公團ウォーカーHP (http://codan.boy.jp/danchi/tama/nagayama/index3.htm)

예를 들어, 초기에 입주한 스와·나가야마단지는 '토끼집'이라고 불릴 정도로 48㎡의 협소한 집단주택이었기 때문에, 자식세대의 성장과 더불어 세대분리가 불가피하였다. 〈그림6〉과 같이, 건물자체도 노후되고, 엘리베이터도 없었다. 당시의 참신하지만 근린주구이론을 적용하여 보도와 차도를 완전히 분리하였지만, 이는 구릉지라는 지역특성상 많은 계단과 슬로프를 가져왔다. 대규모 주택지구 자체가 편의점의 진출을 막아 쇼핑에 대한 고령자의 부담을 가중시켰다. 이 때문에, 자금력의 여유가 있는 고령자는 많이 전출하여, 초기 입주자 중 약 80%가 이사를 갔으며, 자금력의 여유가 없는 고령자만이 남았다.

〈그림 7〉 타마시 스와(諏訪) 상점가 폐업 상황

※ 출처: 필자촬영 (2010년11월11일 목요일)

또한 거주자가 정년퇴직하면, 수입원도 3분의 1로 저하하기 때문에, 고령화는 상점의 매상에도 영향을 미치지 않을 수 없다. 상점의 폐업이 이어지고, 상점가의 쇠퇴가 진행중이다. 이에 더하여, 나가야마역의 그리나드 나가야마, 타마센터역의 오카노우에 플라자와 같이 노선형 대규모 점포가 들어섬에 따라, 근린상점가의 쇠퇴는 가속화되었다. 이러한 가운데 단지내 상점가에 대한 출점을 통해 농업에서 상업으로 생활재건을 모색한 사람들 중 많은 폐업자가 나왔음은 물론이다.[20] 타마뉴타운도 전국적으로 나타나고 있는 올드 타운으로 쇠퇴하는 것을 면하기는 어려우며, 재개발의 의견이 나와도 주민 간의 합의 형성을 둘러싼 다양한 의견이 속출하여, 좀처럼 합의를 도출하기 어렵다.[21]

〈그림 8〉 타마뉴타운 공단분양단가 분포도

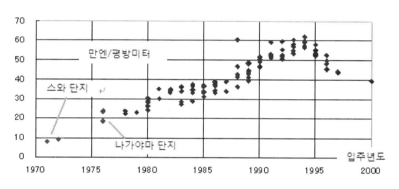

※ 출처 : 多摩ニュータウン·まちづくり專門家會議HP.

그러면 타마뉴타운의 부동산시장 상황을 살펴보자. 도쿄의 인구동향을 보면, 세대교체의 움직임이 있기는 하지만, 고령화가 진행하는 가운데 2005년까지 인구감소가 있었으며, 최근에는 오히려 인구증가의 움직임도 확인된다. 특히 새로운 동향으로 주목해야만 하는 것이 1990년대 중반부터 나타난 도심회귀현상이다. 1995년 이후 도쿄도

20) 林浩一郎,「多摩ニュータウン開發の情景 : 實驗都市の迷走とある生活債勸者の苦鬪」『地域社會學會年報』20, 2008年 5月.
21) 인터뷰 戶邊文博·秋原和男 (多摩ニュータウン·まちづくり專門家會議).

23구의 인구가 증가경향으로 전환되었다(〈그림 1〉). 그 주요인은 '지가의 하락과 건축기준완화에 의한 맨션공급의 증가를 배경으로, 공공교통기관의 정비확대, 특히 지하철도망의 개업, 공공·민간철도의 상호진입과 직통화에 따른 여객 편의 증진을 비롯해, 통근·통학, 통원, 쇼핑, 레저 등 여러가지 일상생활에서의 편의성을 들 수 있다'.22) 그러한 만큼, 타마뉴타운 중에서도 타마시의 신주지구단지는 마이너스 영향을 입지 않을 수 없었다. 〈그림 8〉의 타마뉴타운의 공단분양가를 보면, 1994년을 피크로 하여 지속적으로 하락하는 경향을 보이고 있다.

〈그림 9〉 2008년 도쿄도의 구시정(區市町)별 빈집 호수와 그 비율 (단위 : 명, %)

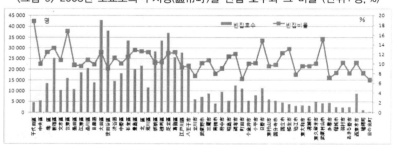

※ 출처 : 東京都(各年度版)

　　그렇다고 해서 타마뉴타운의 빈집비율이 높은 것은 아니다. 일본의 경우, 중고주택유통시장이 발달하지 않았기 때문에, 기존의 주택가격은 신규분양주택가격을 크게 밑돈다.23) 그러나 〈그림 9〉의 빈집

---

22) 笹川陽子,「日本における高齢者の都心回帰とモビリティ」宇都宮共和大學
　　『那須大學論叢』5, 2004, p.137.
23) 中央三井トラスト·ホールディングス,「日本の住宅問題を考える」中央三井

비율에서와 같이 타마뉴타운 관련 지역의 빈집비율은 결코 높지 않고 오히려 낮은 편이었다. 타마시 7.1%, 하치오지시 9.7%, 다마치시 6.9%, 이나기시 8.1%로, 이것은 도쿄도 11.1%, 전국평균 13.1%를 밑도는 것으로 양호한 편이었다. 2000년 타마시에 한하여 지구별 빈집비율을 보면, 기존지구 10.2%, 구획정리지구 12.6%, 신주지구 5.0%, 전체 8.8%이었다. 특히 단독주택과 집합주택을 나누어보면, 각각 기존지구 4.8%, 13.0%, 구획정리지구 5.1%, 13.6%, 신주지구 3.3%, 5.1%, 합계 4.5%, 9.7%이었다. 기존지구와 구획정리지구의 빈집비율이 신주지구보다 높은데, 특히 구획정리지구의 경우, 원룸 맨션을 비롯한 임대맨션 등이 많아, 분양이 적었기 때문에, 빈집 발생은 주로 임대에 의한 것이었다. 신주구역은 주로 공적임대주택이었기 때문에, 노후화되어 살기 어렵지만, 월세가 저렴하였다. 따라서, 타마시의 신주지구를 중심으로 인구감소가 발생하기는 했어도 빈집비율은 오히려 낮았다. 즉, 세대분리에 의한 독신 혹은 부부만의 노인세대가 많아져, 그것이 이른바 '고독사'가 발생하는 배후가 되고 있었다.[24]

이상과 같이, 타마뉴타운은 도쿄권의 일부이기 때문에, 전체적으로 보면 세대교체가 이루어져 비교적 일본의 전국 수준을 유지하고 있다. 또한 주택시장의 수급관계를 보여주는 빈집비율에서는 양호하

　トラスト·ホールディングス『調査レポート』52号, 2005年冬.

24) UR임대주택에서의 일본전국의 고독사 발생상황과 그 중 65세 이상이 점하는 비율을 보면, 1999년 207건, 45%, 2000년 235건, 52%, 01년 248건, 54%, 02년 291건, 54%, 03년 318건, 60%, 04년 409건, 61%, 05년 458건, 65%, 06년 517건, 64%이었다(本間義人,『居住の貧困』, 東京 : 岩波書店, 2009, p.53).

여, 전체적으로 공동화가 진행된다고는 판단되지 않는다. 그러나 다른 뉴타운에 비해 심각하지는 않다고 하여, 문제가 없는 것은 아니다. 고령화와 이에 따른 상점가의 쇠퇴가 특정지역을 중심으로 발생하고 있다. 이러한 점에서, 타마뉴타운이 직면하고 있는 과제는 고령화사회에 진입한 일본사회전체와 보편성을 같이 하는 동시에, 도쿄도심으로의 회귀현상에 대응해야만 하는 특수성을 갖고 있다.

4. 타마뉴타운의 활성화 모색

타마뉴타운은 현상을 타파하고 지역사회의 활성화를 꾀하기 위해, 과연 어떠한 대책을 마련하고 있는가? 이는 단지 행정단위에 머무르지 않고, 건전한 시민사회의 창출이라는 노력이 전제될 필요가 있다. 그렇지만, 타마뉴타운 자체가 하나의 행정단위가 아니기 때문에, 그 전체의 대응책을 파악하는 것은 곤란하다. 이러한 점에서 다른 3개 시에 비해 심각한 상황에 처해 있는 타마시를 중심으로 검토하고자 한다.

우선 행정 주체인 타마시가 어떠한 대책을 마련하고 있는지를 살펴보면, 2001년부터 제4차 타마시 종합계획(2001-10년)을 실시하였다.[25] 2011년부터는 제5차 타마시 종합계획을 개시할 예정으로 '기본

---

25) 多摩市總合計劃審議會, 「第五次多摩市總合計劃基本構想答申書」, 2010年 2月, p.4.

계획책정에 관한 시민워크숍'을 2010년11월중 열어 의견을 청취하였다. 본고는 2010년 시점에서 시정의 중핵인 제4차 종합계획의 후기기본계획을 검토하고자 한다.[26] 타마시의 고령화는 2013년을 경계로 전국보다 높아질 것으로 추계된다. 생산연령인구의 급격한 변화로 인해 개인시민세와 고정자산세(토지·가옥)를 중심으로 하는 세원확보가 어려워지는 반면, 후생복지를 비롯한 시민수요가 증가할 것으로 예측되기 때문에, 행정이 중심이 되어 공공서비스를 폭넓게 제공하는 종래의 방식은 유지하기 어렵다.[27] 타마센터의 기업입지가 추진되고는 있지만, 여전히 경제상황은 어렵고 2004년도 법인시민세는 피크 시에 비해 약 20% 적은 상황이다. 2011년도 중에 오츠카 가구의 철수가 예정되어 있다.[28]

그렇다고 해서 타마시의 전망이 어두운 것은 아니다. 장점(Strength)으로는 ①좋은 자연환경, ②충실한 도시기반, ③다양한 인재를 들 수 있다.[29] 제28회 타마시정여론조사에 의하면, 입주이유는 '공단·도영주택 당선'(31.3%)이라는 타마시 특유의 이유를 별도로 하면, '나무가 많고 공기가 맑기 때문'이 전체의 30.9%를 점한다. 또한 공원면적, 도로율, 학교면적 등 도시기반에서도 도쿄도 내 26시 가운데 1-2위를 점하고 있다. 인재면에서도 NPO보급지수(NPO법인수×100,000÷인구)는 전국 11위로, 공민관에서는 사회교육단체로 등록되어 활동하

---

26) 多摩市, 『2010への道しるべ多摩市戰略プラン』, 2006年 3月.
27) 多摩市, 『2010への道しるべ多摩市戰略プラン』, pp.72-79.
28) 인터뷰 佐藤彰宏(多摩市企劃政策部企劃課).
29) 多摩市, 『2010への道しるべ多摩市戰略プラン』, pp.82-87.

고 있는 단체가 1900단체(2004년12월)에 달한다. 그러나 ①향토의식과 연대감이 약하고, ②산업 및 번화가가 없으며 지역브랜드가 확실치 않아 지역사회의 활력이 떨어지는 것이 단점(Weakness)이다. 이는 주간인구비율을 보아도 명확하다. 도쿄도 전체가 122.0%이고, 23구를 제외한 26개시에서도 평균 90.1%이었던 반면, 타마시는 86.8%에 지나지 않았다(2000년 국세조사).

이상과 같은 장단점을 고려하여, 타마시는 지역의 풍부한 인재를 이용한 매력 있는 도시기반의 유지, 육아지원체제의 강화, 미이용토지의 판매 및 기업유치, 고령자를 키워드로 한 지역소비의 증가 및 지역경제의 활성화, 행정부문에서의 코스트(인건비 등) 삭감 및 서비스 재검토를 정책방향으로 제시하였다.[30] 이에 입각하여 '인구감소 사회의 도래와 행정의 재정규모축소라는 시대조류를 전망하고, 시민과 더불어 지역의 공공서비스를 지원하고, 시민의 시점에서 이를 높여나가는 체계를 구축하고자 한다'는 타마시행재정재구축플랜(2004-08년)이 실시되었다. 여기에서 주의를 요하는 것은 시청이 지역사회창출의 주체가 되기보다는 다양한 담당자에 의한 협동 네트워크의 촉진자로서 묘사되고 있다는 점이다. 즉, 시는 재원감소에 직면해서 NPO 등 시민활동을 지원하고, 행정운영의 효율화를 꾀하고 있다.

---

30) 多摩市, 『2010への道しるべ多摩市戦略プラン』, pp.29-56, pp.66-68.

〈표 2〉 타마뉴타운의 지역활성화 기구

특정비영리활동법인(NPO법인) ※ 타마시 내에 사무소를 둔 법인				78
활동분야 (중복)	복지·보험·의료	51	사회교육	39
	지역활성화	32	학술·문화·예술·스포츠	22
	환경보전	18	재해구원	5
	지역안전	6	인권옹호, 평화	11
	국제협력	19	남녀평등참화	11
	육아사업	34	정보화 사회의 발전	24
	과학기술	3	경제 활성화	8
	직능개발·고용확충	15	소비자 보호	3
	NPO지원	38		
볼런티어 단체			타마 볼런티어 센터 등록	30
			미등록	11
자치회				96

※ 출처 : 鮎川礼·岡俊輔·菊永泰正, 『多摩ニュータウンの活性化に関する硏究』, 2009年 1月9日, p.20.

　　행정기관이 타마시 시민사회에 대해 기대하고 있는 것을 살펴보자. 시민단체의 활동 및 NPO단체의 활동상황에 대한 인터뷰조사결과에 의하면, '대단히 활발하다'고 평가되고 있다.[31] 타마시 내의 NPO법인(〈표 2〉)은 78단체로, 그 활동분야를 보면, 복지·보건·의료가 51단체로 가장 많다. 당연히 여성의 활동이 눈에 띄며, 고령화에 따라 개호활동단체가 증가하고 있다. 그 다음이 사회교육 39, NPO지원 38, 자녀의 건전육성 34 등의 순이다. 이러한 시민활동을 지원하기 위해, 사쿠라가오카 커뮤니티 센터를 비롯해 7개의 커뮤니티 센터가 지역주민으로 구성된 운영협의회에 의해 운영중이다.[32] 또한 2005년에는 구 니시나가야마중학교의 폐교시설을 이용하여 타마NPO센터가 설치되어

31) 鮎川礼·岡俊輔·菊永泰正, 『多摩ニュータウンの活性化に関する硏究』, p.21.
32) 多摩市HP (http://www.city.tama.lg.jp/zaisei/jinkou/285/index.html).

NPO 등 시민단체들을 대상으로 시설 및 정보 제공과 NPO 간 네트워크 조성을 지원하고 있다.33)

본고가 주목하고 있는 지역활성화의 경우, 32단체에 달하고 있는데, 이중, 2건에 관해 고찰해 보도록 하자. 우선, 고령화에 대응할 목적으로 설립된 '후쿠시테이(福祉亭)'(모토야마 타카시 이사장)이다. 이 NPO는 나가야마 단지의 상점가 일각에 위치하여 '지역 주민을 대상으로 교류의 장 제공, 생활 지원, 지역정보의 제공, 세대간 교류에 의한 문화활동 등을 통해 고령자의 사회참가 확대를 꾀하여 지역사회와 지역복지의 증진에 기여'하고자 한다. 2001년1월에 타마시 고령자복지과의 호소로 모인 시민에 의해 동년8월 타마시 고령자사회참가확대사업운영협의회가 설립되고, 이를 모체로 정년퇴직자들이 중심이 되어 익년1월에 복지정이 개설되었다.34) 2004년2월에는 도쿄도에 법인등기를 완료하고 NPO법인이 되었다.

구체적인 활동은 ①주요사업인 고령자 지원사업으로 70‐80명의 볼런티어가 참가하여 청소, 식사제공, 신문발행을 하고 있으며, ②육아지원사업으로 육아중인 부모에게 공간을 제공하고 생활 서포트 팀(유상으로 일상의 가사 원조, 육아서포트)을 운영하고 있다.35) ③세대교류사업으로는 고령자와 육아세대의 교류기회를 제공하고, 다양한

---

33) 多摩NPOセンター,「季報多摩NPOセンターバックナンバー」1, 2005年1月31日.
34) 寺田美惠子,「市民の『手』でできること：多摩ニュータウンの片隅から」團地再生産業協議會・NPO團地再生研究會・合人社計劃研究所編著『團地再生まちづくり2』, 東京：水曜社, 2009, pp.94-98; 福祉亭HP (http://www.fukushitei.org/).
35) 생활 서포트 팀을 이용하기 위해서는 연회비 1000엔, 보험료 300엔으로 회원이 된 다음, 전화로 신청할 필요가 있다.

강좌 등을 통해 세대 간 교류를 실현하고 있으며, ④지역활성화사업으로서는 스와나가야마 독신고령자를 대상으로 책자를 만들어, 고령자의 3K(건강, 카네(돈), 가족)에 대한 불안감을 줄이도록 하고, 지역 커뮤니티가 서로를 돌볼 수 있는 관계를 만들 수 있도록 '지역 상호지원 리본 활동'을 실시하고 있다. 그 밖에도 대학의 앙케이트 조사, 영화제작, 방송국 취재에 협력하고 있으며, 고령자와 케이센여학원대학 대학원생의 룸 쉐어를 알선하기도 하였다.[36] 그러나 활동주체가 60-70대의 고령자이고 보조금으로 임대료를 지출하고 있기 때문에, 향후 사업의 지속성을 꾀하기 위해서 재정적 안정과 더불어 활동주체의 재생산이 요청된다.[37]

다음으로, '타마뉴타운마치즈쿠리전문가회의'(이하, 타마마치센)는 연령적으로 50대인 도시계획자, 건축사, 조경기술자, 맨션 관리사 등이 중심이 되어 지역활성화를 도모하고 있다. 타마마치센은 NPO Fusion의 활동에서 파생되어, 2003년10월에 설립, 2005년2월에 NPO법인으로서 인정되었다. 사업의 초점은 '타마뉴타운에 계속해서 살기 위한 방책으로, 부족주택의 정비, 새로운 시대에 대비한 도시 스톡의 유지개선, 기반정비의 진부화에 대한 개선 제안 등을 행정에 대해서도 제안할 수 있는 전문가집단으로 기능하는 것을 목적으로 하고 있다.' 타마마치센은 아키하라 다카오를 대표로 17명의 회원으로 구성되어 있다.[38]

---

36) 寺田美惠子, 「市民の 『手』 でできること : 多摩ニュータウンの片隅から」, pp.94-98.
37) 인터뷰 元山隆 (NPO福祉亭).
38) 多摩ニュータウン·まちづくり專門家會議HP(http://www.machisen.net/) 2010

타마마치센은 NPO Fusion의 코포레이티브 주택건설경험을 살려, 그 설립과 동시에 나가야마 하우스 프로젝트를 시작하였다. '지역사회의 고령화, 커뮤니티의 희박화가 현저해지고 있는 것에 대한 위기감을 가진 멤머'가 역근처의 '미이용토지를 개발하여 배리어 프리 건물을 건설하고, 코포레이티브 방식39)으로 주거공간을 제공한다'는 것이다.40) 타마뉴타운에는 그 대부분이 집합주택임에도 불구하고, 그 8할이 엘리베이터가 없기 때문에, 고령자가 있지만 대단히 부적합하고, 주택시설이 대규모 공적임대주택으로 편향되어 지역사회의 활동이 활성화되지 못하였다. 이에 대해, 다양한 세대가 '더불어 살 수 있는 커뮤니티를 실현하고자' 나가야마 하우스 프로젝트가 시작된 것이다.

2004년2월부터 참가자를 모집하고 건설준비조합을 설립하여, 사업에 대한 이해도를 높이기 위해 설명회와 학습회를 거듭한 다음, 2007년3월에 토지구입을 계약하고, 그 1개월 후인 4월에 건설조합을 결성하여 건설준비조합으로 이행하였다. 동년8월에는 참가자를 확정해서 건물착공에 들어가, 2009년7월에 준공을 마치고 나가야마 하우스를 관리조합에 인도하였다.41) 이러한 과정에서 타마마치센은 기획·프로듀서를 담당하고, 코디네이터인 아키하라건축연구소와 더불어

년1월 시점.

39) 코포레이트 방식이라는 것은 입주를 희망하는 사람들이 모여 공동으로 토지를 구입하고 학습회를 통해 결정한 계획으로이상적인 주택을 건설하는 방식이다.

40) ハウジングアンドコミュニティ財團,「特定非営利活動法人 多摩ニュータウン·まちづくり専門家會議」『第13回 住まいとコミュニティづくり活動助成』, 東京 : ハウジングアンドコミュニティ財團, 2006.

41) 多摩ニュータウン·まちづくり専門家會議HP(http://www.machisen.net/).

계획입안을 추진하였다. 나가야마 하우스에서 제안한 '거주의 순환'은 ①커뮤니티, ②건물, ③식사제공, ④생활을 상호 지원하는 순환으로 이해될 수 있다. 실제로 나가야마 하우스는 하나의 커뮤니티로서의 생활을 실현하고 있다.

그러나 향후 코포레이트 주택의 건설은 그 자체가 지역활성화로 이어짐은 물론이나, 토지의 확보가 용이하지 않고, 많은 입주자를 모집 하기가 곤란하다는 점에서, 제2의 나가야마 하우스의 등장은 어렵 다.[42] 물론 기존 주택지의 재개발도 생각해볼 수 있다. 실제로 스와 2 정목에서는 노후공단주택의 재개발이 결정되어 추진중에 있으나, 유 지회가 발족되어 결의되기까지 21년이라는 장기간이 걸렸으며, 그 건 설 또한 대기업에서 발주하고 있어, 코포레이트 주택을 도입하기가 용 이하지 않다.[43] 다만, 스와나가야마지구에 대해서는 국가의 '사회자본 정비총합교부금'에 기반한 공공시설의 리모델링이 계획되어 있다.[44]

또한 타마마치센은 지역내 주거공간 마련과 생활 서포트의 일환 으로 '콘스케공방'사업을 실시하고 있다. 즉, 주택의 배리어 프리를 비 롯해 설비·가구·건구 등의 수리와 교환, 집안내장의 리폼 등에 대한 주민의 요망이 있을 때에는 타마마치센이 코디네이터로서 기술자, 볼

---

42) 인터뷰 戸邊文博·秋原和男(多摩ニュータウン·まちづくり専門家會議).
43) 諏訪2丁目分讓住宅30年史發行委員會·諏訪2丁目住宅管理組合,『諏訪2丁目分 讓住宅30年史』, 2002.
44) 정비예정인 공공시설은 자전차보행자 전용도로, 공원의 재정비, 자전거 주 륜장 정비, 아동관 및 니시야마종합시설의 개보수, 버스정류장 주변엘리베 이터 설치 등이다(多摩市都市計劃課,『多摩ニュータウン諏訪·永山地区整 備計劃 (案) に対する意見募集 (パブリックコメント)』, 2010.).

런티어로 구성된 등록 멤버를 소개·알선하고 있다. 콘스케공방은 주거의 '생활협동조합'으로서 주택의 설비공사와 비품의 공동구입을 행하고, 시장가격보다 10-20% 할인된 가격으로 관련공사를 제공하고 있다. 이러한 제공가격은 NPO 제경비에 포함되어, 콘스케공방의 연속성을 기하고 있다. 그 밖에도 각종 간담회의 개최, 상점가의 빈 점포를 이용한 공간대여(스크람룸45)) 등을 추진하고 있다. 이와 같이 타마마치센은 50대 활동가를 중심으로 가시적 성과를 내고는 있지만, 시의 보조금이 없는 상황에서 활동가의 개인소득 감소를 전제로 이루어지고 있어 NPO의 지속성을 확보하기가 어려운 형편이다.46)

이와 같이, 타마뉴타운에서는 풍부한 인재를 기반으로 시민활동이 전개되고, 지역활성화가 추진되고 있지만, 시민활동 자체가 고령화와 재정부담이라는 문제에 직면하고 있다. 그럼에도 불구하고, 시민의 활력은 2011년4월부터 실시될 제5차 타마시종합계획에서 보다 중시되고 있다.47) 지역활성화의 담당자로서 '시민을 비롯해 NPO, 단체, 사업자, 대학과 행정 등 다양한 주체가 협동하고 연계하여, 각각의 역할을 담당하는' 것을 상정하고 있다. 이는 타마NPO의 현황에서 볼 때, 지역활성화를 달성하기 위해서는 시민사회의 재생산이 선행되어야 함을 의미한다고 볼 수 있다.

---

45) '스크램블 룸(scramble room)'이라는 영어 명칭을 축약해서 만든 이름으로 다양한 사람들이 모여 만나고 서로 섞이어 교류하는 과정에서 지역이 활성화될 수 있는 가능성이 생긴다는 것을 의미한다(多摩ニュータウン·まちづくり専門家會議HP (http://www.machisen.net/).
46) 인터뷰 戸邊文博·秋原和男(多摩ニュータウン·まちづくり専門家會議).
47) 多摩市総合計劃審議會,「第五次多摩市総合計劃基本構想答申書」, 2010年 2月.

5. 타마뉴타운의 현재적 의의와 시민사회

타마뉴타운은 고도성장기 도쿄도의 단카이세대를 위한 베드타운으로 개발되었다. 신주법에 의거하여 전면적인 개발을 꾀했음은 물론, 당시 영국의 근린주구이론을 도입하여 지역커뮤니티의 육성을 꾀하는 등 선진적인 내용을 담고 있었다. 그러나 이는 기존농민들에게는 생활기반의 상실을 의미하였으므로 '생활재건'조치에도 불구하고 반발은 거세었다. 때문에, 종래의 구획정리사업이 적용되어 결과적으로 타마뉴타운은 신주지구, 구획정리지구, 기존시가지의 3가지 지구로 이루어지게 되었다.

이러한 과정을 거쳐 제1차 입주가 실현되었지만, 재정적자와 사회적 기반시설의 부족에 개선요구가 현지 지자체로부터 강하게 제기되어, 그 내용이 미노베 도정 하에 반영되었다. 버블경기하에서는 백화점, 호텔, 레저시설이 들어서기도 했지만, 장기불황 가운데 개발사업의 추진력이 상실되고, 미완성인 채로 사업종료가 선언되었다. 고도성장기의 인구증가와 지가상승을 배경으로 대규모 뉴타운 개발이 국가차원에서 이루어지고 그 과정에서 현지의 이해관계가 반영되었으나, 경제성장의 '실속'(失速)에서 그 유효성이 상실되었던 것이다.

타마뉴타운의 현황을 보면, 타마시 신주지구를 중심으로 고령화와 소자화로 인한 폐교와 근린상점가의 폐업이 이어지고 있다. 특히, 도심회귀가 발생하면서 직주근접을 추구하는 20 - 30대가 협소한 집합주택을 벗어나는 등 세대분리가 이루어지고 있으며, 50대중반 이상의 경우도 배리어 프리 주택을 찾아 전출하고 있다. 다만, 자금력이 부족한 노년층이 잔류하는 경향을 보이고 있어, 이것이 고독사가 발생하는 요인이 되고 있다.

이러한 현상은 행정당국의 입장에서 보면 재원의 감소를 의미하는 것이기 때문에, 향후 행정의 효율화와 더불어 행정서비스를 보완할 시민역량이 크게 기대되고 있다. 현재 타마뉴타운의 시민단체 및 NPO 활동은 활발하다. NPO 후쿠시테이의 활동을 보면, 지자체의 주도 하에 고령자지원사업을 활발하게 전개해왔지만, 활동의 주체들이 이미 60-70대로 NPO 자체가 고령화라는 문제를 안고 있다. 또 다른 NPO인 타마마치즈쿠리전문가는 코포레이트 방식으로 나가야마 하우스 사업을 전개하는 등 가시적 성과를 달성해왔다. 그러나 토지구입과 입주자 확보가 어려워 제2의 나가야마 하우스가 등장할 수 있을지 의문이다. 연령적으로 50대를 NPO의 주체로 하고 있어 인적인 연속성은 확보될 수 있지만, 보조금이 없이 개인소득의 감소를 감내하면서 활발한 사업의 전개를 기대하기는 곤란한 상황이다.

이와 같이, 고령화로 인한 재원감소에 대처하기 위해 시민사회 네트워크의 활용이 요청되고 있으나, 시민사회 그 자체의 재생산이라는 과제에 직면하고 있다. 본 사례는 뉴타운이 올드타운으로 전락하는 것을 막기 위해서는 다양한 세대의 입주를 통해 지역커뮤니티 형성의 동력을 확보하고 시민사회의 재생산을 담보할 필요가 있다는 것을 보여주고 있다.

公團ウォーカーHP(http://codan.boy.jp/danchi/tama/nagayama/index3.htm)

臼井道男「多摩ニュータウンの開発と学校教育の変遷」パルテノン多摩・財団法人多摩市文化振興財団編『多摩ニュータウン開発の軌跡：「巨大な実験都市」の誕生と変容』(1998年, 14頁)。

金子淳,「ニュータウンの成立と地域社會：多摩ニュータウンにおける『開發の受容』」, 大門正克・大槻奈巳・岡田知弘・佐藤隆・進藤兵・高岡裕之・柳澤遊編『過熱と揺らぎ 高度成長の時代 2』(東京：大月書店, 2010).

多摩市,『2010への道しるべ多摩市戦略プラン』(2006年3月).

多摩市都市計劃課,『多摩ニュータウン諏訪・永山地区整備計劃 (案) に対する意見募集 (パブリックコメント)』(2010).

多摩市都市づくり部都市計劃課,『多摩ニュータウン』(2004).

多摩市総合計劃審議會,「第五次多摩市総合計劃基本構想答申書」(2010年 2月).

多摩市HP (http://www.city.tama.lg.jp/zaisei/jinkou/285/index.html)

多摩NPOセンター,「季報・多摩NPOセンターバックナンバー」1(2005年1月31日).

多摩ニュータウン・まちづくり專門家會議HP (http://www.machisen.net/)

大山眞人,『團地が死んでいく』(東京：平凡社, 2008)

東京都(各年度版),『東京都統計年鑑』

東京都・住都公團・東京都住宅供給公社,『多摩ニュータウン』(1965).

東京都南多摩保健所,「多摩ニュータウンの人口動態」(2004年10月).

東京都南多摩新都市開發本部,『多摩ニュータウン開發の歩み』(東京：東京都南多摩新都市開發本部, 1987)

東京都本部/自治勞都廳職員勞働組合・多摩開發本部,「多摩ニュータウンにおけるまちづくりと地域再生について」第29回地方自治研究全國集會『自治研報告書集』(2002年10月).

東京都首都整備局,「多摩ニュータウン計劃の概要」東京都首都整備局『多摩ニュータウン計劃関係資料集』(1966年9月).

林浩一郎,「多摩ニュータウン開發の情景：實驗都市の迷走とある生活債勸者の苦鬪」『地域社會學會年報』(2008年5月).

福祉亭HP (ttp://www.fukushitei.org/)

本間義人,『居住の貧困』(東京：岩波書店, 2009)

北條晃敬,「多摩ニュータウン計劃・構想の段階から：多摩ニュータウン開發事始め時代の回想記」多摩ニュータウン學會編『多摩ニュータウン研究』4(八王子：中央大學出版部, 2002).

寺田美惠子, 「市民の『手』でできること：多摩ニュータウンの片隅から」 團地再生産業協議會・NPO團地再生研究會・合人社計劃研究所編 著『團地再生まちづくり2』(東京：水曜社, 2009).

山岸紘一, 「多摩ニュータウンの開發史」多摩ニュータウン學會編『多摩 ニュータウン研究』3(八王子：中央大學出版部, 2001).

細野助博・中庭光彦編著, 『オーラル・ヒストリー　多摩ニュータウン』(八王 子：中央大學出版部, 2010).

笹川陽子, 「日本における高齢者の都心回帰とモビリティ」宇都宮共和大 學『那須大學論叢』5(2004).

矢作弘, 『縮小都市』の時代』(東京：角川書店, 2009).

日本住宅公團南多摩開發局, 『多摩ニュータウン15年史』(1981).

鮎川礼・岡俊輔・菊永泰正, 『多摩ニュータウンの活性化に関する研究』 (2009年1月9日).

住宅・都市整備公團南多摩開發局事業部事業計劃第一課, 『多摩ニュータ ウン事業概要』, (1997).

中央三井トラスト・ホールディングス, 「日本の住宅問題を考える」中央三井 トラスト・ホールディングス『調査レポート』52号(2005年冬).

諏訪2丁目分讓住宅30年史發行委員會・諏訪2丁目住宅管理組合, 『諏訪2丁 目分讓住宅30年史』(2002).

秋元孝夫, 『ニュータウンの未来：多摩ニュータウンからのメッセージ』 (多摩：多摩ニュータウン・まちづくり専門家会議, 2005).

総務省統計局, 『日本の長期統計系列』(2010).

ハウジングアンドコミュニティ財團, 「特定非営利活動法人　多摩ニュー タウン・まちづくり専門家會議」『第13回　住まいとコミュニティ づくり活動助成』(東京：ハウジングアンドコミュニティ財團, 2006).

パルテノン多摩・多摩市文化振興財團編, 『多摩ニュータウン開發の軌跡： 「巨大な實驗都市」の誕生と變容』(多摩：パルテノン多摩, 1998).

인터뷰
佐藤彰宏(多摩市企劃政策部企劃課), 戸邊文博・秋原和男(多摩ニュータウ ン・まちづくり専門家會議), 元山隆(NPO福祉亭)(2010년11월11일).

03 2016년 도쿄올림픽의 좌절과 도시의 정치경제

김은혜*

1. 저성장시대, 2016년 도쿄올림픽 유치?

2006년 8월 일본 국내 올림픽 유치 후보 도시들 간의 경쟁에서 도쿄도(東京都)가 승리했다. 최후 경쟁자인 '휴먼 올림픽(human olympics)'을 지향했던 지방도시 후쿠오카시(福岡市) 대신, 거대도시 경쟁력을 표방한 도쿄의 '그린·콤팩트 올림픽(Green·Compact Olympics)' 계획이 일본 국내의 지지를 얻은 것이다. 이시하라 신타로(石原慎太郎) 도지사 3기(2007~2011) 정책의 핵심인 '10년 후 도쿄'라는 청사진은 2016년 도쿄올림픽 유치활동과 연계되면서 활발하게 전

* 이 글의 초고는 『한국공간환경학회』, 37(2011)에 「2016년 도쿄올림픽의 좌절과 도시의 정치경제학」이라는 제목으로 수록되었다. 서울대 일본연구소 '2010년 대학원생 일본 현지 자료조사(지원금)'가 진행되어, 2011년 일본 연구소 공개 워크숍에서 발표했다(2011년3월26일). 2007-8년(1년) 현지조사에 기초한 발표문(ISA-RC21 Tokyo Conference(2008년12월18일))과 도쿄대 사회과학연구소 스에히로 아키라(末廣昭) 세미나(2011년5월25일) 발표문의 일부 내용도 포함되어 있다.

개되어 나갔다. 그러나 2009년 10월 덴마크 코펜하겐에서 열린 IOC(International Olympic Committee) 총회 제2차 투표에서 낙선함으로써, 2016년 도쿄올림픽 유치의 꿈은 좌절되게 되었다.[1]

흔히 메가 이벤트(mega-events)라 칭하는 제도화된 이벤트들 가운데 올림픽은 '국가 간 체육제전'이지만, 유치 주체는 '도시단위'로 진행되는 이벤트라는 양면적인 성격을 갖는다. 이 연구는 크게 다음과 같은 세 가지 문제의식에서 출발한다. 21세기 저성장 시대를 살아가는 일본, 도쿄도는 왜 2016년 올림픽을 유치하려고 했던 것인가? 일본의 수도이자 세계도시 도쿄도가 2016년 올림픽 유치했던 배경과 개최개획은 도시재생의 어떤 쟁점들과 연결되었던 것인가? 마지막으로 시민사회 내에서 올림픽 반대운동이 제기한 쟁점들과 이후 남겨진 문제들은 무엇인가? 여기서는 개최도시를 분석단위로 할 때 올림픽 유치가 스포츠 제전 외부에 존재하는 다른 힘들(특히, 도시 재개발)에 의해 유인·촉발된다는 점에 주목하고자 한다.

먼저 장기적인 저성장시대를 경험하고 있는 일본 도시들이 구체적으로 어떤 계획으로 유치경쟁에 참여했는지 살펴보도록 한다. 2016년 유치를 기획했던 두 도시인 도쿄도(거대도시)와 후쿠오카시(휴먼 스케일)의 경쟁구도가 가진 특징을 비교해 본다. 최근 IOC권고사항인

---

1) 일본의 (하계)올림픽 유치 시도는 1964년 도쿄대회 이후, 나고야가 서울에 진 88년 대회, 오사카가 북경에 진 2008년 대회와 2016년 좌절에 이어 2020년은 4번째 도전이 되는 셈이다(1937년 중일전쟁 발발로 철회된 1940년대 도쿄올림픽 제외, 동계 개최는 1972년 삿포로, 1998년 나가노(長野), 동계 유치 실패는 1968년과 84년 삿포로로).

'시설집중'과 '올림픽 유산(건축시설)의 활용'은 거대도시의 재개발과 밀접한 연관성을 가지고 있다. 일본이 과거 고도성장시대에 표방해온 '균형발전'이라는 수도권 분산형 정책은 1990년대부터 지속된 저성장 시대에 수도권 집중정책으로 조금씩 변화되어 나갔다. 이러한 맥락에서 도쿄의 발전이 곧 국가경쟁력의 향상이라는 거대도시의 논리가 올림픽 유치를 추동해 나갔다. 도쿄도는 올림픽을 통해 세계도시에 걸맞는 도시경쟁력 향상을 위한 계기를 형성하려고 했던 것이다.

다음으로 올림픽은 국가대항적 성격을 갖고 있으나, 개최주체는 '도시'라는 점에 주목해야 한다. 전후 국제사회의 재건과 고도경제성장의 견인차역할을 했던 1964년 도쿄올림픽과 달리, 2016년 올림픽 유치활동은 '환경·콤팩트(Green·Compact)'를 내세운 '성숙도시'를 지향했다. IOC에 제출한 2016년 도쿄올림픽의 유치계획의 내용은 도시재개발과 관련해 면밀히 살펴봐야 할 것이다. 당초 계획은 과거 올림픽 시설이 집중된 도쿄도내 요요기(代々木) 주변을 다시 활용하고자 했으나, 이후 개최중심지는 도유지(都有地)인 임해부도심(臨海副都心)[2]으로 변경되었다. 더욱이 중앙정부의 재정보증을 약속받았지만, 실제로 실질적 협력이 원활하게 진행되지 않았다. 더욱이 50여만의 정권교체로 '생활정치'를 내걸었던 민주당으로 변화되었다. '중앙정부-도쿄도', '도의회 내의 역학관계'에 많은 변화를 가져오면서 올림픽 유치에도 상당한 영향을 미치게 되었다.

---

2) 도쿄도 7번째 부도심으로 규모 442ha의 광대한 도쿄만 매립지, 도쿄도 도시정비국과 항만국이 계획-관리한다.

마지막으로 〈도쿄에 올림픽은 필요 없다 네트(東京にオリンピックはいらないネット)〉라는 시민모임은 도쿄도의 올림픽 계획이 가진 재정, 조직 등의 문제를 제기했다. 도쿄도가 재개발을 위해 올림픽을 유치하기 보다는, 도민들의 '복지·안전'에 보다 관심을 촉구하도록 다양한 활동들을 국내외에서 펼쳐나갔다. 설령 올림픽을 유치해 개최 자체에 성공한다 해도, 짧은 개최기간에 비해 많은 시설들의 건설비용이 소요됨으로써 개최도시에 재정파탄을 가져올 위험성은 매우 높다. 저성장시대를 경험해 온 도쿄도민들에게 '도심의 재개발'을 추동하기 위한 논리만을 강조하는 올림픽 유치활동은 큰 공감을 불러 일으키지 못했다. 개최 예정지의 처리와 재정문제가 해결되지 않은 상황임에도 불구하고, 현재 도쿄도는 2020년 올림픽 유치에 도전을 표명한 상태이다. 따라서 3·11 동일본대진재 이후 부흥과 복구에의 움직임이 일본의 대도시권의 가져올 변화도 함께 전망해 보았다.

2. 21세기 올림픽과 도시정치
: 올림픽 (개최)도시와 도쿄올림픽(들)

이 연구에서는 '올림픽(개최)도시(Olympic(host) Cities), 여기서는 후보도시(Candidate City)라는 분석단위를 둘러싼 세 가지 쟁점과 도쿄올림픽(들)이 가진 성격을 규명해 보도록 하자.

1) 올림픽 (개최)도시의 정치경제 : 세계도시-도시재생-반대운동

올림픽은 해당 도시에 사회통합을 가져오는 중요한 '정치적' 계기이지만, 관련 시설들과 도시인프라 등 재개발과 밀접히 연관된 '경제적' 이벤트이다. 2008년 베이징올림픽이 상징하는 것처럼 올림픽은 자국의 경제성장 단계가 선진국 그룹에 진입했음을 알리는 '국책 이벤트'로서 그 정치적 성격이 매우 강했다. 그런데 최근에는 일정한 도시경제력을 갖춘 이른바 '세계도시들(global cities)'마저 올림픽 유치 경쟁에 뛰어들고 있다(2012년 런던올림픽). 그야말로 이제 올림픽은 '도시경쟁력'을 증명하는 새로운 장으로 위치 설정되면서 '경제적 성격'이 심화되고 있는 것이다. 이러한 변화에 주목해서 '개최 도시'의 관점에서 '세계도시', '도시재생', 그리고 '반대운동'이라는 세 가지 쟁점을 중심으로 살펴보도록 한다.

첫째, 본래 세계도시들은 전자통신이 구비된 오피스 환경과 도심회귀(gentrification)의 분위기, 그리고 이동을 가능케 하는 국제 항공들 등의 설비를 갖추고 있다. 이른바 생산자서비스들의 집적이 장소적 이익을 유도하고, 다국적 기업들은 산업과 관련된 서비스 복합체에 의존하는 구조를 가지고 있는 것이다.[3] 그러나 세계도시들은 고용구조가 불안정하고 높은 위험성을 안고 있기 때문에, 사회계층 간 사회적 격차가 확대된다는 약점도 함께 가지게 된다. 이러한 격차들은 세계도시들 내부의 공간적 양극화의 형태로 나타나면서, 도심 내부에 다양한

---

3) Sassen, S., *The Global City : New York, London, Tokyo*, 2nd edition. Princeton, N.J. Princeton University Press, 2001.

갈등을 내포하게 된다. 더욱이 세계도시들은 빠르게 변화하는 환경 속에서 도시 시설들이 소모되는 것을 경험하게 된다. 따라서 세계도시들은 스포츠 이벤트들을 유치하는 활동과정에서 경기 시설들과 함께 도시 인프라의 건설을 결합하려는 특성을 갖게 되는 것이다.[4]

2012년 올림픽 유치경쟁에서는 최종투표에서 탈락한 프랑스 파리나 9·11사건을 어필했던 미국 뉴욕 등 여러 세계도시들이 참여하면서, 올림픽은 점차로 '시대에 앞서는' 이벤트처럼 변화되었다. 세계도시들은 사회 내부의 갈등하는 정치적 힘들을 통합해 도시개발을 촉진해 나갔다. 새로운 직업들이 생겨날 기회를 개최 도시들에 제공한다는 점에 주목하면서 적극적으로 스포츠 이벤트 유치에 뛰어들게 되었다. 도쿄는 일본 내 경제부분에서 일종의 독점상태, '도쿄 일극집중(一極集中)'의 상태로 발달해 온 도시이다. 반면, 높은 지가, 높은 임대료, 장시간 통근, 교통문제, 환경파괴, 쓰레기처리, 출생률 저하 등과 같은 '거주환경(livability)'의 붕괴를 경험해 왔다.[5] 이처럼 집적의 이익과 불이익의 양면성이 세계도시 도쿄가 가지고 있는 두 가지 얼굴이며, 이러한 구조적 문제는 올림픽 유치과정에서도 '개발'과 '생활'이라는 대립축을 형성하게 되었다.

둘째, 올림픽과 관련된 도시재개발이 어떻게 '도시재생'으로 통합

---

4) Preuss, H., "7. Investment and the Reconstruction of a City: Burdens and Opportunities", *The Economics of Staging the Olympics : A Comparison of the Games, 1972-2008*, Cheltenham, UK; Northampton, MA : E. Elgar, 2004, pp. 93~94.

5) 加茂利男, 『世界都市 : 「都市再生」の時代の中で』, 東京 : 有斐閣, 2005, pp. 71~8.

되는가하는 점이다. 올림픽 개최 도시는 경기·관광 시설과 인프라 등 많은 시설들을 건설하게 된다. 보통 한 도시의 물리적 특성은 1년에 1%도 바꾸기 어렵지만, 올림픽은 일시적으로 막대한 변화를 가능케 한다. 올림픽이 미치는 도시개발의 범위는 크게 1차 구조로 스포츠-레저, 2차 구조로 주택과 여가활용, 3차 구조로 고용과 교통으로 구분된다. 문제는 단기간의 경기운영에 비해 많은 건설비용이 들어가는 반면, 올림픽이 끝나고 나면 사용하지 않은 거대한 시설들을 남긴다는 맹점이 있다. 즉, 올림픽은 막대한 영향력과 비용을 요하는 메가 이벤트로서 단기간의 엄청난 변화를 가능케 하지만 독특한 올림픽 시설의 특성상 일정의 압력과 특수한 규제 때문에 돌이킬 수 없는 도시계획의 문제를 초래하는 복합된 구조를 가지고 있다.[6]

따라서 과거 올림픽들이 대규모의 물리적 도시계획을 통해 단기간에 도시인프라(도로, 상하수도 등)를 '건설'하는데 치중했다면(예컨대, 64년 도쿄, 88년 서울), 최근의 올림픽은 재정, 장소판촉, 안전, 도시재생, 관광 등의 다양한 '도시관리'가 확대되고 있다. 범죄 감소와 환경문제 등처럼 '총체적 국가 개입 프로그램의 성격'을 보이며(92년 바르셀로나, 2008년 베이징, 2016년 런던[7] 등), 도시문제(주택수요)뿐

---

6) Preuss, H., "7. Investment and the Reconstruction of a City : Burdens and Opportunities", *The Economics of Staging the Olympics : A Comparison of the Games, 1972-2008*, Cheltenham, UK; Northampton, MA : E. Elgar, 2004, pp. 72~80.
7) 2012년 런던올림픽은 런던 동부의 시장주도적 워터프론트 재개발의 상징이었던 도크랜드에 관련 시설들이 건설되어(윤일성, 「시장주도적 도시개발의 가능성과 한계 : 영국 도크랜드 재개발을 중심으로」, 한국사회학회, 『한국사회학』, 31(1), 1997), 다시 런던올림픽을 계기로 재개발되었다. 그러나 올림픽 관련 '주택유산들'(housing legacy) 중에서 '부담가능주택'(affordable

만 아니라 해당 도시의 발전 방향 설정과 커뮤니티 응집 등 보다 사회 통합적인 '도시재생사업'을 지향하게 되었다. 예컨대, '바르셀로나 모델(1992년)'은 지방의 자율성을 강조하면서, 전체 예산의 83%를 인프라에 투자하고 17%만을 스포츠에 투자하는 등 광범위한 '인프라프로젝트'였다고 한다.[8] 도쿄올림픽 유치계획 역시 해당 도시 환경의 지속가능성(Sustainability)과 올림픽 유산(Legacy)의 활용가능성이라는 IOC의 기준에 맞춰, '성숙도시 도쿄'를 지향하면서 '환경-콤팩트'라는 슬로건을 내세우게 되었다.

셋째, 올림픽 유치 경쟁 못지않게 다양한 '반대운동들'이 전개되어 왔음에 주목해야 할 것이다. 전전 올림픽이 전쟁과 나치즘을 위한 선전무대로 얼룩졌다면, 전후 냉전시대에는 신흥산업국의 내셔널리즘이나 경제성장을 과시하는 무대로 거대화되어 나갔다. 1960년 로마대회 이후 올림픽 역사를 살펴보면, 경제발전이 일정한 단계에 도달한 국가의 '수도'가 자본주의 사회에서 선진국 그룹 진입기념 이벤트라는 성격이 매우 강했다. 70년대에는 재정·환경문제 등을 제기하는 올림픽 반대운동이 전개되면서, 유치도시의 개최 반납 등 한때 '시대에 뒤떨어진' 산물처럼 여겨졌었다. 그런데 1980년대 이후 세계화의

---

housing)의 비율을 늘려야 한다는 비판도 있다(Bernstock, P., "12 London 2012 and the Regeneration Game", Poynter, G. & MacRury, I. (eds.), *Olympic Cities : 2012 and the Remaking of London, London* : Ashgate, 2009, p. 211).

8) Coaffee, J. (2011), "Urban Regeneration and Renewal", Gold, J. & Gold, M. (eds), *Olympic Cities : City Agendas, Planning and the World's Games, 1896-2016*, (2nd), New York : Routledge, 2011, pp. 180-193; Roche, M., *Mega events Modernity : Olympics and Expos in the Growth of Global Culture*, London : Routledge, 2000, pp. 143~147.

진전과 함께 도시경쟁력을 확보하려는 선진국 광역권 중심도시들이 유치경쟁에 합류하는 경향을 보이고 있다.[9] 그러나 비록 선진국이라 할지라도 과거 올림픽들 개최도시들(뉴욕, 솔트레이크, 아테네, 바르셀로나, 런던 등)의 재정적 부담은 해당 시민들의 생활을 크게 위협할 정도로 문제를 일으켰다.[10] 특히, 2010년 밴쿠버 올림픽 적자설(IOC 는 부정하고 있으나)의 사례처럼 올림픽선수촌(The Village on False Creek)'은 분양율도 저조했다고 한다.

도시의 정치경제라는 관점에서 본다면, 올림픽을 통해 도시개발을 향한 '성장연합'(growth coalition)[11]을 구성하는 세력과 이에 대항하는 시민사회가 구성하는 '이벤트연합(event coalition)'[12]의 반대운동이 대립하고 있다고 보여진다. 올림픽 유치활동이 도정, 도의회 등 제도화된 정치적 틀과 도시재개발로 정책화되었던 반면, 올림픽반대운동은 지역과 국경을 넘어 연대하는 수평적인 조직을 통해 전개되게 나갔다. 도쿄도내의 시민사회는 동계올림픽 개최지였던 나가노현(長野県), 후쿠오카시, 그리고 국경을 넘어 미국의 시카고와도 연대하면서 올림픽 반대운동을 전개해 나갔다. 또한 유치활동이 진행되는 과

---

9) 町村敬志,「メガ・イベントと都市空間-第二ラウンドの「東京オリンピック」の歴史的意味を考える」,『スポーツ社会学研究』, 15, 2007.

10) Lenskyj, H., "Chapter3 Olympic Impacts on Bid and Host Cities", *Olympic Industry Resistance : Challenging Olympic Power and Propaganda*, Albany : State University of New York Press, 2008.

11) Logan, J. and Molotch, H. L., *Urban Fortunes : the Political Economy of Place*, 20th anniversary edition, Berkeley, CA : University of California Press, 2007.

12) 이벤트연합은 '사회운동'보다는 일종의 '운동의 융합(a convergence of movements)'으로서, 유연성과 자발성, 그리고 수평적인 연대감이 조직되곤 한다(Boykoff, J., "The Anti-Olympics," *New Left Review*, 67, 2011).

정에서 올림픽 개최지에 근접한 고토구(江東区)의 지가가 상승하면서, 근처에 위치한 작은 총련계 민족학교(에다가와(枝川))를 '공유지 불법점거(squatter)'로 규정해 제소하는 토지 소유권 재판이 일어나기도 했다.[13] 이처럼 메가 이벤트나 도시관광이 도시공간에서 스펙타클(spectacle)을 재현하는 과정에서 도시문제들을 감추는 등 정치적 통합을 이뤄낸다는 의견에 대해서, 오히려 그동안 감춰져 왔던 불평등한 사회관계와 대립(인종, 계급, 젠더, 지배-구속)을 드러내기도 한다는 반론도 주목할 필요가 있다.[14]

2) 도쿄의 올림픽(들): 고도성장기(1964년)와 저성장기(2016)

2005년 9월 이시하라 도지사가 올림픽 유치를 처음 표명했고, 2006년 3월 도쿄도 의회는 유치를 결의하였다. 2006년 2월 도쿄도가 발표한 유식자간담회의 결과를 정리한 짧은 보고서「도쿄올림픽의 실현을 향해서(2006년)」를 주목해 보고자 한다. 초기 도쿄도가 구상한 올림픽 유치 배경을 기초로, 1964년 올림픽과 2016년 올림픽 유치계획이 갖는 변화를 비교해 보도록 한다.

보고서는 1964년 도쿄올림픽을 패전 후 불과 19년 만에 전후의 황폐함을 극복하고 세계의 영광스러운 무대로 재등장한 순간으로 규정하고 있다. 당시 도시건설의 속도와 투자된 굉장한 에너지는 현재

---

13) 김은혜,「도쿄 도시레짐과 에다가와조선학교의 역사」, 한국사회사학회,『사회와 역사』, 85, 2010.
14) Gotham, K. F., "Resisting Urban Spectacle : The 1984 Louisiana World Exposition and the Contradictions of Mega Events", *Urban Studies*, 48(1), 2011.

일본이 잃어버린 것들 중 하나라고 말한다. 올림픽 개최 열흘 전인 10월 1일 도카이도·신칸센(東海道·新幹線) 개통이 상징하듯이 일본 기술수준이 민족DNA로 계승되고 있다고 역설했다. 1964년 올림픽 당시 정부와 도쿄도의 막대한 재정이 공공 교통과 상하수도 등에 투입되어 도쿄는 이른바 '근대 도쿄(modern Tokyo)'로 거듭나게 되었다. 당시 급증하는 자동차수로 인한 교통체증 해결을 위해, 1959년에는 '수도고속도로공단'이 설립되어 수도권의 도로건설이 본격화되었다.

전후 일본은 '안보투쟁(1960년)'에서 '도쿄올림픽(1964년)'으로, 이른바 정치에서 경제로 급격히 변화되어 나갔다. '전전-공습피해-GHQ-1964년 올림픽-2000년'이라는 주요 정치적 국면별로 올림픽 시설 및 부지의 소유관계를 살펴보면, 전전의 군사시설들 대부분을 GHQ가 접수했으나, 1964년 올림픽을 계기로 도쿄의 도심 공간이 비로소 '일본인을 위한 공간'으로 변화되었다. 특히, 요요기(代々木) 주변은 전전(戰前) 요요기연병장(練兵場)에서 전후(戰後) '미군숙소(Washington Heights)'로, 그리고 고도성장기는 '올림픽 선수촌'으로 변화하게 되었다.[15] 즉, 1964년 도쿄올림픽은 일본 고도성장기에 축적된 사회경제적 변화들이 가져온 소비대중사회로의 진입이자, 그에 적합한 수도 도쿄를 건설하는 전환점이 되었음을 알 수 있다.[16]

---

15) 〈표 3〉 도쿄올림픽(1964년) 전후 경기장·연습장·관련 시설의 토지이용변천을 참고) (町村敬志, 「メガ·イベントと都市空間-第二ラウンドの「東京オリンピック」の歷史的意味を考える」, 『スポーツ社会学研究』, 15, 2007).
16) 사회경제사적인 변화에 대한 다양한 분석(테마송, 도심공간, 소비미덕, 주택문제, 교육(진학문제), 신칸센, 여가문화, 유통 등)은 필자의 서평을 참고 (김은혜, 「서평『도쿄올림픽의 사회경제사』: 고도성장의 노스탤지어」, 老川

이제 2006년 「다시 올림픽을 도쿄에서(再び, オリンピックを東京で)」라는 보고서를 다시 살펴보자. 보고서에서는 국민 공통의 큰 목표를 잃어버린 일본인이 탁월한 기술력과 감성에 불구하고, 스스로의 잠재력을 과소평가해 위축되어 있다고 비판했다. 도쿄올림픽을 통해서 국민의 일체감을 고양시키고 위기를 극복할 수 있다고 주장하고 있다. 이는 올림픽유치위원회 이사 건축가 안도 다다오(安藤忠雄)가 역설한 내용에서도 확인된다.[17] 그는 "장기계획과 올림픽과의 관계는 1964년과 같은 인프라정비에 의한 '성장'이 아니라, 시장원리에 치우쳐 비대화된 도시를 억제하고 환경이라는 종합적 시점에서 재편성해 가는 도시로서의 '성숙'이다"라고 주장했다. 도쿄도는 '성숙도시 도쿄'가 국제적 책임을 완수하기 위해 올림픽 본래의 모습과 새로운 모델을 제시해야 하며, 무엇보다도 '거대도시 도쿄의 재생'이 국력과 연결된다는 점을 강조하고 있다.

"도시의 성쇠가 국가의 운명을 크게 좌우하는 시대에 살고 있다. 도시의 힘이야말로 확실히 국력이다. 이 나라에 있어서 국가를 견인하고 일본의 존재를 상징하는 도시는 도쿄이다 … 올림픽 개최를 계기로 도쿄의 재생, 나아가서는 일본재생을 완수할 필요가 있다."

그렇다면 도시경쟁력을 전면에 내걸었던 이시하라 도정은 어떻

慶喜 編(2009), 『東京オリンピックの社会経済史』, 東京 : 日本経済評論社」, 한국도시사학회, 『도시연구 : 역사, 사회, 문화』, 4, 2011).
17) 安藤忠雄, 「基調講演 : 10年後の東京」, 日本経済新聞社, 『日経コンストラクション(12月26日号)』, 2007.

게 위치설정할 것인가? 1999년에 탄생한 이시하라 도지사는 '세계도시' 전략을 부활시킨 정책을 속속 추진해 왔다.[18] 2000년에 책정된 「도쿄구상2000 : 천객만래(千客万来)의 세계도시를 목표로(2001-2015년)」라는 보고서에서는 "수도에 걸맞는 도쿄는 국경을 넘어 경제활동이 활발해진 가운데, 고도의 도시기능이 계속 활발히 집적하고 도시간 경쟁에서 승리하여 일본경제를 강하게 견인하는 세계에 으뜸가는 국제도시이자, 세계 속의 사람, 물건, 정보 등이 오가는 도시가 되어야 한다"는 목표를 재차 내걸었다. 도쿄도는 북미나 서구 선진국들의 여러 도시들과 성장하는 아시아의 도시들과 한층 격화된 경쟁관계에 놓인다는 점에 주목하고 있었던 것이다. 국제공항기능의 강조나 IT화에 대한 적극적인 대처 등은 '도쿄중심주의'로 정책화되면서 이시하라 도정의 특징으로 굳어져 갔다.

50-60년대 고도성장기와 70년대 혁신자치체로 이어지는 시기에는 '수도권 성장'과 '지방의 시대'라는 레토릭이 동시에 작동했다.[19] 그러나 버블경제 붕괴 이후 장기화된 저성장으로 보수-중도파가 지배적인 사회로 점차로 변화되어 나가게 된다. 1964년 도쿄올림픽은 고도경제성장기에 국가가 주도하여 모든 설비투자를 수도 도쿄에 집중시킨 이른바 '국민국가의 수도만들기'였다면, 2016년의 유치활동은 도쿄

---

18) 町村敬志,「第1章グローバリゼーションと都市空間の再編 : 複数化していく経路への視点」, 似田貝香門・矢澤澄子・吉原直樹編,『越境する都市とガバナンス』, 東京 : 法政大学出版局, 2006/.
19) 이지원,「현대 일본의 자치체개혁운동 : 혁신자치체와 시빌미니멈을 중심으로」, 서울대 사회학과 박사학위논문, 1999.

도정이 '도쿄경쟁력=일본경쟁력' 논리를 확대시키는 과정이었다고 볼 수 있다. 세계도시 도쿄를 재정비하기 위해서는 도시재개발에 대한 자금 유도를 도모하면서, 도쿄는 새로운 다목적고층빌딩군의 건설이 재차 급속하게 추진되었다. 이시하라 도정은 도시경쟁력 향상이라는 논리를 확대해, '도심공간'의 이해관계를 원활히 하기 위해 도쿄올림픽 유치를 계획했던 것이다.

3. 2016년 도쿄올림픽 유치활동 : 도심회귀와 유치 계획

2016년 올림픽 일본 내 최종 유치경쟁지였던 후쿠오카와 도쿄도를 도심회귀의 관점에서 비교하고, 도쿄도 올림픽 유치계획의 내용을 면밀히 검토해 보도록 한다.

1) 일본 내 유치경쟁 : 도심회귀와 권한이양의 문제

국내 입후보지 경쟁은 초반 삿포로(札幌), 나고야(名古屋), 후쿠오카 등 혼전 양상을 보였다. 지자체들의 재정문제에 대한 비판이 제기된 데다가 2005년 가을에 도쿄도가 가세했다. 이후 경쟁구도는 '지방도시 후쿠오카 대 거대도시 도쿄'로 좁혀지게 되었다. 야마사키(山崎広太郎) 후쿠오카 시장은 1/3 정도를 후쿠오카시권 외곽으로 분산시키는 '후쿠오카규슈올림픽'을 주장했다. 지중해 항만도시 '바르셀로나'처럼, 일본해 항만도시 후쿠오카는 '휴먼 스케일(human scale)' 올림픽을 지향한다고 강조했다. 그러나 실제 계획을 보면 스자키(須崎) 부두 재개발을 중심으로 한 후쿠오카의 '신도심구상(新都心構想)'계획의 일환이었다. 당시 이 계획은 전체 401ha중에서 53% 정도가 준공되었으나 광대한 토지가 매각되지 않은 상태였다고 한다.[20]

후쿠오카시는 올림픽 관련 정비에 4,864억 엔이 필요하지만, 실제로 재정적으로는 1,000억엔 이하 올림픽을 열겠다고 공언했다. 그 대안으로 국내 대기업이나 한국·중국 등 해외의 '민간자본'을 활용해 올림픽 관련 시설들을 건설하겠다고 주장했다.[21] 그러나 일본 총무성의 추산에 의하면, 후쿠오카시의 '실질 공채비 비율'이 22.8%로, 정령시(政令指定都市) 중에서 최악이었음을 확인할 수 있다.[22] 이러한 상황 속에서 시민사회는 〈후쿠오카 올림픽 유치에 반대하는 회(福岡オリンピック招致に反対する会)〉를 결성해, 유치반대의견을 올림픽위원회에 제출했다. 이들 반대운동은 유치반대서명운동에서 후쿠오카 시민의 약 10% 약 13만 명의 시민들의 서명을 받아 내었고, 결국 올림픽 계획을 추진했던 야마자키 시장은 이후 2006년 11월 시장 선거에서 낙선하게 되었다.[23]

---

20) 하카다만(博多湾) 인공섬의 사업비, 관민협력의 범위와 시민의 합의 등에 대한 쟁점은 다음을 참고「どうなる須崎再開発 福岡市 五輪落選のその後」,『西日本新聞(朝刊)』, 2006년 9월 3일.
21) フォーラム福岡,『フォーラム福岡』,「財政面「福岡五輪」は節約型--成長戦略で生み出す財政余力がカギ (特集 : オリンピックを福岡·九州へ)」,10, 2006.
22) 실질공채비비율이란 자치체의 재정규모 중 실질적인 빚이 차지하는 비율로, 수치가 높을수록 반제의 부담이 증가되는 것을 의미한다. '지방자치체재정건전화법'에 의해 재정의 건전도를 진단하는 4가지 지표들(실질적자비율, 연결실질적자비율, 장래 부담 비율) 중의 하나로, 25%를 넘으면 조기의 건전화를 요청할 수 있다. 도도부현별 재정비교분석표는 일본 총무성 다음 URL을 참고 http://www.soumu.go.jp/iken/zaisei/bunsekihyo.html

반면, 도쿄도는 2006년 3월 '도쿄도의회'에서도 올림픽유치결의를 채택하고 4월 유치본부를 발족해, 수용력이나 기능의 충족도, 국제이벤트의 개최실적 등을 고려하면 도쿄 외에는 감당할 개최도시는 없다고 주장했다. 이른바 '1조엔 올림픽 개발 계획'을 제시하는 등 거대도시 도쿄를 재생하는 계기로 삼겠다며, 경쟁의 초반부터 강력한 재정력을 강조해 나갔다. 일본올림픽유치위원회(JOC : The Japanese Olympic Committee)는 열악한 재정 상황뿐만 아니라, 용지취득의 난항 등 후쿠오카시의 개최계획에 대해서 의문을 제기했다. 결국 2006월 8월 일본 국내후보지선정위원회에서 JOC는 국내 개최도시로서 도쿄를 선정하게 되었다. 도쿄도는 2006년 12월 22일 '10년후 도쿄 : 도쿄가 변한다(10年後東京 : 東京が変わる)'라는 계획에서 활력과 풍격(風格)있는 세계도시 · 도쿄를 만들기 위한 목표를 제시했다. '도쿄의 매력을 세계로 발신', '관광자원의 개발', '수용체제의 정비' 등으로 구성된 10개년 계획이 2016년 올림픽과 연계되면서 도정목표의 핵심이 되었다.[24]

더구나 올림픽 열기를 가속화하기 위한 예비이벤트로서 도쿄도는 2007년 2월 제1회 도쿄마라톤대회를 개최했다. 도쿄도와 일본육상경기연맹은 2005년 10월 20일 기록향상과 도내관광명소 소개를 결합시키기 위해 '도쿄도청(시작)~빅사이트(결승) 코스'를 합의했다. 황거앞(皇居前), 츠키지(築地), 아사쿠사(浅草), 도쿄역(東京駅), 긴자(銀

---

23) 후쿠오카올림픽 개최 계획과 관련된 비판의 쟁점들은 다음을 참고 [日本共産党福岡市議団 特集福岡オリンピック招致 http://www.jcp-fukuoka.jp/special/olympic/index.html]
24) 東京都, 『東京都観光産業振興プラン : 活力と風格ある世界都市・東京をめざして』, 東京都, 2007, 11쪽.

座) 등 관광거점을 지나면서, 에도(江戸)·시타마치(下町) 등 전통과 현대가 결합된 도쿄의 매력을 활용하도록 주요 통과 포인트를 설정했다고 한다. 물론 기존 시민중심 마라톤25)의 의미를 훼손한다는 등 비판도 제기되었다. 여러 초청 도시들의 수장과 마라토너의 비용마저 제공해 도쿄도의 재정 부담을 가중시킨다는 재정에 대한 비판도 받았다. 그러나 도로 응원 장소에서는 노점, 엑스포, 축제 등을 병행하고, 10km 지점(日比谷公園) 통과 기념표창식 등 많은 이벤트들을 결합시키면서 상당한 인기를 얻게 되었다.26)

여기서 도쿄마라톤의 성격에 대해 실질적인 '도심회귀' 경향과 연관해 마라톤의 인기에 대해 재고해 보자. 1950년대 고도성장이 시작된 이래 도쿄로의 전입인구는 계속 증가해 항상 과밀한 상태였다. 국가적 차원에서 '수도권정비법'(56년) 등 지속적으로 분산정책을 실시함과 동시에, 직장과 주거의 균형을 맞추는 '다심형도시구조(副도심과 다마(多摩)지구)'로 정책방향이 전환되어갔다.27) 1980년대 이후 '지식-서비스경제'로 이행하면서 도심의 주간인구 증가 폭은 잠시 감소했다. 그러나 1990년대 이후 대도시권 중심도시에 지속적인 인구증가 경향이

---

25) 前아사히(朝日)신문 특별위원 오시마 유키오(大島幸夫)가 개인적으로 발안·실시한 마라톤으로, 자원봉사자들과 시민들이 주축이 된 '도쿄 꿈이 춤추는 마라톤(東京夢舞いマラソン)'(시각·지체장애인 등도 참가)은 2001년에 시작되어, 도쿄도심을 중심으로 하는 코스로 개최되고 있다(관련 참고 http://www.tokyomarathon.jp/).
26) 東京都, 『都政2008』, 東京都, 2008, 137쪽.
27) 수도권정비법 제2조 제1항에 의하면, '수도권'이란 도쿄도의 구역 및 정령으로 정해진 주변 지역 일체의 광역을 의미한다. 흔히들 도쿄권은 1도 근린 3현(치바·사이타마·가나가와)을, 수도권은 여기에 주변4현(이바라키·도치기·군마·야마나시)을 더한 1도 7현을 말한다. 흔히 '도심'은 23구를 의미하며, 도심3구는 치요다구, 츄오구, 미나토구(千代田区·中央区·港区)를, 도심5구는 신주쿠구와 시부야구(新宿区·渋谷区)를 포함한다.

뚜렷해지면서, 도심부의 건축물과 인프라의 노후화 등이 문제로 지적되었다.[28) 이제는 도심에 업무만이 아니라 주거, 문화 등을 확충하자는 주장은 널리 공감을 얻게 되었고, 고차도시기능의 집적에 기초한 도심주거의 장점이 강조되게 되었다.[29) 국토교통성은 제5차 전국종합개발계획에서 대도시권정비를 4대 전략 중 하나로 삼아 「도쿄권 혁신프로그램(1999년)」을 책정하였다. 또한, '도시재생특별조치법(2002년)'으로 수상이 본부장이 되는 〈도시재생기구〉가 설립되게 되었다.

실제로 2005년 3월 7일 도쿄도가 2005년 1월에 도심에서 착공했던 '신설주택의 착공상황' 발표를 보면, 도심3구의 착공건수는 전년도 같은 달 대비 67.8%로 대폭 증가했다. 이는 도심회귀가 실질 거주 수요와 함께 투자용맨션 등에 대한 수요도 역시 동반해서 증가시키고 있음을 예상케 하는 수치이다. 실제로 1990년대 도쿄 23구에 대한 GIS 조사 결과에서도 기존 건물들의 해체와 함께, 신규 건물들의 대형화와 고밀도화가 실질적으로 진전되고 있음을 알 수 있다.[30) 이러한 변화 속에서 「수도권재생긴급 5개년 10조 엔 프로젝트」이 책정되었고, 계획의 구체화를 위해 「도시만들기비전(都市づくりビジョン)」도 공표되었다. 전국 거대도시권(주로 도쿄도·오사카부(大阪府))과 도심형 도시재생이 추진되면서, 규제완화와 특별교부금 지급을 골자로 하는

---

28) 米山秀隆, 「研究レポートNo.132 : 都心回帰と都市再生 : 東京の再生を目指して」, 富士通総研, 2002.
29) 川相典雄, 「大都市圏中心都市の人口移動と都心回帰」, 摂南大学経営情報　学部論集, 『経営情報研究』, 13(1), 2005.
30) 田中耕市, 「1990年代の東京23区における都市密度変化と土地利用転換 : 事務所建築物と集合住宅を対象として」, 東京地学協会, 『地學雑誌』, 117(2), 2008.

'도시재생특별지구'를 지정, 사업의 신속성을 기하는 프로젝트들이 가동되었다.[31] 도시재생특별조치법에 따라 도시재생긴급정비지역으로 65개 지역 약 6,612ha에서 현재 6차 지정이 진행되고 있다.[32]

문제는 이러한 도심회귀의 경향이 어떠한 정치적 효과를 낳으며, 실질적으로 도심회귀에 적합한 주거환경이 확보되고 있는가에 관한 평가일 것이다. 과거 '지자체 권한이양'이 현지의 이익과 주민의 의견을 도시정책에 반영하자는 성찰적 성격을 지녔다면, 최근 도쿄도처럼 대도시권이 주도하는 논리는 오히려 중앙-지방의 공간 격차를 확대하고 있다. 이시하라 도지사(1999년 이후~현재까지)는 당선 초기부터 일관되게 주장해온 권한이양은 '중앙(수도권 경쟁력·도심회귀)-지방(재정파탄·유바리(夕張)쇼크[33])'라는 공간적 양극화 구도를 정당화하고 있다.[34] 도쿄 서부 뉴타운 교외지역의〈다마지역 의회와 시민들 모임(みどり三多摩)〉[35]은 경제성장형 올림픽 계획에 대해, 지속가능한 사회에 역행하는 '개발낭비형·톱다운' 계획이라고 비판했다. 올림픽 경기 일부를 다마지역에도 개최해야 한다며, 도내의 미즈호쵸의회(瑞穂

31) 박세훈, 「일본의 도시재생정책 : 발전국가의 구조변화와 도시개발정책」, 대한국토·도시계획학회, 『국토계획』, 39(2), 2004.
32) 구체적인 내용은 다음을 참고 (도시재생특별조치법 적용상황. http://www.toshisaisei.go.jp/04toushi/01.html)
33) 탄광도시 유바리시는 1990년 폐광 이후 1/10정도로 인구가 감소해, 메론, 영화제, 석탄박물관 등 내발적 발전 모델로 주목을 받았었다. 그러나 2006년 심각한 재정난으로 결국 2007년 3월 6일을 기해 '재정재건단체'로 지정되었다. 이후 '재정파탄 도미노'라 일컬어질 정도로 전국적으로 일본 자치체들의 재정난은 심각한 상황이다.
34) 町村敬志·平山洋介, 「対談 目標を見失った都市·東京, 集-東京都政も転換を!-「石原時代」の終焉」, 岩波書店, 『世界』, 798, 2009, 111쪽.
35) 다음을 참고 http://homepage2.nifty.com/osawa-yutaka/midori-orinpik1.htm

町議会)에서는 올림픽유치결의를 부결하기도 했다.[36] 이처럼 2016년 도쿄올림픽 유치활동은 '도쿄중심·도심중심적 도시재생'을 위한 명분이었다는 비판의 목소리가 도쿄도내의 교외지역에서도 나왔던 것이다.

마지막으로 도쿄도 재정은 2009년도 예산에서 도 전체로는 7,520억 엔(13.6%)로 과거최대의 감소액을 보였다. 도쿄도 세입의 중심인 도세수입은 경기 동향에 영향 받기 쉬운 '법인2세(법인사업세, 법인주민세)'의 비율이 높아, 과거 3년간 1조엔 정도가 감소하는 등 불안정한 구조를 가지고 있다. 또한, '지방법인 특별세 등에 관한 잠정조치법(이하 잠정조치)'[37]의 영향으로 법인2세가 전년도에 비해 7,743억 엔(30.3%)이나 감소했다. 2009년도에는 법인사업세가 2,691억 엔이 감소했으나, 엄밀하게는 '지방법인특별양여세' 1,005억 엔이 중앙정부로부터 양여되었기 때문에, 실질적으로 영향을 준 금액은 1,686억 엔이었다.[38] 그런데 이러한 배경에는 2007년 12월 11일 후쿠다(福田康夫) 총리(중앙정부)와 이시하라 도지사(도쿄도)와의 합의가 존재한다. 다시 말해서 도의 지방세 중 3천억 엔 정도를 재정력이 약한 지자체에 돌리고, 대신 도쿄도의 경쟁력을 확보하기 위한 하네다공항 국제선 발착 범위의 확대와 취항 거리의 연장, 도쿄 외곽 환상도로의 조기착공,

---

36) 「経済効果4兆円 : 東京オリンピック招致 都が試算-多摩地区市議ら招致反対運動23日 立川で」,『日本経済新聞』, 2006년7월21일.

37) 2008년 세제개정은 지역 간 세원의 편재를 시정하기 위해, 소비세를 포함한 세 체계의 발본적 개혁이 시행되기까지 잠정조치이다. 법인사업세의 일부를 분리해서 지방법인특별세(국세로 환원분) 및 지방법인특별양여세(국가가 도도부현에 재분배)가 창설 되었다(東京都主税局 http://www.tax.metro.tokyo.jp/tax-info/bessi.pdf#search='法人税暫定措置', 2011-06-25).

38) 東京都財務局,『東京都の財政』, 2009, 東京都, 4쪽.

2016년 도쿄올림픽에 대한 전면적 지원 등 13 항목의 협의시책을 제시했다.[39] 즉, 올림픽 유치활동은 도쿄도의 입장에서는 법인2세의 증가분을 중앙정부에 양여하는 대신, 도쿄의 경쟁력을 높이기 위한 일종의 중앙정부-도쿄도의 '정책적 교환'이었음을 알 수 있다.[40]

2) 2016년 도쿄올림픽 개최 계획 : 환경 · 콤팩트?

유치초반이었던 2005년 도쿄도는 요요기공원과 메이지신궁(明治神宮) 주변에 대규모의 재개발 계획을 내세웠다. 이 계획의 요점은 1964년 올림픽 시설인 국립가스미가오카(霞ヶ丘) 육상경기장을 대규모로 개 · 증축하고, 메이지신궁 주변에 국제올림픽돔을 건설하는 것이었다. 하지만 국유지(国有地)였던 메이지신궁 주변에 대한 용지취득에 난항을 겪게 되었다. 게다가 경기 단체와 관계자들도 올림픽 경기의 표준과 규격 등에 적합지 않다고 지적했다. 이러한 난관 속에서 2006년 5월 '2016년 도쿄올림픽기본방침'에서 도유지(都有地)인 임해부도심에 츠키지-미디어센터, 하루미(中央区 · 晴海) - 주경기장, 아리아케(有明)-선수촌으로 구성된 클러스터(cluster) 건립 등을 골자로 한 '개최중심지 변경안'을 발표하게 되었다.

실제로 어떤 시설계획이었는지 내용을 중심으로 구체적으로 점

---

39) 皆川健一,「地方と都市の共生に向けた財政力格差の是正 : 地方法人二税の偏在是正と平成20年度地方財政対策」,『立法と調査』, 277. 2008. 더구나 이 합의는 재정력을 가진 수도권의 도쿄도, 가나가와현(神奈川県), 오사카부(大阪府), 아이치현(愛知県) 네 곳의 지자체가 반대 연명을 낸 직후에 이루어졌다.
40)「法人事業税のうち 3千億円の地方移譲, 知事応じる…首相と会談, 定的に」,『読売新聞』, 2007년 12월 11일.

검해 보자. 2009년 2월 12일 IOC에 입후보파일을 제출하였고, 4월 IOC 평가위원회가 도쿄를 시찰했으며, 6월 'IOC개최 계획 설명회'를 개최하였다. 신청파일 『TOKYO 2016 Applicant City』에는 경기회장을 '콤팩트'와 '환경을 배려'하면서 건립한다는 내용이 강조되었다〈지도 1〉. 올림픽 회장은 크게 '헤리티지 존'(Heritage Zone: 1964년 올림픽 유산)과 '도쿄베이 존'(Tokyo Bay Zone : 2016년 올림픽 핵심 시설들) 등 크게 4개의 클러스터로 구성되었다. 더불어 당시 유력한 입후보지였던 미국 시카고가 발표한 반경 10km 올림픽 계획을 앞서기 위해 보다 축소된 8km로 도쿄도의 계획을 수정하게 된 것이다.

〈지도 1〉 도쿄 올림픽 개최 계획도

※ 출처 : [2016도쿄올림픽입후보파일(2009년 2월 13일)], p. 128, 팸플릿 p. 3 재구성

올림픽이 가져올 도쿄의 미래상에 대해서 "고기능성, 안전, 환경, 잠재력 향상, 성숙사회의 품격으로 문화와 기술을 융합하는 도시"를 제안하고 있다. "도쿄의 저력"으로 제시된 측면들은 ①도시기능의 고밀도 집중·집적, ②도쿄로 표상되는 일본문화의 힘, ③개최도시의 재정이었는데, 이는 이후 2007년 12월 「10년 후 도쿄도 실행프로그램 2008」에서 도쿄의 환상도로네트워크 정비계획으로 구체화되었다. 도쿄도는 장점으로 '유산(heritage)활용·집중조성(cluster)·비용절감(cost-down)'을 전면에 내세웠다. 과거 1964년 올림픽 시설인 요요기 경기장 주변을 활용하고, 클러스터를 구성해 각 시설들을 집중함으로써 비용을 절감하겠다는 계획이었다. 그러나 문제는 변경된 계획이 더욱 콤팩트해졌음에도 불구하고, 중심지 변경으로 신설될 시설들이 많아져 378억 엔으로 비용이 증가되었다는 점이다. 더욱이 관련시설들이 도쿄의 도심 전역으로 분산되고 말아 실질적으로 그다지 집중된 경기시설이라고 하기 어려운 계획이었음을 알 수 있다.

다음으로 '환경'의 측면에서 본다면, 유치계획에서 '카본마이너스 올림픽(Carbon Minus Olympics)'이라는 개념을 제창했다. 대회 개최를 계기로 도입·촉진될 이산화탄소 배출삭감대책에 의해 삭감효과량이 많은 올림픽경기대회를 지향한다고 주장했다. '태양광, 태양열, 풍력, 폐기물계 바이오매스(biomass) 연료 등 클린에너지를 이용해, 10만 명 수용 규모의 올림픽주경기장은 옥상에 태양광 발전 패널을 탑재를 모색했다. 선수촌은 목재를 이용해 옥상과 벽면을 녹화, 건축물 에너지 관리시스템(BEMS)을 도입해 에너지 소비량을 절약하고 신설 경기시

설 중 5개의 시설은 이후에도 활용한다는 계획이었다.[41] 특히, '바다의 숲(海の森, Sea Forrest) 프로젝트'는 쓰레기와 잔토로 매립된 도쿄만 최남단인 '중앙방파제 내측처분장'에 높이 30m의 나무를 심어 숲으로 변경하고자 했다. 도쿄도심의 CO2 흡수율을 높이고, 지구온난화를 방지할 목적을 표방하는 녹화사업으로 2016년 완성을 목표로 조성금 모금도 진행되고 있다. '도쿄도항만심의회' 구상에 대해 자문을 얻어, 2005년 2월 24일 개최된 '제74회 도쿄도항만심의회'에서 추진되고 있다.[42]

그러나 새 개최중심지 '임해부도심'('도쿄베이존')[43]은 과거 공업지대와 쓰레기처리장 등이 있던 지역이다. 세계도시의 경쟁력을 확보하기 위해 1985년을 시작으로 2015년 완성을 목표로 약 30여년간 개발-중지-개발 등의 우여곡절을 겪었다. 버블시대에 텔레포트(Teleport)를 건설해 '미래도시'를 만들자는 장밋빛 계획으로 출발했으나, 90년대 장기불황으로 도시박람회 개최마저 취소되었다. 그러나 개발 규모는 축소되지 않은 채 진행되면서 개발담당 제3섹터가 재정파탄을 맞는 등 여전히 도쿄도에 큰 부담이 되고 있다.[44] 더구나 임해부도심의 지

---

41) 東京オリンピック・パラリンピック招致本部,『2016年東京オリンピック・パラリンピック競技大会招致活動報告書』, 特定非営利活動法人東京オリンピック・パラリンピック招致委員会, 2010, 578쪽.
42) 1973-87년에 걸쳐 리사이클 토양과 건설발생토양 등이 표면층을 형성한 1,230만t 쓰레기로 조성된 매립지(87.9ha, 히비야공원의 약 5.5배)이다(東京都港湾審議会,『中央防波堤内側海の森(仮称)構想(審議会答申)』, 2005, 東京都).
43) 공식애칭은 '레인보우 타운(Rainbow Town)'이지만, 에도막부(江戸幕府)가 페리함대의 위협으로부터 방위를 위해 건설한 해상 포대가 일부 남아 있어 흔히 '오다이바(お台場)'로 불린다(平本一雄,『臨海副都心物語 : 「お台場」をめぐる政治経済力学』, 東京 : 中央公論新社, 2010).
44) 砂原庸介,「巨大事業の継続と見直しにみる地方政府の政策選択 : 臨海副都心開発の事例分析」,『大阪市立大學法學雜誌』, 56(2), 2009.

반은 액상화(液状化, liquefaction) 현상[45]의 위험성이 상당한 높은 '매립지'이다.[46] 지진·츠나미(津波) 등이 발생할 경우, 대비가능한 수용인원의 범위를 초과한다는 거센 비판도 일었다.[47] 마지막으로 주경기장(10만+2만 수용규모) 건설이 예정되었던 '하루미 지구'의 사용문제가 남는다. 설령 2020년 올림픽 유치에 도쿄도가 재도전을 한다 해도, 그 전까지는 여전히 도쿄도에 '부담만 되는 존재(塩漬け)'로 남아서 재정적인 압박이 될 수밖에 없기 때문이다. 요컨대, 올림픽 개최중심지 변경은 '수변공간'의 개발의 일환[48]이자, 도쿄도의 채무처리[49]를 위한 도시재개발이 필요했기 때문이었다고 생각된다.

4. 2016도쿄올림픽 유치 좌절 : 쟁점들과 남겨진 문제들

도쿄도가 올림픽 유치과정에서 부딪혔던 재정·조직의 문제와 올

---

45) 지하수위가 높거나 옅은 느슨한 사질지반에서 일어나는 현상으로, 지반의 지지력이 저하되거나 상실됨으로써 하수가 역류하고, 건물의 기울임이나 매몰, 심지어는 붕괴를 가져온다. 한 번 액상화가 발생하면 지반의 균일성이 약화되기 때문에 반복될 가능성이 높다고 한다(若松加寿江, 『日本の液状化履歴マップ745-2008』, 東京 : 東京大学出版会, 2011, pp. 3-23).

46) 東京都防災会議地震部会, 『首都直下地震による東京の被害想定(最終報告) Ⅱ 資料編』, 東京都, 2006, 4쪽.

47) 액상화 예측도는 도쿄도 URL을 참고.
http://doboku.metro.tokyo.jp/start/03-jyouhou/ekijyouka/index.htm

48) 片木篤, 「補遺 第31回オリンピック大会(2016年)招致, 新たな「水の手」開発の一環として」, 『オリンピック・シティ東京1940・1964』, 東京 : 河出書房新社, 2010.

49) 三島富茂, 「臨海副都心開発の変遷と課題(特集 東京臨海副都心開発のこれまでとこれから)」, 『地域開発』, 538, 2009.

림픽 반대운동, 그리고 유치 좌절 이후에 남겨진 문제들을 검토해 보
도록 하자.

1) 유치의 쟁점들 : 재정과 조직 문제

도쿄도는 이미 지자체들 중에서 '건전재정'으로 돌아선 이후 올림
픽 개최 준비기금도 매년 천억 엔씩 4천억 엔을 적립할 수 있다는 자
신감을 드러내기도 했다. 무엇보다도 IOC가 제시하는 조건들을 충족
하기 위해서는 개최 도시는 중앙정부의 재정보증과 올림픽 유치를 지
지한다는 국가적 분위기 조성과 실질적인 협력을 이끌어내야만 한다.
2007년 7월부터 12일 전국지사회를 시작으로 유치 결의가 시작되어,
9월 7일에는 지방6단체 회의(전국지사회, 전국도도부현의회의장회,
전국시장회, 전국시의회의장회, 전국정촌회, 전국정촌의회의장회)가
유치를 결의하는 등 도쿄도는 전국적인 동의를 충분히 획득하고 있는
것처럼 보였다.[50] 그러나 2007년 9월 11일 도쿄의 올림픽유치지원에
대해 각의(閣議)에서 승인을 얻었으나, 바로 그 다음날인 9월 12일 각
의 승인을 했던 아베 신조(安倍晋三) 총리는 건강을 이유로 사임하게
되었다. 유치경쟁기간 2005-9년 사이 총리는 고이즈미(小泉純一郎)-
아베-후쿠다-아소(麻生太郎)-하토야마(鳩山由紀夫)-간(菅直人), 노다
(野田佳彦, 현재)로 거의 매년마다 변경되는 등 불안정한 정치상황이
전개되어 나갔다.

---

50) 東京オリンピック·パラリンピック招致本部,『2016年東京オリンピック·パ
   ラリンピック競技大会招致活動報告書』, 特定非営利活動法人東京オリン
   ピック·パラリンピック招致委員会, 2010, 455쪽.

개최도시 자체만으로는 메가이벤트 개최비용을 감당할 수 없기 때문에, 1998년 나가노올림픽을 기점으로 일본에서는 올림픽 개최비용 중 '국고 부담 50%' 각의 결정으로 하고 있다. 그러나 실제로 나가노현은 국고 보조는 실제로는 34. 7%에 불과해, 그 만큼 나가노현의 부담이 증가해 재정 파탄으로 이어졌다. 관련 시설들이 막대한 관리비와 낮은 활용이 지금까지도 문제가 되고 있다. 도쿄도의 올림픽 개최 계획 중 재정부분을 면밀히 검토해 보면, 주요시설의 정비비를 포함해 중앙정부의 부담비율은 1/2 이내로 하고, 새로운 시설의 관리·운영은 해당 지역의 책임과 부담임을 확인할 수 있다. 또한, 대회운영비는 입장료와 방송권 등으로 조달하고, 중앙정부의 경비는 정해진 경비의 합리화로 조달해 특별조치는 강구하는 하지 않음을 내용으로 하고 있다. 말하자면 이 당시 중앙정부의 입장은 '지급보증' 정도의 협력이었고, 도쿄도 스스로가 대부분의 비용을 책임지고 해결하는 것을 주요 골자로 하고 있었음을 알 수 있다.[51]

54년 만에 '생활정치'를 주장하는 민주당은 개발형 재정지출에 대해 구조개혁이 필요하다는 정책을 펴면서 이시하라 도정과 일정한 거리를 두게 되었다. 더구나 2009년 7월 12일에 도쿄도의회 선거에서 총 127석 중 민주당 54석, 자민당은 38석, 공명당 23석, 공산당 8석, 도의

---

51) 실제로 중앙정부들(미국조차도)이 자국 도시들이 올림픽 유치활동을 꺼리는 것은 개최 원조를 위해 많은 보조금이 지원되어야 하기 때문이다. 미국의 경우 중앙정부가 개최도시에 보조한 금액은 각기 솔트레이크(2002년) 13억 달러, 아틀랜타(1996년) 6억 9백만 달러, LA(1984년) 7천 5백만 달러 등에 이른다고 한다(Burbank, M., Andranovich, G. and Heying, C., *Olympic Dreams : The Impact of Mega-events on Local Politics.* New York : Lynne Rienner Publishers, 2001, p. 33).

회생활자네트워크 2석, 무소속 2석으로 민주당이 압승했다. 도의회 선거 쟁점은 도쿄도가 1,000억 엔을 출자했으나 심각한 부실대출 문제를 안고 있는 '新은행도쿄', 고농도 유해화학물질로 인해 이전논란이 뜨거운 츠키지시장 문제, 그리고 자민당·공명당·민주당이 찬성하나 생활자네트워크와 공산당이 반대한 도쿄올림픽 세 가지였다.[52] 민주당은 올림픽 유치를 큰 틀에서 찬성했으나, '생활정치'를 지향하는 입장에서는 올림픽의 모든 쟁점을 그대로 수용하기에는 곤란한 상황이었다. 결국 도쿄도 의회 내에서도 IOC총회 참석도의원도 당초 15명에서 실제 10명으로 축소되면서 그다지 원활한 협력을 지속해 가지 못했다. 그동안 개발형 재정지출을 당연히 해오던 지자체들 역시 민주당 정권의 등장으로 다양한 변화를 모색해 가던 상태였던 것이다.[53]

〈사진 1〉 반대 견학투어
(2007년 11월. 촬영 : 필자)

"이제 와서 도쿄에 올림픽 유치한다 해서, 일본과 도쿄의 국제적 지위가 올라간다고는 생각지 않아요 … 단기간 올림픽에 도민의 막대한 세금이 투입되면, 도쿄도의 재정 문제만을 악화시킬 뿐입니다. 하루 빨리 올림픽 유치활동을 중지해서 복지와 생활에 더욱 충실해야 한다고 생각합니다. 하지만 소수의견이 도의회에서 힘을 발휘하기 어렵지요? 그래서 도의회 바깥에서 시민운동의 형태로 국내·외 단체들과 연대하게 되었습니다 …"

[반대운동에 참여했던 후쿠시 요시코(福士 敬子) 도의원 인터뷰, 2010년 8월 19일]

---

52) 「争点は新銀行·築地移転·五輪 … 都議選」, 『読売新聞』, 2009년 7월 3일.
53) 渡辺治ほか, 『新自由主義か新福祉国家か : 民主党政権下の日本の行方』, 東京 : 旬報社, 2009(이유철 역, 『기로에 선 일본 : 민주당 정권, 신자유주의인가? 신복지국가인가?』, 메이데이, 2010).

더욱이 도쿄도내 여러 시민단체들이 연대한 〈도쿄에 올림픽은 필요 없다 네트(東京にオリンピックはいらないネット)〉가 설립되었다. 이들은 2월 10일에는 '올림픽 필요 없다! 검증-도쿄유치의 문제점'을 제기하는 집회 개최 등 다양한 활동을 전개해 나갔다. 2006년 5월에는 JOC회장에게 요망서를, 2007년 1월에는 도쿄도유치추진본부에게 각각 질문장을 제출했다. 11월 '2016년 도쿄올림픽 회장 예정지 견학 투어'에서는 올림픽 개최예정지를 둘러보면서, 환경, 안전, 재정 등 올림픽과 관련된 다양한 쟁점들에 대해 전문가들의 설명과 함께 직접 확인하기도 했다〈사진 1〉. 도쿄올림픽 유치위원회는 유치과정에서 총3회에 걸쳐 여론조사를 실시했다. 1회(2007년 12월, 6천명=도쿄2천, 도쿄 이외 4천)는 전국 62%과 도쿄 60% 찬성이었다. 2회(2009년 1월, 3천명=도쿄1천, 도쿄 이외 2천)는 전국 70.2%, 도쿄 68.6%라는 결과를 발표했다. 그런데 자세히 살펴보면 유치찬성 40%, 반대 34%, 중립 27%라는 수치를 70% 이상의 지지로 해석해 발표한 것이다.[54]

---

54) 올림픽 보도주관사였던 요미우리(読売)신문과 보수적인 산케이(産経)신문만이 유치찬성이 많다고 해석해 보도했다.

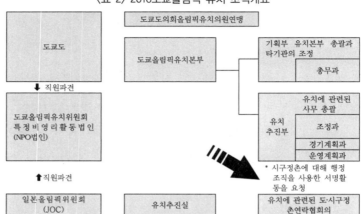

〈표 2〉 2016도쿄올림픽 유치 조직개요

※ 출처 : 東京にオリンピックはいらないネット (2007 : 17)

이에 반대운동 시민그룹도 유치위원회 '인터넷' 조사가 가진 표집의 신뢰도에 대해서 의문을 제기했다. 시민그룹은 2009년 3월 29일-4월 4일 사이에 전화조사(1천 명)를 실시한 결과, 찬성 25%, 반대 21%, 어느 쪽도 아니다 17%, 무관심·기타 37%라는 결과가 나왔다. IOC가 공표한 2009년에 평가위원보고서에서 일본의 낮은 국내지지에 대한 우려가 표명되었고, IOC가 독자적으로 실시한 여론조사(2회)에서 2008년 2월(공표 6월)에 도쿄는 59%, 2009년 2월(공표 9월)에는 전국은 54.5%, 도쿄는 55.5%에 그쳤다. 종합컨대, 대체로 도쿄도민들은 적극적인 반대의사를 드러내지 않으면서 일정한 관망상태를 유지했음을 짐작할 수 있다.[55] 이 시민운동 그룹은 2009년 10월 2일 코펜하겐에서

---

55) 결국 유치위원회는 2009년 4월 3차 조사에서 인터넷(3천명), 전화(1천명) 조

열린 IOC총회에 유치위원들을 비판하는 의미를 담아 각자 '사비'로 회의에 참석했다고 한다. 그곳에서 IOC멤버나 광고책임자를 접촉했던 시카고의 올림픽 반대운동[56]과 연대해 공동성명서를 발표하는 등 활동을 펼쳤다고 했다.[57]

올림픽 개최에 대한 비판들 중에 가장 핵심은 바로 '올림픽 기부금'과 '개발사업권'과의 관계이다. 올림픽을 둘러싼 위원회들과 기관들에게 기부금을 통한 재정지원을 행하는 기업들이 다시 올림픽 관련 사업권을 획득하는 구조는 개발을 향한 '성장연합'을 형성해 왔다. 결국 고도성장기 이익유도형(pork-barrel) 개발프로젝트[58]가 유도했던 과거의 구조를 도쿄도는 21세기에도 여전히 반복하려 했던 것이었다. 지방도시는 상대적으로 취약한 재정구조를 가지고 있기 때문에, 재개발로 인한 재정파탄 등 개최의 부작용이 매우 가시적으로 나타난다. 반면, 도쿄도와 같은 거대도시들은 막대한 재정 규모 때문에 개발을 향한 '성장연합'이 상대적으로 비가시적인 데에 맹점이 있는 것이다. 요컨대, 올림픽을 향한 개발의 성장연합이 기성 정치시스템 내에서

사를 각기 실시했다. 인터넷 조사는 전국 72.6%, 도쿄 69.7%, 도외 74%, 전화조사는 전국 80.9%, 도쿄 73.5%, 도외 82.8%가 지지한다고 밝혔다(東 京オリンピック·パラリンピック招致本部, 『2016年東京オリンピック·パラリンピック競技大会招致活動報告書』, 特定非営利活動法人東京オリンピック·パラリンピック招致委員会, 2010, p. 536).

56) 시카고 反올림픽운동은 주택, 공원정비, 교육, 지역의료 등의 영역에 예산지출을 늘려야 한다고 주장했다. 2010년 12월 5일에 "최우수 캠페인(Most Valuable Campaign)"으로 선정되기도 했다. 다음을 참고 http://www.nogameschicago.com/

57) [オリンピックいらない宣言·東京 NO OLYMPICS ANYWHERE!!, News Letters(追加補正版) 2009-11-30] 참고.

58) Sorensen, A., *The Making of Urban Japan : Cities and Planning from Edo to the twenty-first Century*, updated edition, Routledge, 2002, p. 273.

작동하는 반면, 반올림픽운동의 '이벤트연합'은 수평적인 네트워크를 형성해 지역과 국경을 넘어 연대해 나갔던 것이다[인터뷰].

마지막으로 이번 올림픽 유치과정의 문제점들 중에 주목해야 할 점은 유치조직의 결정권과 책임소재의 문제였다. 〈표 2〉에 제시된 것처럼 올림픽유치활동에서 등장한 조직은 모두 도쿄올림픽유치위원회, 일본올림픽위원회(JOC), 도쿄도의회올림픽유치의원연맹, 유치와 관련된 도·시구정촌연결협의회, 이시하라 도쿄도지사, 이시하라 유치위원회 회장, 다케다 츠네카즈(竹田恒和) JOC회장, 경체단체연합회 회장 등으로 매우 복잡한 조직들로 구성되어 있었다. IOC헌장에 제시된 내용은 "대회를 개회하는 명예와 책임은 선정된 도시에 대해 IOC에 의해 위임된다"고 되어 있다. 그러나 문제는 유치를 주도하는 책임자와 책임조직의 결정권이 명확하지 드러나지 않는 조직구성이라는 문제를 가지고 있다. 또한, 많은 메가 이벤트들이 그러하듯이 올림픽 유치에 찬성하는 서명운동 등처럼 도쿄도 역시 상명하달식의 협조를 요구했다는 비판도 있었다.

더욱이 올림픽과 관련된 감독과 회계 관리도 반드시 지적되어야 할 것이다. '올림픽헌장 규칙 34'에 의하면 신청도시의 국내올림픽위원회가 신청도시의 활동 및 행위를 감독하도록 요구된다. 그러나 국내 후보지가 도쿄로 결정되고 난 후 JOC와 함께 '도쿄올림픽위원회'라는 NPO 법인을 설립해, 올림픽에 대한 관리 관청의 조직과 감독하는 행위, 그리고 실제 실행위원회가 결합되어버린 강한 '국가동원적인 성격'을 띠게 되었다. 더구나 재정의 측면에서는 도민의 세금을 사용하지만 회계보고는 관련NPO회원에 한해 년 1회 보고하는 것으로 끝난다는 점이다. 올림픽과 관련된 기관들이 사용하는 재정의 많은 부분들이 도세임에도 불구하고, 올림픽 관련 기관들이 NPO법인이 되면서 일반 도민들에 대한 보고의 의무는 사라지게 되는 것이다. 그리고 NPO법인의 관리관청뿐만 아니라 시정권고나 인허가 취소 권한 등도 모두 도쿄도가 소유하게 되면서, 실질적으로 올림픽 유치활동에 대한 관리 감독 자체는 제 기능을 할 수 없는 조직으로 변질되는 문제점을 가지고 있다.

2) 남겨진 문제들 : 막대한 경비·토지문제?

2008년 1월 25항목으로 구성된 올림픽 신청파일을 IOC에 제출했고, 2009년 2월에는 도쿄올림픽유치위원회는 중앙정부의 재정보증을 얻었다고 발표했다. 그러나 2009년 10월 IOC총회에서 3회 투표 결과 개최도시는 '브라질 리우데자네이루'로 선정되었다. IOC위원 106명 중 입후보(국가)도시의 위원과 자격정지, 결석, 무효표 등을 제외하고, 도쿄는 1회에서 22표(3위, 시카고 낙선), 2회에서 20표(3위)로 낙선, 최종 3회에서 마드리드(32)를 제치고 리우(66)가 승리했다(리우는 3번째 도전에 성공). 리우 유치위원장은 남미 젊은이들의 빈곤탈출과 문화의 다양성을 강조했다. 그러나 2014년 월드컵이 브라질에서 개최될 예정이었기 때문에 '남미 최초 개최'라는 의의보다는, 오히려 '남미'라는 '거대 시장'이 올림픽을 계기로 열릴 것이라는 상업주의적 기대가 훨씬 강하게 작동하고 있다고 생각된다.

이번 도쿄 유치활동은 2001년 IOC 총회에서 1회 투표에서 탈락했던 오사카의 2008년 올림픽 유치 때와 비교해, 정부와 스포츠계로부터의 결속력과 정보량 등에 대해서는 일부 긍정적인 평가의 목소리도 물론 있었다. IOC실사단계에서는 치안과 안전, 콤팩트한 대회와 도시정비, 공공교통 시스템의 효율과 접근권, 그리고 수준 높은 테크놀로지 등은 일본과 도쿄의 장점으로 높이 평가되었다. 그러나 5번째 경제대국을 목표로 한 선진사회로의 진입이라는 명료한 목표를 설정한 브라질이 가진 시장의 영향력에 비해, 일본은 낮은 국내 지지율과 함께 '다시 한 번 도쿄에서·환경올림픽'이라는 슬로건과 '성숙도시'라는 목표는 유치의 정당성과 공감을 충분히 이끌어내지 못했다고 이미 9월 IOC평가보고서는 판단하고 있었다.

이제 2016년 도쿄올림픽을 향한 5년여의 유치과정이 좌절된 이후 올림픽 유치비용에 대한 검정, 올림픽 건설 예정지의 처리 등 몇 가지 문제들이 남게 되었다. 먼저 비용의 규모만으로 볼 때 과거 2008년 올림픽 유치를 계획했던 실패했던 오사카市의 유치비용 48억 엔에 비해, 두 배를 넘는 막대한 금액(150억 엔)이라는 점을 들 수 있다〈표-2〉. 막대한 유치비용에 대한 여론의 비판에 대해서 이시하라 지사는 2009년 10월 9일 정례기자회견에서 '유효하게 사용해 최선의 프레젠테이션'을 했기에 '괜찮다'고 자평하면서, 그동안 고생하면서 재정재건을 해왔던 도쿄도가 본래 보유하고 있는 '잉여'의 부분을 사용했다고 주장했다.

<표 2> 올림픽(장애인 포함) 유치추진 활동경비 (2006년 8월부터 2009년 10월까지, 단위 : 엔)

구분		도쿄도 실시분		유치위원회 실시분	
유치경비	입후보파일 책정 등	20억 (21억)	계획안 작성 등	19억 (20억)	계획안 재검토, 결정 등	1억 (1억)
	국제유치활동	45억 (34억)	해외PR활동, IOC평가위원회 대응 등	23억 (11억)	프로모션 활동 등	22억 (23억)
	계	65억 (55억)	계	42억 (31억)	계	23억 (24억)
유치경비운동	유치기운 고조, 광고 등	84억 (95억)	다른 자치체와의 연대 등	33억 (44억)	전국캠페인 등	51억 중 (51억) 보조금 25억(25억)
합계		149억 (150억)		75억 (75억)		74억(중 도보조금 25억) (75억)(25억)

※ (   )은 당초예정금액(2008년 2월 발행 [도쿄도예산안의 개요]에 게재),
※ 출처 : 東京オリンピック·パラリンピック誘致委員会(2010:317)

    그러나 공표액 150억 엔 중에 40억 엔의 민간자금은 기부된 법인의 약 1/4 가량은 도쿄도 관련단체로 되어 있는 등 경비내역은 몇 가지 문제를 가지고 있다. 소수정당인 〈일본공산당 도쿄도의회의원단〉은 '정보공개조례'에 기초해 얻은 공문서 등에 대한 조사결과 2009년 10월 26일 발표하기에 이르렀다. 직원의 해외 파견이나 국내 이벤트 등에 들어간 비용들 중에서 도쿄도의 공비가 100억 엔이나 투입되었다고 비판했다. 특히, 유치경비 이외에도 약 50억 엔이 세입이 투입되었다는 점과 더불어 올림픽 유치활동을 위해 지출이 증가하면서 상대적으로 청소년 치안대책과 사회교육 비용이 감소했다는 비판은 매우 타당한 것이었다. 그리고 실제로 도쿄도가 발표한 내역에 지사본국 부담분이 포함되지 않는 것 등을 포함하면, 공표액과 달리 실제로는 훨씬 더 많은 200억 엔 정도의 막대한 비용이 유치활동으로 사용되었다는 점도 비판했다.

더구나 현재 츠키지시장 부지에 '올림픽미디어센터'를 짓는다는 계획이 많은 반대여론에 부딪히게 되었다. 도쿄도 내에는 11개소 도쿄도중앙소매시장이 분산되어 있으나, 츠키지시장은 수도권 인구에게 공급되는 수산물(일본 내 최대), 청과물(도쿄내 2위), 양계류, 각종 가공류 등을 공급하는 '일본의 부엌(日本の台所)'이라 불리는 시장이다. 그런데 1934년 건립된 현재 츠키지시장은 시설 노후화와 아스베스토(asbestos·석면) 검출이라는 오염문제로 인해 2014년을 목표로 임해부도심 도요스(豊洲)로 이전계획을 가지고 있으나, 소매업중심인 현재 시장의 재구조화 문제 등이 맞물려 찬반양론이 팽팽하게 맞서고 있는 상황이다. 더욱이 이전지로 설정된 '도쿄가스공장' 철거지인 도요스에서 지하수와 토양의 심각한 오염(벤젠, 시안화합물, 납, 비소 등)이 밝혀지면서 문제시되고 있다.

실제로 환경기준 1천배에 이르는 벤젠이 검출되면서 도쿄도는 2007년 11월 발표에서 뒤늦게 670억 엔 규모의 토양오염대책이라는 수습책을 내놓기도 했다. 2008년 10월 31일 정례기자회견에서 도지사는 임해부도심 핵심시설들 중의 하나인 도쿄국제전시장 도쿄빅사이트(Tokyo Big Sight)에 미디어센터를 설치할 방침으로 변경하기도 했으나, 올림픽 유치 좌절로 계획들도 폐기되었다. 시장 이전 계획에 대한 재검토를 약속한 민주당 소속 도의회의원들이 당선되었으나, 결국 3월 11일 도의회 의회 본회의에서 결국 1표 차이로 이전계획은 가결되었다. 예산은 약 288억 엔, 이전 관련 경비는 약 21억 엔에 이른다.[59] 여전히 심각한 토양오염에 대한 충분한 조사와 그에 기반한 대책이 세워지지 않고 있다.[60] 이러한 가운데 계획의 기초부터 전면적으로 재검토해야 한다는 움직임('일본환경학회'의 성명서 및 심포지엄 등)도 만만치 않은 상황이다.

그럼에도 불구하고, 2009년 10월 일본JOC 다케다 회장과 이시하라 도지사 역시 2020년 하계 올림픽 유치에 재도전한다는 의사를 표명했다. 더욱이 동일본대지진이 일어난 3월 11일에 출마를 선언했던 이시하라 도지사는 2011년 4월 10일 실시된 도쿄도지사 선거에서 여전히 많은 지지를 받으며 4선에 성공했다. 4·24 통일지방선거에서 대다수의 구청장과 구의회에서 자민당이 다시 약진해 민주당은 참패하게 되었다. 2011년 6월 17일 '제2회 도의회 정례회 지사 소신 표명'에서 '진재부흥(震災復興)'을 이념으로 '2020년 올림픽' 유치에 재도전했다. "본래 지방세 세수입인 법인사업세를 도쿄로부터 일방적으로 빼앗고 있다"고 비판하면서 법인사업세의 '잠정조치'가 즉시 철폐되어야 한다고 강력히 요구했다. 향후 도쿄도심의 방재 및 안전성 확보(환경·에너지)와 생활의 문제들을 해결해 갈 것인지는 매우 민감한 사안이 될 것이다. 따라서 올림픽과 사회통합적인 도시재생(예컨대, 공공공간의 확보, 개최지의 안전성 등)의 목표를 세웠는가, 절차적 합리성과 민주적인 의

---

59) '도쿄도중앙소매시장 츠키지시장의 이전·재정비에 관한 특별위원회' 위원장이었던 하나와 도모후미(花輪智史) 도의원은 민주회파를 이탈해 무소속으로 찬성해, 찬성 63표 대 반대 62표의 1표 차이로 이전계획은 통과되었다. 「築地市場関連予算が成立=14年度中の豊洲移転目指す―都議会」, 『朝日新聞』, 2011년 3월 11일.

60) 畑明郎, 「築地市場の豊洲移転問題-深刻な土壌汚染, 不十分な調査·対策(特集土壌汚染対策の現状と法的枠組み)」, 東京市政調査会, 『都市問題』, 101(8), 2010.

사결정과정을 거쳤는가 역시 주요한 정치적 쟁점이 될 것으로 보인다.

마지막으로 일본 국내의 다른 도시들 중에서 올림픽 유치를 표명한 사례에 대해서도 다시 한 번 점검해 보고자 한다. 2009년 10월 10일 히로시마·나가사키(広島·長崎) 두 시장이 2020년 올림픽 유치구상을 발표했다. '핵무기 폐기의 상징'으로서 적절한 이벤트라는 주장으로 펼치며, 올림픽이 가진 평화의 제전으로서 이념을 내세우며 새로운 출발을 강조하기도 했다. 2009년 도쿄올림픽 유치 실패 이후 '부산-히로시마-나가사키-후쿠오카'를 잇는 공동개최의 가능성[61]도 제기되었으나, 결국 2010년 IOC에 의해 공동개최는 허락되지 않았기에 히로시마市 단독 개최를 지속적으로 추진했다. 그러나 2011년 통합지방선거 이후, 동일본대진재에 대한 부흥과 경제 활성화를 위해 히로시마는 유치 계획 자체를 전면 백지화되게 되었다.[62] 이렇듯 일본 국내뿐만 아니라 동북아시아 전체에서도 박람회, 올림픽 등처럼 메가 이벤트들을 통해 도시경쟁력을 확보하려는 많은 시도들이 전개되고 있다.[63] 대륙 간 로테이션 성격이 강한 특성상 일본의 2020년 올림픽 재도전은 한국의 평창(동계)올림픽과 부산 2020년 올림픽 유치활동 등과 서로 영향관계를 가질 수밖에 없을 것으로 보인다.

61) 大島裕史,「2016東京五輪誘致失敗は平昌, 釜山の五輪誘致にとってどんな 意味をもつのか」, 杉山茂·岡崎満義·上柿和生編,『スポーツアドバンテー ジ·ブックレット4-2016東京オリンピック招致失敗で変わる日本のスポー ツ』, 東京:創文企画, 2009.

62) 히로시마올림픽 유치 계획은 다음을 참고 [2010広島オリンピックはいらな い市民ネット, http://hiroshima-net.org/no-olympic/]

63) 주목할 점은 '동·서·남해안 및 내륙권 발전 특별법' 등 도시권역들 간 네트 워트의 변화인 것이다(김진근,『동남권 산업연계 현황과 광역경제권 형성 가능성 연구』, 산업연구원, 2008).

5. 저성장시대, 메가 이벤트와 대도시권 네트워크의 변화

전후 일본 국내에서 개최된 참가자 100만 명 이상 규모의 (도시) 이벤트들은 대략 1947 - 2006년까지 112건(만국박람회, 올림픽 등 포함)이나 된다. 60여 년간 적어도 110건 이상 평균 매년 2건에 가까운 수의 대규모 이벤트가 일본에서 개최되고 있는 셈이다. 시계열적으로 보면 '시제(市制) 100주년 기념해'인 89년에 정점에 이르게 된다. 참가자수 100만 명 이상 대규모 이벤트 수는 전국 각지에서 16개소에 이르렀다. 1986년 12월부터 1991년 2월까지 4년 3개월(51개월)간 '버블경기'가 한창일 때 개최-기획되었는데, 호경기와 대규모 이벤트들이 상호 보완하는 구조였다. 그러나 1989년 〈일본이벤트산업진흥협회〉가 설립되어 '저팬엑스포제도'를 설치했고, 이후에는 자치체들이 지원해 심사를 통해 국가가 인정하는 박람회 제도로 통합해 실시해 나가고 있는 실정이다. 특히, 버블붕괴 이후 '잃어버린 10년(1991~2002년경까지)'에 이르러서는 많은 이벤트들을 어떻게 '정리'할 것인가에 대해 경제산업성을 중심으로 논의가 계속 진행되고 있는 실정이다.[64]

2000년 이후 일본사회는 축소사회 레토릭이 지배적으로 되면서, 거대도시권의 재생이 도시와 국가의 경쟁력 담론의 중심이 되고 있다.[65] 세계화 영향 하에서 일본의 도시정부들은 인구축소와 경제적

---

64) 宮木宗治, 「都市政策における大規模イベントの新たな大規模イベントの都市経営における意義 : 海外の事例から(特集大規模イベントと都市経営)」, 『都市問題研究』, 60(11), 2008.

65) 2005년 아이치(愛知)만국박람회 개최에 맞춘 중부국제공항의 개항은 다음

정체를 경험하면서 '도시경쟁력'이야말로 정책 표상의 핵심이 되고 있다. 각 지방에서는 내발적 발전을 모색하기 위한 새로운 개발주체가 형성되는 한편, 저출산고령화 대책과 더불어 외국인 이민 등을 수용해 나가야만 했다. 지속적 경제성장의 꿈이 붕괴된 포스트개발 시대임에도, 일본의 도시들은 이제껏 힘을 발휘해 왔던 도시재개발로 다시금 회귀하는 모습을 보이고 있다. 2016년 도쿄올림픽 유치활동은 사람들의 일체감을 일시적으로 양성해 동원해가는 과거 고도성장시대에 대한 노스탤지어를 재현했던 것이었는지도 모른다. 앞으로 '포스트3·11' 시대에 진재부흥과 복구를 위해서, 일본이 과거의 '토건국가'로의 경로의존성이 강화되는 신자유주의로 나아갈지, 아니면 새로운 복지국가로 나아갈지에 대해서도 여전히 지켜봐야 할 것이다.

도쿄도는 국가적 수준의 경쟁력 확보를 위해서는 '균형발전'이 아닌, '수도권', 더 정확히는 '도쿄도심'의 도시재생이 곧 '국가의 발전'이라고 주장했다. 이시하라 도정 3기의 정책목표의 핵심이었던 도쿄도의 올림픽 유치활동은 과거의 올림픽과 도시개발의 모델을 통해 이익을 유도했지만, 도정 내부와 외부 모두에서 사회통합적인 아젠다를 설정하지 못해 폭넓은 공감을 획득하는 데에는 실패했다고 볼 수 있다. 중앙정부와 정책적으로 밀접히 공조하지 못하고 균열을 지닌 채, 글로벌한 경쟁에서는 보다 넓은 시장이 개방될 가능성이 높은 브라질 리우에 대한 경쟁력도 확보하지 못했다. 거대도시와 배후지역을 연결

___

연구를 참조(町村敬志·吉見俊哉編, 『市民参加型社会とは : 愛知万博計画過程と公共圏の再創造』, 東京 : 有斐閣, 2005).

시키는 '세계도시지역'(global city-region)[66]이 형성되는 과정에서 일본 대도시권에서 일어나는 집적의 이익과 불이익이 어떻게 생성되며, 동북아대도시권에 어떠한 변화를 불러일으키는지에 대해서도 주목해야 할 것이다.[67]

일본지반공학회 현지조사에 의하면, 현재 도쿄만 연안부터 치바현 우라야스시(千葉県·浦安市)까지 '액상화'가 확인된 면적만 적어도 약 42k㎡로 세계 최대(도쿄돔 900개분, 뉴질랜드 지진 34㎡ 초과)이며 한신아와지대지진(阪神淡路大震災)의 4배 이상의 규모라고 한다.[68] 더욱이 향후 30년 이내에 도쿄권에 직하형(直下刑) 지진이 발생할 확률이 70%로 우려되고 있다. 과거 수도이전 논의[69]에 강력히 반대해왔던 이시하라 도지사조차도 4월 22일에 도쿄도 정례회에서 일부 수도기능(증권시장 등)을 분산해, 일종의 백업(backup)기능을 충실히 해야 한다는 의견을 표명하기도 했다.[70] 현재 3대도시권인 오사카부(大阪府)나 아이치현(愛知県) 지사들도 공감하고 있으며, 현재 진행중인 JR 도카이(東海) '리니어중앙신칸센(リニア中央新幹線)' 건설 계획으로

66) Scott, A. (ed.), *Global City-Regions : Trends, Theory, Policy*, New York : Oxford university Press, 2001.
67) 八田達夫編, 『都心回帰の経済学 : 集積の利益の実証分析』, 東京 : 日本経済新聞社, 2006.
68) 「東日本大震災 : 東京湾沿岸で液状化42平方キロ世界最大」, 『毎日新聞』, 2011년 4월 16일.
69) 市川宏雄, 『「NO」首都移転―新都建設は欺瞞である』, 光文社, 1999(서울특별시 수도발전기획단 역, 『No! 수도이전 : 신수도건설은 기만이다』, 서울특별시 수도발전기획단, 2004).
70) 「石原都知事が首都機能分散に言及「証券市場の中心は大阪」」, 『産経新聞』, 2011년 4월 22일.

대도시권 간의 네트워크는 향후 더욱 증대될 것으로 보인다.[71] 또한, 이미 일본 '소프트뱅크'가 인터넷데이터센터(IDC)를 경남 김해로 이전하는 등 한국 '남해안벨트'가 일본기업의 생산기지로 주목받고 있는 등 국경을 넘어 거대도시권역 네트워크의 변화가 예상된다.[72]

　　마지막으로 저성장시대에 도시정부가 지향하는 도시경쟁력 담론과 이에 맞서는 시민사회의 대항담론이 어떻게 전개되는가에 대해서도 살펴보았다. 우리가 경험하는 공간이란 신체의 실감이자 커뮤니티에 기반을 둔 생활의 장소이다. 무엇보다도 해당 커뮤니티를 살아가는 사람들이 느끼는 생활에서의 필요와 요구에 부합하는 도시정책과 그에 충실한 아젠다가 설정되어야 할 것이다. 또한, 올림픽운동이 본래의 올림픽 정신을 구현하기 위해서라도 정책결정과정에서 민주성과 합리성이 수반된 유치활동이 전개되어야만 폭넓은 지지를 획득할 수 있을 것이다. 최근 우리사회에서도 저성장시대로의 진입을 경험하면서 중앙도시정부 모두 재정문제(성남시 등)와 서울시 도시정책들 중 워터프론트 개발계획(한강르네상스), 그리고 평창올림픽 개최 등 다양한 도시문제의 현안들이 산적해 있다. 메가이벤트 유치 및 개최과정에서 해당 도시정부와 국가, 그리고 현재 지구촌이 보다 '사회통합적인 정책'이 설정되도록 새로운 아이디어가 다각도로 모색되어야 할 것이다.

---

71) 도쿄-나고야권은 40분, 도쿄-오사카권은 67분으로 연결가능하다고 한다 (http://www.linear-chuo-shinkansen-cpf.gr.jp/).

72) 「남해안벨트, 日기업 생산기지로 : 부산 창원 포항 광양 나주 투자문의 줄이어」, 『매일경제』, 2011년 6월10일.

참고문헌

1. 자료

東京オリンピック・パラリンピック招致本部, 『2016年東京オリンピック・パラリンピック競技大会招致活動報告書』(特定非営利活動法人東京オリンピック・パラリンピック招致委員会, 2010)

東京オリンピック基本構想懇談会, 『東京オリンピックの実現に向けて(平成18年2月)』(東京都, 2006).

東京にオリンピックはいらないネット, 『オリンピックはいらない : 2016東京誘致を検証する』(東京にオリンピックはいらないネット, 2007).

東京都, 『都政2008』(東京都, 2008).

東京都, 『東京都観光産業振興プラン : 活力と風格ある世界都市・東京をめざして』(東京都, 2007).

東京都防災会議地震部会, 『首都直下地震による東京の被害想定(最終報告) II 資料編』(東京都, 2006).

東京都財務局, 『東京都の財政』(2009, 東京都).

東京都港湾審議会, 『中央防波堤内側海の森(仮称)構想(審議会答申)』(2005, 東京都).

2. 단행본

Bernstock, P., "12 London 2012 and the Regeneration Game", Poynter, G. & MacRury, I. (eds.), Olympic Cities : 2012 and the Remaking of London(London : Ashgate, 2009).

Burbank, M., Andranovich, G. and Heying, C., Olympic Dreams : The Impact of Mega-events on Local Politics. (New York : Lynne Rienner Publishers, 2001).

Coaffee, J. (2011), "Urban Regeneration and Renewal", Gold, J. & Gold, M. (eds), Olympic Cities : City Agendas, Planning and the World's Games, 1896-2016, (2nd)(New York : Routledge, 2011).

Lenskyj, H., "Chapter3 Olympic Impacts on Bid and Host Cities", Olympic Industry Resistance : Challenging Olympic Power and Propaganda(Albany : State University of New York Press, 2008).

Logan, J. and Molotch, H. L., Urban Fortunes : the Political Economy of Place.

20th anniversary edition, Berkeley(CA : University of California Press, 2007).

Preuss, H., "7. Investment and the Reconstruction of a City : Burdens and Opportunities", The Economics of Staging the Olympics : A Comparison of the Games, 1972-2008(Cheltenham, UK; Northampton, MA : E. Elgar, 2004).

Roche, M., Mega events Modernity : Olympics and Expos in the Growth of Global Culture(London : Routledge, 2000).

Sassen, S., The Global City : New York, London, Tokyo, 2nd edition(Princeton, N.J. Princeton University Press, 2001).

Scott, A. (ed.), Global City-Regions : Trends, Theory, Policy(New York : Oxford university Press, 2001).

Sorensen, A., The Making of Urban Japan : Cities and Planning from Edo to the twenty-first Century, updated edition(London; New York : Routledge, 2002).

大島裕史, 「2016東京五輪誘致失敗は平昌, 釜山の五輪誘致にとってどんな意味をもつのか」, 杉山 茂·岡崎満義·上柿和生 編, 『スポーツアドバンテージ·ブックレット4 - 2016東京オリンピック招致失敗で変わる日本のスポーツ』(東京 : 創文企画, 2009).

加茂利男, 『世界都市 : 「都市再生」の時代の中で』(東京 : 有斐閣, 2005).

渡辺治ほか, 『新自由主義か新福祉国家か : 民主党政権下の日本の行方』(東京 : 旬報社, 2009) (이유철 역, 『기로에 선 일본 : 민주당 정권, 신자유주의인가? 신복지국가인가?』, 메이데이, 2010).

上山和雄, 「第2章 東京オリンピックと渋谷, 東京」, 老川慶喜編, 『東京オリンピックの社会経済史』(東京 : 日本経済評論社, 2009).

石塚裕道, 「8 1000万都市·東京」, 石塚裕道·成田龍一, 『東京都の百年』(東京 : 山川出版社, 1986).

市川宏雄, 『「NO」首都移転―新都建設は欺瞞である』(東京 : 光文社, 1999) (서울특별시 수도발전기획단 역, 『No! 수도이전 : 신수도건설은 기만이다』, 서울특별시 수도발전기획단, 2004).

若松加寿江, 『日本の液状化履歴マップ745-2008』(東京 : 東京大学出版会, 2011).

遠藤雅彦, 『東京マラソン』(東京 : ベースボールマガジン社, 2008)

町村敬志, 「第1章グローバリゼーションと都市空間の再編 : 複数化してい

　　　く経路への視点」, 似田貝香門・矢澤澄子・吉原直樹編, 『越境する都市とガバナンス』(東京 : 法政大学出版局, 2006).

町村敬志・吉見俊哉編, 『市民参加型社会とは : 愛知万博計画過程と公共圏の再創造』(東京 : 有斐閣, 2005).

八田達夫編, 『都心回帰の経済学 : 集積の利益の実証分析』(東京 : 日本経済新聞社, 2006).

片木篤, 「補遺 第31回 オリンピック大会(2016年)招致, 新たな「水の手」開発の一環として」, 『オリンピック・シティ東京1940・1964』(東京 : 河出書房新社, 2010).

平本一雄, 『臨海副都心物語 : 「お台場」をめぐる政治経済力学』(東京 : 中央公論新社, 2010).

3. 논문 및 보고서

Boykoff, J., "The Anti-Olympics," New Left Review, 67(2011).

Gotham, K. F., "Resisting Urban Spectacle : The 1984 Louisiana World Exposition and the Contradictions of Mega Events", Urban Studies, January, 48(1)(2011).

김은혜, 「도쿄 도시레짐과 에다가와조선학교의 역사」, 한국사회사학회, 『사회와 역사』, 85(2010).

＿＿＿, 「서평『도쿄올림픽의 사회경제사』: 고도성장의 노스탤지어」, 老川慶喜 編(2009), 『東京オリンピックの社会経済史』, 東京 : 日本経済評論社, 한국도시사학회, 『도시연구 : 역사, 사회, 문화』, 4(2011).

김진근, 「동남권 산업연계 현황과 광역경제권 형성 가능성 연구」, 산업연구원(2008).

박세훈, 「일본의 도시재생정책 : 발전국가의 구조변화와 도시개발정책」, 대한국토・도시계획학회, 『국토계획』, 39(2)(2004).

윤일성, 「시장주도적 도시개발의 가능성과 한계 : 영국 도클랜드 재개발을 중심으로」, 한국사회학회, 『한국사회학』, 31(1)(1997)

이지원, 「현대 일본의 자치체개혁운동 : 혁신자치체와 시빌미니멈을 중심으로」, 서울대 사회학과 박사학위논문(1999).

フォーラム福岡, 『フォーラム福岡』, 「財政面「福岡五輪」は節約型--成長戦略で生み出す財政余力がカギ(特集 : オリンピックを福岡・九州へ)」, 10(2006).

江沢正雄, 「かしこいの皆様へ : 「長野冬季オリンピック」からの伝言(オリ

ンピックいらない人たちネットワーク」, 東京にオリンピックは
いらないネット, 『オリンピックはいらない : 2016東京誘致を検
証する』(2007).

皆川健一, 「地方と都市の共生に向けた財政力格差の是正 : 地方法人二税
の偏在是正と平成20年度地方財政対策」, 『立法と調査』(2008).

宮木宗治, 「都市政策における大規模イベントの新たな大規模イベントの
都市経営における意義 : 海外の事例から(特集 大規模イベント
と都市経営)」, 『都市問題研究』, 60(11)(2008).

米山秀隆, 「研究レポート No.132 : 都心回帰と都市再生 : 東京の再生を目
指して」, 富士通総研(2002).

砂原庸介, 「巨大事業の継続と見直しにみる地方政府の政策選択 : 臨海副
都心開発の事例分析」, 『大阪市立大學法學雑誌』, 56(2)(2009).

三島富茂, 「臨海副都心開発の変遷と課題(特集 東京臨海副都心開発のこ
れまでとこれから)」, 『地域開発』, 538(2009).

安藤忠雄, 「基調講演 : 10年後の東京」, 東京 : 日本経済新聞社, 『日経コン
ストラクション(2007年12月26日号)』(2007).

奥田裕之, 「東京臨海副都心開発に関する年表(特集 東京臨海副都心開発
のこれまでとこれから)」, 『地域開発』, 538(2009).

伊藤久雄, 「国際·国内ネットワークと臨海部(特集 東京臨海副都心開発の
これまでとこれから)」, 『地域開発 538(2009).

畑明郎, 「築地市場の豊洲移転問題-深刻な土壌汚染, 不十分な調査·対策
(特集 土壌汚染対策の現状と法的枠組み)」, 東京市政調査会, 『都
市問題』, 101(8)(2010).

田中耕市, 「1990年代の東京23区における都市密度変化と土地利用転換 :
事務所建築物と集合住宅を対象として」, 東京地学協会, 『地學雑
誌』, 117(2)(2008).

町村敬志, 「メガ·イベントと都市開発-「時代遅れ」か「時代先取り」か(特集
大規模イベントと都市経営)」, 『都市問題研究』, 60(11)(2008).

吉川勇, 「メガ·イベントと都市空間-第二ラウンドの「東京オリンピック」
の歴史的意味を考える」, 『スポーツ社会学研究』, 15(2007).

町村敬志·平山洋介, 「対談 目標を見失った都市·東京, 特集-東京都政も転
換を!-「石原時代」の終焉」, 岩波書店, 『世界』, 798(2009).

川相典雄, 「大都市圏中心都市の人口移動と都心回帰」, 摂南大学経営情
報学部論集, 『経営情報研究』, 13(1)(2005).

4. 関連 URL

2010広島オリンピックはいらない市民ネット
　　　　http://hiroshima-net.org/no-olympic/ (2011-06-12)
東京都中央卸売市場 http://www.shijou.metro.tokyo.jp/ (2010-11-10)
東京オリンピック・パラリンピック招致本部
　　　　http://www.shochi-honbu.metro.tokyo.jp/(2011-03-25)
東京にオリンピックはいらないネット
　　　　http://www.ne.jp/asahi/no-olympic/tokyo2016/(2011-03-25)
東京の液状化予測図
　　　　http://doboku.metro.tokyo.jp/start/03-jyouhou/ekijyouka/index.htm(2011-06-03)
西日本新聞福岡五輪
　　　　http://www.nishinippon.co.jp/nnp/local/fukuoka/fukuokagorin/(2011-03-25)
海の森　http://www.uminomori.metro.tokyo.jp/(2011-05-31)
読売新聞(올림픽유치기획·연재기사 345건)
　　　　http://www.yomiuri.co.jp/sports/feature/syouchi/(2011-03-25)
フォーラム福岡 http://www.forum-fukuoka.com/olympic/10_2025/
　　　　(2011-06-12)
リニア中央新幹線 http://www.linear-chuo-shinkansen-cpf.gr.jp/index.html
　　　　(2011-04-22)

현대일본생활세계총서 2

도쿄 메트로폴리스
: 시민사회 · 격차 · 에스닉 커뮤니티

04 수도권 행정구역 개편의 지역적 특성과 유형

조아라

1. 행정구역 재편의 문제제기

최근 우리나라에서는 행정구역 재편 논의가 활발하게 진행되고 있다. 행정구역 재편 논의는 지난 2005년 정치권에서 본격적으로 다뤄지기 시작하였고, 2010년 9월에는 지방행정체재개편 특별법이 국회를 통과하기에 이르렀다.[1] 행정구역 통합론은 크게 정주체계론과 규모의 경제론에 기반한다. 즉 정보·통신기술의 발달과 도시화의 진전으로 주민들의 생활권은 확대 및 변화되어 왔는데 반해 행정구역은 지난 100여 년간 거의 고정되어 있었기 때문에, 생활권과 행정권의 불일치 현상이 초래되어 주민생활에 불편을 초래할뿐더러 지방자치의

---

* 이 글의 초고는 『한국지역지리학회지』, 16(6)(2010)에 「일본 행정구역 개편의 공간특성과 유형 : 수도권 지역을 중심으로」라는 제목으로 수록되었다.
1) 특별법에 따라 한국의 행정구역 개편은 지방행정체제개편 추진위원회가 통합방안을 마련하게 되는 2012년 6월까지 시기적으로 다소 연기되었다.

발전을 저해하고 있다는 것이다. 또한 세계화·지방화 흐름 속에서 지역 간 경쟁이 심화되는 가운데 지자체의 경쟁력을 강화하기 위해서 행정서비스와 재정여건의 측면에서 통합하여 규모의 경제의 이점을 살려야 한다는 것이다. 반면 통합론에 반대하는 입장은 작은 규모가 주민을 위한 지방자치의 측면에서 더 유리하다는 공공선택론의 측면에 근거하여 논거를 펼치고 있다.

본래 행정구역은 역사성을 지닌 경험적 산물이다. 그러나 최근의 행정구역 통합 논의는 중앙정부와 정치권의 이해에 의해 추진되거나, 단순한 행정적인 문제에 대응하는 방안으로 제기되는 측면이 강하다. 특히 행정구역이 본질적으로 공간적인 영역 구분의 문제임에도 불구하고,[2] 행정구역 재편의 공간적 속성에 주목한 논의는 거의 이루어지지 않았다. 이는 행정구역 통합 논의가 행정학과 재정학 등에 편중되어 제기되면서 나타난 문제라 할 수 있다.[3] 대도시권과 지방중소도시, 농촌지역에 있어서 행정구역 재편이 지니는 의미는 다를 수밖에 없다. 그러므로 지역의 공간특성을 고려한 체계적인 접근이 필요하다.

한편 일본에서는 실제로 지난 10년간 기초자치단체인 시정촌 통합이 적극 진행되었다. 저출산고령화, 인구감소, 재정위기 등을 배경으로 '지방분권을 수용할 수 있는 지자체'가 주요 이슈로 대두되면서

---

2) 임석회,『공간조직의 관점에서 본 한국행정구역의 문제와 개편방안』, 서울대학교 박사학위논문(1995) : 지상현,『행정구역 개편으로 인한 갈등의 유형과 특성에 관한 연구』, 서울대학교 석사학위논문(2000) 등 참조.
3) 일본에서 제기되고 있는 행정구역 재편의 선행연구에 대한 자세한 논의는 조아라,「일본의 시정촌 통합과 행정구역 재편의 공간정치」,『대한지리학회지』, 42권 1호(2010) 등 참조.

시정촌 합병이 대대적으로 추진되었던 것이다. 그 결과 전체 시정촌의 약 64.8%에 달하는 2,093개 시정촌에서 통합이 진행되었고, 일본의 시정촌수는 1999년 3,232개에서 2010년 3월 1,751개로 약 54% 넘게 대폭 감소하였다. 그런데 시정촌 통합은 공간적으로 큰 편차를 보이며 진행되었다. 시정촌수의 감소율은 히로시마현(広島県), 니가타현(新潟県), 아이치현(愛知県) 등에서 70%가 넘었던 반면, 대도시권인 도쿄도(東京都), 오사카부(大阪府)에서는 2.5%에 못 미쳤다. 왜 대도시권에서는 통합이 저조하였는가. 대도시권 시정촌 통합에는 어떠한 맥락이 존재하고 있었는가.

이 연구는 실제 행정구역 재편이 진행된 일본의 경험을 사례로 하여, 특히 수도권에 주목하여 행정구역 재편의 공간적 특성과 유형을 분석하고 시사점을 도출하는 것을 목적으로 하였다. 구체적으로 첫째, 시정촌 통합의 주요 논거인 '분권을 수용하는 지자체의 능력'인 인구속성과 재정속성을 중심으로 수도권의 특성이 행정구역 재편에 어떻게 반영되고 있는지를 분석하였다. 둘째, 수도권의 시정촌 통합을 유형화하여 다양성을 고찰하고 그 성격을 고찰 하였다. 수도권에서 시정촌 통합은 더디게 진행되었으나, 그 내부를 들여다보면 그 양상이 매우 차별적으로 진행되었음을 알 수 있다. 이 연구에서는 그 내부의 다양성을 재정속성, 인구속성, 도시의 중심성, 기간산업 등의 측면에서 파악하였다. 셋째, 통합 당시 제안된 지역개발계획을 분석하여 수도권 시정촌이 어떠한 꿈과 희망을 가지고 통합하였는지 밝히고자 하였다. 이는 시정촌 통합의 목적에 연계되는 질문일 뿐 아니라,

향후 지역의 변화를 예측평가함에 있어서 유용한 질문이 될 것이다. 이상의 논의를 통해 대도시권에서 작동한 시정촌 통합의 논리를 밝히고, 시사점을 도출해보고자 하였다.

이 연구는 일본의 수도권을 1도 3현으로 설정하고,[4] 가나가와현(神奈川県), 치바현(千葉県), 사이타마현(埼玉県)의 통합 시정촌을 연구지역으로 삼았다. 연구방법으로는 중앙정부와 각 현청의 통합관련 문서와 각 지역의 통계데이터 및 합병협의회 회의록, 신시(정)건설계획 등을 수합·검토하여 통합의 진행과정과 지역개발전략을 분석하였다.

2. 헤세 시정촌 통합의 현황

1) 헤세 시정촌 통합

일본에서는 1995년 '시정촌 합병의 특례에 관한 법률'이 개정되면서 시정촌 통합이 광역행정의 하나의 틀로서 논의되기 시작하였다. 그러나 국가의 주도하에 통합이 본격적으로 추진된 것은 1999년 지방분권일괄법이 공포되면서부터이다.[5] 2001년 내각에 〈시정촌 합병 지

---

4) 일본의 수도권에 대한 명확한 정의는 없으나, 수도권정비법 및 수도권정비법시행령에서는 도쿄역에서 반경 150km 이내에 전체가 들어가는 1도 7현으로 규정하고 있다. 그러나 일반적으로 도쿄도, 가나가와현, 사이타마현, 치바현의 1도 3현을 수도권으로 칭하는 경우가 비교적 많으며, 내각부가 작성한 「수도권 광역 방재 거점 정비 기본구상」에서도 인구밀집지역인 사이타마현, 치바현, 도쿄도, 가나가와현을 수도권으로 설정하고 있다.

5) 시정촌 통합 경과에 대한 보다 자세한 내용은 조아라, 「일본 지방도시의 문화전략과 '지역다움'의 논리」, 『한국지역지리학회지』, 14권 5호(2008); 北原

원본부〉가 설치되면서, 이후 '호네부토(骨太)의 방침'하에서 시정촌 수를 현재의 1/3 수준인 1,000개로 줄이는 「시정촌 합병 지원 플랜」이 결정되었다. 시정촌 통합은 이 시기부터 합병특례법의 기한이 만료되는 2005년 3월까지 대대적으로 진행되었는데 이를 제1차 시정촌 통합이라 부른다.[6] 그러나 제1차시기 동안 당초 목표보다 시정촌 통합은 더디게 되었고, 이에 정부는 소위 합병신법을 제정하면서, 2010년 3월까지 제2차 시정촌 통합을 추진하였다(표1).

혜세 통합은 지방분권 담론 아래에서 시대적 변화에 대응하기 위한 행정개혁이었다기보다는, 국가의 재정적자를 배경으로,[7] 소규모 지자체를 그 핵심 대상으로 하여,[8] 재정적 압박과 유도[9]를 통해 강력하게 추진된 '구조조정'의 성격이 강한 것이었다.[10] 그런데 이러한 측

鉄也,「平成の大合併の現状と視座」,『地域開発』, 7月号(2003); 권영주,「일본의 시정촌 통합에 관한 연구」,『지방정부연구』, 10권 3호(2006); Rausch, A., "The Heisei Dai Gappei :a case study for understanding the municipal mergers of the Heisei era," Japan Forum, vol. 18 no. 1(2006) 등의 논의를 참조.

6) 본래 구 합병특례법은 2004이 기한만료였으나, 2005년 3월까지 통합을 신청한 지자체에 대해서는 구 합병특례법을 적용하기로 2004년도에 개정되었기 때문에, 실질적으로 1년간 연장되는 효과가 나타났다.

7) 일본에서는 1990년대 장기화된 경기침체와 이를 극복하기 위한 공공사업으로 장기채무가 급증하면서 재정적자가 가속화되었다. 이러한 배경 하에 시정촌 통합이 국가재정을 재건하기 위한 국고부담 삭감 대책의 일환으로 적극 추진되었던 것이다.

8) 특히 제2차 합병시기에는 인구 1만 명 미만의 지자체의 '정리'가 중점 목표로 선정되어, 소규모 지자체에 대한 재정압박이 가중되었다. 때마침 불거진 유바리시(夕張市)의 재정파탄 문제는 그 근거로 이용되곤 하였다.

9) 지방교부세를 삭감하는 재정압박과 함께 합병특례채라는 재정유도가 통합을 추진하는 강력한 수단이 되었다. 합병특례채는 사업비의 95%를 지방채로 충당할 수 있고, 원리상환금의 7할까지를 교부세에서 조치받을 수 있는 것이었다.

10) 조아라,「일본의 시정촌 통합과 행정구역 재편의 공간정치」, 122-123쪽.

〈표 1〉 시정촌 통합 관련 주요 동향

일시	주요 움직임	주요 내용
1999.7	「지방분권일괄법」공포	지방자치법 등 관련 475개의 법률 개정. 합병특례채 창설.
2000.12	「행정개혁대강」	'시정촌 합병으로 지자체수를 1,000개로 줄인다는 것을 목표로 한다'는 방침을 근거로 하여 시정촌 통합을 추진할 것을 명시.
2001.3	시정촌 합병 지원 본부 설치	내각산하에 설치
2001.6	호네부토(骨太)의 방침	국가에 의존하지 않아도 '자립'할 수 있는 지자체를 확립하기 위해 신속한 시정촌 통합을 촉진
2001.8	「시정촌 합병 지원 플랜」	각 성청의 연대시책
2002.11	「니시오 사안(西尾私案) 발표	소규모 지자체 해소 제안. 강제 통합의 불안감과 반발 확산.
2003.11	제27차 지방제도조사회 답신	합병특례법의 기한이 끝나는 2005년 이후의 방침 제시.
2004.12	「향후의 행정개혁 방침」	'지자체수 1,000개를 목표로 한다'는 방침을 지속적으로 추진하는 것을 명시.
2005.4	「합병신법」(시정촌의 합병 특례 등에 관한 법률)	합병특례채 등 재정지원조치는 제외, 도도부현 권한 강화. 인구 1만 명 미만 정촌 '정리'가 중점 목표.
2005.5	「자주적인 시정촌의 합병을 추진하는 기본적인 지침」	도도부현 구상책정에서 소규모 시정촌(인구 1만 명 미만)을 그 대상으로 할 것을 명시(단 지리적 조건 등은 배려)

면에서 수도권의 각 지자체는 시정촌 통합의 당위성에서 비교적 자유로운 입장에 있었다고 볼 수 있다. 수도권은 지방과 비교하였을 때 비교적 지자체의 재정력이 탄탄하고 인구규모도 컸기 때문이다. 실제로 도도부현이 책정한 「시정촌 합병 추진 구상」은 가나가와현과 치바현, 사이타마현의 상황이 타 지방과 다르다고 주장하고 있다. 즉 비록 향후 재정상황과 인구규모를 전망해보면 통합이라는 시대적 흐름에서 예외가 될 수는 없다고 인정하면서도, 시정촌 통합의 목표로 인구 10만 또는 30만 명을 제시하며 시정촌 통합의 기대효과를 다소 차별적으로 제시하고 있다.[11]

2) 수도권 시정촌 통합의 시공간적 현황

전국적으로 시정촌 통합은 구 합병특례법이 완료되기 직전인 2004년과 2005년에 압도적으로 집중되었다. 이는 합병특례채 등 재정 우대조치를 받기 위해 통합을 다소 무리하게 서두른 지자체가 많았기 때문이다. 그런데 수도권 1도 3현의 경우, 전체 통합 33건 중 대부분이 합병신법이 적용되는 2005년 3월 이후에 진행된 것으로 나타난다. 2005년 3월까지 통합이 완료된 건수는 6건에 불과했다. 이는 수도권에서의 통합 논리가 전국의 여타지역과는 다르게 작동하였음을 보여준다. 즉 1차시기의 통합이 적었던 것은 수도권의 지자체에서는 합병특례채의 매력이 전국의 여타 시정촌에 비해 그리 크지 않았기 때문이다. 반면 2차시기에 통합이 집중된 것은 대도시 지역에서 통합이 저조한 것에 대해 중앙정부의 압박이 강했기 때문으로 유추된다.

시정촌 통합의 공간적 격차도 상당했다.[12] 도쿄도는 통합 결과 시정촌수가 단 한 개 감소하였을 뿐이며, 가나가와현도 37개에서 33

---

11) 가나가와현은 재정상황 및 인구규모의 측면에서 일부를 제외하고는 어느 정도 통합의 요건을 충족하고 있다고 평가하면서, 다만 중장기적인 관점에서 인구 30만 명 이상이라는 규모를 시야에 넣고 행재정 기반의 강화 수법을 검토할 필요가 있다고 설명하고 있다. 사이타마현은 시정촌 통합의 방향으로 정령지정도시·중핵시, 특례시를 지향하거나, 인구 1만 명 미만 시정촌을 해소하는 방향을 제시하고 있다. 치바현은 인구 1만 미만의 소규모 정촌부터 인구 90만의 치바시까지 시정촌 간 규모의 차이가 큼을 지적하며, 인구 10만 명 이상의 규모를 기본으로 총합성과 자립성을 갖춘 지자체 형성을 지향해야 한다고 제시하고 있다.

12) 전국적으로 시정촌수 감소율은 45.8%로 나타났는데, 통합이 적극적으로 진행된 나가사키현(-73.4%), 히로시마현(-73.3%), 니가타현(-72.3%)과는 달리 수도권 지역인 도쿄도(-2.5), 가나가와현(-10.8%), 사이타마현(-23.9%), 치바현(-30.0%)은 감소율이 저조하였다.

개로 감소하는데 그쳤다. 사이타마현과 치바현에서는 각각 15건과 12
건의 통합이 있었을 뿐이었다.13) 수도권 시정촌 통합의 주요 현황은
다음과 같다(표3).

<표 2> 통합한 시정촌수의 변화

	전국			수도권 지역 통합건수	비고
	건수	관계 시정촌수	시정촌수		
1999	1	4	3,229	-	지방분권일괄법 제정
2000	2	4	3,227	-	제1차 시기 (구 합병특례법)
2001	3	7	3,223	2	
2002	6	17	3,212	0	
2003	30	110	3,132	1	
2004	215	826	2,521	0	
2005	325	1,025	1,821	12	제2차 시기 (합병신법)
2006	12	29	1,804	12	
2007	6	17	1,793	3	
2008	12	28	1,777	0	
2009~2010.3	30	80	1,727	3	
합계	642	2,147	-	33	

※ 자료 : 전국자료는 총무성(総務省) 홈페이지에서, 수도권 자료는 각 도현 홈페이지
    에서 정리
※ 주 : 수도권 지역 통합건수는 여러 번 통합이 반복되었더라도 각각을 하나로 간주.

---

13) 통합에 이르기 위한 법정협의회 설치수도 가나가와현은 5건으로 상당히
    낮았다. 반면 사이타마현과 치바현의 법정협의회는 각각 33건과 21건으
    로 다수 등장하였으나, 주민투표의 결과로 인해 또는 통합 협의 항목에
    서 조정 실패로 인해 절반 이상이 해산되었다(埼玉県,『実例から見た市
    町村合併』(2007); 千葉県,『千葉県市町村合併史』(2009)). 한편, 통합 이후
    에도 인구가 1만 명 미만인 지자체가 가나가와현 2곳, 사이타마현 3곳,
    치바현 6곳 등 여전히 존재하고 있다.

〈표 3〉 수도권 시정촌 통합 현황

도부현	시명	통합시정촌수	통합시정촌	합병일시	유형	청사지명
東京都	西東京市	2	田無市, 保谷市	2001. 1	신설	-
神奈川県	相模原市	3	相模原市, 津久井町, 相模湖町	2006. 3	편입	◎
		2	相模原市, 藤野町	2007. 3	편입	◎
		2	相模原市, 城山町	2007. 3	편입	◎
埼玉県	さいたま市	3	浦和市, 大宮市, 与野市	2001. 5	신설	-
		2	さいたま市, 岩槻市	2005. 4	편입	◎
	飯能市	2	飯能市, 名栗村	2005. 1	편입	◎
	秩父市	4	秩父市, 吉田町, 大滝村, 荒川村	2005. 4	신설	◎
	熊谷市	3	熊谷市, 大里町, 妻沼町	2005. 10	신설	◎
		2	熊谷市, 江南町	2007. 2	편입	◎
	鴻巣市	3	鴻巣市, 吹上町, 川里町	2005. 10	편입	◎
	春日部市	2	春日部市, 庄和町	2005. 10	신설	◎
	ふじみ野市	2	上福岡市, 大井町	2005. 10	신설	-
	小鹿野町	2	小鹿野町, 両神村	2005. 10	신설	◎
	行田市	2	行田市, 南河原村	2006. 1	편입	◎
	深谷市	4	深谷市, 岡部町, 川本町, 花園町	2006. 1	신설	◎
	神川町	2	神川町, 神泉村	2006. 1	신설	◎
	本庄市	2	本庄市, 児玉町	2006. 1	신설	◎
	ときがわ町	2	都幾川村, 玉川村	2006. 2	신설	△
	久喜市	4	久喜市, 菖蒲町, 栗橋町, 鷲宮町	2010. 3	신설	◎
	加須市	4	加須市, 騎西町, 北川辺町, 大利根町	2010. 3	신설	◎
千葉県	野田市	2	野田市, 関宿町	2003. 6	편입	◎
	鴨川市	2	鴨川市, 天津小湊町	2005. 2	신설	◎
	柏市	2	柏市, 沼南町	2005. 3	편입	◎
	旭市	4	旭市, 海上町, 飯岡町, 干潟町	2005. 7	신설	◎
	いすみ市	3	夷隅町, 大原町, 岬町	2005. 12	신설	△
	匝瑳市	2	八日市場市, 野栄町	2006. 1	신설	-
	南房総市	7	富浦町, 富山町, 三芳村, 白浜町, 千倉町, 丸山町, 和田町	2006. 3	신설	-
	成田市	3	成田市, 下総町, 大栄町	2006. 3	편입	◎
	香取市	4	佐原市, 山田町, 栗源町, 小見川町	2006. 3	신설	-
	山武市	4	成東町, 山武町, 蓮沼町, 松尾町	2006. 3	신설	△
	横芝光町	2	横芝町, 光町	2006. 3	신설	-
	印西市	2	印西市, 印旛村	2010. 3	편입	◎

※ 주 : 도쿄도의 경우 아키루노시(あきる野市)가 1995년 통합시로 출발하고 있는데, 본고에서는 1999년 이후의 통합만을 대상으로 하여, 논의에서 제외하였다.
※ 주 : 청사지명 ◎ 동일 지자체에 입지 및 선정. △-각각 다른 지자체의 것으로 결정
※ 자료 : 西東京市 홈페이지(http://www.city.nishitokyo.lg.jp); 神奈川県, 『神奈川県における平成の合併記録』(2010); 埼玉県, 『実例から見た市町村合併』(2007); 千葉県, 『平成21年度市町村資料集』(2009).

시정촌 통합 논의에서 가장 중요한 협의 안건은 합병방식(신설·편입), 청사입지, 자치단체명, 지역자치조직 설치여부 등이었다. 이러한 안건은 통합을 논의하는 지자체간 정치적 균형에 대한 사항이라 할 수 있다. 대부분의 지역에서 이들 항목에 대해 합의한 이후 법정협의회로 이행하였으며, 합의 없이 이행했을 경우에도 이들 항목이 우선 협의 대상이 되었다.

일반적으로 편입합병의 경우는 중심도시로 주변 지자체가 흡수되는 방식이라는 인식이 강한데, 때문에 헤세 합병에서는 전국적으로 신설합병이 편입합병보다 압도적으로 많았다. 수도권에서도 신설합병이 편입합병보다 많이 진행되었다. 다만 시간적 제약 때문에 절차가 간소한 편입합병을 일부러 채택한 경우도 있었으며, 신설합병이라 할지라도 실질적인 내용은 편입인 경우도 많았기 때문에, 합병방식이 모든 것을 설명한다고 볼 수는 없다. 실질적으로 대등한 관계 여부를 보여주는 지표는 오히려 청사입지[14]와 지명선정[15]에서 나타난다. 통합하여 등장한 29곳의 지자체 중 23곳에서 청사입지와 자치단체명이

---

14) 청사가 입지하게 되면 이를 중심으로 교통망이 정비되고 도시기반시설이 확충됨으로써 성장잠재력이 높아지는 효과가 나타나는 반면, 청사가 폐지된 지역은 상권이 위축되고 관련기능이 이전함으로써 공동화되는 문제가 나타난다(조아라, 「일본의 시정촌 통합과 행정구역 재편의 공간정치」, 133-134쪽). 또한 청사입지는 주민의 입장에서는 행정서비스 접근성과 연계되는 문제이며, 심리적으로도 지역의 중심이라는 의식과 연계된다(지상현, 『행정구역 개편으로 인한 갈등의 유형과 특성에 관한 연구』).

15) 지명은 지자체의 자존심 문제가 되어 통합 논의 초기부터 상당한 갈등을 불러일으키곤 했다. 사이타마현의 가와구치시-와라비시-하토가야시(川口市 蕨市鳩ヶ谷市)합병협의회와 미나노정-나가토로정(皆野町長瀞町)합병협의회는 명칭문제로 해산하게 된 케이스이다.

인구규모가 큰 지자체의 것을 그대로 따르기로 합의되었다.[16] 특히 신설합병의 경우도 구 지자체의 명칭을 그대로 사용하는 경우가 많았는데, 이는 신설합병이라 할지라도 실질적으로는 중심도시로의 편입이 다수였음을 시사한다.[17]

한편, 수도권에서 새롭게 재편된 29곳의 시정촌 중 지역심의회, 지역자치구, 합병특례구 등 지역자치조직을 설치하지 않은 곳은 17곳으로 다수를 차지하고 있다.[18] 지역자치조직은 통합으로 인해 주민의견을 정책에 반영하기 어렵게 될 것이라는 우려를 감소시키기 위해

---

16) 다만 각 지자체간 규모의 차이가 압도적이지 않을 경우에는 유연성이 발휘되곤 한다. 예를 들어, 시급 도시가 결합하여 탄생한 사이타마시(さいたま市)의 경우는 당분간 우라와(浦和市)에 청사를 입지시키되, 신시 성립 후 신도심 주변지역으로 이전시키는 것을 검토한다는 단서를 달았다. 후지미노시(ふじみ野市)의 경우는 가미후쿠오카시(上福岡市)에 당분간 청사를 입지시키되, 구 청사를 동격으로 위상정립하고 기능을 나누는 것으로 협의하였다. 6정 1촌이 통합한 미나미보소시(南房総市)의 경우 가장 인구가 많은 치쿠라정(千倉町)이 아니라 토미우라정(富浦町)에 입지하고 있다.

17) 한편 통합하는 지자체간 규모의 차이가 크지 않을 경우는 지차단체명과 청사입지를 각각 나누어 갖는 경향도 나타난다. 도키가와정의 경우 청사는 다마가와촌(玉川村)에 입지시켰으나, 자치단체명은 도키가와촌(都幾川村)의 발음을 따르고 있다. 치바현의 이스미시도 명칭이 채택된 이스미정(夷隅町)이 아니라 오하라정(大原町)으로 청사입지를 선정하였고, 산무시(山武市)도 산부정(山武町)이 아닌 나루토정(成東町)에 본청사를 입지시켰다. 자치단체명을 새롭게 선정한 지자체는 새로운 명칭으로 광역 자치단체의 명칭을 채택하거나(사이타마시(さいたま市), 가토리시(香取市), 소사시(匝瑳市)), 광역명칭에 방위를 붙이는 경우가 있었으며(니시도쿄시(西東京市), 미나미보소시(南房総市)), 기존 명칭에서 일부를 선택하여 조합하는 경우도 있었다(요코미치히카리정(横道光町)). 특히 광역명칭은 합의에 이르기 용이할뿐더러, 도시 브랜드에 유리하다는 이점이 있어 채택되곤 하였다.

18) 전국적으로 2007년 10월 1일 현재 564개의 통합 시정촌 중 278개(49%)에서 지역자치조직을 설치하고 있다(総務肖 홈페이지). 지역자치조직 중 합병특례구는 구장(区長)을 둘 수 있으며, 예산 조정권도 지닌다. 반면 지역자치구는 구장만을 둘 수 있으며, 지역심의회는 두 권한이 모두 부재하다. 수도권 지역의 경우, 사가미하라시와 가토리시에서는 지역자치구가, 나머지 지역에서는 지역심의회가 설치되었다.

한시적으로 설치하는 조직인데, 그러나 새로운 지자체의 일체성 형성에 장애요인이 될 수 있고 행정조직의 복수화로 책임소재가 불명료해진다는 점이 문제로 제기되기도 하였다. 수도권에서 지역자치조직이 설치된 경우는 도시규모에 차이가 거의 없는 경우가 대부분이었다.

이상과 같이 수도권의 시정촌 통합은 시공간적으로도, 또한 통합의 내용에 있어서도 전국의 타지역과 차이를 보이며 진행되고 있다. 다음 절에서 무엇이 이러한 차이를 만들어낸 것인지 수도권에서 통합한 시정촌의 특성을 재정속성, 인구속성, 도시기능의 측면에서 분석하여 밝히고자 한다.

3. 행정구역 통합 논리와 수도권의 특성

1) 인구속성 분석 : 인구감소·고령화, 인구규모론

헤세 합병에서는 인구감소·저출산·고령화이라는 시대적 배경 하에 효율적인 행재정 운영을 위하여 인구규모를 확보하는 것이 통합의 주요 배경이자 목적으로 제기되었다. 이러한 관점에서 수도권에서 통합한 시정촌의 인구속성을 인구규모, 인구감소율, 고령화율의 세 지표를 통해서 분석해보고자 한다.

전국적으로 통합을 실시한 시정촌의 평균인구(26,085명)는 통합하지 않은 시정촌(53,511명)보다 상대적으로 작게 나타난다. 수도권의

경우도 비록 인구규모는 전국평균보다 크지만, 통합을 실시한 시정촌(51,900명)이 통합하지 않은 시정촌(136,635)보다 인구규모가 작게 나타난다. 이는 수도권에서도 상대적으로 규모가 작은 시정촌을 중심으로 통합 논의가 활발히 진행될 수밖에 없었음을 보여준다. 다만 인구규모가 큰 30만 명이 넘는 곳에서도 통합이 진행되었는데, 구 사가미하라시(旧 相模原市)는 이미 인구가 60만 명 이상이었으며, 사이타마시(さいたま市)가 된 오미야시(大宮市)와 우라시(浦和市)도 각각 인구가 45만 명을 훨씬 넘었다. 치바현의 구 카시와시(旧 柏市)도 30만 명 이상의 인구를 거느린 곳이었다. 이들 지역의 통합은 광역권의 거점도시를 지향한 것으로 인구규모가 작은 지자체와는 통합의 배경과 목적에서 차이가 나타난다고 할 수 있다.

〈표 4〉 인구규모에 따른 통합유무 현황

구분	전국		수도권	
	지자체수	평균인구수	지자체수	평균인구수
통합	2,018	26,085	86	51,900
미통합	1,214	53,511	123	136,635

※ 자료 : 전국 수치는 市町村の合併に関する研究会,『平成の合併の評価検証分析』
(2008)에서 인용, 수도권 수치는 統計省,『平成12年度国勢調査』(2000).를 토대로 산출

한편 2000년 국세조사에 따르면 5년간 인구증가율의 전국평균은 1.1%였는데, 가나가와현(3.00%), 사이타마현(2.60%), 치바현(2.20%) 등 수도권의 인구증가율은 전국 평균을 크게 상회하였다. 그러나 인구감소가 수도권에서 문제가 되지 않았던 것은 아닌데, 가나가와현과 사

이타마현에서는 향후 인구가 감소할 것으로 전망되었으며, 치바현의 경우 인구감소율이 심각할수록 통합을 지향하는 경향이 나타났었다. 그런데 여기서도 인구증가율이 10% 이상으로 상당히 높음에도 불구하고 통합한 지자체가 존재했다는 점에 주목할 필요가 있다. 사이타마현의 오사토정(大里町, 10.4%), 구리하시정(栗橋町, 12.5%), 오이정(大井町, 14.9%)이 이에 해당되는데, 오사토정은 구마가야시(熊谷市)로, 구리하시정은 구키시(久喜市)로 통합하였으며, 오이정은 가미후쿠오카시(上福岡市)와 통합하여 후지미노시(ふじみ野市)가 되었다. 이들 지자체는 모두 최근 택지개발이 활발하게 진행된 교외지역이라는 특징이 있었다.

<표 5> 통합여부별 인구증감율 (%)

	통합 시정촌	미통합 시정촌	평균
가나가와현	0.48	0.43	3.00
사이타마현	1.17	1.69	2.60
치바현	-0.74	3.40	2.20

※ 자료 : 統計省, 『平成12年度国勢調査』

전국적으로 통합한 시정촌의 고령화율(24.3%)은 미통합 시정촌(20.6%)을 다소 상회한 것으로 나타났는데, 수도권에서도 각각 19.3%와 15.7%로 통합 시정촌의 고령화율이 높았다. 특히 고령화율이 높을수록 통합하는 시정촌 비율이 높아지는 양상을 보였는데, 고령화율이 낮은 고령화사회(7~14%) 구간에 속한 시정촌 중에서는 22%의 시정촌

만이 통합하고 있으나, 초고령사회(20% 이상) 구간에 속한 시정촌 중에서는 58.3%의 시정촌이 통합하고 있다. 그러나 여기서도 고령화율이 비교적 양호함에도 불구하고 통합한 지자체가 다수임에 주목할 필요가 있다. 사가미하라시로 통합된 5지자체 중 3곳은 14% 미만이었으며, 사이타마시로 통합한 4지자체도 모두 14% 미만이었다. 구키시, 고노스시(鴻巢市)로 통합한 지자체와, 구 가스카베시(旧 春日部市), 오이정도 고령화율이 양호하였으며, 치바현의 나리타시(成田市), 세키야도정(関宿町), 인자이시(印西市), 가시와시도 낮은 고령화율을 보이고 있다. 이러한 결과는 인구속성의 측면에서 수도권 지역이 전국적 동향을 따라가는 한편, 지역적 맥락에 따라 전혀 다른 해석이 존재함을 보여준다.

〈표 6〉 고령화율에 따른 수도권 시정촌 통합유무 현황

| | 시정촌수 | | 비율 | | |
	통합	미통합	통합	미통합	합계
7%~14%	18	64	22.0	78.0	100
14%~20%	32	35	47.8	52.2	100
20% 이상	35	25	58.3	41.7	100
합계	85	124	40.7	59.3	100

※ 주 : 비율은 고령화율 구간별로 살펴본 통합/미통합 비율
※ 주 : 고령화율 7%이상 고령화사회, 14%이상 고령사회, 20%이상 초고령사회
※ 자료 : 統計省, 『平成12年度国勢調査』를 토대로 산출

2) 재정속성 분석 : 재정위기와 행정개혁론

앞에서 논하였듯이 국가와 지자체의 재정위기론이 행정구역 통합을 적극 추진하게 된 주요 이유였다. 수도권에서 통합한 시정촌의 재정력을 지자체의 재정속성을 보여주는 지수인 재정력지수[19]를 통해서 검증하면 다음과 같다. 2007년도 재정력지수를 살펴보면, 도쿄도 1.391(1위), 가나가와현 0.921(3위), 사이타마현 0.737(6위), 치바현 0.755(7위)로 전국평균인 0.497을 훨씬 상회하고 있다.[20] 전국적으로 시정촌 통합의 주된 배경이 재정적 어려움이었다는 것을 감안하면, 수도권 지자체에서 통합이 저조하였던 원인이 이에 있었음을 알 수 있다. 일반적으로 재정력지수가 높으면 통합에 미온적이고, 재정력지수가 낮을수록 통합에 적극적이라 설명되는데,[21] 수도권에서도 재정력지수가 높을수록 미통합하는 경향이 나타나고 있다(표7).

그런데 재정력지수가 높음에도 불구하고 통합한 시정촌도 존재한다. 가나가와현의 구 사가미하라시(0.989), 사이타마시가 된 이와즈키시(岩槻市, 0.800), 우라와시(0.997), 오미야시(0.997), 요노시(与野市, 0.997)와 구 구마가야시(0.880), 구 구키시(0.854), 오이정(0.856), 오토네정(大利根町, 0.800), 치바현의 구 노다시(旧 野田市, 0.953)와 세

---

19) 지방공공단체의 재정력을 보여주는 지수로, 기준재정수입액을 기준재정수요액으로 나눈 수치의 과거 3년간 평균치이다. 재정력지수가 높을수록 보통교부세 산정상의 유보재원이 커져 재원에 여유가 있음을 의미한다.

20) 아이치현(愛知県, 1.016)과 오사카부(大阪府, 0.790), 시즈오카현(静岡県, 0.728)을 제외한 도부현의 재정력지수는 0.7 미만으로, 0.5이하인 도부현도 28곳이나 존재한다(総務省,『全都道府県の需要財政指標』(2007)).

21) 다만 재정력지수가 지나치게 낮을 경우 상대 지자체에서 통합을 꺼리는 경향이 있다고 지적된다.

키야도정(0.953), 쇼난정(沼南町, 0.802), 카시와시(0.950) 등은 재정력지수가 양호하였음에도 불구하고 적극적으로 통합하였다. 구 나리타시(1.590)의 경우는 주변 지자체의 재정력지수가 상대적으로 낮음에도 불구하고 통합을 실시하였다. 이들 지역에서는 재정위기 극복이 아닌 다른 맥락에서 통합이 이루어진 것임을 알 수 있다.

〈표 7〉 재정력지수에 따른 수도권 시정촌 통합 현황

재정력지수	시정촌 수	
	통합	미통합
0.2 미만	1	0
0.2~0.4	21	3
0.4~0.6	27	25
0.6~0.8	21	33
0.8~1.0	14	42
1.0~1.2	0	15
1.2 이상	1	6
합계	85	124

※ 주 : 재정력지수는 대부분의 지역에서 시정촌 통합이 이루어지기 이전인 2003년을 기준으로 설정. 단 사이타마시와 노다시(野田市)는 통합 이후의 지수를 적용.
※ 자료 : 神奈川県,『県内合併関係デ―タ集』(2010); 埼玉県,『埼玉県市町村概要』(2004); 千葉県,『県内市町村財政デ―タ』(2004)

3) 도시중심성 분석 : 지방분권과 지자체의 자립 확보론

시정촌 통합의 또 다른 주요 논거는 '자기결정 자기책임'이 가능한 지자체를 만들어야 한다는 것이다. 이 논의는 다방면에서 검증가능하나, 여기서는 자립을 목표로 진행되었을 경우 중심도시보다 주변도시에서 통합에 더 적극적이었을 것이라는 가정을 세우고 과연 그러했는지 검토해보고자 한다. 어느 도시가 중심도시인지 주변도시인지의 여부는 주야간 인구비율과 취업자종사자 비율을 통해 분석 가능하다. 주야간 인구비율은 도시가 베드타운인지 업무지인지를 살펴보는 주요 지표로, 비율이 높을수록 주간유입 인구가 높은 중심도시임을 낮을수록 베드타운의 성격이 강함을 의미한다. 수도권 시정촌의 주야간 인구비율을 살펴보면, 주야간 인구비율이 높을수록 통합하는 경향이 나타난다(표8). 이는 시정촌 통합이 도시행정의 자립을 목표로 내세운 개혁이었음에도 불구하고, 수도권에서는 주변도시보다 중심도시가 통합에 적극적이었음을 의미한다.[22]

〈표 8〉 주야간 인구비율 (%)

주야간 인구비율	시정촌수			비율		
	통합	미통합	합계	통합	미통합	합계
60 - 79	20	37	57	35.1	64.9	100
80 - 99	53	78	131	40.5	59.5	100
100이상	12	9	21	57.1	42.9	100
합계	85	124	209	40.7	59.3	100

※ 자료 : 統計省, 『平成12年度国勢調査』를 토대로 산출

도시의 중심성을 보여주는 또 다른 지표인 취업자·종사자 비율(취종비)의 경우, 취종비가 높을수록 외부도시로 통근하는 인구가 많은 베드타운으로서의 성격을 지니고 있다고 평가되며, 취종비가 낮을

---

22) 사이타마현의 구 치치부시(秩父市), 오타키촌(大滝村), 구 혼죠시(旧 本庄市), 고다마정(児玉町), 구 구마가야시, 가와모토정(川本町), 다마가와촌, 치바현의 구 나리타시, 오에정(大栄町), 구 아사히시(旧 旭市), 구 가모가와시(鴨川市), 마츠오정(松尾町) 등은 주야간 인구비율이 100이상인 지역이었다.

수록 외부도시에서 통근오는 인구가 많은 업무지로서의 성격이 강하다고 판단된다. 수도권의 경우를 살펴보면, 주야간 인구비율과 마찬가지로 업무지로서의 성격이 강할수록 통합비율이 높아짐을 알 수 있다.[23]

〈표 9〉 통합 유무에 따른 취업자종사자 비율(%)

	통합	미통합	평균
가나가와	154.7	129.3	121.2
사이타마	129.8	141.2	131.0
치바	124.3	140.4	129.2

※ 자료 : 統計省, 『平成12年度国勢調査』를 토대로 산출

이러한 결과는 수도권 시정촌의 통합이 전국적으로 강조되었던 것처럼 지자체가 당면한 행재정적·인구적 문제를 해결하는 수단으로서 접근된 동시에, 한편으로는 이와는 달리 광역거점도시 지향 등 경쟁력 강화 수단의 일환으로 접근되는 경향도 상대적으로 강했음을 보여준다고 할 수 있다. 이러한 접근방법의 차이는 수도권 내부의 지역적 맥락에 따라 다르게 해석될 수 있다. 다음 장에서는 통합의 유형을 구분하여, 수도권 내부의 다양성에 주목해보았다.

---

23) 그런데 흥미로운 점은 가나가와현의 3곳, 사이타마현의 10곳, 치바현의 3곳을 제외하고는 모두 취종비가 100 이상으로 외부로 통근하는 인구가 압도적으로 많다는 점이다. 이는 수도권의 도시기능을 도쿄도심과의 관계 속에서 고찰해야 함을 의미한다.

4. 수도권 시정촌의 통합 유형

1) 인구속성 : 중심형과 연대형

수도권 시정촌 통합의 공간적 다양성은 인구속성에 기반하여 유형화된다. 먼저 시정촌 통합의 주요 배경으로 언급되는 인구감소와 고령화 정도에 따라 그 배경을 유형화하면 다음과 같다. 우선 인구감소 정도에 따라 전 지자체에서 감소하는 '감소형'과 일부지자체에서는 감소하는 '일부 감소형', 거의 모든 지자체에서 증가하고 있는 '증가형'의 세 가지 유형으로 나눌 수 있다. 또한 고령화 정도에 따라서는 전 지자체에서 고령화율이 14% 미만인 '고령화사회형', 일부 지자체에서 14%를 초과하나 20%를 넘지않는 '고령사회형', 일부 또는 모든 지자체에서 고령화율이 20%가 넘은 '초고령화사회형'으로 유형화된다. 수도권 시정촌 중에서는 사이타마시와 카시와시의 경우처럼 인구도 증가하고 고령화 정도도 지극히 낮은 시정촌이 존재한 한편, 치치부시, 오가노마치(小鹿野町), 가모가와시(鴨川市), 이스미시(いすみ市), 미나미보소시(南房総市)의 경우처럼 고령화율도 높고 인구감소도 현저한 시정촌도 다수 나타났다.

한편 통합 후의 인구규모는 시정촌 통합의 목적이 무엇이었는가를 보여주는 가장 대표적인 지표라 할 수 있다. 합병 후 인구규모를 살펴보면 중점 대상이었던 1만 명 이상을 목표로 한 생존형 또는 '지역활성화형' 통합에서부터 합병특례법의 '시' 승격 요건인 3만 명 이상

<표 10> 인구속성에 따른 유형구분 ①

유형	감소형	일부 감소형	증가형
고령화 사회형	-	-	さいたま市, 柏市
고령사 회형	香取市	相模原市, 飯能市, 熊谷市, 鴻巣市, 春日部市, ふじみ野市, 行田市, 深谷市, ときがわ町, 野田市, 旭市, 成田市,	本庄市, 久喜市, 加須市, 印西市
초고령 사회형	秩父市, 小鹿野町, 鴨川市, いすみ市, 南房総市	匝瑳市, 横芝光町	神川町, 山武市

※ 자료 : 統計省, 『平成12年度国勢調査』의 수치를 사용하여 유형화

을 충족시키고자 한 '지역중심형', 인구 10만의 도시 또는 인구 30만 명의 중핵도시를 지향한 '지역거점형' 통합, 인구 50만 이상의 정령지 정도시를 추구한 '광역거점형 통합'으로 유형화된다. 또한 통합한 시 정촌 간의 인구규모 차이를 분석하면, 중심도시의 인구가 나머지 지 자체의 인구보다 월등히 큰 '중심형'에서부터 비슷한 규모의 지자체간 통합인 '연대형', 소규모 지자체 간 통합인 '활성화형'의 세 유형을 도 출할 수 있다. 이러한 두 가지 기준에 의거하면, 다음 [표 11]과 같이 나타난다.

<표 11> 인구속성에 따른 유형구분 ②

유형		㉮ 중심형	㉯ 연대형	㉰ 활성화형
광역거점형	ⓐ50만 이상	相模原市	さいたま市	
지역거점형	ⓑ10~50만	柏市, 熊谷市, 鴻巣市, 春日部市, 深谷市, 野田市, 成田市	ふじみ野市, 久喜市, 加須市	
지역중심형	ⓒ3만~10만	飯能市, 秩父市, 行田市, 鴨川市, 印西市	本庄市, 旭市, いすみ市, 匝瑳市*, 南房総市, 香取市, 山武市	-
지역활성화형	ⓓ1만~3만	-	横芝光町	小鹿野町, 神川町, ときがわ町

※ 자료 : 統計省, 『平成12年度国勢調査』에 근거하여 유형화

2) 재정속성 : 재정우수형과 재정위기형

수도권 지자체의 재정력지수를 고찰하면, 재정력지수가 1.0이상인 '재정우수형' 지역에서부터 0.8-1.0 사이인 '재정양호형', 0.6-0.8사이인 '재정취약형', 0.6이하인 '재정위기형' 지역까지 그 분포가 다양함을 알 수 있다. 재정속성에 따른 유형을 인구속성에 따른 유형과 함께 고찰 분석하면 다음과 같다. 우선, 인구규모가 큰 지자체의 경우는 재정력지수가 매우 양호한 것으로 나타났다. 사가미하라시로 통합한 지자체의 재정력지수는 후지노정(藤野町)을 제외하고 매우 양호한 편이었다. 사이타마시 역시 모든 시정촌에서 재정력지수가 양호하였다. 인구규모가 특히 큰 이 두 지역은 정령지정도시를 통해 지자체 권한을 확대하는 것이 시정촌 통합의 주요 목적이었다.

인구규모가 중급인 지자체에서는 중심형이냐 연대형이냐에 따라 재정력지수에 있어서도 차이가 나타났다. 나리타시의 경우는 주변부 지역의 재정력 악화가 편입합병을 결정하는데 영향을 준 것으로 판단된다.[24] 중심형에 속한 구마가야시, 고노스시, 후카야시(深谷市), 가스카베시에서도 주변부 지자체의 재정력지수가 낮아 지역중심도시로의 편입이 이루어졌음을 알 수 있다. 반면 연대형에 속한 후지미노시(ふじみ野市)나 구키시, 가조시(加須市)는 재정력지수가 양호하거나 격차가 크지 않았다.

반면 인구규모가 중하급인 지자체에서는 중심형·연대형에 관계

---

24) 가시와시와 나리타시는 합병 전 인구가 30만 명 이상으로 인구규모 확대에 따른 지자체 권한 이양이 통합의 목적은 아니었다.

없이 재정력 악화가 통합의 주요 배경으로 작동한 것으로 판단된다. 한노시(飯能市), 인자이시, 치치부시, 교다시(行田市)는 주변부 지자체의 재정력지수가 낮아 실질적으로 편입된 중심형에 속하는 지자체이다. 반면 가토리시(香取市), 아사히시(旭市), 이스미시, 미나미보소시, 소사시 등은 전반적으로 통합 이전 모든 지자체에서 재정력지수가 낮아, 재정력 악화와 더불어 지역의 이미지 향상이 시정촌 통합의 주요 배경이었음을 알 수 있다.25) 인구규모가 매우 작은 요코미치히카리정(橫芝光町), 가미카와정(神川町), 오가노정, 도키가와정(ときがわ町)도 재정력지수가 낮아 재정악화가 주요 배경으로 작동하였음을 보여준다. 특히 도키가와정은 "자주재원이 빈약한 소규모 촌(村)에서는 시정촌 통합에 따른 국가의 우대조치를 활용하여 지역 마치즈쿠리(まちづくり)를 추진하는 것도 유효한 방법"이라며 통합의 주요 배경이 재정문제에 있음을 밝히고 있다. 한편 가미카와정으로 합병한 가미이즈미촌(神泉村)의 경우 재정력지수가 낮을 뿐 아니라 인구규모도 1,374명에 불과하여 통합을 피하기 어려웠다고 할 수 있다.

---

25) 그러나 통합 이후 재정력지수의 변화를 살펴보면, 다소 개선된 지자체도 등장하지만 크게 향상된 지자체는 눈에 띄지 않으며, 대체로 과거 재정력지수와 유사한 수치를 보이고 있다. 예를 들면 미나미보소시의 경우는 통합 이전 모든 지자체에서 재정력지수가 0.4 미만이었으나, 통합 이후 0.423으로 다소 개선되었다. 그러나 이는 재정력지수가 크게 개선되었다고 말하기 힘든 수치이다.

<표 12> 인구속성과 재정속성에 따른 분류

인구규모 \ 재정력지수		재정우수형	재정양호형	재정취약형	재정위기형
ⓐ	㉮	相模原市	-	-	-
	㉯	さいたま市	-	-	-
ⓑ	㉮	柏市, 成田市	熊谷市, 鴻巣市, 深谷市, 野田市	春日部市	-
	㉯	-	ふじみ野市	久喜市*, 加須市*	-
ⓒ	㉮	-	飯能市, 印西市*	秩父市, 行田市	鴨川市
	㉯	-	-	本庄市, 香取市	旭市, いすみ市, 南房総市, 匝瑳市, 山武市
ⓓ	㉯	-	-	-	横芝光町
	㉰	-	-	神川町	小鹿野町, ときがわ町

※ 재정우수형=1.0 이상, 재정양호형=0.8-1.0, 재정취약형=0.6-0.8, 재정위기형=0.4-0.6
※ 재정력지수는 가나가와현은 2008년도, 사이타마현 및 치바현은 2007년도 자료.
※ 2010년 통합한 久喜市, 加須市, 印西市는 합병한 지자체의 평균 수치를 기준으로 유형
　구분.
※ 자료 : 相模原市,『平成21年度版統計書』(2010); 千葉県,『平成21年度市町村資料集』; 埼
　玉県,『平成20年度市町村勢概要』(2009) 등의 수치에 근거하여 구분

3) 도시중심성 : 외부유출형과 자립·고립형

도시중심성은 생활권 분석의 관점에서 통근·통학비율을 지표로
선정하여 유형화하였다. 수도권에서는 지역 외 통근통학 비율이 전국
의 타 지역과 비교하였을 때 상당히 높게 나타나는데, 그 비율에 따라
통합 시정촌은 크게 세 가지로 유형화된다. 첫 번째 유형은 통합 이전
의 모든 지자체에서 지역 외 통근통학 비율이 높았던 곳으로, 이들 지
역은 도쿄 23구 또는 주변 큰 도시로의 통근·통학 의존도가 높은 외
부유출형에 속한다. 두 번째 유형은 통합 전 인구규모가 가장 큰 지자
체를 제외한 시정촌에서만 지역 외 통근통학 비율이 낮았던 곳으로,
이들 지역은 인구규모가 큰 지자체가 중심도시로서 기능을 하고 있는

중심부통합형이라 칭할 수 있다. 세 번째 유형은 통합 이전 모든 지자체에서 지역 외 통근통학 비율이 낮은 곳으로, 이들 지역은 각각의 지자체에서 타 지자체로의 의존도가 낮은 자립 또는 고립형으로 명명 가능하다.

시정촌의 도시기능에 따른 통합 유형은 도쿄 도심과의 관계를 살펴보면 보다 면밀한 분석이 가능하다. 통근·통학지 1위~3위까지에 도쿄 도심의 포함여부에 따라 통합 이전 모든 시정촌에서 도쿄 도심으로의 통근·통학이 두드러지게 나타나는 '도쿄일체형', 통합 이전 일부 지자체에서 도쿄도심으로의 통근·통학이 두드러지는 '근거리교외형', 통합 이전 모든 지자체에서 도쿄도심으로의 흐름이 두드러지지 않은 '원거리교외형'으로 나누어 살펴볼 수 있다. 표 12를 보면, 근거리교외형에 속하는 시정촌의 대부분은 중심도시에서는 도쿄에 대한 의존도가 강하게 나타나지만, 주변도시에서는 중심도시로의 의존이 강하게 나타나는 '중심부 통합형'에 속했다. 반면 원거리교외형에 속하는 지자체는 도쿄 도심이 아닌 나리타시 등 광역권 도시에 대한 의존도가 높거나, 지역 내 통근통학의 비율이 높은 자립·고립형 통합인 경우가 많았다.

한편 시정촌 통합의 주요 배경으로 일상생활의 광역화가 제시되고 있는데, 과연 통합한 시정촌은 생활권과 얼마나 정합하여 재편되었는지 통근·통학지를 근거로 분석해보고자 한다. 2000년 국세조사 자료에 근거하여 통근통학지 1위~3위에 통합한 지자체가 포함되어 있는가를 기준으로 분석하면, 그 결과는 다음과 같다. 먼저 통합 이전 서로 상호 연계성이 존재한 '상호형'은 4곳으로 나타났다.[26]

〈표 13〉 통근·통학에 따른 유형 구분

지역 외 관계 \ 도쿄도심관계	㉠ 외부 유출형	㉡ 중심부 통합형	㉢ 자립/고립적 연대형
① 도쿄일체형	春日部市, ふじみ野市 さいたま市, 柏市, 久喜市, 加須市, 印西市	野田市, 行田市	
② 근거리교외형	山武市	相模原市, 熊谷市, 成田市, 深谷市, 飯能市	
③ 원거리교외형	鴻巣市, いすみ市, 横芝光町, 神川町	秩父市, 旭市, 小鹿野町	鴨川市, 本庄市, 南房総市, 香取市, 匝瑳市, ときがわ町

※ 주 : ㉠지역 외 통근통학 인구가 합병 이전 모든 지자체에서 50% 이상, ㉡중심도시
인 지자체에서 50% 미만, ㉢모든 지자체에서 50% 미만
※ 주 : ①통합 이전 모든 지자체에서 통근통학지 1~3위에 도쿄 특별구가 포함, ②일부
지자체에서 1~3위에 도쿄 특별구 포함, ③모든 지자체에서 1~3위에 도쿄 특별구 없음
※ 자료 : 統計省, 『平成12年度国勢調査』 수치에 근거하여 유형화

주변도시에서는 중심도시로의 연계가 강하지만, 중심도시에서는
도쿄도심이나 여타 광역도시로의 연계가 강하게 나타난 '중심형'도 존
재했는데, 사카미하라시·나리타시·한노시·치치부시·구마가야시·
아사히시·노다시·소사시가 이에 해당된다. 중심도시와의 연계보다
는 다른 도시로의 연계가 강한 '경합형'도 다수 나타났다. 구키시·가
조시·가스카베시·후지미노시(ふじみ野市)의 경우는 도쿄 도심과의
연계가 상호간의 연계보다 강하게 나타난 경우이며, 미나미보소시·
이스미시·산무시(山武市)·도키가와마치는 다테야마시(館山市)·모
바라시(茂原市)·도가네시(東金市)·히가시마츠야마시(東松山市) 등
통합하지 않은 인근 도시로의 연계가 매우 강력하게 나타난 경우였

---

26) 그러나 모든 지자체에서 통합 상대 지자체가 1위로 등장한 곳은 단 한 곳도
없었다. 다만 사이타마시의 경우는 통합 이전 모든 지자체에서 도쿄 특별구
가 통근통학지로는 1위에 속하였으나, 2위·3위로는 합병 상대 지자체가 언
급되고 있어 상호 연계성이 비교적 강했다고 평가된다.

다. 교다시의 경우도 특별구 또는 구마가야시와의 연계가 상호 연계보다 강하게 나타났다. 가미카와정·카시와시 등은 인근 타 지자체와 더 강한 연계를 보이고 있었던 지역이었다. 통합된 후카야시의 경우는 구마가야시가 구 후카야시, 가와모토정(川本町), 하나조노정(花園町)에서 통근·통학지 1위로 꼽혔으나, 통합은 구마가야시를 제외한 1시 3정에서 이루어졌다. 한편 고노스시·인자이시와 같이 통근·통학지 1~3위에 상호 언급되지 않았음에도 통합한 '미약형' 지자체도 존재했다.

이러한 결과는 수도권에서 생활권 광역화가 도쿄 도심과의 관계 속에서 확대되었기 때문에, 인근 지자체 간 통합이 생활권 일체화를 위한 것이라고 주장하기는 힘들다는 것을 보여준다. 또한 중심도시로의 일체화를 지향하는 통합도 있었으나, 이와 상관없이 진행된 통합도 있었다는 점에서 통합의 결과 생활권의 광역화에 따른 일체화가 도모되었다고 보기는 힘들다고 판단된다.

〈표 14〉 생활권에 따른 유형구분

유형	내용	해당 지자체
상호형	상호 연계성 존재	小鹿野町, 本庄市, 鴨川市, 香取市, さいたま市
중심형	중심도시 지향	相模原市, 飯能市, 秩父市, 熊谷市, 野田市, 旭市, 匝瑳市, 成田市
경합형	비교적 연계성 약함 또는 경합하는 지자체 존재	春日部市, ふじみ野市, 行田市, 神川町, ときがわ町, 久喜市, 加須市, 柏市, いすみ市, 南房総市, 山武市, 横芝光町, 深谷市
미약형	연계성이 매우 약함	鴻巣市, 印西市

※ 주 : 상호형-통합 이전 모든 지자체에서 통근·통학지 3위 이내에 상대 지자체가 포함, 중심형-일부 지자체에서는 1위로 등장하나, 그 외 지자체에서는 3위 이내에 포함 안됨. 경합형-일부 지자체에서는 3위 이내이나, 일부 지자체에서는 포함 안됨. 미약형-모든 지자체에서 3위에 이내 등장 안함

4) 기간산업 : 농촌형과 도시형

기간산업에 따른 유형은 통합 전 지자체의 1차·2차·3차 산업의 비중에 따라 다음과 같이 구분된다. 먼저 유형 Ⅰ은 1차 산업의 비중이 높은 농촌형 지자체간 결합이라 할 수 있는데, 이에 속하는 미나미보소시는 치바현 중에서도 도쿄 도심에서 비교적 먼 거리에 위치하고 있다. 유형 Ⅴ는 1차 산업과 2·3차 산업이 혼합된 준농촌형 지역간 결합으로, 후카야시, 가미가와정(神川町), 이스미시가 이에 해당된다.

한편 유형 Ⅱ는 2차·3차 산업의 비중이 높은 도시형 지역과 1차 산업의 비중이 높은 농촌형 지역이 통합한 도시-농촌 결합 유형이라 할 수 있다. 교다시는 1차 산업 비중이 비교적 높았던 미나미카와라촌(南河原村)이 구 교다시에 편입 통합되었으며, 나리타시는 구 나리타시를 중심으로 주변 지자체가 편입 합병되었다. 가토리시와 고노스시는 도시적 산업의 비중이 높은 복수의 지자체와 1차 산업의 비중이 높은 복수의 지자체가 서로 결합한 사례이다.[27]

유형 Ⅳ는 유형 Ⅱ보다는 약한 도시-준농촌 간 결합으로 유형화된다. 오가노정은 구 오가노정과 료카미촌(両神村) 모두 2차 산업 비중이 50%를 상회하는 제조업형 지역이었으나, 료카미촌은 1차 산업의 비중도 높았다. 구마가야시는 서비스 산업의 비중이 높은 구 구마가야시를 중심으로, 제조업형 지역인 고난정(江南町)과 제조업형 지역

---

27) 한편 소사시·산무시·요코미치히카리정·아사히시 등은 농업형 지역과 혼합형 지역이 결합한 사례인데, 중심도시가 비록 혼합형에 속하기는 하나, 2차3차 비중이 상당히 높아 도시적 성격이 강하게 나타난다는 점에서 도시-농촌 간 결합으로 유형화할 수 있다.

이면서 동시에 농업도 기간산업으로 갖추고 있는 오사토정, 메누마정 (妻沼町) 등이 결합하였다. 가조시는 도시형 산업 지역인 구 가조시·오토네정과 혼합형 산업 지역인 기사이정(騎西町)·기타카와베정(北川辺町)이 결합하였으며, 인자이시에서는 인바촌(印旛村)이 농업과 서비스형산업의 비중이 높게 나타났었다.

　수도권에서 가장 눈에 많이 띄는 유형 III은 2차 또는 3차 산업의 비중이 월등히 높은 도시형 지자체가 통합한 도시-도시 결합이다. 제조업형 지자체간 결합인 도키가와정, 제조업형 지자체와 서비스형 지자체가 결합한 사가미하라시·사이타마시 등과 서비스형 지자체간 결합인 한노시·가스카베시 등은 도쿄 도심 인근에 위치하고 있다.

〈표 15〉 기간산업에 따른 유형구분

유형		내용	해당 시정촌
농촌형	I	농업형 지역간 통합	南房総市
노동통합형	II-1	농업형 지역+제조업형 지역	行田市
	II-2	농업형 지역+서비스업형 지역	鴻巣市, 成田市, 香取市
	II-3	농업형 지역+혼합형 지역	匝瑳市, 山武市, 横芝光町, 旭市
도시형	III-1	제조업형 지역간 결합	ときがわ町
	III-2	제조업형 지역+서비스형 지역	相模原市, さいたま市, 秩父市, 本庄市, 野田市, 久喜市
	III-3	서비스형 지역간 결합	飯能市, 春日部市, ふじみ野市, 鴨川市, 柏市
혼합형	IV-1	준농업형 지역+제조업형 지역	小鹿野町
	IV-2	준농업형 지역+서비스형 지역	熊谷市, 加須市, 印西市
	V	준농업형 지역간 결합	深谷市, 神川町, いすみ市

※ 주 : 농업형 지역 : 1차산업 비중 20% 이상, 제조업형 지역-2차산업 비중 40% 이상, 서비스업형 지역-3차산업 비중 60%, 혼합형 지역-1차산업과 2·3차 산업 혼합형
※ 자료 : 統計省,『平成12年度国勢調査』에 근거하여 유형화

5) 수도권 시정촌 통합의 공간적 격차

이상에서 논한 시정촌 통합의 유형은 크게 통합배경과 통합방식의 두 가지 차원에서 재정리된다. 통합배경의 측면에서는 인구감소와 고령화라는 인구문제와 재정속성에 기반하여 유형을 구분할 수 있다. 우선 사이타마시나 가시와시처럼 인구도 여전히 증가하고 있으며 고령화율도 아직 낮고, 재정력지수도 우수한 지자체는 '경쟁력 강화형'으로 유형화된다. 반면 치치부시, 오가노정, 가모가와시 등처럼 인구·재정문제가 모두 심각하여 통합이 불가피했던 지자체는 '문제해결형'으로 명명 가능하다. 수도권의 통합 지자체들은 경쟁력 강화형에서 문제해결형 사이의 스펙트럼상에 위치하고 있는데, 유형화의 편의상, 인구문제는 다소 나타나고 있으나 재정문제로부터는 자유로웠던 지역은 '경쟁력 확보형'으로, 비록 인구문제는 심각하지 않았으나, 재정적 상황이 어려웠던 지자체는 '문제의식형'으로 유형화할 수 있다.

통합방식의 측면에서는 통합전 인구규모 차이와 생활권에 근거하여 '중심부 통합형', '인위적 통합형', '인위적 연대형', '상호 연대형'의 네 가지 유형으로 구분 가능하다. 중심부 통합형은 인구규모의 차원에서는 지배형에 속하며, 생활권의 일체여부의 차원에서는 중심형에 속하는 지자체들이다. 인위적 통합형은 인구규모의 차원에서는 지배형에 속하나 생활권은 경합형 또는 미약형에 속하는 지자체들이다. 반면 상호연대형은 인구규모에서는 연대형에, 생활권 일체여부에서는 상호형에 속하는 지자체이며, 인위적 연대형은 인구규모는 연대형에 속하지만 생활권은 경합형 또는 미약형에 속하는 지자체라 할 수 있다. 한편 통합방식의 측면에서는 기간산업의 결합 방식에 따라 도농통합형뿐 아니라, 도시형·농촌형·혼합형이 존재함도 다시 언급해야 할 것이다.

<그림 1> 일본 시정촌 통합의 유형

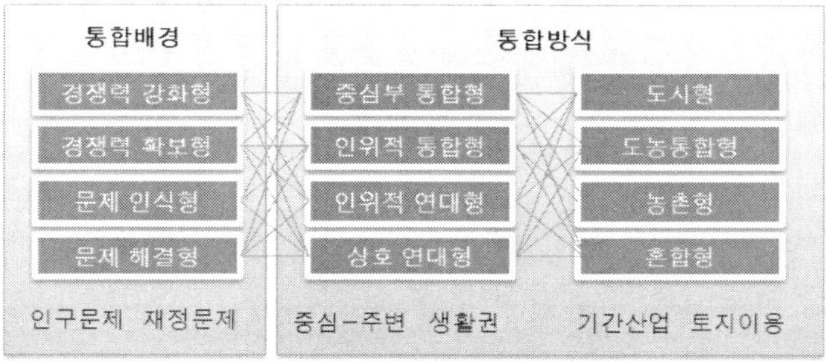

이상의 논의를 종합하면, 수도권 내에서도 지역적 맥락에 따라 시정촌 통합의 다양한 공간 특성이 존재하였음을 알 수 있다. 그런데 이러한 유형은 헤세 시정촌 통합이 지역격차를 확대시키는 성격을 지녔음을 보여준다. 먼저 수도권과 지방의 격차가 확대될 가능성이 여실히 존재한다. 경쟁력 강화를 목표로 한 통합은 구조조정의 대상이었기에 통합을 피할 수 없었던 지방의 상황과는 다른 결과를 가져올 수 있다. 특히 수도권의 상황을 살펴보면 인구적, 재정적 측면에서 지방과의 상당한 격차가 나타났는데, 분권개혁의 일환으로 진행되는 세원이양은 그 격차를 더욱 확대시키는 결과를 초래하고 있다. 전반적으로 정부의 국토개발 기조가 분산에서 분권으로, 농촌에서 대도시로 전환됨에 따라 수도권 기능이 더욱 강화되는 반면 지방과의 격차는

더욱 확대될 가능성이 존재한다. 수도권 내의 격차도 확대될 가능성이 존재한다. 특히 사이타마시와 사가미하라시 등 광역거대도시의 출현은 미통합한 주위 시정촌과의 관계 속에서 새로운 격차를 만들어낼수 있다. 또한 중심부 통합형·인위적 통합형의 유형은 중심도시와 주변도시의 격차확대 문제를 내포하고 있다. 주변도시에서는 청사가 사라짐에 따라 주민생활의 불편이 초래될 뿐 아니라, 중심상점가의 활력이 저하될 우려가 있으며, 향후 환경정비 및 도시개발에 있어서도 우선순위에서 배제될 가능성도 있다. 나아가 주변부 지역의 지명이 시정(市町)에서 구(区)로 하향됨에 따라 장소의 상징성이 약화되고 지역주민의 자부심에도 부의 영향을 초래할 수 있다. 도농통합형의 경우 도시 중심으로 재편됨에 따라 농촌의 개성이 사라질 위험도 존재한다.

또한 이상의 유형은 행정개혁을 추구하는 헤세 시정촌 통합이 지닌 모순도 여실히 보여주고 있다. 인위적 통합형·인위적 연대형은 생활권과 행정권의 통합을 주창했던 주장과는 다르게 오히려 생활권과 불일치하게 행정구역 재편이 이루어졌음을 보여준다. 나아가 인위적 연대형·상호 연대형 역시 청사기능을 분담하거나 재론의 여지를 남긴 채 통합한 경우도 있었는데, 이 경우 행정적 비효율성 또는 책임문제의 불명확성이 초래되는 등의 과제가 제기된다.

한편 이러한 유형 구분은 향후 시정촌 통합의 평가와 검증에 있어서 유용한 틀을 제공해준다. 경쟁력 강화형 또는 경쟁력 확보형에 있어서는 과연 경쟁력이 진정으로 강화되었는가가 평가의 대상이 된다. 즉 과연 통합이 경쟁력 확보에 유효한 수단이었는지, 아니면 몸집 불리기에 불과한 것이었는지 검증이 필요하다. 문제해결형 또는 문제의식형의 경우는 과연 시정촌 통합으로 문제가 완화되고 있는지에 대해 평가의 논점이 놓여야 함은 물론이다.

그리고 중심부 통합형에서는 격차문제가, 인위적 통합형에서는 격차문제와 함께 행정적 비효율성의 문제가 평가의 대상이 되어야 하며, 인위적 연대형에서도 생활권과의 편차에서 오는 비효율성 문제가 분석되어야 한다. 상호 연대형의 경우도 지역 내 갈등이 어떻게 해결되고 있는지 살펴볼 필요가 있다. 나아가 도시형과 혼합형의 경우 산업적 이질성(제조업, 서비스업)으로 야기되는 갈등에 초점을 두고 평가가 이루어져야 하며, 도농통합형의 경우는 농촌의 문제가 더 악화된 것은 아닌지 염두에 두고 검증되어져야 한다. 농촌형의 경우는 주변부간 통합이 경쟁력 확보에 유효하였는지 분석되어야 할 것이다.

다음으로는 수도권 통합 시정촌의 지역개발 전략을 검토하여 통합 시정촌은 어떠한 미래를 지향하였는지 분석해보고자 한다. 즉 유형에 따라 다양한 비전이 나타나는지, 비전을 실현하기 위한 구체적인 전략이 존재하였는지 살펴보고자 한다.

5. 수도권 통합 시정촌의 지역개발 전략

1) 지역의 미래상

통합 시정촌의 미래상에서 가장 많이 등장하는 키워드는 자연이다. 분석 대상이 된 23개의 지자체[28] 중 4곳을 제외한 모든 지역의 미래상에서 자연이 언급되었다(표 16). 통합 유형에 전혀 관계없이 모든 지자체에서 자연을 중시하고 있는 것은 지구환경에 대한 의식 고양을 주요 지역개발 과제로 삼고 있는 현 시점의 국토개발계획의 경향과 일치한다. 환경을 중시하는 이러한 경향은 경제성장과 별개로 진행되는 것이 아니다. '친환경 산업'은 향후 경제성장의 신동력으로 주목되었다. 특히 산업공동화에 따라 내발형 경제재생을 지향하는 움직임이 강화되면서, 지산지소(地産地消), 지역통화, 커뮤니티 비즈니스 등 지역순환형 경제를 만들어내는 전략이 친환경 산업을 중심으로 제안되었다.

다음으로 많이 등장하는 키워드는 교류 또는 만남이다. 이를 지향하는 지자체는 거점도시를 지향하는 거점형과 지역 외 교류를 통해 관광도시 등을 지향하는 교류형으로 나뉜다. 사가미하라시·사이타마시·구마가야시·혼죠시(本庄市)·카시와시 등은 거점도시를 미래상의 전면에 내세우고 있는데, 이들 지역은 통합의 목적이 명확하게 미래

---

28) 지역개발전략은 각 시정의 신시(정)건설계획을 토대로 분석하였다. 단 치바현의 이스미시, 소사시, 인자이시는 자료 입수의 어려움으로 제외되었으며, 사이타마현의 한노시, 도키가와정는 미래상이 제시되지 않아 제외하였다.

상에 반영되었다고 할 수 있다. 치치부시·가모가와시는 관광교류도시를 지향하고 있으며, 나리타시·혼죠시는 게이트웨이로서의 교류를 강조하고 있다. '교류'라는 지역개발 키워드는 일본사회가 인구감소시대를 맞이하여 정주인구의 증가를 기대하기 힘들어지면서 지역의 활기를 창조할 수 있는 대안으로 제기된 개념이라 할 수 있다.

문화도시 또는 복지도시를 지향하는 지자체도 다수 존재한다. '평온·여유·풍요·정감' 등 삶의 질과 관련된 단어나 '온기·지지·안심·배려·키움·건강' 등 지역복지와 관련된 단어가 대부분의 지역개발전략에서 빠지지 않고 등장하였다. 문화는 통합을 계기로 새로운 지역문화를 만들어내고 지역주민 간 연대감을 높인다는 의미로 제안되었으며, 복지는 고령자 복지와 육아문제를 중심으로 중요한 언급되었다. 사실 복지는 대부분의 지역에서 실시한 '주민의식조사' 결과, 지역의 미래이미지 또는 통합 후 중점 시책에서 가장 중시된 분야이다.[29] 복지·보건의 구체적인 전략으로는 지역포괄 케어 시스템(오가노정), 건강복지 총합 거점 프로젝트(후카야시) 등 지역의료공급체제 정비, 개호 서비스 충실(혼죠시), 고령자자를 지역사회 담당자로 자리매김하는 고령자 복지(가미카와정), 지역 공동 육아 지원 환경만들기(오가노

---

29) 사이타마현의 구마가야시·고노스시·가스카베시·후카야시·가미카와정·토키가와마치·구키시·가조시·가모가와시·아사히시·가토리시·요코미치 히카리정 등의 주민의식조사 결과 참조. 한편 도로·교통 등 문제는 중심 지자체보다 주변부 지자체에서 특히 두드러지게 제기되었는데, 이는 주변부 지역에서 통합으로 인해 더욱 쇠퇴할 것을 염려하였기 때문이다. 반면 문화·역사·교육·스포츠·경관·전통·시민참가·정보화 등에 대한 언급은 거의 없었다.

정, 가미카와정), 유니버설 디자인(후카야시) 등의 전략이 수립되었다. 이러한 전략의 핵심은 주민이 중심이 되어 상호 돕는 지역복지로, 행정이 중심이 되어 구체적인 복지 정책을 수행하는 것이 아니라, 민간의 활동을 지원하는 것이다.

시민주도를 강조하는 흐름은 '창조·협력' 등의 키워드로도 등장한다. 구마가야시·노다시·가모가와시·미나미보소시 등의 미래상은 시민협력을 통한 지역의 창조성 발휘를 강조하고 있다. 다른 지자체에서도 기본방향 책정에 있어서 '협동의 마치즈쿠리'라는 문구로 시민의 역할을 강조하고 있다. 협동의 마치즈쿠리란 시민·기업·단체 등 지역 관계자가 스스로의 마을에 관심을 가지고 지역의 과제해결에 임하는 '협동'의 사고에 기반한 마치즈쿠리를 뜻하는 것으로, 재정난으로 공공서비스 삭감이 예상되는 가운데, NPO와 자원봉사단체 등 새로운 공공 도우미의 역할에 적극적인 의미를 부여한 것이다. 행정은 지역사회가 활발하게 활동할 수 있게끔 환경을 정비하는 '서포트 역할'로 전환을 꾀하여, 행정조직의 슬림화와 효율화를 도모하고 있다. 그러나 이는 재정 적자에 따른 행정개혁과 함께 행정의 역할을 주민에게 떠넘겼다는 측면에서 비판적 검토가 필요하다 하겠다.

<표 16> 수도권 통합 시정촌이 제시하는 미래상

구분	시명	미래상
神奈川県	相模原市	자연과 사람이 조화를 이루고 사람과 사람이 만나는 활력있는 자립분권도시
埼玉県	さいたま市	다채로운 도시활동이 전개되는 동일본의 교류거점도시, 緑와 水로 상징되는 환경공생도시, 젊은 힘을 기르는 여유로운 생활문화도시
	秩父市	자연과 사람의 하모니 환경·관광문화도시 치치부
	熊谷市	함께 창조하는 자립·안심·건강한 마을-현북 거점도시의 비약
	鴻巣市	꽃 향기롭고 녹지 넘치고 사람 빛나는 코노스
	春日部市	사람·자연·산업이 조화를 이룬 만남의 공생도시 : 번창함·교류의 마치즈쿠리 지향
	ふじみ野市	건강·안심·보람 도시
	小鹿野町	사람과 자연이 함께 빛나는 활기 넘치는 마을
	行田市	물과 녹지 개성 넘치는 문화도시
	深谷市	미소 넘치고 활력 창출하는 행복 시민도시
	神川町	물·녹지·사람이 교차되는 풍요로운 마을 : 여유롭고 풍요로운 대지를 지향
	本庄市	모임·만남·배움·이해, 물·녹지·마을이 만들어내는 생활의 무대, 녹지 풍부한 게이트웨이 도시 창조
	久喜市	풍요로운 미래를 창출하는 개성 빛나는 문화전원도시 : 사람과 사랑, 물과 녹지, 시민 주역의 마치
	加須市	물과 녹지와 문화가 조화를 이룬 활기도시
千葉県	野田市	시민이 창조하는 만남의 마을 노다-활력과 녹지 풍부한 문화복지도시
	鴨川市	자연과 역사를 살린 관광교류도시 : 함께 창조하는 빛나는 고향을 지향
	柏市	풍요로운 물과 녹지에 둘러싸인 다양성 넘치고 활력 넘치는 중핵도시
	旭市	사람이 빛나고 바다와 녹지가 이어지는 건강도시
	南房総市	사람·꿈·미래-지역이 창조하는 매력의 고향
	成田市	공항, 교류, 희망 창조도시 나리타
	香取市	사람과 자연과 역사가 엮이는 北総의 활기창조도시
	山武市	찬란한 자연과 미소가 교차되는 만남 교향도시
	横芝光町	栗山川의 흐름이 품은 사람·자연·문화가 공생하는 마치

※ 자료 : 각 시정의 신시(정) 건설계획에서 정리

2) 산업 분야별 전략

구체적인 지역개발 전략에서는 산업의 각 분야가 중요하게 언급되고 있는데, 각 분야별 특징은 다음과 같이 정리된다. 농어업은 후계자 부족과 고령화에 따른 유휴농지 문제 등이 주요 문제로 제기되면서, 소비자 수요인 건강·안전 지향에 대응하는 방안(오가노정·교다시·아사히시·산무시), 수도권의 식량기지로서 근교농업의 입지적 우위를 살리는 도시형 농업(산무시·가미카와정) 또는 환경보존형 농업(요코미치히카리정)으로의 전환, 브랜드화에 따른 판로확대(가조시·미나미보소시·오가노정)등이 강조되었다. 치바현의 지자체에서는 어업 진흥정책이, 사이타마현의 지자체에서는 산림 진흥이 주요 정책으로 등장하였다.

제조업은 산업 공동화에 대응하기 위한 새로운 산업의 창조가 제안되었다.[30] 수도권이라는 입지조건과 광역 교통망의 정비에 따라 기업유치가 전면에 제시되고 있는 것이 지방의 타 지자체와 비교되는 특징이라 할 수 있다(가미카와정·혼죠시·가조시). 특히 아사히시와 이스미시는 산업파크 또는 공업단지를 새롭게 조성하고 있으며, 요코미치히카리정은 나리타공항과의 근접성을 내세운 기업유치 전략을 수립하였다. 이 때 기업유치는 정보와 제조업의 융합 등 신규산업을 대상으로 한 진흥책으로 등장하였다.

---

30) 치치부시는 전자기계 산업과 스포츠 관련 산업의 창조를, 교다시는 산학연대를 통한 특색있는 지역산업 진흥을 내세우고 있다. 흥미로운 점이 치치부시의 경우 고용의 장이 없다는 문제보다 젊은 취업자가 부족하다는 문제가 더 심각한 문제로 제기되었다는 점이다.

상업은 지방의 여타 지자체와 마찬가지로 교외형 대형 점포의 출점에 따라 지역 외부로 구매력이 유출되는 문제와 중심상점가의 쇠퇴 문제가 중요한 과제로 제기되었다. 이에 많은 지역에서 상업의 집적과 더불어 지연산업 또는 지역문화와 연대하여 개성있는 상점가를 만드는 정책을 주요 전략으로 제시하였다(오가노정·교다시·가조시·아사히시·요코미치히카리정·이스미시). 또한 지역자원을 살린 내발형 경제재생의 수단으로 관광이 주목되면서, 체재형·체험형 관광으로 변화하는 고객 수요에 대응하여, 농어촌의 매력을 살려 도시민의 마음을 치유하는 그린 투어리즘, 블루 투어리즘, 도시농촌교류 등이 주요 전략으로 제시되었고(치치부시·오가노정·미나미보소시·아사히시·혼죠시), 통합을 계기로 광역 관광 네트워크를 구축하는 것이 주요 과제로 제안되었다(아사히시·교다시·나리타시).

그런데 이러한 지역의 미래상 또는 지역개발 전략은 비록 지역적 맥락에 따라 그 강조점에서 미묘한 차이가 나타나기는 하지만, 비슷비슷한 장밋빛 청사진을 나열식으로 제시하고 있다는 점에서 문제가 나타난다. 이들 지방의 여타 지자체에서도 동일하게 제안하고 있는 방안으로 단지 수도권에 입지하고 있다는 측면에서 보다 낙관적으로 전망될 뿐이다. 비교적 규모가 큰 도시간 통합을 통해 광역도시를 지향한 시정촌에서는 규모 확대를 통해 도도부현의 권한을 이양받으면 유리하다는 주장만 있을 뿐, 구체적으로 이를 어떻게 활용하여 지역개발에 임할 것인가에 대한 논의는 크게 부족하다. 중심도시와 주변부가 통합한 시정촌에서도 주변부의 활력과 개성을 어떻게 담보해낼 것인가에 대한 논의가 미흡하다. 주변부지역에서 서로 결합한 시정촌에서도 통합을 통해 인구재정적 문제가 오히려 심화되지는 않는가라는 의문에 제대로 대답을 하지 못하는 것도 사실이다. 이처럼 모호하고 중복적인 전략이 제기된 것은 시정촌 통합이 중앙정부에 의해 급하게 추진되면서 지역개발 전략이 큰 고민없이 제기되었기 때문에 나타난 문제라 할 수 있다.

6. 대도시권 행정구역 재편의 특성과 다양성

이 연구는 지난 10년간 실제 기초자치단체의 통합이 대대적으로 진행된 일본의 경험에 주목하여, 대도시권에서의 행정구역 재편이 지니는 특성과 그 다양성을 밝히고자 하였다. 일본에서 시정촌 통합은 인구감소와 고령화에 대응하기 위해, 또한 광역화된 일상생활권과 행정경계를 일치시키기 위해 효율적인 재정운영이 필요하다는 논리를 배경으로 행재정 개혁의 일환으로 제기되었다. 그런데 이러한 행정구역 통합의 논리는 대도시권에서는 그 당위성이 약화될 수밖에 없다. 실제로 대도시권에서는 시정촌 통합이 저조하게 진행되었으며, 시기적으로도 전국적인 경향과는 상반되게 나타났다. 즉 전국적으로는 재정적인 혜택을 얻기 위해 1차시기에 통합이 집중되었던 반면, 대도시권에서는 저조한 실적을 이유로 중앙정부의 압박이 강화되었던 2차시기에 통합이 본격화되었다. 행정구역 개편은 본질적으로 공간적인 문제이므로, 통합을 논하기 위해서는 각 지역의 공간 특성과 상호연계성을 고려한 체계적인 분석이 필요하다. 이 연구는 수도권에 주목하여, 지역적 특성과 내적 다양성을 밝혀보고자 하였다.

수도권의 시정촌은 재정속성, 인구속성, 도시중심성의 측면에서 차별적인 특성을 보이고 있는데, 그러한 특성은 시정촌 통합에 투영되어 나타났다. 헤세 시정촌 통합은 재정적 유인과 압박을 주요 수단으로 실시되었는데, 수도권 시정촌은 재정적 측면에서 상대적으로 자유로웠기 때문에 통합에 미온적일 수 있었다. 또한 수도권 시정촌은 인구규모도 크고 인구감소·고령화도 더디게 진행되고 있다는 점에서 시정촌 통합의 당위성이 상대적으로 미약했다. 물론 수도권에서도 재정이 악화된 지자체, 인구문제가 심각한 지자체일수록 통합하는 경향이 강하게 나타났다. 그러나 한편으로는 재정이 풍부하고 인구문제가 양호함에도 불구하고 적극 통합한 지자체도 존재했으며, 도시중심성이 강한 지자체에서 통합비율이 높아지는 양상이 나타났다. 이러한 결과는 수도권의 시정촌 통합은 행재정적 과제에 대응한다는 전국적인 논리뿐 아니라, 광역거점도시로 이행함으로써 도도부현의 권한을 대폭 이양받는다는 대도시권의 논리가 그 원동력으로 작동하였음을 보여준다.

그런데 수도권내에서도 다양한 지역적 맥락이 존재한다. 수도권은 도쿄도심을 중심으로 광역화되는 가운데, 시정촌 간의 인접성에 따라 지역간 상호영향을 미치는 특성을 지니고 있다. 수도권 통합 시정촌을 인구속성, 재정속성, 도시중심성, 기간산업적 측면에서 유형화하면 그 다양성이 극명히 드러난다. 먼저 통합 시정촌은 통합 후 인구규모의 측면에서 광역거점형, 지역거점형, 지역활성화형으로 유형화되며, 통합 지자체간 인구규모 차이에 근거하면 연대형, 중심형, 활성화형으로 구분된다. 재정적 측면에서도 재정우수형, 재정양호형, 재정취약형, 재정위기형으로 유형화되는데, 특히 이러한 유형은 인구규모와 상관관계를 보이며 나타났다. 도시중심성의 측면에서는 지역 내외의 통근흐름에 따라 외부유출형, 중심부 통합형, 자립·고립적 연대형으로 유형화되며, 도쿄도심과 관계 속에서 통합형, 근거리교외형, 원거리교외형으로 유형화되었다. 또한 기간산업의 차원에서는 도시-도시 결합에서부터 도시-농촌간 결합, 농촌간 결합까지 다양하게 나타나고 있어, 수도권 통합 지자체에도 다양한 공간특성이 나타나고 있음을 알 수 있다. 이러한 각 유형에 따라 시정촌 통합이 생활권의 차원에서 가져오는 이점과 단점에서 차이가 있었다고 할 수 있다.

그런데 이상의 시정촌 통합의 유형은 통합배경과 통합방식에 따라 간략하게 재정리할 수 있다. 즉 배경에 따라서는 문제해결형, 문제의식형, 경쟁력확보형, 경쟁력강화형으로, 방식에 따라서는 중심부통합형, 인위적통합형, 인위적연대형, 상호연대형으로 유형화가 가능하다. 이는 일본의 시정촌 통합이 다양한 지리적 스케일(전국, 수도권, 통합 지자체)에서 지역격차를 확대시키는 측면을 지니고 있으며, 행정개혁과는 모순된 성격 또한 지니고 있음을 보여준다. 나아가 시정촌 통합의 평가검증에 있어서 유형별로 서로 다른 접근이 필요함을 시사한다.

수도권 통합 지자체의 미래상과 개발전략을 살펴보면, 공간적인 특성 또는 개성이 잘 드러나지 않는다는 문제가 지적된다. 미래상의 경우는 자연환경 중시, 교류와 만남, 문화·복지, 시민주도 등이 강조되는 경향이 나타나는데, 이는 일본사회에서 제기되고 있는 지역개발 패러다임의 전환[31]에 따른 것이기도 하다. 그러나 비슷비슷한 미래상이 제기되면서, 각 지역의 개성이 오히려 모호해지는 측면이 문제로 제기된다.

지역개발계획에서는 각 산업별 과제와 진흥책으로 수도권 식량기지로서 안전·안심을 강조하는 농림어업진흥, 산업공동화에 대응하기 위한 기업유치 전략, 중심상점가 활성화 및 체험형 관광 진흥 전략 등이 제시되었다. 그런데 이러한 전략은 통합 전과 큰 차이가 없을 뿐더러, 서로 유사하게 나열되고 있을 뿐 통합의 효과를 어떻게 유도할 것인지에 대한 논의가 크게 부족한 실정이다. 이는 시정촌 통합이 행재정적 개혁의 측면에서 집중적으로 논의되면서, 공간특성에 대한 분석이 미흡했기 때문에 나타난 결과라 할 수 있다.

이러한 논의는 우리나라에 다음과 같은 시사점을 준다. 첫째, 행정구역은 본질적으로 지리적인 속성을 지니고 있기 때문에, 행정구역 재편의 당위성을 주장할 때는 각 지역의 맥락에 따라 차별적인 접근이 필요하다. 일본의 경우 대도시권에서 행정구역 통합이 더디게 진행된 것은, 행정구역 통합 논리가 대도시권에서 당위성을 확보하기

---

31) 조아라, 「일본 지방도시의 문화전략과 '지역다움'의 논리」.

힘들었기 때문이다. 이는 행정구역 재편을 추진할 때, 일반화된 논리보다는 각 지역별로 과연 행정구역 재편이 필요한가, 무엇을 추구하면서 재편되어야 하는가에 대한 검토가 보다 면밀히 이루어져야 함을 의미한다.

둘째, 행정구역 재편에 있어서 중심지와 주변부를 하나의 생활권으로 단순 통폐합하기보다는 다양한 경우를 상정한 논의가 필요하다. 일본에서 시정촌 통합은 중심형, 연대형, 활성화형 또는 광역거점형, 지역거점형, 활성화형 등 다양한 유형으로 등장하고 있다. 이는 통합하는 지역의 특성뿐 아니라, 통합하는 지역 간 관계, 도쿄도심을 비롯한 지역외부와의 상호관계 속에서 역동적으로 재편되고 있기 때문이다. 우리의 경우에도 현재의 도농통합형 통합을 넘어선 다양한 논의가 필요하다 하겠다.

셋째, 행정구역 통합이 지역개발에 긍정적인 효과를 발휘하기 위해서는 공간특성을 고려한 정책이 필요한데, 이를 위해서는 지역 특성을 반영한 유형구분에 대한 연구를 선행하여야 할 것이다. 일본의 경우 행정구역 통합이 전국적으로 진행되었지만, 그 과정에서 제안된 지역의 미래상 또는 지역개발전략은 기존의 정책을 답습하거나 중복적으로 나열하는데 그치고 있다. 그래서 지역개발의 위기를 탈피하기 위해 행정구역 통합이 추진되었으나, 그 효과는 명확하지 않은 측면이 있다. 또한 시정촌 통합이 중앙정부의 정치적 필요에 의해 강하게 추진되면서 오히려 지역간 불균형 문제가 심화될 우려도 나타나고 있다. 광역도시의 과제, 도시농촌간 통합 또는 주변부간 통합의 과제 등 지역특성에 따라 차별적인 접근을 통해 명확한 지역비전이 수립될 때 비로소 행정구역 재편이 지역개발에 유용한 수단으로 자리매김 될 수 있을 것이다. 이를 위해서는 지역특성에 따른 유형구분에 대한 연구가 선행되어, 차별적 접근이 이루어져야 할 것이다.

참고문헌

권영주, 「일본의 시정촌 통합에 관한 연구」, 『지방정부연구』, 10권 3호(2006).

신승춘, 「지방행정체제개편을 위한 행정구역통합의 쟁점과 과제」, 『지역발전연구』, 9권 2호(2010).

안성호, 「한국의 지방자치체제 개편과 방향 : 정치권 지방자치체제 개편안의 문제점과 과제」, 『지방정부연구』, 14권 1호(2010).

임석회, 『공간조직의 관점에서 본 한국행정구역의 문제와 개편방안』, 서울대학교 박사학위논문(1995).

조아라, 「일본 지방도시의 문화전략과 '지역다움'의 논리」, 『한국지역지리학회지』, 14권 5호(2008)

_____, 「일본의 시정촌 통합과 행정구역 재편의 공간정치」, 『대한지리학회지』, 42권 1호(2010)

지상현, 『행정구역 개편으로 인한 갈등의 유형과 특성에 관한 연구』, 서울대학교 석사학위논문(2000).

埼玉県, 『埼玉県市町村合併推進構想』(2006).

_____, 『埼玉県市町村概要』(2004).

_____, 『平成20年度市町村勢概要』(2009).

_____, 『実例から見た市町村合併』(2007).

北原鉄也, 「平成の大合併の現状と視座」, 『地域開発』, 7月号(2003)

相模原市, 『平成21年度版統計書』(2010).

市町村の合併に関する研究会, 『平成の合併の評価・検証・分析』(2008).

神奈川県, 『神奈川県に措ける自主的な市町村の合併の推進に関する構想』

  (2007).

神奈川県, 『神奈川県における平成の合併記録』(2010).

_____, 『県内合併関係データ集』(2010).

千葉県, 『千葉県市町村合併史』(2009).

_____, 『千葉県市町村合併推進構想』(2006).

_____, 『平成21年度市町村資料集』(2009).

_____, 『県内市町村財政データ』(2004).

統計省, 『平成12年度国勢調査』(2000).

総務省, 『全都道府県の需要財政指標』(2007).

Rausch, A., "The Heisei Dai Gappei : a case study for understanding the municipal
   mergers of the Heisei era," Japan Forum, vol. 18 no. 1(2006).

埼玉県 홈페이지 http://www.pref.saitama.lg.jp.

神奈川県 홈페이지 http://www.pref.kanagawa.jp.

西東京市 홈페이지 http://www.city.nishitokyo.lg.jp.

千葉県 홈페이지 http://www.pref.chiba.lg.jp.

総務肖 시정촌 통합 관련 홈페이지 http://www.soumu.go.jp/gapei.

東京都 홈페이지 http://www.metro.tokyo.jp.

제2부
격차사회와
고용

현대일본생활세계총서 **2**

도쿄 메트로폴리스
: 시민사회 · 격차 · 에스닉 커뮤니티

05 격차사회·근로빈곤층문제에 대한 지역의 대응

- 수도권 지방자치단체에서의 공계약조례(公契約條例) 제정운동을 중심으로

정영훈

1. 격차와 근로빈곤층 문제의 사회화 · 정치화

1990년 초반의 버블경제의 붕괴와 함께 시작된 불황이 장기화되면서 일본 기업들은 종래의 일본적 경영에서 탈피하여 새로운 경영전략을 수립하게 되는데 인사관리의 측면에서는 인건비의 절감을 위하여 비정규직 고용과 아웃소싱의 확대를 통한 외부 근로자의 사용을 대폭적으로 증가시켜 왔다[1]. 그 결과 버블경제 붕괴 이후의 이른바

---

1) 일본 경영계의 새로운 경영전략을 종합적으로 제시하고 있는 것이 바로 1996년에 일본경영자단체연맹(약칭 일경련)이 작성한 「신시대의 일본적 경영-그 방향과 구체적인 방책」이다. 일경련이 여기에서 신일본적 경영론을 주창하고 있는데 고용관리의 측면에 있어서는 종래의 일본적 경영의 핵심 요소였던 年功임금제와 종신고용제를 해체하고 경영환경의 변화에 대응할 수 있도록 장기계속고용의 중시를 포함한 유연하고 다양한 고용관리제도의

잃어버린 10년이라고 불리우는 기간과 그 이후 고이즈미 정권이 추진
한 대대적인 구조개혁 기간 동안 대폭적으로 증가한 비정규직의 문제
(〈그림1〉을 참조)는 일본의 경제와 사회에 깊은 그림자를 드리우게
되었다. 비정규직의 급격한 증가는 2000년대에 들어서면서부터 학문

〈그림 1〉 일본의 정규직 근로자 및 비정규직 근로자수의 추이

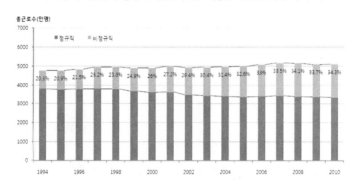

※ 출처 : 총무성 통계국, 「노동력조사」

적·정책적 논쟁의 영역을 넘어서 인구에 회자되기 시작한 이른바 '격
차사회[2][3]'와 '근로빈곤층(워킹푸어)'의 원인의 하나로서 지적되고 있

구축을 제언하고 있다. 이를 위해서 구체적으로 종업원을 장기축적능력활
용형, 고도전문능력활용형, 고용유연형으로 3분류하고 각각의 특성에 맞는
임금·인사처우를 할 것과 장기축적능력활용형의 종업원에 대해서만 장기
계속고용을 보장하되 소수정예로 운용할 것을 제언하고 있다(原田實·安井
恒則·田兼一編著『新日本的經營と勞務管理』, 京都 : ミネルヴァ書房, 2004,
10쪽 이하).
 2) 격차사회에 관해서 상세히 논증한 대표적인 문헌으로는 橘木俊詔의 『日本
の經濟格差 : 所得と資産から考える』, 東京 : 岩波書店, 1996, 『格差社會 : 何
が問題なのか』, 東京 : 岩波書店, 2006가 있다.
 3) 격차사회의 존재 또는 격차의 심화에 관해서는 강력한 반론이 존재한다. 격

다. 비정규직의 증가가 격차사회를 가져오는 원인 중의 하나로 지적되는 이유는 바로 비정규직의 저소득때문이다고 할 수 있다. 〈그림2〉에서 알 수 있듯이 평균적인 정규직 근로자(40.7세, 근속연수12.6년)의 임금은 311.5천엔인데 비하여 평균적인 비정규직 근로자(45세, 근속연수 6.8년)의 임금은 191.1천엔으로 평균적 정규직 근로자의 임금의 64%에 그치고 있다. 이러한 격차는 근로자의 연령대가 50대에 가면 더욱 커져서 비정규직 근로자의 절반에 그치게 된다. 이러한 원인은 일본 기업의 임금체계가 여전히 연공서열적인 성격을 강하게 유지하고 있기 때문이라고 풀이된다.

〈그림 2〉 고용형태 및 연령계급별 임금

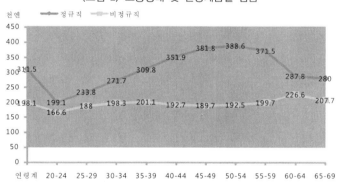

※ 출처 : 후생노동성 평성22년 임금구조기본통계조사

차사회론을 비판하는 대표적인 문헌으로는 大竹文雄의 『日本の不平等』, 東京 : 日本經濟新聞社, 2005)을 참조. 격차사회를 둘러싼 논쟁에 관해서는 文春新書編集部의 『論爭格差社會』, 東京 : 文藝春秋, 2006)과 정진성의 「격차사회론의 시사점」(『일본비평』4호, 2011, 상반기, 170쪽 이하)를 참조.

이러한 임금격차를 시정하기 위해서는 비정규직 근로자 스스로가 노동조합을 결성하여 사용자와 교섭하는 방법을 통해서 자신들의 임금 인상을 이끌어 낼수도 있다. 예를 들어 독일과 같이 노동조합이 산업별로 조직된 나라에서는 종래 산업별로 체결된 단체협약이 최저임금을 설정하는 역할을 해 왔다[4]. 그렇지만 일본의 경우에는 노동조합의 80%이상이 기업별 단위로 조직되어 있을 뿐만 아니라 노동조합도 일정 규모 이상의 사업장에 편중되어 있기 때문에 비정규직 근로자의 노동조합 조직률이 매우 낮은 현실로부터 보면 근로자 스스로의 자주적인 해결을 기대하는 것은 거의 불가능할 것이다[5]. 따라서 비정규직 근로자의 저임금 문제에 대한 국가의 개입이 요청되지 않을 수 없다. 법정책적으로 종래 몇 가지의 대책이 강구되었는데 사회보험제도의 적용을 확대적용하는 방안, 비정규 근로자들의 직업능력을 향상시킬 수 있도록 직업교육을 강화하는 방안, 현행 최저임금을 인상하는 방안 등이 그것이다. 이들 대책들은 병행적으로 추진되어야 할 것이지만 비정규직 근로자의 임금을 직접적으로 상승시키는 수 있는 대책으로서는 최저임금을 인상하는 방법이 가장 효과적일 것이다.

---

4) 독일의 최저임금제도에 관한 구체적인 것은 齊藤純子의 「ドイツの格差問題と最低賃金制度の再構築」(外國の立法236호, 2008, 75쪽 이하)를 참조.
5) 비정규직 근로자의 절대다수를 차지하고 있는 파트타임근로자의 경우 총연합단체의 차원에서 조직화에 상당한 노력을 기울이고 있는 결과 최근 해마다 약간씩 증가하고 있기는 하지만 여전히 낮은 수준이며, 여타의 기간제 근로자나 파견근로자의 경우에는 정확한 통계조차 없다.   (단위 : %)

	2005년	2006년	2007년	2008년	2009년	2010년
전체 근로자	18.7	18.2	18.1	18.1	18.5	18.5
파트타임근로자	3.3	4.3	4.8	5.0	5.3	5.6

따라서 최근 노동운동 진영에서는 최저임금을 "건강하고 문화적인 최저한도의 생활"을 할 수 있는 수준으로 인상하자는 운동을 지속적으로 전개하고 있는데 구체적으로는 지역별로 결정되는 현행 최저임금을 전국 단일 1000엔으로 인상하자는 당면의 목표를 제시하고 있다. 이러한 운동을 생활임금(Living wage)운동이라고 부른다. 정부측에서도 근로빈곤층 문제의 심각성을 인식하고 이 문제의 해결책으로서 최저임금인상을 어느 정도 수용한 결과 최근 몇 년 간 최저임금은 상당히 상승하였다[6]. 현 집권당인인 민주당도 2009년 중의원 선거 매뉴페스트에서 역시 최저임금을 전국 단일 1000엔으로 인상하는 것을 공약 사항으로 하였다. 그러나 최근 미국발 경제위기의 영향으로 경제사정이 악화되자 민주당 정권은 그 달성 시기를 2020년까지 연기하였다. 이러한 상황에서 현재 홋카이도, 도쿄, 카나가와에서는 최저임금이 오히려 생활보호법상의 부조액에 미치는 못하는 역전현상이 발생하고 있다[7].

　　이렇듯 국가에 의한 최저임금의 인상을 통한 인간다운 생활을 위한 임금 획득이 좀처럼 실효를 거두지 못하게 되자 노동운동 진영에

---

6) 최저임금법 제9조에 의하면 최저임금은 지역별·산업별로 정하도록 하고 있는데 지역별 최저임금의 액에 대해서는 당해 지역 근로자의 생계비, 임금, 통상의 사업의 임금지불능력을 고려하여 정하도록 하고 있다. 전국 47개 도도부현(都道府縣) 중 가장 최저임금이 높은 곳은 東京都인데 최근 10년간의 최저임금의 인상 추이는 아래와 같다.

연도	2000	2001	2002	2003	2004	2005	2006	2007	2008	2009	2010
인상액(엔)	5	5	0	0	2	4	5	20	27	25	30
시간액(엔)	703	708	708	708	710	714	719	739	766	791	821

7) 2010년 개최된 중앙최저임금심의회의 자료에 근거하여 2011년 현재 최저임금법상의 최저임금과과 생화보호법상의 생활부조와의 차액을 산출해 보면 도쿄가 -5엔, 홋카이도가 -23엔, 카나가와와 -15엔이다.

서는 지역 차원에서의 대응을 모색하게 되는데 이것이 바로 공계약조례제정운동이다. 공계약조례란 지방정부가 관급공사를 발주하거나 종래의 업무를 민간업체에 위탁하기 위해서 공개적인 입찰을 할 때 이들 공사를 수주하는 업체 등으로 하여금 최저임금 이상의 임금을 당해 공사에 종사하는 근로자에게 지급하도록 하는 조례를 말하는 것으로서 1990년대초반 이후 공계약 제정운동이 노동조합을 중심으로 활발히 전개되어 왔고 2000년대에 들어서는 가시적인 성과가 나타기 시작하고 있다.

본 연구에서는 이러한 운동이 등장하기 시작한 배경과 의의, 그리고 운동이 전개된 과정과 현재의 성과를 공계약조례의 제정에 성공한 치바현(千葉縣) 노다시(野田市)와 가나가와현(神奈川縣)의 가와사키시(川崎市)를 중심으로 살펴봄으로써 1990년대 이후 일본 노동사회의 변동에 대해서 일본의 지역이 어떻게 대처해 나가고 있는가를 보고자 한다.

2. 공계약조례(법) 제정운동의 의의와 등장 배경

1) 공계약조례의 의의

공계약조례를 통하여 특정 지역이나 업종에서 일정 수준 이상의 임금수준을 확보하려는 시도는 이미 유럽에서는 오랜 역사를 가지고 있다. 영국에서는 1886년에 런던의 인쇄공노동조합이 인쇄업와 공공

기관이 인쇄물계약을 체결할 때에는 반드시 공정한 임금률(예를 들면 인쇄산업단체협약상의 임금율)을 인쇄공들에게 적용하도록 하는 운동을 전개한 결과 1889년에 런던시 교육위원회는 공정임금조항을 적용할 것을 결정하였다. 런던시 교육위원회의 결정은 다른 지방자치단체나 지방행정관청에도 영향을 미쳐서 1983년까지 약 150여개의 지방자치단체 및 지방행정관청이 런던시 교육위원회와 동일한 결정을 하게 되었다[8]. 또한 프랑스에서도 1891년 파리시가 수도관 공사업자 간의 과당경쟁으로 인하여 공사수주액이 저하되고 당해 사업에 종사하는 근로자들의 임금이 저하되자 일정 액 이상의 임금 지불 등을 내용으로 하는 행정명령을 제정된 것으로 계기로 여타의 지방자치 정부로 확산되게 되었다[9]. 대륙에서 활발히 확산된 공계약조례의 핵심적 구상은 그 후 미국으로도 전파되어 1931년에 미국 연방의회는 연방정부와 공공건조물의 건설, 공사계약을 체결하는 건설업자는 반드시 소정의 임금 이상을 지불하는 것 등을 내용으로 하는 데이비스·베이컨법(Davis-Bacon Act)법을 제정하였다.

위와 같이 이미 제2차 세계 대전 이전 시기에 공계약조례는 서구의 선진각국들에서는 지나친 임금하락을 방지하고 일정액의 임금수준을 보장하는 사회정책의 하나로 자리잡고 있었음을 알 수 있는데 이러한 성과를 기반으로 하여 1949년에는 국제노동기구(ILO)에서 제94호 조약으로 '공공계약에서의 노동조항에 관한 협약(Convention

8) 시드니·베아트릭스 웹, 『영국노동조합운동사 하』, 김금수 옮김, 새얼문화재단, 1988, 50, 51쪽.
9) 辻山幸宜/勝島行正/ 上林陽治, 『公契約を考える』, 東京 : 公人社, 2010, 61쪽.

Concerning Labor Clauses in Public Contracts)'이 채택되게 되었다. 동 조약은 2011년 현재 전체 회원국 중 61개국이 비준하고 있는 상태이다. 동 조약은 그 제명에서도 알 수 있는 것처럼 국가를 비롯한 공적 기관이 일방 당사자로 되어 공공구조물의 건설, 토목공사, 물자의 조달, 서비스의 제공 등을 위한 계약을 체결하는 경우 그 계약 내용의 하나로서 반드시 동 계약의 이행을 위해서 사용되는 근로자에 대해서 일정 수준 이상의 임금이나 근로조건을 확보할 것을 정하는 조항(이른바 노동조항)이 포함되어야 할 것을 정하고 있다[10].

위와 같은 계약을 일본에서는 '공계약'이라고 부르는데 최근 일본에서는 노동조합을 중심으로 하여 지방자치단계가 공계약을 체결을 하는 경우 공계약의 내용 속에 ILO 제94호 조약의 취지에 따라서 타방의 계약 당사자(민간 건설업자, 서비스 제공업자 등)가 당해 계약의 이행을 위해서 자신이 사용하는 근로자에 대해서 반드시 일정 수준 이상의 근로조건을 확보할 의무를 정하는 계약 조항을 담을 것을 강제하는 조례를 제정하도록 각 지방자치단체에 요구하거나 국가적 차원에서 공계약체결에 관한 법률을 제정할 것을 촉구하는 운동이 전국적으로 활발히 전개되고 있다. 이러한 운동의 배경에는 1990년 후반

---

10) 동 조약 제2조 제1항은 "이 조약이 적용되는 계약은 당해 근로가 이루어지는 지방에 있어서 관계 당해 또는 산업에서의 동일 성질의 근로에 대해서 다음의 것에 의해서 정해진 기준 이상의 임금, 근로시간, 기타 근로조건을 당해 근로자에 대해서 확보해야 한다.
   (a) 당해 직업 또는 산업에서의 사용자 및 근로자의 대부분을 대표하는 사용자단체 및 근로자단체의 대표 간에 체결된 단체협약 기타의 승인된 교섭기관에 의해서 정한 것
   (b) 중재재정에 의해서 정해재 진 것
   (c) 국내의 법령 또는 규제에 의해서 정해진 것"

부터 행정개혁과 시장개혁이 본격적으로 전개되면서 이에 따른 부의 영향이 존재한다. 일본 정부는 1990년대 초반 버블경제의 붕괴 이후 경기부양대책의 일환으로 대대적인 공공사업을 진행하기 위해서 국채 및 지방채를 발행하여 공공지출을 대폭적으로 증가시켰는데 이로 인하여 재정적자는 점차 증가하지 않을 수 없었다. 서서히 증가하던 재정적자가 1998년도에 급격히 증가하게 되면서 폭발적인 재정적자의 증가에 대한 우려로부터 2000년대에 들어서면부터는 재정적자를 감축하기 위해서 정부는 지출을 줄이는 한편 시장기능의 확대를 위해서 공공부문을 축소하려는 계획을 수립하고 '작은 정부'나 '효율적인 정부'라는 이념적 슬로건 하에서 이를 착실히 진행하였는데, 이러한 신자유주의적 구조개혁의 과정에서 국민생활 전반에 걸쳐 격차문제를 필두로 하는 각종 폐해가 등장하게 되었고 공공조달 부문도 그 예외는 아니었다.

2) 공계약조례운동의 등장 배경

(1) 공공공사 부문

국토건설성의 건설투자추계에 관한 통계에 의하면 1992년에 전체 건설투자에 있어서 정부투자액이 차지하는 비중은 32,3%였으나 2010년에는 16.5%로 감소하였다. 이러한 감소는 전체 건설투자액에 있어서도 마찬가지인데 1992년 건설투자액은 84조엔이었으나 2010년에는 47조엔으로 감소하였다. 이렇게 공공 건설사업의 규모가 대폭 축소되면서 건설업체간의 수주 경쟁은 격화되었는데 일정 정도 기술력을 경쟁 수단으로 하는 종합건설회사와는 달리 가격만이 거의 유일한 경쟁 수단일 수 밖에 없는 중소업체간의 경쟁은 특히 격화되어 거의 덤핑에 가까운 입찰이 만연하게 되었고 이는 곧바로 이들 업체에 종사하는 건설·토목 근로자들의 임금 저하로 이어질 수 밖에 없었다[11]. 후생노동성의 임금구조기본통사에 의하면 1999년에 건설업의 평균적인 생산직 근로자(근속연수 11.8년, 연령 43.1세)의 임금은 약 427만엔이었지만 2010년에는 약396만엔으로 약 7% 감소한 것으로 나타나고 있다.

　　이러한 임금의 감소의 원인으로 위와 같이 건설투자의 감소와 덤핑입찰 외에도 공공공사 부문에서의 '설계노무단가'의 감소도 중요한 원인이라고 지적되고 있다.

〈그림 3〉 건설산업분야의 설계노무단가 등의 추이

※ 출처 : 국토건설성 발표 "평성22년도 공공사업 설계노무단가(기준액)에 대해서"

---

11) 辻山幸宜/勝島行正/ 上林陽治, 『公契約を考える』, 68쪽.

〈그림 3〉에서 보는 것처럼 국토건설성과 농림수산성이 발주하는 공사에서 공사비용의 적산을 위해서 사용되는 '공공공사 설계노무단가'에 관한 통계를 보면 과거 10년간 전국 평균 설계노무단가는 2000년 20,229엔에서 2010년에는 16,626엔으로 약 17% 하락함으로써 공공공사의 발주에 있어서도 건설산업 종사 근로자들의 임금 하락에 큰 영향을 미쳤다. 도쿄의 목공의 평균 설계노무단가를 보면 하락폭은 약간 더 커서 2001년 24,200엔에서 2010년 19,000엔으로 약 21% 하락하였다.

아래에서 보는 것처럼 건설산업에 종사하는 근로자들로 조직된 노동조합인 전국건설산업노동조합총연합(이하 전건총련)[12] 및 그 소속 단위노동조합이 공계약조례 제정 운동을 선구적으로 그리고 적극적으로 전개하였던 것은 바로 위와 같은 이유에서 였다고 할 수 있다.

(2) 공공서비스 부문

공공조달 부문에서의 임금의 저하와 같은 근로조건 악화 문제는 종래 국가 또는 지방자치단체가 행해오던 업무를 위탁 받아서 관리하는 공공서비스의 분야에서도 광범위하게 나타나게 되었다. 일본 정부는 충무성이 중심이 되어 1990년대 중후반부터 지방행정개혁의 일환으로서 본격적으로 지방자치단체에 대하여 행정운영의 효율화, 경비절감 등을 목적으로 지방자치단체의 사무 중 비용의 삭감이 기될 수

---

12) 1960년 조직된 전건총련은 건설산업에 종사하는 목수와 일용근로자들을 주요한 조직대상으로 하고 있는데 현재 산하 단위노동조합 수는 총 53개이며 약 67만명의 조합원을 조직하고 있다. 또한 전국을 총 8개의 지역으로 나누고 이들 지역마다 지역협의회를 두고 있다.

있는 업무(청사의 청소·경비, 공용차운전, 분뇨의 수집, 쓰레기수거 등)나 고도의 전문적인 지식 또는 기술을 필요로 하는 업무(각종 조사·

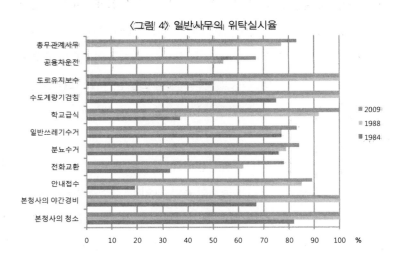

〈그림 4〉 일반사무의 위탁실시율

연구, 냉난방설비·정보처리시스템의 보수 등), 공공시설물(체육관, 공원, 수영장, 쓰레기처리시설, 병원, 주차장 등)의 관리업무에 대해서 민간(민간기업, 공익법인, 사회복지법인, NPO법인)에 위탁을 촉진할 것을 요청하기 시작하였다[13]. 지방자치행정업무를 관장하는 총무성이 행정개혁의 추진현황 파악의 일환으로 매년 각 지방자치단체의 사무와 시설에 대한 외부위탁 실시율을 종합하고 하고 있는데 예를 들어 정령지정도시(政令指定都市)[14]의 대표적인 일반사무의 경우를 보

13) 官製ワーキングプア研究會編,『なくそう! 官製ワーキングプア』, 東京 : 日本評論社, 2010, 123쪽 이하; 布施哲也,『官製ワーキングプア-自治體の非正規雇用と民間委託』, 東京 : 七の森書館, 2008, 182쪽 이하.
14) 정령지정도시란 지방자치법 제252조의 19 제1항의 규정에 의해서 정령으로 지정된 도시를 말하는데 법령상의 요건은 인구 50만이상이다. 2010년 3월

면 〈그림 4〉와 같이 매년 일관되게 외부에 위탁하는 자치단체가 증가하고 있는 것을 알 수 있다.

이러한 사정은 공공시설에 대한 관리에서도 마찬가지인데 2009년 현재 정령지정도시의 총 11,717개소의 시설 중 지정관리자(指定管理者)[15]에 위탁된 곳이 5,759개소(49.1%), 민간에 업무위탁이 된 곳이 5,952개소(50.8%), 지방단치단체가 직접 관리하고 있는 곳이 6개소 였다(0.1%).

그런데 채산성조차도 확보되지도 않는 낮은 가격으로 이들 업무의 관리를 경쟁입찰을 통해서 수주한 업체들은 인건비 절감으로 이를 만회하기 위해서 저임금의 비정규직 근로자를 대거 고용하고 심지어는 법정의 초과근로 수당이나 사회보험료조차 지급하지 않는 불법 사례들이 다발하고 있다[16]. 이 결과 최근 이른바 워킹푸어(근로빈곤층)가 민간경제부문에 의해서뿐만 아니라 공공부문에 의해서도 양산되고 있다고 하는, 이른바 관제(官制)워킹푸어에 대한 사회적 비난 여론이 고조되고 있다. 지방자치단체의 민간위탁사업소 등의 노동조합들에 의해 조직된 공공서비스민간노조평의회가 2009년 실시한 조사에

현재 19개의 정령지정도시가 있다. 지방자치법 제252조의 19조 제1항은 정령지정도시는 도도부현(都道府縣)의 사무 중의 일부를 정령이 정하는 바에 따라 기관사무로 처리할 수 있다고 규정하고 있다. 정령지정도시는 도도부현이 행하는 사무의 거의 대부분을 독자적으로 처리할 수 있기 때문에 사실상 도도부현과 거의 동격으로 취급된다.

15) 지정관리자제도는 2003년 지방자치법 개정에 의해서 도입된 제도로서 종전에는 지방자치단체가 설치된 공공 시설물의 관리는 지방자치단체가 직접 관리하든가 당해 지방자치단체가 출자한 한 법인 또는 공공단체만이 관리할 수 있었는데 동 제도의 도입으로 민간사업자를 포함한 "법인 기타의 단체"에도 조례에서 정하는 일정한 절차를 거쳐 공공시설을 위탁할 수 있게 되었다.

16) 이러한 실태에 관해서는 『週刊東洋經濟』의 2011년 2월 26일자(No.6312) 특집 기사 「公共サ-ビスが壊れる!: 霞が關發ワ-キングプア大量發生」를 참조.

의하면 정규직 근로자의 임금은 월 평균 26만 5,172엔이며 제5분위에서는 25만 3,100엔이었다. 일본노동조합총연합회에 조직되어 있는 근로자들과 비교해 보면 민간부문 정규직 근로자의 월 평균임금은 31만 6,000엔이며, 공무원 및 공영기업 근로자들[17]의 월 평균 임금은 33만 5,000엔으로 약 5만엔에서 약 8만엔 정도 격차가 있는 것으로 나타났다. 비정규직 근로자의 경우에는 월 평균 임금은 15만 3,929엔이었는데 임금지불형태에 따라 임금 차이가 있어서 월급제의 경우에는 평균 17만 4,898엔, 일급제의 경우에는 평균 8212엔(월액 16만 9,788엔), 시급은 평균 887엔(10만 7,134엔)이었다. 이 경우에도 공공기관에 직접 고용되어 있는 파트타임 근로자들과 비교해 보면 이들 파트타임 근로자들의 평균 시급액은 1,188엔으로 301엔 높으로 것으로 나타났다[18].

이러한 문제를 해결하기 위한 방법의 하나로 전국의 지방자치단체에 근무하는 지방공무들의 노동조합들(전통일본자치단체노동조합[19]) 및 일본자치체노동조합총연합[20], 그리고 그 소속 단위노동조합)은 아래에서 보는 것과 같이 공계약조례 제정 운동을 전개해 오고 있다.

---

17) 이들 근로자들에 의해서 조직된 노동조합들은 공무공공서비스노동조합협의회를 구성하고 있다.

18) 小畑精武, 『公契約条例入門 : 地域が幸せになる "新しい公共" ルール』, 東京 : 旬報社, 2010, 35쪽 이하.

19) 1954년에 조직된 전국일본자치단체노동조합은 전국 지방자치단체 공무원들을 주요한 조직대상으로 하고 있는데 현재 2737개의 단위 노동조합이 가맹되어 있으며 총 조합원 수는 약 82만명이다. 현재 일본노동조합총연합회에 가맹되어 있다.

20) 일본자치체노동조합총연합은 1987년 일본노동조합총연합회(일본명 약칭 렌고)가 결성되는 것을 계기로 全國日本自治團體勞動組合이 이에 가맹하는 것을 반대하는 좌파적 성향의 단위 노동조합들이 동 노조를 탈퇴하여 1989년에 조직한 연합단체인 노동조합이다. 현재 조합원 소는 약 17만명이며 상급단체로서 전국노동조합총연합(일본에서는 약칭으로 "젠로렌"이라고 불리운다)되어 있다.

3. 공계약조례(법) 제정운동의 전국적 현황

1) 전건총련의 조례 제정운동[21]

전건총련의 공계약조례(법) 제정 운동이 주목을 받기 시작하고 그 성과가 나타난 것은 2000년대 들어서라고 할 수 있지만 실제로 전건총련이 이 운동을 전개한 역사는 상당히 깊다. 1983년 10월의 노동조합 정기총회에서 '공계약법의 제정 요구'를 논의 안건으로 다룬 것을 시작으로 하여 다음 해의 정기 총회에서는 공계약법 제정 운동을 조직적 차원에서 전개하기로 결정하고 먼저 산하 지역지부와 단위노조에서 대대적인 학습을 진행하였다.

이렇게 내부적 의식의 고양과 운동 목표의 통일화 작업을 거친 전건총련은 1984년 정부가 '21세기로의 건설산업의 비젼'을 검토하기 시작한 것으로 계기로 하여 공계약 운동을 더 한층 강화하기로 결정하였다. 이 때 전건총련은 공계약조례 제정 운동에 대해서 "단지 근로자의 임금근로조건을 확보"하는 것을 넘어서 "이를 보장할 수 있는 업자의 체질 및 업계 체제의 확립을 지향하면서 금후 예상되는 건설산업의 재편·합리화의 파고 속에서 영세업자의 경영안정과 여타 산업수준의 임금, 근로조건의 확보를 위한 새로운 운동 분야를 개척한다"고 하는 포괄적인 의미를 부여하였다. 그리고 동시에 ILO 제94호 조약

---

21) 전건총련의 조례 제정운동에 대해서는 다음의 문헌을 참고로 하여 정리한 것이다(高橋義次, 「公契約運動の前進で確かな建設産業を」, 『勞動法律旬報』 1719호, 2010, 25쪽 이하; 全建總聯 賃金對策部, 『公契約條例で建設勞動者の 賃金保障を』, 2011, 3쪽).

의 비준을 정부에 요구하여 왔던 자치단체 노동조합과의 공동투쟁을
조직하기 시작하였다.

그러나 ILO 제94호 조약에 대한 지속적인 비준투쟁에도 불구하
고 국회비준의 전망이 불투명해지자 1992년 10월의 정기대회에서 독
자적인 입법안을 만들기 위해서 '공계약법검토위원회'를 설치할 것을
결의하고 이후 노동변호사단의 자문을 얻어서 골자안(1993년)과 요강
시안(1994년)을 작성하였다. 이렇게 작성된 "공공공사에 있어서의 임
금등확보법(공계약법)·조례(공계약조례)"의 요강시안을 중심으로 전
건총련은 산하 각 지역지부와 단위노동조합을 통하여 대대적인 운동
을 전개하였다. 전건총련은 이 운동을 전개함에 있어서 각 지역의 노
동단체, 업계, 학계, 지방자치단체를 포괄하는 간담회 또는 심포지엄
을 조직·개최하는 한편 각각 지방의회에 대해서 공계약법이나 조례
를 제정할 것에 관한 의견서를 채택할 것을 호소하는 작업을 전개하
였다. 전건총련 및 그 산하 단위노동조합의 부단한 노력의 결과 여러
지역의 지방의회에서 위와 같이 의견서 등이 채택되는 등의 성과가
보고되고 있는데 전건총련은 먼저 지방차지단체 차원에서 조례 제정
을 실현시켜서 그 성과를 바탕으로 최종적으로 국가 차원에서의 공계
약법 제정을 이끌어낸다는 전략을 취하고 있다.

2) 지방공무원 노동조합들의 조례 제정운동

1990년대부터 정부의 행정개혁이 본격적으로 추진되면서 지방자
치단체의 업무를 민간업자에게 위탁하는 사례가 급속히 확산되었다.

이에 따라 지방공무원의 정원은 동결·삭감되게 되는데 반하여 위탁관리 업무(청소, 폐기물처리, 청사 및 공공시설물 관리 등)에 종사하는 근로자의 수는 급격하게 증가하기 시작하였다. 이 결과 발생한 관제 워킹푸어 문제의 심각성을 자각한 지방공무원노동조합들은 이들의 조직화와 근로조건 개선 운동에 나서게 되었다.

먼저 전일본자치단체노동조합(이하 자치로는 1991년 정기총회에서 종래의 "자치단체관련 근로자의 조직화"를 넘어서 "모든 지역 공공서비스 근로자가 대등한 입장을 갖는 산별조직의 형성"을 조직방침으로 결정하였다. 그리고 이러한 조직화 방침을 수행을 위해서 종래의 "200만 자치로건설센터"의 명칭을 "자치로·공공서비스산별건설센터"로 변경하고 전임자를 배치하는 등의 조직체제를 정비함으로써 이들 분야의 근로자에 대한 조직화를 본격화하기 시작하였는데, 이들 분야의 근로자들은 각각의 지방자체단체 노동조합를 통해서 조직화하는 것이 아니고 자치로 내에 〈자치로·공공서비스민간노조협의회〉를 두어서 그 산하에서 조직화하는 것으로 되었다. 2005년 동 협의회는 〈공공서비스민간노조평의회〉로 격상되었고 2010년 현재 공공서비스민간노조평의회에는 약 1100여개의 단위노동조합과 4만 4천여명의 조합원이 가입되어 있다.

자치로는 이들 근로자들에 대한 조직화 문제는 이들 근로자들의 열악한 근로조건 개선과 일체를 이루고 있다는 인식 하에 공계약 조례의 제정을 이 문제에 대한 대처 방안의 하나로 상정하고 있다. 또한 자치로는 지역공공서비스 분야에 종사하는 근로자들의 근로조건 실태에 관해서 2000년 이후 5차례에 걸쳐 전국적으로 조사 작업을 수행하여 이들 근로자들의 근로조건이 다른 부문의 근로자들의 그것에 비하여 상대적으로 열악하다는 점을 확인하고 이를 적극적으로 알림으로써 관(官)에 의한 근로빈곤층(관제워킹푸어)의 양산을 사회적 문제로 부각시키는데 상당한 성과를 거두었다[22]. 위와 같은 자치로의 일련의 운동들은 지방차지단체의 장들과 지방의회의 의원들에게 공계약조례 제정의 필요성과 당위성을 인식시키는데 적지 않은 기여를 하였다. 최근 들어 자치로는 공계약 조례 제정 운동에서 선진적인 운동을 전개하여 일정한 성과를 거둔 단위 노동조합들의 사례와 경험을 바탕으로 2006년 춘투 이래 각 지역본부에 대해서 중점 추진 단위노조를 지정하도록 하고 이들 단위 노조를 적적 지원하여 조례의 제정을 선행적으로 추진한다는 방침을 수립하고 있다[23]. 또한 자치로 차원에서도 독자적으로 '사회적 가치의 실현에 기여하는 자치단체 계약제도에 관한 기본조례(안)'을 작성하여 공계약조례가 담아야할 내용을 제시하고 있는데, 전건총련의 조례 요강시안이 관급건설·토목공사에 적용되는 것이라면 자치로의 조례안은 지방자치단체와 사업자가 체결하는 공공 서비스 계약에 적용되는 것이다. 이 조례안은 지방자치단체가 공계약을 체결할 때에는 경제적인 효율성만을 추구해서는 안 되며 환경, 복지, 남녀평등, 공정노동 등과 같은 사회적 가치의 실

---

22) 森信夫,「自治勞の公契約運動と公契約條例の現狀」,『勞動法律旬報』1719호, 2010, 15쪽 이하.

23) 信夫,「自治勞の公契約運動と公契約條例の現狀」,『勞動法律旬報』1719호, 2010, 19쪽.

현에 당해 계약이 어떻게 기여할 것인가에 대해서도 다각도로 검토해야 한다고 선언하고 함으로써 공계약조례가 단지 적정 수준의 임금액 확보만을 목적으로 하는 것이 아니라 다양한 정책적 가치의 실현을 위한 수단으로서도 기능해야 점을 명확히 하고 있다[24].

또한 제2의 지방공무원 노동조합인 일본자치체노동조합총연합(이하 자치노련)도 최근 수년간 비정규직 근로자들의 근로실태를 조사하고 각 지방자치단체들에 대해서 이들의 열악한 근로조건을 개선할 것을 요구하는 운동을 전개해오고 있다(이른바 자치체캐러반운동)[25]. 이 운동의 성과를 바탕으로 자치노련은 2006년에 개최된 중앙위원회에서 ILO 제94호 조약과 전건총련의 조례 요강시안을 참고하여 작성한 공계약모델조례안을 발표하고 이를 바탕으로 한 공계약조례의 제정 운동을 산하 단위노동조합들이 구체적으로 추진하도록 하는 방침을 결정하고 이를 적극 추진 중에 있다[26].

3) 전국적 현황

위와 같이 전건총련 및 지방자치단체 노동조합의 적극적인 노력

---

24) 自治勞가 작성한 기본조례안의 구체적인 내용에 대해서는 "入札改革と自治體公契約條例で公正勞動基準の確立を(2007年 1月 改訂版)"을 참조 (http://www.jichiro.gr.jp/campaign/koukeiyuku).
25) 永瀨登, 「自治体キャラバンから見えてきたもの : 非正規労働者を増大させる自治体の実態」, 『公契約條例(法)がひらく公共事業としごとの可能性』永山利和/自治體問題硏究所編, 東京 : 自治體硏究社, 2006, 81쪽 이하.
26) 熊谷守朗, 「自治勞聯モデル條例(案)を活用した運動の前進を」, 『公契約條例(法)がひらく公共事業としごとの可能性』永山利和/自治體問題硏究所編, 106쪽 이하.

의 결과 전국 각지의 지방자치단체에서는 다양한 성과들이 나타나고 있는데 이러한 성과는 다음의 다섯 가지의 유형으로 나누어 볼 수 있다. 먼저 첫 번째 유형으로서 지방의회가 국회와 중앙정부에 대해서 공계약체결에 관한 법률을 제정할 것을 촉구하는 의견서를 채택하여 이를 국회와 중앙정부 제출한 경우이다[27]. 2002년 10월 9일에 고베시의 시의회에서 처음으로 이러한 의견서가 채택된 이래 현재 2010년 1월 20일 현재 21개의 현(縣)의회와 683개의 시·구·정·촌(市·區·町·村[28])의회가 이러한 의견서를 채택하고 있다. 두 번째 유형으로서는 첫 번째 유형처럼 명시적으로 공계약법의 제정을 촉구하고 있지는 않지만 〈입찰계약적정화법〉의 적절한 시행을 통하여 건설근로자의 적정한 근로조건을 확보 등을 촉구하는 의견서를 지방의회가 채택하여 정부에 제출한 경우로서 10개의 도도부현[29]의회와 80개의 시·구·정·촌의회가 이러한 의견서를 채택하여 정부에 제출하였다. 세 번째 유형으로는 보다 적극적인 형태로서 지방의회가 지방자치단체의 장에 대해서 공계약조례의 제정을 검토할 것을 의결한 경우인데 14개의 시·

---

27) 일본의 지방자치법 제99조는 지방의회는 지방자치단체의 공익에 관한 사항에 관해서 의사를 결정하고 이를 국가나 관계 중앙부처에 표명할 수 있다고 규정하고 있는데 이때 이 의사를 담은 문서를 의견서라고 부른다.

28) 시·구 정·촌은 우리나라의 기초자치단체에 해당하는 자치단체이다. 지방자치법상 市는 인구 15만 이상인 경우에만 설치될 수 있으나 정·촌의 경우에는 도도부현이 그 요건을 조례로 정하고 있다. 다만 區의 경우에는 지방자치법상 도쿄도(東京都)내의 23구만이 자치구이며 다른 市의 區는 행정구에 지나지 않는다. 현재 전국적으로 시는 786개, 정은 757개, 촌은 184개가 존재하고 있다(총 1727개).

29) 도도부현은 우리나라의 광역자치단체에 해당하는 지방자치단체이다. 도(都)는 수도인 도쿄도만이 존재하며 도(道)도 역시 홋카이도(北海道)뿐이다. 부는 현재 오사카부(大阪府)와 교토부(京都府)가 존재하고 현은 43개가 존재한다.

구의회가 이러한 의결을 하였다. 네 번째로는 공계약 조례를 실제로 제정한 경우로서 2010년 10월 1일 현재 치바현의 노다시(野田市)가 전국에서 최초로 공계약조례를 제정하였다. 다섯 번째로 시장들의 회의체인 시장회에서 공계약 관련 사항에 대한 결의가 이루어진 경우인데 치바현시장회의, 관동(關東)시장회의, 전국시장회가 각각 관련 사항을 결의하였다.

2000년 이후 전국 각지의 지방자치단체에서 위와 같이 공계약조례의 제정과 관련된 활동이 활발히 전개되자 현재 여당인 민주당도 여당이 되기 전인 2009년 6월에 〈국가등이 발주하는 건설공사의 적정한 시공을 확보하기 위한 공공공사작업 종사자의 적정한 작업보수 등의 확보에 관한 법률(안)〉을 작성하였으나 여당이 된 뒤로는 이해관계 당사자와의 조정을 이유로 검토 중에 있을 뿐 국회에 제출하려는 움직임은 현재 보이지 않는다.

4. 공계약조례 제정 사례

1) 노다시의 사례

(1) 공계약 조례 제정의 경과

2009년 9월 29일에 노다시 의회에서 공계약조례를 가결시킴으로써 치바현 북서부에 위치하는 인구 약 15만 4천명의 지방소도시인 노다시는 전국 최초로 공계약조례를 제정한 도시로서 전국의 지방자치단체, 노동조합, 언론으로부터 집중적인 관심을 받았다. 조례 제정 이후 중앙관계부처를 비롯하여 전국의 지방자치단체 및 지방의회로부터 시찰에 관한 문의가 쇄도하였으며 현재까지 100건 이상의 시찰 등이 이루어졌다. 또한 동 조례 제정에 자극을 받은 지방자치단체나 지방의회가 조례의 제정을 적극적으로 추진하기로 방침을 정하고 이에 관한 검토위원회를 구성하거나 이러한 조례의 제정을 선거 공약으로 제시하는 후보자들도 등장하기 시작하였다.

위에서 본바와 같이 2000년대에 접어들면서 이미 전국 각지의 지방의회 중 3분의 1에 달하는 지방의회에서 공계약조례의 제정을 요구하는 의견서가 채택되었거나 채택이 준비되고 있었던 만큼 이러한 관심은 당연한 것이라고 할 것이다. 그렇지만 이러한 관심의 근본적인 배경에는 위에서 본 바와 같이 1990년대 후반 이후 적극적으로 추진된 신자유주의 구조개혁에 의해서 나타난 '이른바 워킹 푸어'과 '격차사회'의 문제가 정치적·사회적으로 가장 중요한 이슈로 되고 있었던 상황이 존재하고 있었기 때문이다.

다른 여타의 지방자치단들 보다도 먼저 노다시에서 공계약조례가 실현될 수 있었던 것은 전건총련 산하의 치바토건일반노동조합(이하 치바토건)의 끈질긴 노력과 네모토 타카시(根本崇) 노다시 시장의 강력한 의지의 결과라고 요약할 수 있을 것이다. 노다시지부는 진건총련의 방침에 따라 2002년부터 노다시 의회에 대해서 공계약조례 제정 의견서를 채택하도록 하는 운동을 전개하기로 결정하고 노다시 지역의 노동조합협의체인 노다지구노련(野田地區勞聯) 및 시민사회단체와 연대하여 지방의회 의원들과 노다시 시장에 대해서 조례제정의 필요성과 당위성을 알리는 작업을 진행하였다. 이러한 운동에 힘입어 2005년 3월 공계약 조례 제정에 뜻을 같이 하는 시의원의 발의로 의견서의 채택이 시의회 의안으로 상정되어 시의회에서 만장일치로 가결되는 성과를 이끌어 냈다.

의견서의 채택 이후 2005년 4월에 치바토건은 국가차원의 공계약법 제정을 정부에 건의하는 결의안을 치바현 내의 각 시의 시장들의 협의체인 시장회의가 채택할 수 있도록 노력해 줄 것을 노다시의 시장에게 요청하였고 이를 요청을 수락한 노다시의 시장이 적극적으로 노력하여 위와 같은 내용의 결의가 채택되게 되었다. 이후 2005년 5월에는 다시 치바현 시장회의가 주도하여 전국시장회의 관동지부에서 동일한 결의가 이루어지고, 같은 6월에는 전국시장회의에서 동일한 결의가 이루어지게 되었다. 노다시의 시장은 전국시장회의의 결의를 받아들여 정부가 입법작업에 착수할 것을 기대하고 중앙정부 차원에서의 관례법령의 정비가 이루어지는 단계에서 공계약조례의 제정을 구상하고 있었으나 중앙정부가 입법작업에 대한 어떠한 움직임도 보이지 않자 독자적인 공계약조례의 제정을 결심하고 준비기간을 거쳐 2009년 3월 노다시가 작성한 조례안을 시의회에 제출하기에 이르렀다.

(2) 공계조례의 내용

노다시의 공계약조례는 전문(前文)을 두어서 공계약조례의 제정 배경과 의의에 대해서 명확히 밝히고 있는데 특히 국가의 책무를 강조하고 있는 점이 매우 특징적이다. 동 조례의 전문에서는 "이와 같은 상황을 개선하고 공평하며 적정한 입찰을 통하여 풍요로운 지역사회의 실현과 근로자의 적정한 근로조건이 확보되도록 하는 것은 한 곳의 지방자치단체가 해결할 수 있는 것이 아니기 때문에 국가가 공계약에 관한 법률의 정비의 중요성을 인식하여 속히 필요한 조치를 강구하는 것이 불가결하다"고 선언하고 있다. 그러나 결국 중앙정부가 아무런 대책을 강구하지 않고 있기 대문에 "본 시는 이러한 상황을 단지 지켜만 볼 수는 없기 때문에 선도적으로 이 문제에 대처해" 나기기 위해서 동 조례를 제정하였다고 밝히고 있다. 조례의 제정 후에 노다시 당국에 의해서 작성된 "공계약조례의 개요【취지 및 해석】"에서도 2005년 전국시장회의에서 공계약법의 제정을 중앙정부에 요구하였지만 정부는 어떠한 대응도 하지 않았기 때문에 "노다시가 선도적이고 실험적으로 공계약조례를 제정하여 국가에 대해서 법정비의 필요성을 인식시키려고" 한 것에 있다고 하고 있다. 노다시 당국은 이러한 전략적 고려 하에 동 조례의 성립 후 전국 805개의 시·구에 동 조례안을 송부하고 공계약조례의 제정에 뜻을 함께 할 것을 호소하였다.

조례의 적용 대상

노다시공계약조례가 적용되는 공계약이란 시가 발주하는 공사 또는 제조 그리고 기타의 도급 계약(조례 제2조 제1호) 가운데 일반경쟁입찰, 지명경쟁입찰 또는 수의계약의 방법에 의해서 체결되는 계약 가운데 예정가격이 1억엔 이상의 공사 또는 제조 도급 계약과 예정가격이 1000만엔 이상의 공사 또는 제조 이외의 도급 계약 중 시장이 별도로 지정하는 계약이다(조례 제4조). 여기서 후자의 계약이 업무위탁 계약을 의미하는데 조례 시행 세칙을 통해서 우선 시설의 설비기기에 관한 운전관리, 보수점검, 시설의 청소 업무에 한정하여 조례를 적용하고 향후 다른 업무위탁 분야의 임금 등에 대한 실무적인 확인 작업이 진행되는 상황을 보아가면서 적용업무를 확대할 예정으로 되어 있다.

이어서 조례가 적용되는 근로자의 범위에 대해서는 근로기준법 제9조의 근로자 가운데 ①수주자(受注者)에게 고용되어 전적으로 당해 공계약에 관한 업무에 종사하는 자, ②하도급업자에게 고용되어 전적으로 당해 공계약에 관한 업무에 종사하는 자, ③근로자파견법의 규정에 근거하여 수주자 또는 하도급업자에게 파견되어 전적으로 당해 공계약에 관한 업무에 종사하는 자로 하고 있다(조례 제5조). 여기서 하도급업자란 조례 제4조에서 규정하는 공계약의 업무의 일부를 수주자로부터 도급받은 자를 말한다. 이로써 당해 공계약을 수주한 민간 기업에 사용하는 근로자 뿐만 아니라 그 민간기업으로부터 다시 도급을 받은 업체에서 사용되는 근로자와 파견근로자에 대해서까지 공계약조례가 정하고 있는 일정 수준 이상의 임금액이 확보되고 있다.

최저한의 임금액

동 조례는 공계약에 관한 업무에 종사하는 근로자에 대해서 반드시 확보되어야 하는 임금액에 대해서는 시장이 별도로 정하는 임금의 최저액 이상의 임금을 지불하도록 정하고 있다. 조례 제6조 제2항은 시장이 이러한 최저액 이상의 임금을 정할 때에는 ①공사 또는 제조 도급 계약에 대해서는 국토건설성 및 농림수산성이 공공공사의 적산에 사용하기 위해서 매년 결정하는 공공공사설계노무단가(기준액)을, ②그 외이의 도급 계약의 경우에는 노다시 일반직 직원의 급여에 관한 조례 별표 제1의 2의 3항 1급의 난에서 정하고 있는 액을 감안하여 정하는 것으로 한다고 하고 있다. 조례 규칙에서는 ①의 경우에는 공 공공사설계노무단가의 80%의 액으로 하고, ②의 경우에는 시의 기능 노무직 직원의 18세 초임급 상당액으로 정하고 있는데, ②의 구체적인 액수는 2010년 2월 현재 시점에서 시급 829엔으로 되어 있다(2010년 11월 현재 치바현의 최저임금은 시급 744엔이다).

조례의 실효성 확보하기 위한 조치

동 조례는 조례에서 정한 최저한도의 임금액의 지급을 확보하기 위하기 위한 세 가지의 수단을 정하고 있는데 먼저 조례 제6조는 수주자의 연대책임을 규정하고 있다. 수주자의 연대책임이란 하도급업자 및 근로자파견업자가 동 조례가 적용되는 근로자에 대해서 지불한 실제의 임금액과 조례가 정한 최저한도의 임금액의 사이에 차액이 존재하는 경우 수주자와 하도급업자 및 근로자파견업자가 연대하여 그 차액분의 임금을 지급하도록 한 것을 말한다(조례 제8조). 그리고 시장은 동 조례가 적용되는 근로자로부터 수주자 등이 당해 근로자에 대해서 부담해야 할 의무를 이행하지 않는다는 신고가 이루어진 경우 및 동 조례에서 정하는 사항의 준수 상황을 확인하기 위해서 필요하다고 인정되는 경우에는 수주자 등에 대해서 필요한 보고를 요구할 수 있으며 또한 그 직원으로 하여금 당해 사업소에 입회하여 근로자의 근로조건을 파악할 수 있는 서류 기타 물건을 검사하게 하거나 관계자에게 질문을 하게 할 수 있도록 하고 있다(조례 제9조). 또한 시장은 위의 보고 및 입회조사의 결과 수주자 등이 동 조례의 규정에 위반하고 있다는 것이 인정되는 때에는 수주자의 위반에 대해서는 수주자에게, 하도급업자 및 근로자파견사업자의 위반에 대해서는 당해 업자들에게 신속히 그 위반을 시정하기 위해서 필요한 조치를 강구할 것을 명령해야 하며 이러한 명령을 받은 수주자 등은 신속히 시정 조치를 강구하여 시장이 정하는 기일까지 시장에게 보고 해야 한다고 정하고 있다(조례 제10조).

계약의 해제

동 조례는 마지막으로 제재수단으로서 수주자 등이 ①조례 제9조의 보고의무를 이행하지 않거나 허위의 보고를 하는 등의 경우, ②시정명령을 이행하지 않는 경우, ③시정 조치를 강구하여 이를 시장에게 보고하지 않거나 허위의 보고를 한 경우에 대해서 공계약을 해지할 수 있다고 규정하고 있다(조례 제11조). 시장이 이와 같은 사유로 인하여 계약을 해지한 경우에 수주자는 계약의 해지에 의해서 발생한 손해를 시에 배생해야 한다(조례 제12조)

2) 가와사키시의 사례

(1) 공계약 조례 제정의 경과

2010년 12월 15일 가와사키시의회에서 "가와사키시계약조례의 일부 개정안"이 만장일치로 가결되면서 노다시에 뒤이어 두 번째로 공계약조례가 제정되게 되었는데, 전국 19개의 정령지정도시 중 공계약조례를 제정한 첫 번째사례이고 향후 공계약조례의 제정하려고 준비 중인 다른 지방자치단체에 큰 영향을 줄 수 있다는 점에서 언론의 많은 주목을 받았다. 가와사키시의 공계약조례는 개정안의 이름에서 알 수 있듯이 기존에 가와사키시에 존재하고 있던 시의 계약체결에 관한 조례를 대폭 개정하여 노다시와 같은 공계약조례로 변모시킨 것이다.

가와사키시에서 공계약조례는 지역의 노동운동진영이 지속적으로가와사키시의 의회와 시장에 대해서 공계약 조례 제정의 필요성을 적극적으로 호소하고 설득해 나가는 과정에서 실현될 것이라고 할 수 있을 것이다. 먼저 지역노동운동 진영에서 선도적으로 공계약조례 제정 운동을 전개한 것은 전건총련 산하의 건설근로자들의 노동조합들 이었다[30]. 이들 노동조합들도 전건총련의 방침에 따라 공계약조례 제정운동을 전개하기로 결정하고 먼저 노동조합 내부의 의사를 통일하

---

30) 가와사키시 지역의 건설근로자들을 조직하고 있는 노동조합 또는 노동조합의 지부로서는 요코하마건설일반노동조합 가와사키지부, 가와사키북부건직연합조합, 가와사키중부건설노동조합, 가와사키건축노동조합, 가와사키건설일반노동조합, 가나가와토건일반노동조합 가와사키지부, 가나가와토건일반노동조합 가와사키나카하라지부, 가나가와토건일반노동조합 가와사키중앙지부, 가나가와토건일반노동조합 가와사키타마지부, 수도권건설산업유니온 가와사키지부가 있다. 이들 노동조합의 지역연합체로서 가와사키건설노동조합연합회와 가나가와현건설노동조합연합회가 있다.

기 위한 각종 학습회나 강연회를 개최하여 내부의 역량을 결집한 뒤에 시민들에 대한 선전활동을 전개하면서 2005년에 시의회에 국회와 중앙정부에 대해서 공계약체결에 관한 법률을 제정할 것을 촉구하는 의견서를 채택하여 줄 것을 청원하는 운동을 전개하였다. 이 청원에 따라 동년 9월 30일에 시의회에서 동 의견서가 만장일치로 채택되면서 공계약조례제정의 발판을 마련하였다. 의견서의 채택 이후에 시의회의 몇몇 협력 의원과 함께 시당국에 대하여 공계약조례의 제정의 필요성을 설명하는 간담회를 개최하였으나 시장과 시당국은 공계약조례의 제정에 대해서 미온적인 반응을 보였기 때문에 공계약조례 제정운동을 이후 별다른 진전을 보지 못하였다.

그러던 중 2009년 10월 25일의 가와사키시장 선거를 계기로 공계약조례 제정이 급격히 가시화되었다. 여기에는 다분히 지역에서의 정치공학적인 배경이 존재하는데 그때까지만 해도 공계약조례에 매우 미온적이었던 당시의 현직 시장이 시장 선거에 출마하면서 지역노동운동의 전폭적인 지원에 힘입어 3선째의 당선을 달성했다는 점이다. 본래 아베타카오(阿部孝雄)시장은 2005년 시장 선거에서는 자민당, 공명당, 사민당, 민주당으로부터 모두 추천을 받아서 재선에 성공하였지만 3선에 도전하면서부터는 민주당이 2009년 8월 중의원 선거에서 압승하고 가와사키시의 3개의 선거구에서 모두 민주당 후보가 당선되자 종래의 무소속의 입후보 방침을 변경하여 민주당 단독 추천을 민주당에 요청하였나 민주당 가나가와현총지부연합회가 후보자추천심사에서 아베타카오시장가 아닌 다른 후보자를 추천하기로 결정함으로써 부득불 무소속으로 입후보하지 않을 수 없게 되었다. 여기에 아베타카오시장을 강력히 지지함으로써 3선의 달성에 크게 조력한 것이 바로 렌고의 가나가와현의 지방조직인 '렌고가나가와'였다. 렌고가나가와는 2005년 선거에서부터 아베타카오시장을 추천한 이래 공식적·비공식적 정책협의의 관계에 있었는데 2009년 10월의 시장 선거를 앞둔 2009년 6월에는 이미 아베타카오시장에게 먼저 3선 출마를 요청하고 있었다. 이러한 정치적 관계 속에서 일본노동조합총연합회가 이미 2008년 10월에 중의원총선거를 앞두고 민주당과 정책협정을 체결하고 있었음에도 불구하고 렌고가나가와는 가와사키시장 선거에서 민주당 추천후보를 추천하지 않고 아베타카오시장을 계속적으로 추천하기로 한 방침을 변경하지 않았다. 2009년 시장선거는 이미 8월의 중의원 선거에서 민주당이 압승한 분위기를 타고 민주당 후보가 낙승할 것이라고 예측되었으나 아베타카오 현시장이 대접전 끝에 7%의 득표차로 3선을 달성하였다. 그 만큼 가와사키지역의 노동운동 진영은 아베타카오시장에 대한 정치적 영향력을 확대할 수 있었으며 향후 정책결정에서도 영향을 미칠 수 있는 지위를 획득하였다고 볼 수 있을 것이다. 그리고 이러한 결과로서 먼저 공계약조례의 제정이 아베타카오시장 후보의 선거 공약으로 채택되게 되었다.

시장 당선 직후인 12월 9일에 열린 시의회 정례회의에서 아베타카오시장은 의원질의에 대한 답변의 형태로 공계약에 관련된 업무의 품질이나 근로조건의 확보를 도모하기 위해서 공계약 조례의 제정을 검토할 것을 밝혔는데 그 뒤 2009년 12월 21일에 담당부서인 재정국 계약과는 '가와사키시 입찰제도에 대한 앙케이트조사'를 관계 15개 단체에 송부함으로써 본격적인 제정 준비작업에 착수하였고 이듬해 2010년 1월에는 재정국 산하에 공계약조례 제정 프로젝트 팀을 발족하였다.

이러한 시주도의 공계약조례 제정 작업에 노동운동진영도 적극적으로 참여하게 되는데 여기서 가와사키 지역 노동운동진영의 중심적 역할을 수행한 것은 수도권건선설산업유니온 본부와 동 유니온 가와사키지부였다. 수도권건설산업유니온 본부 및 가와사키지부는 가와사키 지역의 건설산업노동조합을 대표하여 시당국에 간담회의 개회를 제안하여 2010년 2월 10일 제1회 간담회를 갖은 이래 조례안이 시의회에 제출되기 전까지 총 7차례의 정례 간담회를 갖고 공계약조례의 구체적 내용에 대해서 협의를 하였다[31]. 시당국이 조례의 제정 과정에서 이해관계 당사자인 노동조합 7차례나 간담회를 갖은 것은 매우 이례적인 일이라고 할 수 있는데 이처럼 7차례나 간담회가 정기적으로 이루어질 수 있었던 것은 노동운동진영이 단지 공계약조례의 당위성만을 주장하는 것에 일관하지 않고 객관적인 자료에 근거하여 시당국의 질문에 응답하고 주장의 근거를 설명하였기 때문이라고 할 것이다. 실제로 시당국의 주무부서인 계약과는 시장 선거 이후 시장의 지시에 따라 공계약조례를 급히 준비하고 있는 상황에 있었기 때문에 근로자의 근로조건 등에 관한 실태에 대해서 별다른 이해를 갖고 있지 못하였던 반면 수도권건설산업유니온 등은 이미 산하 정책연

---

31) 이 과정에서 렌고가나가와도 2010년 7월에 공계약조례 제정을 위한 요청서를 시당국에 제출하여 동년 8월에 답변서를 받았다.

구소 등을 통하여 실태파악과 정책연구를 수행하여 상당한 자료를 축적한 상황이었기 때문에 시당국과 노동운동진영과의 간담회는 7차례에 걸쳐 내실있게 진행될 수 있었다고 할 수 있다[32].

시당국은 이와 같이 노동운동진영과 긴밀히 협의하면서 2010년 9월 1일부터 한달 동안 〈가와사키시계약조례의 일부 개정을 위한 기본구상〉에 대한 시민의 의견을 듣는 절차를 진행하였던 총 838개의 의견이 시당국에 제출되어 이후의 조례 개정안에 반영되었다.

(2) 조례의 내용

〈가와사키시계약조례〉 제7조(작업보수하한액)는 동 조례가 적용되는 계약의 범위를 첫째로 예정가격 6억엔 이상의 공사의 도급계약(동 조례에서는 이를 '특정공사도급계약'이라고 부른다)과 예정가격 1천만엔 이상의 업무의 위탁에 관한 계약 중 규칙 등에서 정하는 것 또는 지방자치법 제244조의 2 제3항의 규정에 의해서 시의 지정을 받은 자(지정관리자)와 체결하는 체결하는 공공 시설의 관리에 관한 협정(동 조례에서는 이를 '특정업무위탁계약'이라고 부른다)이라고 규정하고 있다. 적용대상의 계약의 범위를 노다시공계약조례와 비교해 보면 두 가지의 차이점을 발견할 수 있는데 먼저 공사 도급계약의 경우에

---

32) 총 7차례의 간담회에서 수도권건설산업유니온 본부와 가와사키 지부는 "가와사키시 발주 공공사업에 관한 가와사키 시내 건설업자 앙케이트 조사보고서", "2009년 임금조사보고서", "2009년 수도권 4조합 임금조사분석", "전건총련 임금대책부 공계약조례 등의 자치체에 대한 운동상황 등 관련 자료" 등 총 15개의 자료를 시당국에 제출하였다.

는 노다시의 경우가 1억엔 이상인데 비하여 가와사키시는 6억엔이상으로 하고 있어서 큰 차이를 보이고 있는데 이는 시의 규모가 큰 가와사키시는 상대적으로 고가의 공사를 발주하는 건수가 많기 때문이다. 두 번째로 가와사키시의 조례의 경우에는 노다시의 경우와는 달리 가와사키시의 경우에는 '계약'만이 지정관리자와의 '협정'에 대해서도 조례의 적용범위로 하고 있는 점이 특징적이라고 할 것이다.

다음으로 조례의 적용대상이 되는 종사자의 범위로는 시가 공사비의 적산에 사용하는 공공공사설계 노무단가에서 열거하고 있는 직종에 종사하는 자 중에서 ①근로기준법 제9조에서 규정하는 근로자와 ②스스로 제공하는 노무의 대상을 얻기 위해서 도급계약에 의해서 6억엔 이상의 도급공사계약에 관한 작업에 종사하는 자로 하고 있다. 여기에서 노다시공계약조례와 비교해 보면 노다시의 경우가 명확히 근로기준법상의 근로자에 한정하고 있는 반면, 가와사키시의 경우에는 근로자뿐만 아니라 이른바 자영업목수(一人親方)까지도 조례의 적용대상으로 하고 있는 점에서 매우 큰 의미가 있다. 실제로 일본의 경우 건설산업에 취업하고 자 중에서 근기법상의 근로자뿐만 아니라 자영업자로 분류되는 자영업목수(一人親方)도 그 수가 상당히 많다[33]. 이는 최근 건설기업들이 저가입찰로 공사를 수주한 뒤에 비용절감을 위해서 근기법상의 근로자를 채용하기 보다는 사회보험료부담이나 소비세부담을 면할 수 있는 非근로자인 자영업목수(一人親

---

[33] 실제로 전건총련 산하의 노동조합들도 근기법상의 근로자로서의 건설산업 근로자들뿐만 아니라 자영업목수(一人親方)도 조합원으로 하여 조직하고 있다.

方)에게 일정한 공사 분량을 다시 외주처리하는 경우가 많기 때문이다. 따라서 이들 자영업목수(一人親方)를 조례 적용대상에서 제외하게 되면 조례의 의의는 그만큼 낮아지게 될 것이다.

가와사키시조례 제7조 제2항은 반드시 지급이 확보되어야 할 최저한의 임금액(동 조례에서는 '작업보수하한액'이라고 부른다)을 정할 때는 시장은 특정공사도급계약의 경우에는 시가 공사비의 적산에 사용하는 공공공사 설계노무단가에서 직종별의 단가로서 정해진 금액, 특정업무위탁계약의 경우에는 생화보호법 제8조 제1항에서 정해진 후생노동성 대신이 정하는 기준에서 본시에 적용되는 액과 기타의 사정을 감안하여 정한다고 하고 있다.

최저한의 임금을 노다시공계약조례와 비교해 보면 공사도급계약에서는 정부가 정하고 있는 설계노무단가를 그대로 준용하고 있는 점에서는 동일하지만 업무위탁계약에서는 노다시의 경우에는 생활보호법상의 생활부조급부를 기준으로 하고 있는 점에서 매우 특색이 있다.

노다시공계약조례의 경우 최저한의 임금액을 조례의 시행규칙에서 일정액으로 고정하고 있지만, 가와사키시의 조례에서는 일정액으로 고정하지 않고 시장이 작업보수심의회의 의견을 들어서 정하도록 하고 있다(동 조례 제8조 제3항).

심의회는 위원 5인으로 구성되는데 위원은 임기2년으로 근로자 및 학식 경험을 갖는 자 중에서 시장이 위촉하도록 하고 있다(동 조례 제11조).

시장은 대상 근로자로부터 조례 소정의 작업보수가 지불되지 않앉다는 신고를 받은 경우나 조례 소정의 계약사항의 이행 여부를 확인할 필요가 있다고 인정되는 경우에는 수주자에 대해서 필요한 보고를 행하게 하거나 자료의 제출을 요구할 있다. 또한 필요한 경우에는 시의 직원으로 하여금 수주자에 작업장에 들어가서 필요한 조사를 하게 할 수 있다(동 조례 제10조 제1항).

위와 같은 보고, 자료의 제출, 현장 검사로부터 필요하다가 인정되는 경우에는 대상 근로자를 사용하는 자 기타 관계자에 대해서 필요한 보고를 하거나 자료의 제출을 요구할 수 있으며 시의 직원으로 하여금 사용자 등의 사업장에 들어가 필요한 조사를 하게 할 수 있다(동 조례 제10조 제2항).

그리고 동 조례 제10조 제1항 또는 제2항의 보고, 자료의 제출, 현장 검사의 경과 수주자가 작업보수하한액을 지급하지 않았다는 계약 사항을 위반하였다고 시장 등이 인정하고, 이러한 위반을 시정하기 위하여 필요한 조치의 강구에 관한 지시를 받은 때에는 수주자는 지체없이 시정 조치를 강구하여 당해 내용을 시장이 정하는 날까지 보고해야 한다(동 조례 제8조 제8항).

시장은 수주자가 위의 실효성 확보 조치를 거부하거나 필요한 조치를 강구하지 않은 경우에는 특정공사도급계약 또는 특정업무위탁계약을 해지할 수 있다. 단 지정관리자와 체결한 공공시설의 관리에 관한 협정에 대해서는 시는 그 지정을 취소하거나 기간을 정하여 관리의 업무의 전부 도는 일부의 정지를 명할 있다(동 조례 제8조 제9항).

이 때 시는 위의 계약 해제 또는 지정의 취소로 인하여 수주자에게 손해가 발생한 경우에도 그 손해를 배상할 책임을 지지 않는다(동조례 제8조 제10항).

5. 공계약조례를 둘러싼 법적 쟁점

1) 조례와 법률 간의 경합 문제

공계약조례라는 수단으로 일정 수준 이상의 근로조건을 확보하는 방법에 대한 반대론자들은 헌법 제27조 제2항이 근로조건에 관한 기준은 법률에서 정한다고 하다는 것을 근거로 근로조건에 대한 공적 기관의 개입은 법률에 의하여야 하고 조례에 의하여 이루어지는 것은 허용되지 않는다고 주장한다[34]. 즉 공계약조례는 공계약의 당사자로 하여금 최저임금법에서 정하는 임금액을 상회하는 임금을 지불할 것을 준수하게 하고 있는 바, 이는 실질적으로 조례가 고용계약의 내용에 개입하는 것이기 때문에 헌법 제27조 제2항에 위반되는 것이라는 것이다.

반대론자들이 지적하는 것처럼 공계약조례가 근로기준법이나 최저임금법과 같이 근로자의 최저근로조건의 기준을 정하고 이를 강제하기 위해서 기준의 위반에 대해서 벌칙을 부여하거나 실효적 확보하

---

[34] 小西純一郎,「公契約條例制定に向けた尼崎での取組み」,『勞動法律旬報』 1719호, 2010, 36쪽.

기 위해서 지방자치단체의 기관에 대해서 근로기준감독기관과 동일한 감독권한을 부여한다고 한다고 한다면 이는 지방자치단체에 의한 근로조건에의 규제·개입으로 될 것이기 때문에 법률과 조례와의 관계론의 견지에서 볼 때 그 타당성이 다투어질 여지가 발생한다.

이에 대해서 공계약조례의 찬성론자들은 공계약조례는 어디까지나 시가 당사자로 되는 공계약의 내용의 일부로서 사업자에 대해서 최저임금을 상회하는 임금을 지불할 계약상의 의무를 정하고 있는 것에 지나지 않는다는 점과 그 적용대상도 계약의 상대방인 사업자에 한정되며 사업자는 공계약조례의 내용을 법적으로 강제되지 않는 점, 즉 사업자는 계약자유의 원칙 하에 공계약조례의 내용에 동의할 것인가에 관해서 완전한 자유를 보장받고 만약 동의하지 않은 경우에는 시와 계약을 체결하지 않으면 되는 것이기 때문에 사업자가 사용하는 근로자의 임금 자체가 공계약 조례에 의해서 직접 규율되는 것은 아니라는 점을 들어 이러한 주장을 반박한다. 결론적으로 당사자의 계약상의 합의라는 비권력적 수단에 의거하는 공계약조례는 근로기준법이나 최저임금법 등과는 그 취지와 목적이 다른 것이기 때문에 양자가 경합하지 않는다고 한다[35].

이 문제에 관한 법적 논란은 2009년 2월 24일에 당시 야당이었던 민주당의 오다치 모토유키(尾立源幸)의원이 에다 사쯔키(江田五月) 참의원 의장에게 제출한 질문서에 대해서 당시 총리였던 아소 타로

---

35) 古川景一, 「公契約規整の到達点と當面の課題」, 『勞動法律旬報』1719호, 2010.

(麻生太郞)가 제출한 답변서에서 "조례에서 지방자치단체의 계약의 상대방인 기업 등의 사용자는 최저임금법 제9조 제1항에서 정하는 지역별 최저임금에서 정하는 최저임금을 상회하는 임금을 근로자에게 지급해야 한다는 것을 정하는 것은 최저임금법과의 관계에서 아무런 문제가 없다"고 답변함으로써 해결을 보았다고 할 수 있다.

2) 지방자치법상의 논점

공계약조례의 반대론자들은 지방자치법 제1조의 2 제1항에서 "지방자치단체는 주민의 행복의 증진을 도모하는 것을 기본으로 하면서 지역에서의 행정을 자주적이고 종합적으로 실시하는 역할을 폭넓게 수행한다"고 정하고 있는 점, 동법 제2조 제2항에서 "보통지방자치단체는 지역에서의 사무 및 기타 사무에서 법률 또는 이것에 근거한 정령에 의해서 규정된 사항을 처리한다"고 규정하고 있는 점, 동법 제14조 제1항에서 "보통지방자치단체는 법령에 반하지 않는 한 제2조 제2항의 사무에 관해서 조례를 제정할 수 있다"는 점을 근거로 하여 공계약조례에 의해서 보호되는 자는 공계약에 관한 업무에 종사하는 근로자인데 이들 근로자 중에는 당해 시의 주민이 아닌 경우가 존재할 수 있으므로 이러한 근로자들에 대해서까지 적용되는 공계약조례를 제정하는 것은 지방자치법이 인정하고 있는 지방자치단체의 사무라고 할 수 없기 때문에 조례제정권의 범위에 해당되지 않는다고 하여 공계약조례 제정에 반대한다[36].

이에 대해서 찬성론자 측에서는 공계약조례는 본래 당해 시의 업무에 관한 계약을 대상으로 하는 것이기 때문에 이러한 조례를 제정하는 것은 당연히 시의 사무에 속하기 때문에 지방자치법 제14조 제1항의 조례제정권의 범위 내에 존재하는 것은 명확하다고 반박한다[37].

6. 신자유주의적 구조개혁에 맞서는 공계약조례운동

격차사회와 근로빈곤층의 문제에 대처하는데 있어서 국가(즉 중앙정부)의 역할이 가장 핵심적이며 지도적이어야 한다는 것은 다언을 요하지 않지만 그렇다고 하여 이 문제에 대한 대처가 오로지 중앙정부의 책임이라고 할 수는 없다. 지방자치단체, 기업, 시민사회단체, 노동조합 등도 이 문제에 대처하기 위한 방법을 모색하고 실행해야 할 책임이 있는 것이다. 특히 격차와 빈곤은 당해 지역의 특성을 반영하는 경우가 많기 때문에 중앙정부가 획일적으로 대처하기보다는 당해 지역의 지방자치단체나 시민사회단체, 노동조합이 당해 지역의 격차와 빈곤문제의 특수성을 반영하여 대책을 강구하고 실현하는 것이 보다 효과적인 경우도 많을 것이다. 노다시의 공계약조례와 가와사키

---

36) 尼崎市市長部局,「尼崎市における公共事業及び公契約の契約制度の在り方に關する基本條例案等について」.
(http://www.geocities.jp/tuji_osamu/koukeiyaku/081212-koukeiyaku-toukyokukennkai.pdf).
37) 晴山一穂,「"尼崎市における公契約の契約制度の在り方に關する條例案"に對する意見書」,『勞動法律旬報』1719호, 2010, 66쪽.

시의 공계조례가 그 기본적인 구상에서는 동일하지만 그것을 실현하는 구체적인 내용에 있어서는 일정의 차이를 보이는 것도 당해 지역에서의 격차와 빈곤 특성 등을 반영하고 있는 것이라고도 이해할 수 있을 것이다.

물론 그렇다고 하여 격차와 빈곤 문제의 해결에 대한 국가의 역할이 줄어드는 것은 아닐 것이다. 공계약조례 제정운동도 그 출발은 중앙정부에 대하여 공계약체결에 관한 입법을 촉구하는 운동에서 시작된 것으로서 중앙정부가 이에 대해서 아무런 대처를 하지 않자 운동의 추진 세력이 전략을 수정하여 지역에서부터 조례를 제정하여 최종적으로 국가적 차원에서의 입법을 추동하려고 하고 있는 것이라고 할 수 있다. 조례가 아닌 법률에 의해서 공계약의 체결을 규율한다고 하여 당장 격차와 빈곤의 문제 해결에 큰 진전을 볼 수 있는 것은 아닐 것이지만 이와 같은 법률의 제정은 격차와 빈곤 문제의 해결에 있어서 국가가 보다 적극적인 역할로 나아가게 하는 계기가 될 수 있을 것이다. 종래 일본의 중앙정부와 지방자치단체는 근로계층에 있어서의 격차와 빈곤의 해결에 있어서 주로 공공직업훈련의 강화 등과 같은 사회보장적인 측면에서 접근하였지만 공계약조례는 근로자의 근로조건에 직접적으로 개입하여 보호를 부여하려는 것을 목적으로 한다는 점에서 매우 중요한 의미를 갖는다. 공계약조례 제정 운동은 종국적으로는 격차와 빈곤의 해결에 있어서 보다 강화된 국가의 역할을 촉구하고 있는 것이라고 할 것이다.

어쨌튼 공계약의 체결을 규율하는 방법으로 격차와 빈곤의 문제에 대처하려는 세력은 당면의 과제로서 보다 많은 지방자치단체에서 공계약조례를 제정하도록 하는 운동을 전개하고 있는데 노다시와 가와사키시의 사례는 지역의 노동운동이 지역 정치에 참여하여 정책 결정에 영향을 미치는 과정을 잘 보여주고 있다는 점에서 매우 의미가 깊다. 지역의 노동운동은 특성상 지역의 문제에 깊은 관심을 가질 수밖에 없으며 지역 문제의 해결에 나서기 위해서는 지역 정치에 개입할 수밖에 없을 것이다. 그런데 지역노동운동의 이러한 역량은 1989년에 성립된 연합이 조직노선으로서 철저한 기업별주의와 산별주의를 취하면서 종래 일본노동조합총평의회 하에서 구축되어 왔던 지역노동운동은 상당히 약화되었다고 평가되어 왔다. 노다시와 가와사키시의 사례에서처럼 공계약조례 제정이 지역노동운동진영의 부단한 운동의 결과물이라는 점에서 볼 때 이러한 운동이 지역노동운동이 복원되는 계기될 작용할 수 있을 것이다.

공계약조례 제정운동은 이상과 같은 의의를 갖는다고 평가해 볼 때 현재 공계약조례 제정운동은 당면하는 격차와 빈곤의 문제에 대처하려는 성격이 강하다고 할 수 있을 것이다. 그렇지만 이 운동은 본질적으로 신자유주의적인 행정개혁에 대항하여 지방자치행정의 공공성과 공익성을 회복시키는 한편, 지역경제와 지역사회의 재건과 발전에 기여하는 운동으로서의 사회적 의의를 갖는다고 하고 있다. 이러한 점에서 공계약조례 제정운동에는 보다 큰 가능성이 잠재되어 있다고 할 것이다.

정진성, 「격차사회론의 시사점」, 『일본비평』4호(그린비, 2010).
시드니·베아트릭스 웹, 『영국노동조합운동사 하』, 김금수 옮김(새얼문화재
　　　단, 1988).

小畑精武, 『公契約条例入門 : 地域が幸せになる "新しい公共" ルール』(東
　　　京 : 旬報社, 2010).
辻山幸宜·勝島行正·上林陽治, 『公契約を考える』(東京 : 公人社, 2010).
永山利和·自治体問題研究所編, 『公契約条例(法)がひらく公共事業とし
　　　ごとの可能性』(東京 : 自治体研究所, 2006).
官製ワ-キングプア研究會編, 『なくそう! 官製ワ-キングプア』, (東京 : 日
　　　本評論社, 2010).
布施哲也, 『官製ワ-キングプア : 自治體の非正規雇用と民間委託』, (東京 :
　　　七の森書館, 2008).
原田實·安井恒則·田兼一編著 『新日本的經營と勞務管理』(京都 : ミネル
　　　ヴァ書房, 2004).
橘木俊詔, 『日本の經濟格差 : 所得と資産から考える』(東京 : 岩波書店,
　　　1996).
_____, 『格差社會 : 何が問題なのか』(東京 : 岩波書店, 2006).
大竹文雄, 『日本の不平等』(東京 : 日本經濟新聞社, 2005).
文春新書編集部, 『論爭格差社會』(東京 : 文藝春秋, 2006).
古川景一, 「公契約規整の到達点と当面の課題」, 『労働法律旬報』1719호
　　　(2010).
森信夫, 「自治労の公契約運動と公契約条例の現状」, 『労働法律旬報』1719
　　　호(2010).
高橋義次, 「公契約運動の前進で確かな建設産業を」, 『労働法律旬報』1719
　　　호(2010).
中村重美, 「世田谷区における「公契約ルール」確率の取組み」, 『労働法律
　　　旬報』1719호, (2010).
小西純一郎, 「公契約条例制定に向けた尼崎での取組み」, 『労働法律旬報』
　　　1719호, (2010).

258　도쿄 메트로폴리스

晴山一穂, 「"尼崎市における公契約の契約制度の在り方に関する条例案"
に対する意見書」, 『労働法律旬報』1719호, (2010).
薺藤純子, 「ドイツの格差問題と最低賃金制度の再構築」, 『外國の立法』
236호, (2008).
全國建設産業勞動組合總聯合賃金對策部, 『公契約條例で建設勞動者の賃
金保障を』(2011).

현대일본생활세계총서 **2**

도쿄 메트로폴리스
: 시민사회 · 격차 · 에스닉 커뮤니티

'녹지 않는 빙하'[1]와 도쿄청년노동시장[2]

김영

1. 극한으로 내몰린 청년들

2008년 6월 8일 일본열도는 정오경에 발생한 '아키하바라 무차별 살상 사건'으로 충격과 공포에 빠졌다. 나들이객과 관광객으로 가득 찬 일요일 한낮의 아키하바라 중앙로에 한 청년이 2톤 트럭을 몰고 돌진해 보행자들을 들이받은 후 미리 준비한 칼로 주변에 있는 사람들을 차례로 찌른 것이다. 10분 남짓한 시간에 7명이 사망하고 10명이

---

1) 열악한 청년 취업상황을 빗대어 1990년대 후반부터 사용되기 시작한 '취업 빙하'라는 용어가 이제는 일반명사처럼 널리 사용되고 있고 연구논문에도 사용되고 있다. 이 논문에서는 2000년대의 경기회복기에도 청년들의 취업 상황이 개선되지 않았다는 점을 빗대로 '녹지 않는 빙하'라는 표현을 사용 했지만, 선행연구에 소개한 太田聰一 외의 논문은 불황기에 노동시장에 신 규진입한 세대의 경우 취업 이후에도 취업시의 불리함이 지속적으로 영향 을 미친다는 점을 빗대어 "녹지 않는 빙하"라고 표현하고 있다.

2) 이 글은 『한림일본학』제18집에 게재된 「녹지 않는 빙하와 청년의 취업상황」 을 수정한 것이다.

다친 현장에서 체포된 범인은 25세의 청년이었다. 체포 직후 그는 "삶에 지쳤다. 세상이 싫어졌다. 사람을 죽이러 아키하바라에 왔다. 누구라도 상관없었다."라고 말했다. 2005년 3월에 단기대학을 졸업한 후 범행을 저지른 시점까지 파견노동자로 전국 각지를 떠돌아다니는 생활을 했던 그는 삶의 고충을 함께 할 인간관계를 만들 수도 없었고, 더 이상 고립과 불안정을 견딜 수 없었던 것이다.

일본사회가 이 사건을 정신 나간 젊은이의 미친 짓이라고 무시할 수 없었던 이유는 이 사건이 청년들의 고용불안정과 사회적 배제의 문제가 얼마나 심각한지를 여실히 보여주고 있었기 때문이다. 일부의 청년 네티즌들은 범인을 "격차사회의 영웅", "승자들에 대한 복수", "우리의 희생양이 된 성인"이라며 공감을 표하기까지 했다[3]. 청년의 고용문제가 심각함에도 불구하고 사회적 관심이 낮은 이유 중 하나는 아직 청년문제가 범죄와 연결되지 않기 때문일 거라는 전문가의 추측[4]에 자극이라도 받은 듯, 21세기 일본에서는 삶의 불안정과 고립을 견디지 못하는 청년들의 무차별 살상 범죄가 연이어 발생하고 있다[5].

장기불황으로 20세기를 마감한 이후 일본사회에서 새로운 사회문제로 부상하고 있는 것은 비정규 노동, 빈곤, 그리고 청년문제다. 물론 비정규 노동이 일본 사회에서 새로운 현상은 아니다. 하지만 20세기의 비정규 노동이 주로 기혼여성 중심의 파트타임 노동이었던 것에

---

3) 『週間新潮』 2008. 6. 8.
4) 玄田有史, 『仕事のなかの曖昧な不安』, 東京 : 中公文庫, 2005, 47쪽.
5) 2008. 3. 23. 츠치우라(土浦) 사건, 2010. 12. 10. 도리데(取手) 사건, 2011. 1. 24. 야마구치(山口) 사건 등.

비해 1990년대의 장기불황 속에서 확산된 고용유연화의 결과 세기의 전환기부터 다양한 형태의 비정규 노동이 전연령의 남녀 모두에서 확산되고 있다[6].

빈약한 공적 복지를 대신해 기업과 가족이 사회성원의 생활보장을 책임져온 일본 사회에서 저임금 불안정 고용을 특징으로 하는 비정규 노동의 확산은 노동시장뿐 아니라 사회 전반에 걸친 양극화로 이어졌다. 그리고 그것은 일을 하는데도 최저생활을 유지할 수 없는 노동 빈곤(working poor)의 급속한 확산으로 드러나고 있다[7].

그러나 불황과 노동시장의 유연화가 모든 사회 집단에게 균등하게 영향을 미친 것은 아니었다. 그 영향은 노동시장의 기존 성원들을 보호하기 위해, 신규 진입층인 청년층에게 칼날을 겨누는 방식으로 진행되었다. 그 결과 신졸채용관행으로 대표되는 전후 일본적 고용시스템 속에서 안정적으로 진행되던 '학교에서 시장으로의 이행'이 심각한 곤란에 직면하게 되었다. 이행의 곤란에 직면한 청년층의 일부는 프리타와 니트를 넘어 심지어 노숙자가 되어 거리로 내몰리는 지경에 이르렀다[8].

이 연구는 도쿄 청년들의 고용상황에 초점을 맞추어 일본의 경제가 장기불황을 벗어나 경기회복기로 들어간 2000년대[9]에 일본청년들

---

6) 大竹文雄, 「深刻な男性の「非正規化」」, 日本経済研究センター セミナ講演録, 2011. 2. 17.
7) NHKスペシャル『ワーキングプア』取材班, 『ワーキングプア 日本を蝕む病』, 東京 : ポプラ社, 2010.
8) 飯島裕子, 『ルポ 若者ホームレス』, 東京 : 筑摩書房, 2011.
   ビックイッシュ基金, 『若者ホームレス白書』, ビッグイシュー基金, 2010.

고용상황에 발생한 변화를 검토하고자 한다. 청년의 고용상황은 현재 일본 사회가 앓고 있는 사회문제가 압축되어 있는 문제 영역이기 때문이다. 또 도쿄는 학업 및 취업을 위해 일본 전역에서 청년들의 모여드는 지역일 뿐 아니라 일본에서 청년의 불안정 고용문제를 표상하는 아이콘인 프리타 비율이 가장 높은 지역 중 하나로서 청년문제의 심각성을 가장 잘 드러내줄 수 있을 것이다. 나아가 경기회복기에 발생한 변화를 검토하는 것은 일본의 청년들이 직면하고 있는 고용불안정이 경기적 요인에 의한 것인지 아니면 그것보다 더 근본적인 구조적 변화에 의한 것인지를 밝히는 의미가 있을 것이다.

이 글은 다음과 같이 구성된다.

2절에서는 일본어 문헌을 중심으로 선행연구를 검토하고 3절에서 6절에 걸쳐서는 전국과 비교하면서 도쿄 청년들의 고용상황 및 노동조건에 관해 살펴보고 도쿄지역의 특징을 도출한다. 마지막 7절에서는 이상의 논의를 정리하고 청년층이 직면한 엄혹한 고용상황이 전체 일본사회에 갖는 의미에 관해 논할 것이다.

2. 선행연구 검토

유럽에서 청년노동시장의 문제가 중요한 사회적 문제로 등장한

---

9) 일본경제는 2001년 1월을 기점으로 장기불황을 벗어나기 시작했고 2007년 11월까지 경기확대가 이어졌다.

사회적 배경이 1970년대의 불황이었던 것처럼 일본에서도 1990년대의 장기불황을 배경으로 청년취업문제가 심각한 사회문제로 부상했다. 불황 속에서 청년의 실업 및 고용 불안정이 심각해졌기 때문이다. 그러나 유럽에서 청년취업문제가 사회구조적 문제로 접근되었던 것과 달리 일본에서는 청년문제에 대한 사회적 관심이 부상한 초기에는 청년의 취업의식 및 의존적 성향의 문제로 접근되는 경향이 있었다[10].

학술적 연구에서 청년의 의존적 의식상태에 초점을 맞춘 논의의 포문을 연 것은, 청년들이 소비를 위해서 부모와 동거하며 부모에게 의존하고 있다는 야마다(山田)의 '기생 독신[11]론(parasite single)'이었고, 마사다까(正高) 및 우찌다(內田) 등의 논의가 뒤를 이었다[12]. 한편 미야모토(宮本) 등[13]은 부모의 의식 및 부모의 양육태도에 초점을 맞추었다. 전중파(戰中派)[14]세대 부모의 경제력과 '아이를 위하여' 이데올로기가 자녀들이 취업하지 않더라도/못하더라도 어쩔 수 없는 일이라고 받아들이게 만들었다는 것이다. 또 미야모토[15]는 이행의 곤란에

---

10) 白派瀬佐和子, 『日本の不平等を考える』, 東京 : 東京大学出版会, 2009, 29쪽. 乾彰夫, 「書評, 『若者と仕事 : 学校経由の就職を超えて』, 『社会科学研究』, 57巻 3/4号, 2005, 211.
11) 야마다는 기생독신을 "학교를 졸업한 후에도 부모와 동거하며 기초적인 생활조건을 부모에게 의존하고 있는 미혼자"로 정의한다. 山田昌弘, 『パラサイト・シングルの時代』, 東京 : 筑摩書房, 1999.
12) 山田昌弘, 『パラサイト・シングルの時代』.
    正高信男, 『ケータイをもったサル—「人間らしき」の崩壊』, 東京 : 中央公論新社, 2003.
    内田樹, 『下流志向- 学ばない子どもたち働かない若者たち』, 東京 : 講談社, 2007.
13) 宮本みちこ・岩上真珠・山田昌弘, 『未婚化社会の親子関係』, 東京 : 有斐閣, 1997.
14) 제2차 세계대전 기간 중에 청춘기를 보낸 세대. 대체로 1920년대생을 지칭한다.

직면한 도쿄, 오사카, 도호쿠 지방의 청년들과의 면접을 토대로 지역과 계층에 따라 청년의 이행의 위기의 원인이 달라지는 점에 주목한다. 즉 중산층 가정에서는 부모의 과보호가, 저소득층 가정에서는 자녀의 성장과 장래에 대한 부모의 무관심이, 그리고 지역노동시장의 구인 부족이 청년들을 이행의 위기에 직면하게 한다.

청년의 의존적 의식 및 부모와의 관계에 초점에 맞춘 논의에 대한 반론은 주로 두 가지 측면에서 제기되었다. 한 가지는 '우아한 기생 독신상'으로는 청년층의 실태를 제대로 파악할 수 없음을 지적하고, 부모와 동거하고 있는 청년층의 실태에 주목하여 청년층의 미혼화, 만혼화의 원인을 설명하고자 하는 논의다. 도시화가 진행될수록 졸업 및 취업을 계기로 결혼 전에 부모를 떠나는 경향이 저하되며[16], 불경기를 통해 불안정 고용층의 청년들이 부모와 동거하는 경향이 늘고 있다는 점[17], 그리고 저소득 청년층에게는 부모와의 동거가 빈곤 대책일뿐 아니라, 부모세대의 고령화로 부모 자신의 경제적 능력 저하 및 개호의 필요성이 자녀와의 동거를 증가시키는 문제[18] 등이 지적되었다.

청년이 부모로부터 독립하지 못하는 원인에 관한 또 한 가지 논의는 노동시장의 변화에 초점을 맞춘 논의다. 한 마디로 말해, 부모에

---

15) 宮本みちこ, 「家庭環境からみる」, 小杉礼子 編, 『フリーターとニート』, 東京 : 勁草書房, 2005.

16) Suzuki, Toru, "Leaving the Parental Household in Contemporary Japan," *Review of Population and Social Policy*, No. 10 pp. 23-35, 2001.

17) 坂本和靖, 「優雅なパラサイトシングル像の変容」樋口美雄・太田清 編, 『女性たちの平成不況 : デフレで働き方・暮らしはどう変わったか』, 東京 : 日本経済新聞社, 2004.

18) 白波瀬佐和子, 『日本の不平等を考える』, 東京 : 東京大学出版会, 2009.

게서 독립하지 못하는 청년이 증가하고 있는 것은 청년층의 취업의식이 소극적이고 의존적이어서가 아니라 불경기 속에서 중장년의 고용을 보호하기 위해 청년층의 취업기회가 박탈되기 때문이라는 것이다[19]. 청년의 고용상황에 관한 연구는 불안정 취업층이라고 할 수 있는 프리타와 니트(청년 무업자)에 초점을 맞춘 연구가 중심을 이루는데, 프리타 연구에서는 계층, 학력, 그리고 젠더가 프리타를 양산하는 주된 요인임이 지적되었다[20]. 중졸자의 70%, 고졸자의 50%, 대졸자의 30%가 취업 3년 이내에 직장을 그만두는 현상을 가리키는 '7·5·3 전직 현상'도 청년들의 취업의식이 소극적이어서가 아니라 불황기의 엄혹한 취업상황 때문에 자신이 원하는 취업을 할 수 없었던 결과임이 입증되었다[21]. 또 졸업시에 실업률이 높았던 세대(코호트)는 첫 취업의 질이 나쁠 뿐 아니라 그 영향이 장기적으로 지속되어 생애에 걸쳐 고용안정성에 악영향을 끼칠 가능성이 크다는 점도 규명되었다[22].

뿐만 아니라 불경기 속에서 청년의 실업과 비정규 취업이 증가하는 동시에 정규직으로 취업한 청년들의 경우 장시간 노동, 가혹한 작

---

19) 오사와 마리, 『현대 일본의 생활보장체계』, 김영 옮김, 후마니타스, 2007.
   城繁幸, 『若者はなぜ3年で辞めるのか : 年功序列が奪う日本の未来』, 東京 : 光文社, 2006.
   玄田有史, 『仕事のなかの曖昧な不安』, 東京 : 中公文庫, 2005.
20) 太郎丸博 編, 『フリーターとニートの社会学』, 京都 : 世界思想社, 2006.
   小杉礼子 編, 『フリーター 自由の代償』東京 : 日本労働研究機構, 2002.
21) 熊沢誠, 『若者が働くとき : 「使い捨てられ」も「燃えつき」もなく』, 京都 : ミネルヴァ書房, 2006.
   玄田有史, 『仕事のなかの曖昧な不安』, 東京 : 中公文庫, 2005.
22) 太田聰一·玄田有史·近藤絢子, 「溶けない氷河- 世代効果の展望」, 『日本労働研究雑誌』, 569卷, 2007, 4-16쪽.

업할당량 등 노동조건이 더욱 열악해졌고[23], 성별분업규범이 이와 같은 청년노동의 양극화 현상을 합리화하고 있으면[24], 나아가 청년층의 취업상황이 열악해지는 것이 단지 불황의 문제가 아니라 대기업의 노동수요 감소[25] 및 고용유연화를 추구하는 기업의 고용전략[26] 등의 구조적 변화를 반영하는 것이라는 점도 밝혀졌다.

청년 중에서도 불황기에 특히 타격을 받은 집단이 고졸자라는 점은 고졸자의 취업 메커니즘에 주목하게 했고 근대 이후 일본사회에 정착해있던 청년층의 이행지원 시스템에 관한 연구도 활발해졌다. 상술하면 전전부터 일본에서는 실적관계(実績関係)[27]라는 일본 특유의 제도에 의해 학교, 특히 고등학교가 직업알선기관의 역할을 하면서 학교에서 직업으로의 이행이 비교적 원만하게 수행되었고 그 결과 신졸취업시장이 매우 안정적으로 운영되고있었다. 그러나 불황 속에서 기업의 노동력 수요가 현저히 감소해 학교와 기업 간의 실적관계는 유지되기 어려워졌고, 그 결과 고졸자의 취업이 더욱 곤란해졌다는 것이다[28]. 그런데 고졸자 취업 곤란의 원인이 단순히 불황으로 고졸

---

23) 熊沢誠, 『若者が働くとき：「使い捨てられ」も「燃えつき」もなく』, 京都：ミネルヴァ書房, 2006.
24) 中野麻美, 「貧困化と二極化のなかの女性労働」, 『有物論研究年誌』, 11巻, 2006.
25) 玄田有史, 『仕事のなかの曖昧な不安』, 東京：中公文庫, 2005.
26) 太朗丸博, 『若年非正規雇用の社会学』, 大阪：大阪大学出版会, 2009.
27) 학교와 기업이 지속적인 관계를 형성하면서 졸업생을 기업에 소개하는 관행. 한 학생에게는 한 회사만을 소개하는 1인1사주의를 원칙으로 한다. 고등학교의 경우 학교가 소개의 주체이지만, 대학의 경우 저성장기까지 교수가 소개의 주체였다. (苅谷剛彦, 「大学就職の何が問題なのか：歴史的・理論的検討」, 『大卒就職の社会学』, 東京大学出版会, 2010).
28) メアリー・C. ブリントン, 『失われた場を探して』, 池村千秋 訳, 東京：NTT

자에 대한 수요가 감소한 것만이 아니라 경제의 글로벌화와 함께 기업의 노동력 수요 구조 자체가 양극화(고학력자와 비정규직)되고 있기 때문에 고졸 취업은 경기가 회복되더라도 손쉽게 회복되기는 어렵다는 진단이 일반적이다[29]. 따라서 고졸자 취업상황을 개선하기 위해서는 예전의 방식대로 학교와 기업 간의 연계를 강화하는 것이 아니라, '커리큘럼의 연계'를 강화해 현장에서 사용할 수 있는 지식 및 숙련을 학교에서 교육[30]하거나 학교 경유의 취업을 축소, 폐지하고 모든 청년들에게 보편적으로 서비스를 제공하는 공적 기관을 학교 밖에 설치하는 방안[31] 등이 제안되었다.

청년고용의 전국적인 상황에 관한 연구가 풍부한 것에 비해 지역을 단위로 한 연구는 그다지 많다고 할 수 없어 오오타의 연구와 일본노동정책연구·연수기구(이후 JILPT)의 도쿄, 나가노(長野), 홋카이도(北海道) 지역의 청년연구 정도를 들 수 있다[32]. 도도부현별로 청년노

出版, 2008.
本田由紀, 『若者と仕事ー「学校経由の就職」を超えて』, 東京 : 東京大学出版会, 2005.
29) 太朗丸博, 『若年非正規雇用の社会学』, 大阪 : 大阪大学出版会, 2009.
小杉礼子 編, 『フリーター 自由の代償』東京 : 日本労働研究機構, 2002.
日本労働研究機構, 『新規高卒労働市場の変化と職業への移行の支援』, 1998.
30) 熊沢誠, 『若者が働くとき : 「使い捨てられ」も「燃えつき」もなく』, 京都 : ミネルヴァ書房, 2006.
31) 本田由紀, 『若者と仕事ー「学校経由の就職」を超えて』, 東京 : 東京大学出版会, 2005.
32) 太田聰一, 「地域の中の若年雇用問題」, 『日本労働研究雑誌』, 539巻, 2005, 17-33쪽.
日本労働研究·研修機構, 『大都市の若者の就業行動と移行過程』, 2006.
日本労働研究·研修機構, 『地方の若者の就業行動と移行過程』, 2009.
日本労働研究機構, 『大都市の若者の就業行動と意識』, 2001.

동시장의 상황을 비교분석한 오오타(太田)에 따르면 지역노동시장에서의 신규 구인 규모가 청년노동시장의 상황에 영향을 미치는 가장 큰 요인으로 제조업의 구인이 많은 지역일수록 청년의 고용이 안정적이다. 그런데 최근 청년들의 '출신 지역 지향(地元志向)'이 증가하면서 지역노동시장의 구인수준의 차이가 청년 노동시장에 미치는 영향력이 더 커지고 있다. JILPT는 2001년 처음으로 도쿄도의 18-29세 청년들을 대상으로 제1회 "청년의 노동스타일 조사(若者のワークスタイル調査, 이후 청년 조사)"를 실시한 후 2006년에 2차 조사를 실시했고, 동일한 질문지로 2008년에 나가노와 홋카이도의 청년에 대한 조사를 실시했다. 그리고 특히 고졸자에 초점을 맞추어 비교분석했다. 그 결과 제조업에서의 구인이 많을수록 고졸 청년들의 취업이 안정적이며, 학력이 취업에 미치는 영향을 지역에 따라 차이가 크다는 점, 대도시든 지방의 소도시든 신졸 취업이 아니면 (정규직) 취업이 어려운 것은 마찬가지라는 점 등을 발견했다.

이상에서 검토한 바와 같이 일본에서는 청년노동시장에 관한 풍부한 선행연구가 존재한다. 그러나 대부분의 연구는 2000년대 초반까지의 불황기에 일어난 변화에 초점을 맞추고 있다. 때문에 이 연구는 도쿄지역 청년노동시장에 초점을 맞추어 2000년대의 경기 회복이 청년노동시장에 가져온 변화가 무엇인지를 살펴보고 도쿄지역의 특성을 도출하고자 한다.

3. 인구학적 특성

도쿄 청년의 고용상황에 대한 심도 있는 이해를 위해 3절에서는 도쿄 청년의 인구학적 특성을 전국청년과 비교하면서 검토하겠다. 〈표 1〉는 통계청의 2005년 국세조사결과를 토대로 도쿄 청년의 인구 규모와 혼인상태 및 세대구성 상황을 성별로 정리한 것이다. 국세조사에 따르면 2005년 현재 도쿄의 인구는 1,242만 명(15세 이상 인구는 1,078만 명)으로 전국 인구 127,286만 명(15세 이상 인구 10,976만 명)의 9.6%를 점하고 있다.

<표 1> 도쿄 청년의 인구학적 특성 (단위 : 천 명, %)

			15-19세	20-24세	25-29세	30-34세	15-34세
도쿄	전체	인구규모	549	845	968	1,105	3,467
		미혼율	99.5	95.1	76.0	50.6	76.3
		단독세대 비율	10.1	35.6	36.1	26.4	28.7
	남성	인구규모	281	441	502	564	1,788
		미혼율	99.7	99.6	81.3	57.8	80.6
		단독세대 비율	11.4	39.5	42.2	31.9	33.4
	여성	인구규모	268	404	467	540	1,679
		미혼율	99.3	93.4	70.2	43.1	71.1
		단독세대 비율	8.9	31.4	29.5	20.6	23.8
전국	전체	인구규모	6,568	7,351	8,280	9,755	31,954
		미혼율	99.4	91.1	65.3	39.6	70.4
		단독세대 비율	6.6	23.7	19.6	13.9	16.1
	남성	인구규모	3,373	3,755	4,199	4,933	16,260
		미혼율	99.6	93.4	71.4	47.1	75.0
		단독세대 비율	7.6	27.4	24.2	18.0	19.6
	여성	인구규모	3,195	3,596	4,082	4,822	15,694
		미혼율	99.1	88.7	59.0	32.0	65.7
		단독세대 비율	5.6	19.8	14.7	9.6	12.5

※ 15세 이상 인구 중 15-34세 인구 비율
※ 출처 : 総務庁統計局『平成17年 国勢調査』

도쿄 15-34세 청년인구의 규모는 346.7만 명으로 3,195.4만 명인 전국의 15-34세 인구의 10.8%(남성 11.0%, 여성 10.7%)를 차지하고 있다. 또 15-34세 인구가 15세 이상 인구 전체에서 차지하는 비율은 전국이 29.1%(남성 30.6%, 여성 27.7%)인 것에 비해 도쿄는 32.2%(남성 33.4%, 여성 30.9%)로, 청년층의 수도권 집중 현상 존재하며, 여성보다 남성에서 수도권 집중현상이 더 심함을 알 수 있다. 도쿄로의 청년층 집중현상은 연령계층별 인구규모의 변화를 통해서도 확인할 수 있다. 10대 후반 인구와 20대 전반 인구 규모를 비교하면 전국적으로는 12% 증가하지만 도쿄에서는 54%가 증가한다.

도쿄의 출산율은 전국적으로 가장 낮은 수준이기 때문에 도쿄의 청년층 비율이 다른 지역보다 높은 것은 도쿄도에 태어난 청년이 많기 때문은 아니다. 도쿄로 청년층이 집중되는 이유는 학업 및 일자리 때문인데 청년들이 학업 및 취업을 위해 도쿄로 진입할 경우 부모 세대와 떨어져서 단독세대를 구성할 가능성이 매우 높을 것이다. 〈표 4〉를 보면 10대 후반 인구 중 단독세대 인구의 비율이 전국적으로는 6.6%지만 도쿄는 10.1%로 20대 전반으로 오면 그 격차는 더 커져 각각 23.7%와 35.6%가 된다. 전국적으로는 20대 전반보다 20대 후반의 단독세대인구 비율이 낮지만(23.7%와 19.6%), 도쿄의 경우 반대의 경향이 일어난다. 즉 35.6%에서 36.1%로 단독세대의 비율이 더 높아진다. 그 결과 성별 연령계층별로 도쿄와 전국 간에 단독세대인구 비율의 차이가 가장 큰 집단은 20대 후반 세대다.

대도시의 청년들은 일반적으로 중소도시나 농촌 지역의 청년보

다 혼인연령이 높은 경향이 있지만 도쿄 청년의 경우 그 경향이 매우
뚜렷하다. 15-34세 연령층 중 미혼자의 비율은 전국적으로 70.4%(남성
75.0%, 여성 65.7%)인 것에 비해 도쿄는 76.3%(남성 80.6%, 여성 71.1%)
다. 예상할 수 있는 바와 같이 이 격차는 연령이 상승할수록 더 커져,
30-34세 연령층 중 미혼자의 비율이 전국적으로는 39.6%(남성 47.1%,
여성 32.0%)지만 도쿄는 50.6%(남성 57.8%, 여성 43.1%)다. 도쿄에 거
주하는 30대 전반의 남성은 5명 중 3명이 독신인 것이다. 또 미혼자
비율과 앞서 검토한 단독세대 비율을 비교해보면, 도쿄 남성의 경우
20대 전반과 20대 후반을 비교했을 때 미혼자 비율이 18.3% 포인트 감
소함에도 불구하고 단독세대 비율은 2.7% 포인트 증가하고 있어, 일
자리를 찾아서 도쿄로 몰려드는 청년들의 존재를 다시 확인할 수 있다.

〈그림 1〉 도쿄도 고교 졸업자의 대학진학률 및 취업률 추이

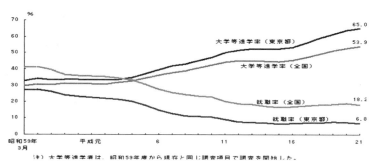

※ 자료 : 文部科学省 『学校基本調査』
※ 출처 : 도쿄도 HP http://www.metro.tokyo.jp/INET/CHOUSA/2010/01/60k1j100.htm

도쿄의 경우 진학을 위해 외지에서 상경하는 사람이 많을 뿐 아니라 도쿄 거주자 자체의 진학률도 다른 지역에 비해 상당히 높다. 〈그림 1〉를 보면 2009년 현재 전국 고등학교 졸업자의 대학 진학률은 53.9%지만 도쿄도의 비율은 65.0%로 11.1% 포인트나 높다. 반면 고등학교 졸업자의 취업률은 각각 18.2%와 6.8%로 교육과 노동시장이 대체관계에 있음을 알 수 있다. 그런데 〈그림 1〉에서 주목할 점은 1980년대까지 도쿄 고등학교 졸업생의 대학진학률은 다른 지역에 비해 그다지 높지 않았으나 그 차이가 불황기를 통해 확대되었고 취업률의 차이는 축소되었다는 점이다. 이점을 보면 어쩌면 고졸자에게 도쿄지역은 다른 지역보다 안정된 일자리를 찾기가 더 어려운 지역일지도 모른다는 추측을 할 수 있다.

실제로 JILPT의 조사에 따르면 학력이 진로 유형에 미치는 영향이 다른 지역보다 도쿄에서 더 크다. 상술하면 도쿄의 20대 청년 중 정사원 정착자 비율이 고졸은 남성 22.5% 여성 17.9%인 것에 비해 대졸 이상은 각각 43.0%와 49.5%다. 반면 홋카이도는 고졸은 각각 23.5%와 13.9%, 대졸 이상은 36.8%와 42.9%, 나가노현은 고졸은 각각 45.9%, 34.8%, 대졸 이상은 63.9%와 53.3%다. 홋카이도의 여성의 경우 학력이 캐리어 유형에 미치는 영향이 도쿄 이상으로 크지만, 전체적으로 보면 도쿄의 학력 영향이 세 지역 중 가장 커, 도쿄 청년의 높은 진학률에는 중산층 비율이 높다는 점뿐 아니라 노동시장상황이 미치는 영향도 적지 않음을 알 수 있다[33].

이상의 내용을 정리하자면 도쿄는 교육 및 취업을 위해 청년들이 집중되는 지역으로 청년들의 만혼화, 비혼화 경향이 다른 지역에 비해 높고 교육이 취업에 미치는 영향이 다른 지역보다 더 큰 지역이다. 따라서 도쿄의 고졸자 혹은 중퇴자는 다른 지역에 비해 이행의 곤란이 더 클 것으로 예측할 수 있다.

4. 취업 상황

이절에서는 일본의 정부통계조사 중 샘플 수가 가장 큰 『就業構造基本調査34)』자료를 통해 전국 청년의 상황과 비교하면서 도쿄도 청년의 취업상황을 검토해 다른 지역에 비해 어떤 특징이 있는지를 살펴보고자 한다.

먼저 청년들의 취업률을 살펴보자. 도쿄 청년의 성별 연령별 유업율35)을 제시한 〈표 2〉를 보면 다음과 같은 특징이 나타난다.

---

33) 日本労働研究·研修機構, 『地方の若者の就業行動と移行過程』, 2009. 275-6쪽.
34) 조사 전 1주일 간 소득활동을 한 적이 있는가의 여부를 조사하는 『노동력조사』와 달리 『취업구조기본조사』는 평상시의 상태를 조사하는 유업자 조사이기 때문에 두 조사 간에는 취업자의 규모 및 취업률(유업률)에 다소간 차이가 있다.
35) 「취업구조기본조사」에서 유업자는 "평상시에 소득을 얻기 위해 일을 하고 있으며, 조사일(평성 19년 조사의 경우 2007년 10월 1일) 이후에도 일을 할 것으로 예상되는 사람 및 일을 하고 있으나 현재는 쉬고 있는 사람 및 가족이 경영하는 자영업에 종사하고 있는 경우는 무급이더라도 가족의 수입을 얻기 위해 일을 하고 있는 사람"으로 정의된다. 또 유업자는 일이 주업인 사람과 일이 부업인 사람으로 나뉘며, 후자는 가사가 주된 일인 사람, 통학이 주된 일인 사람 그리고 가사 및 통학 이외의 일이 주된 일인 사람으로

첫째, 예상할 수 있는 바와 같이 전연령층에서 유배우 여성과 유배우 남성의 유업률의 격차가 매우 크다. 특히 10대 후반 유배우 여성의 유업률은 전국에서 각각 21.6%, 도쿄에서 20.9%로 각각 69.0%와 100.0%인 동일 연령대 유배우 남성의 유업률에 비해 크게 낮고 남녀 유업률 격차가 다른 연령층에 못지 않아 젊은 층에서도 성별분업규범이 강하게 실천되고 있을 알 수 있다.

둘째, 15-19세에서는 전국보다 도쿄의 유업율이 남녀 모두에서 3-4% 정도 더 높은데 대도시에는 청년들에게 주어지는 일시적이거나 단시간인 일자리가 많기 때문에 차이가 발생한 것으로 추측된다.

셋째, 남성의 경우 기미혼 모두 20세 이후의 연령층에서는 도쿄와 전국의 큰 차이가 없지만 여성의 경우 연령과 혼인상태에 따른 차이가 상당히 존재한다. 상술하면 도쿄의 20대 전반 유배우 여성의 유업률은 전국의 그것보다 11.7% 포인트나 높고 20대 후반에서는 4.2% 포인트가 높다. 또 30-34세 연령층 여성의 경우, 유배우 여성의 유업률은 전국과 도쿄 간에 거의 차이가 없는데 전체여성의 유업률은 도쿄가 4.2% 포인트 더 높다.

나뉜다. 무업자는 가사를 하고 있는 사람, 통학을 하고 있는 사람, 그리고 기타로 나뉜다.

<표 2> 도쿄 청년의 성별 연령별 유업률 (단위 : %)

		전체	15-19세	20-24세	25-29세	30-34세
전국	전체남성	71.6	16.5	66.4	89.8	93.4
	유배우남성	76.7	69.0	95.0	97.7	98.3
	전체여성	48.8	17.3	68.4	73.5	63.5
	유배우여성	49.7	21.6	36.9	49.3	50.4
도쿄	전체남성	75.4	19.3	66.6	90.8	92.4
	유배우남성	80.1	100.0	97.8	98.7	97.7
	전체여성	51.8	21.1	66.5	79.1	67.7
	유배우여성	48.2	20.9	48.2	53.5	50.6

※ 자료 : 総務庁, 「平成19年 就業構造基本調査」
※ 출처 : 統計局 HP www.stat.go.jp 에서 재구성

도쿄 청년취업자의 직업별 분포를 정리한 〈표 3〉을 보면 다음의 특징을 알 수 있다. 첫째, 도쿄의 15-24세 청년 60% 이상은 서비스직, 판매직, 사무직에 종사하고 있고 25-34세 청년 60% 정도는 사무직, 전문기술직, 판매직에 종사하고 있다. 둘째, 전국과 도쿄 모두 15-24세보다 25-34세의 전문직, 사무직 비율이 더 높지만, 격차는 도쿄가 더 크다. 셋째, 판매직과 서비스직은 25-34세보다 15-24세의 비율이 더 높지만 이 격차도 도쿄가 더 크다. 넷째, 전국에서도 도쿄에서도 생산직 비율의 연령계층간 차이는 별로 없지만 도쿄와 전국 간의 차이는 크다.

<표 3> 도쿄 청년취업자의 직업별 분포 (단위 : %, 만 명.)

	전국			도쿄		
	연령계	15-24세	25-34세	연령계	15-24세	25-34세
전문/기술직	14.6	13.8	19.0	18.3	14.1	24.5
관리직	2.7	0.0	0.4	3.5	0.0	0.7
사무직	20.2	17.7	23.0	25.2	20.6	27.1
판매직	13.5	16.8	13.8	15.5	20.0	15.7
서비스직	10.2	19.6	9.1	10.7	21.6	8.7
보안	1.7	1.5	1.8	1.5	2.6	1.8
농림어업	4.1	0.8	1.1	0.5	0.2	0.3
운수/통신직	3.2	1.2	2.6	2.8	1.2	2.1
생산공정/노무	26.9	24.6	25.8	17.3	14.2	14.1
분류불가능	3.0	3.8	3.4	4.6	5.4	5.1
합계	100	100.0	100.0	100.0	100.0	100.0
N	6,598	591	1,369	715	66	168

※ 자료 및 출처 : 〈표 2〉와 같음

도쿄 청년 취업자의 산업별 분포를 정리한 〈표 4〉를 보면 다음의 특징을 알 수 있다. 첫째, 도쿄의 15-24세 청년의 절반 이상은 도소매업, 음식숙박업, 서비스업에 종사하고 있고 25-34세 청년의 절반은 서비스업, 도소매업, 정보통신업에 종사하고 있다. 둘째, 연령세대간 격차가 큰 것은 음식숙박업으로 전국과 도쿄 모두에서 15-24세 종사자의 비율이 25-34세 종사자 비율의 3배나 된다. 넷째, 전국과 비교했을 때 차이가 큰 것은 제조업과 정보통신업이며, 특히 15-24세 청년 중 제조업에 종사자의 비율은 전국이 도쿄의 3배고 25-34세 중 그 비율은 전국이 도쿄의 2배다. 넷째, 15-34세 청년 중 정보통신업 종사자의 비율은 도쿄가 전국의 2배 이상이다. 그 밖에 의료업과 복지업 그리고 서비스업 종사자의 비율도 작지 않다.

〈표 4〉 도쿄 청년취업자의 산업별 분포 (단위 : %, 만 명.)

	전국			도쿄		
	연령계	15-24세	25-34세	연령계	15-24세	25-34세
농림어업	4.2	0.8	1.1	0.5	0.2	0.3
광업	0.0	0.0	0.0	0.0	0.0	
건설업	8.3	4.8	7.9	6.3	3.2	5.4
제조업	17.6	14.8	18.2	11.5	4.9	9.3
전기/가스/수도업	0.6	0.5	0.7	0.6	2.0	0.6
정보/통신업	3.4	3.4	5.6	8.2	7.2	13.8
운수업	5.0	3.3	4.4	4.3	2.2	3.4
도소매업	17.4	22.8	16.8	17.3	22.8	16.9
금융/보험업	2.6	2.1	2.8	4.0	2.4	4.1
부동산업	1.6	0.5	0.9	3.2	1.1	1.4
음식/숙박업	5.3	13.0	4.3	6.4	16.8	5.2
의료/복지업	9.0	10.5	11.0	7.1	5.3	7.5
교육/학습 지원업	4.5	4.7	4.5	4.7	5.8	4.8
복합 서비스업	0.8	0.7	0.8	0.4	0.9	0.4
서비스업	13.1	11.9	13.2	17.3	16.8	17.3
공무	3.3	1.8	3.7	2.7	1.5	3.3
분류불가능	3.4	4.4	4.1	5.4	6.6	6.4
합계	100.0	100.0	100.0	100.0	100.0	100.0
N	6,598	591	1,369	715	66	168

※ 자료 : 〈표 2〉와 같음

이상에서 살펴본 도쿄 청년의 취업상황을 정리하면, 도쿄의 10대 유업률 및 유배우 여성 유업률이 다른 지역보다 더 높고, 도쿄 청년들은 10대까지를 포함해 성별분업규범을 강하게 내면화하고 있으며, 20대 전반에서는 유배우 여성이 30대 전반에서는 미혼여성이 다른 지역의 여성들보다 더 많이 일하고 있음을 알 수 있다[36]. 또 도쿄의 청년들은 다른 지역에 비해 전문기술직, 사무직 및 판매직, 정보통신업 및 서비스업 종사자 비율 높고 생산직 및 노무직, 제조업 종사자의 비율이 낮다.

5. 고용안정성

이어서 도쿄 청년 노동자의 고용안정성에 관해 살펴보자.

〈표 5〉은 15-34세 청년인구의 유업 및 무업 상태 중 정규직 및 비정규직 노동자(임원 포함)로 고용된 사람의 비율을 연령계층별, 학력별로 정리한 것으로 연령계층에서는 비교를 위해 30대 후반 및 40대의 비율도 제시했다. 청년의 전체 상태(학생 제외)는 정규 노동자, 비정규 노동자, 자영 및 기타 취업, 구직자, 니트(구직활동을 하지 않는 무업자), 독신 및 가사종사자, 전업주부(主婦·主夫) 및 기타 무업으로 구성된다. 다시 말해 〈표 5〉은 청년층의 전반적인 상황 중 정규직 노동자의 비정규직 노동자의 비율을 제시한 것으로 임금노동자의 내부의 고용형태별 분포를 정리한 것이 아니기 때문에 정규직과 비정규직의 합이 100이 되지는 않는다.

---

36) 그러나 30대 후반에서 40대 후반에 걸쳐서는 도쿄 유배우 여성의 취업률은 전국 유배우 여성의 취업률보다 7% 포인트 정도 더 낮고 전체 유배우 여성의 취업률은 전국이 도쿄보다 1.5% 포인트 더 높다.

		남성				여성			
		정규직		비정규직		정규직		비정규직	
		도쿄	전국	도쿄	전국	도쿄	전국	도쿄	전국
연령	15-34세	71.0	72.4	16.7	14.6	46.2	40.3	27.3	29.0
	15-19세	35.8	46.9	25.5	22.1	14.4	34.3	43.8	34.4
	20-24세	63.5	62.5	24.9	22.9	57.3	50.7	29.6	30.6
	25-29세	71.9	73.0	19.2	15.4	53.1	43.9	25.8	28.6
	30-34세	75.4	78.8	10.8	9.5	36.5	32.1	27.0	28.1
	35-39세	78.9	79.2	7.4	7.5	33.7	27.9	24.3	31.8
	40-44세	78.6	79.6	6.1	6.0	29.5	27.8	32.5	37.8
학력	중졸	40.9	47.0	27.4	22.9	3.6	10.9	47.6	38.7
(15-34세)	고졸	57.9	68.1	24.3	17.2	25.5	29.0	36.8	35.5
	전문학교졸	69.0	73.1	18.4	15.6	45.8	48.0	29.9	26.5
	단대/고전졸	68.0	77.0	28.9	13.0	44.2	42.8	26.9	26.1
	대졸	80.5	82.1	11.2	9.9	63.5	56.3	8.9	21.2
	대학원졸	90.3	90.1	6.8	7.0	71.9	59.4	22.7	27.1

※ 재학자를 제외한 인구 중 비율
※ 출처 : JILPT. 2009. 321-346쪽에서 재구성

〈표 5〉의 토대가 되는 2007년 현재 도쿄도의 15-34세 청년(재학자 재외)의 유업 및 무업상태별 분포는 정규직 58.8%, 비정규직 21.9%, 자영 및 기타 취업 3.7%(남성 4.6%, 여성 2.7%), 구직자 5.1%(남성 4.3%, 여성 5.8%), 니트 2.4%(남성 2.7%, 여성 2.0%), 독신 및 가사 종사자 0.6%(남성 0.2%, 여성 1.1%), 전업주부 및 기타 무업 7.5%(남성 0.4%, 여성 14.9%)다.

이제 〈표 5〉에 나타난 도쿄도 청년의 고용형태의 특징을 정리해 보면 다음과 같다.

첫째, 남성은 연령이 증가할수록 취업자 비율이 증가하지만 여성은 감소한다. 즉 자영자의 규모가 크지 않음을 생각하면 〈표 5〉에 제시한 정규직과 비정규직이 취업자의 대다수를 차지하는데 두 수치를 합산하면 남성은 연령과 더불어 증가하고 여성은 감소한다. 이는 여성의 경우 연령이 증가할수록 전업주부가 되는 사람이 늘어나기 때문이다. 전국적으로도 이런 경향은 마찬가지인데 굳이 전국과 도쿄를 비교하자면 여성 청년의 취업률 및 15-19세 연령층을 제외한 전 연령층에서 정규직 취업률이 조금 더 높다.

둘째, 청년층의 고용형태에서 성별 격차가 크다. 15-34세 남성의 정규직 비율은 71.0%지만 여성의 그것은 46.2%다. 여성 정규직 노동자의 비율은 20-24세 연령층의 57.3%를 정점으로 연령이 증가할수록 감소하지만 남성의 그것은 연령이 상승할수록 증가한다. 마찬가지로 비정규직 비율이 남성은 15-19세를 정점으로 연령이 상승할수록 감소한다. 여성도 연령이 상승할수록 비정규직 비율이 감소하지만 이는 전업주부의 비율이 증가하기 때문이며, 20대 이후의 비정규직 비율은 큰 변화가 없다.

셋째, 전체적으로 15-19세 연령층의 고용안정성이 낮지만, 도쿄 이외 지역에 비해 도쿄 지역에서 이 연령층의 정규직 취업률은 특히 낮다. 즉 도쿄의 15-19세 연령층의 정규직 취업률은 남성 35.8%, 여성 14.4%로 각각 46.9%와 34.3%인 전국 수치에 비해 매우 낮아 도쿄 10대의 고용안정성이 매우 낮음을 알 수 있다.

넷째, 정규직 취업률을 기준으로 보면 학력과 고용 안정성간에 긴밀한 양의 상관관계가 있고 고졸 이상에서 도쿄는 도쿄 이외의 지역보다 고용 안정성에 대한 학력의 영향이 더 크며, 남성보다 여성에게서 학력의 영향이 더 크다. 즉 고졸자와 대졸자의 정규직 취업률의 격차는 도쿄 남성 22.6% 포인트, 도쿄 여성 38.0% 포인트, 전국 남성 14.0% 포인트, 전국 여성 27.3% 포인트다. 또 학력별 분포에서 저학력자의 정규직 취업 비율이 남녀 모두 매우 낮고 그 중에서도 특히 여성 중졸자의 정규직 취업은 없는 것이나 마찬가지 상황이다. 전술한 바와 같이 도쿄도의 높은 대학진학률이 저학력자의 낮은 고용안정성과 밀접히 연결되어 있음을 여기서도 다시 한 번 확인할 수 있다.

다섯째, 학력이 낮을수록 고용안정성의 성별격차가 크다. 중졸자의 정규직 비율의 성별 격차는 도쿄 37.3% 포인트, 전국 36.1% 포인트, 고졸자의 그것은 각각 22.4% 포인트, 39.1% 포인트다. 반면 대졸자의 그것은 각각 17.0% 포인트, 25.8% 포인트로 전국적으로 학력이 저하할수록 성별 고용안정성의 격차가 커지지만 도쿄는 그 외 지역보다 그 경향이 더 강하다.

그 외 표에 제시하지 않은 특징적인 사항은 15-19세 연령층 및 중졸에서 구직자와 니트의 비율이 매우 높다는 점이다. 상술하면 15-19세 연령층 중 구직자 비율은 남성 12.7%, 여성 15.3%이고 니트 비율은 각각 15.6%, 13.1%다. 그리고 중졸자 중 구직자 비율은 남성 12.0%, 여성 10.3%이며 니트 비율은 각각 8.2%, 11.5%다.

다음으로는 불안정 취업층인 프리타에 초점을 맞추어 도쿄도 청년의 고용상황을 검토하겠다(후생노동성의 2002년 기준). 〈표 6〉를 통해 15-34세 청년층 중 프리타의 비율의 변화를 살펴보면 다음의 경향을 읽을 수 있다, 첫째 전국적으로도 도쿄에서도 모든 연도에서 남성보다 여성의 프리타 비율이 두 배 이상 더 크다. 둘째 여성의 경우 호황기에도 프리타의 비율이 낮지 않았다. 셋째, 전술한 바와 같이 불황기에 프리타가 급증해 여성의 경우 전체 청년인구의 20% 가까이 점하게 되었으며, 경기회복기에도 프리타가 그다지 많이 감소하지 않았다. 넷째, 1990년대 후반까지 도쿄의 프리타 비율은 남녀 모두 전국보다 더 높았지만, 2000년대에 들어 도쿄의 여성 프리타 비율이 전국보다 더 낮아졌다.

〈표 6〉 도쿄 청년의 성별 프리타 비율# 추이 (단위: %)

		1982	1987	1992	1997	2002*	2007	2007(2)*
남성	전국	2.4	4.0	4.4	6.4	9.3	8.3	8.4
	도쿄	4.1	6.8	6.6	10.1	11.9	10.8	10.8
여성	전국	7.3	10.8	10.2	16.3	21.9	18.2	19.6
	도쿄	7.3	11.8	10.8	19.0	19.6	15.5	16.3

※ 프리타율은 모집단을 학교에 다니고 있지 않은 15-34세인 사람으로(여성은 미혼에 한정), 임원을 제외한 피용자 및 현재는 무업이지만 돈버는 일을 하고자 하는 사람으로 설정하여 산출.
※ 2002년의 여성 프리타에는 배우자가 없는 무업자로서 계약사원을 희망하는 사람도 포함되어 있으며, 2007(2)는 이 기준을 적용한 수치다.
※ 자료 : 総務庁『就業構造基本調査』
※ 출처 : JILPT. 2009. 339-340쪽에서 재구성

프리타의 구성을 연령별, 학력별로 나누어 정리한 〈표 7〉을 보면 도쿄도, 전국적으로도 남녀 모두 성별이 증가함에 따라 프리타 비율이 감소하지만 도쿄도 15-19세 연령층 및 중졸자 여성 중 프리타 비율

은 각각 66.0%와 67.1%로 믿을 수 없을 만큼 높다. 고졸자 여성 중 프리타 비율은 도쿄 32.2%, 전국 28.3%로 남성에 비해 도쿄는 2배 가까이 전국적으로는 세 배 가까이 많다. 또 15-19세의 경우 남성도 도쿄에서는 35.6%가 프리타다. 프리타는 재학자를 제외하고 산출하는 만큼 15-19세 연령층의 학력은 기본적으로 중졸 및 고졸로, 누가 프리타가 되는가에 관한 선행연구들(小杉礼子, 2002; 社部落解放·人権研究所, 2005; JILPT, 2001, 2006; 太朗丸, 2009)이 계층, 학력, 그리고 성별을 프리타 석출요인으로 거론한 것이 여기서도 확인된다.

〈표 7〉 도쿄 청년의 성별, 연령별, 학력별 프리타 비율 (단위: 백명, %)

		남성				여성			
		도쿄		전국		도쿄		전국	
		실수	프리타율	실수	프리타율	실수	프리타율	실수	프리타율
연령	15-19세	91	35.6	742	23.8	89	66.0	928	36.8
	20-24세	404	18.9	3211	15.0	411	20.4	4263	20.4
	25-29세	460	10.8	2703	7.6	351	11.5	3284	15.2
	30-34세	289	5.9	1823	4.3	260	13.1	2190	16.1
	전체	1244	10.8	8478	8.3	1112	15.5	10665	18.2
학력	중졸	129	26.1	1264	18.7	107	67.1	1029	47.3
(15-	고졸	536	18.5	4173	10.6	421	32.2	4939	28.3
34세)	전문학교졸	236	12.6	1319	8.3	248	17.3	1843	16.1
	단대/고전졸	56	17.6	189	5.6	107	10.0	1429	12.5
	대졸	234	4.8	1279	4.1	182	6.3	1179	8.0
	대학원졸	19	2.6	83	2.0	12	6.7	52	7.8
	전체	1247	10.8	8567	8.4	1112	15.5	10665	18.2

※ 자료 : 『就業構造基本調査』
※ 출처 : JILPT. 2009. 341-346쪽에서 재구성

JILPT의 조사에 따르면 2000년대에 들어 학력효과가 고용형태에 미치는 영향이 더 강해졌으며, 여성에게 더욱 그러하다. 〈표 8〉을 보

면 남녀 모두 고졸에서 정규직 비율이 크게 저하했으며, 여성 중 정규직 비율은 2001년에는 46.8%에서 63.4%였는데, 2006년의 그 비율은 22.7%에서 30.2%로 떨어졌다. 그런가 하면 고졸도 대졸도 남녀 모두 연령이 증가할수록 정사원 비율이 높아지는 것은 2001년 조사와 2006년 조사 모두에서 동일하게 나타나지만, 남성의 경우 연령상승에 따른 정규직 비율 증가 경향이 2001년보다 2006년에 크게 약화되었다. 고졸 남성의 경우 18-19세의 정규직 비율과 25-29세의 정규직 비율 간의 차이가 2001년이 약간 더 크기는 하지만 모든 연령층에서 정규직 비율이 크게 저하했으므로 연령상승에 따른 정규직화 경향의 약화로 간주할 수 있을 것이다. 2001년의 25-29세 연령층은, 특히 고졸은 비교적 경기가 좋을 때 취업한 사람들이고 2006년의 동 연령층은 불경기에 노동시장에 진입한 사람들이므로, 이 결과가 의미하는 바는 노동시장 진입시기의 고용상황의 코호트 효과가 고용상황이 변화한 후에도 작용하고 있다는 점이다.

〈표 8〉 도쿄 청년의 학력별, 연령별 정규직 비율

		고졸			대졸	
		18-19세	20-24세	25-29세	24세 이하	25-29세
남성	2001년	42.8	74.4	75.5	71.0	88.2
	2006년	22.8	42.9	59.5	73.4	73.0
여성	2001년	63.4	46.8	57.8	78.4	75.4
	2006년	22.7	27.0	30.2	68.1	70.6

※ 출처 : JILPT. 2006. 23쪽과 137쪽에서 재구성.

이상의 내용을 정리하면, 불황기를 통해 불안정 고용층인 프리타가 급증했으며, 특히 여성의 경우 경기회복기에도 프리타가 별로 감소하지 않아 여성청년의 고용불안정 문제가 심각하다. 또 10대 후반 및 저학력자의 고용안정성이 다른 지역에 비해 매우 낮으며, 학력이 낮을수록 고용안정성의 성별격차가 더 커져 저학력 여성 청년의 고용불안정 문제가 심각한 문제다. 게다가 경기회복기에 학력이 고용형태에 미치는 영향이 더 커져, 향후 도쿄 청년의 고학력화 현상이 더 강화될 것으로 추측할 수 있다.

6. 노동조건

마지막으로 도쿄 청년의 소득, 노동시간, 그리고 근무지의 종업원규모를 통해 도쿄 청년의 노동조건을 살펴보겠다. 〈표 9〉는 JILPT가 2001년과 2006년에 도쿄도 청년을 대상으로 실시한 '청년의 취업 스타일 조사(若者のワークスタイル調査)'의 결과를 정리한 것이다. 조사 대상은 도쿄의 18-29세 청년이지만 2006년 조사가 2001년 응답자에 대한 추적조사가 아니고 2006년 조사에는 2001년보다 저학력자가 더 많이 포함되었기 때문에 2006년과 2001년의 수치를 곧바로 비교할 수 없음을 미리 밝혀둔다[37]. 즉 2006년 정사원의 지난해 소득이 2001년

---

37) 2001년 조사에서 대학 및 대학원 졸업자 비율은 남성 47.7%, 여성 29.5%였지만 2006년 조사에서의 그 비율은 각각 30.1%, 22.8%였다. 고졸은 2001년 25.3%와 22.2%, 2006년 42.8%와 34.6%.

정사원의 그것보다 더 낮은 이유는 평균학력이 낮아진 것 때문이다.

〈표 9〉서 두드러지는 특징은 청년들의 노동시간이 매우 길뿐 아니라 최근으로 오면서 더 길어지고 있다는 점이다. 2006년 현재 남성 자영 및 가족종사자의 주당 평균노동시간은 58시간, 남성 정규직 노동자의 주당 노동시간은 53.4시간이나 된다. 뿐만 아니라 아르바이트 및 파트로 일하는 경우에도 남성노동자의 주당 노동시간이 39.8시간으로 법정 노동시간과 거의 동일하다. 여성 정규직과 남성 계약직 및 파견 노동자의 경우 주당노동시간이 45.7시간과 46.1시간으로 매일 한 시간 이상 잔업을 하고 있음을 알 수 있다.

그간 청년 정규직 노동자의 과로와 장시간 노동이 자주 지적되어 왔지만[38], JILPT의 수도권 청년조사의 결과를 보면 청년의 노동시간은 계속 증가하고 있는 것으로 판단된다. 2001년에서 2006년에 걸친 5년간 자영 및 가족종사자인 남성의 주당 노동시간은 10시간이나 증가했고 정규직 남성은 2.4시간, 정규직 여성은 1.1시간, 파견노동자에서도 남성 3.6시간, 여성 2.7시간 증가했다. 경기회복기였던 2000년대에 청년 풀타임 노동자의 노동시간이 증가하는 이유는 경기회복에 따라 증가하는 업무량에 고용을 증가시키기 보다 잔업을 증가시키는 방식으로 대응하고 있기 때문으로 추측된다[39].

---

38) 熊沢誠, 『若者が働くとき : 「使い捨てられ」も「燃えつき」もなく』, 京都 : ミネルヴァ書房, 2006.
玄田有史, 『仕事のなかの曖昧な不安』, 東京 : 中公文庫, 2005.
39) 물론 청년층의 노동시간이 경기회복기에만 증가한 것은 아니다. 청년층의 노동시간이 극적으로 증가하기 시작한 것은 장기불황기였다. 2002년 就業構造基本調査에 따르면 연간 250일 이상 노동하는 사람들 중 주당 60시간

2005년(조사 전년)의 소득(잔업수당 포함)을 보면 남성 정사원은 331.4만 원이지만 여성 계약직 및 파견 노동자는 230.6만 원, 남성 파트, 아르바이트는 173.8만 원, 여성 파트, 아르바이트는 134.3만 원밖에 되지 않아 본인의 소득만으로는 독자적으로 생계를 꾸리기 어려운 수준이다. 〈표 2〉에서 제시한 바와 같이 도쿄지역 여성 중 정규직 비율은 20-24세에서 57.3%, 25-29세에서 53.1%에 지나지 않음을 생각하면 20대 여성의 절반 정도가 부모의 집에서 독립하기 어려운 상황임을 알 수 있다. 또 파트 및 아르바이트의 노동시간이 법정노동시간에 가까울 정도로 긴 이유도 이렇게 임금이 낮기 때문에 생활을 유지하기 위해서는 절대 노동시간을 늘일 수밖에 없기 때문일 것으로 추측할 수 있다.

연간소득총액에는 잔업수당이 포함되어 노동시간이 긴 정사원의 소득총액이 큰 것이 당연하므로 임금격차를 비교하기 위한 또 다른 기준은 성별, 고용형태별 시간당 소득이다. 〈표 9〉에서 시간당 소득을 보면 성별 및 정규직 여부보다 풀타임인가 파트타임인가가 시간당 소득의 결정요인임을 알 수 있다. 즉 남성 정사원의 시간당 소득을 100으로 했을 때 성별, 고용형태별 임금비는 여성 정사원 96.6, 여성 계약직 및 파견 91.6, 남성 계약직 및 파견 89.9, 남성 자영 및 가족종사자

이상 일하는 사람의 비율은 남성 26.2%, 여성 8.7%다. 연령별로는 20-24세 남성 24.4%, 여성 11.6%, 25-29세 남성 30.6%, 여성 10.1%, 30-34세 남성 32.4%, 여성 7.9%로 장년보다 청년의 장시간 노동이 더욱 심각하다(熊沢誠, 『若者が働くとき：「使い捨てられ」も「燃えつき」もなく』, 京都：ミネルヴァ書房, 2006, p. 42.

는 87.4이지만 파트, 아르바이트의 경우 남성은 70.6, 여성은 66.4다. 또 파트 및 아르바이트의 경우 시간당 소득이 남성 840엔, 여성 790엔으로 여성의 경우 2006년 도쿄도 최저임금[40] 719엔보다 71엔밖에 높지 않다[41]. 다시 말해 일본에서는 단시간 노동에 대한 차별이 가장 극심한 것이다.

성별 소득격차가 크게 존재하지 않는 이유는 연공형 임금체계 하에서 청년 정사원의 임금 자체가 장년 정사원의 임금보다 매우 낮기 때문이다. 즉 남성 정사원의 임금을 100으로 했을 때 2008년 현재 여성 정사원의 임금비는 70.1, 남성 파트타이머는 40.9, 여성 파트타이머는 37.5[42]로 전연령의 노동자를 대상으로 성별 고용형태별 임금비를 비교하면 단시간 노동 여부에 따른 격차뿐 아니라 성별 임금격차도 매우 크게 존재함을 알 수 있다. 아래의 표에서 파견과 계약사원을 한 범주에 묶은 이유도 정규직 여부보다 단시간 노동 여부가 임금 및 제반 노동조건을 나누는 더 중요한 분기점이기 때문이며, 노동성의 프

---

40) 일본의 최저임금은 지역(도도부현) 및 산업별로 산정되는데, 산업별 최저임금(특정 최저임금)은 노사 양자가 기간적 산업으로서 지역최저임금보다 더 높은 최저임금액을 설정할 필요가 있다고 판단하는 산업에 대해 설정한다. 예를 들어 대형 마트(GMS)의 경우 산업별 최저임금이 설정되어 지역별 최저임금보다 높은 금액을 적용받는다. 일본의 최저임금은 OECD 최저수준이라는 비판에도 불구하고 2006년까지 거의 인상되지 않았으나 2007년부터는 상당히 인상되기 시작했고 2010년의 도쿄도 최저임금은 812엔이다.

41) 노동력부족으로 기업들이 비명을 지르던 거품경제기에도 기미혼을 막론하고 파트타이머의 채용시 시간급은 지역 및 산업의 최저임금보다 100엔 이상 높지 않았다.

42) Kim Young, "'Housewife Institution' and 'Market Domination'" in *Poverty, Inequality and Social policy in Korea and Japan from a Gender Perspective*, IJS-LSS Project Team Joint Symposium, 2010. 178쪽.

리타 정의에 풀타임 비정규직 들어가 있지 않은 것도 같은 이유에 의한 것으로 추측된다.

또 〈표 9〉를 보면 2001년에 비해 2006년의 정사원 임금이 임금 총액뿐 아니라 시간당 임금도 저하했음이 눈에 띈다. 이에는 기본적으로 전술한 학력 효과가 작용했을 것으로 추측할 수 있다. 정사원 외의 다른 고용형태에서는 시간당 임금이 증가했다는 점은, 학력효과가 정사원에서는 작용하지만 다른 고용형태에서는 크게 작용하지 않음을 시사하는 것이기도 하다. 그런가 하면 학력효과는 조사대상 청년들의 학력별 고용형태에서도 드러난다. 즉 남성의 경우 25-29세 대졸자 중 정규직 비율은 73.0%지만 고등교육 중퇴자는 62.1%, 고졸자는 59.5%고 여성의 경우 대졸자는 70.6%, 고졸자는 30.2%다.

〈표 9〉 도쿄 청년의 성별, 고용형태별 노동조건(18-29세)

		2006년				2001년			
		지난해 소득 (만엔)	주당노동 시간 (시간)	시간당 소득 (엔)#	임금비##	지난해 소득 (만엔)	주당노동 시간 (시간)	시간당 소득 (엔)	임금비
남성	정사원*	331.4	53.4	1190	100.0	342.4	51	1290	100.0
	아르바이트, 파트	173.8	39.8	840	70.6	172.6	39.8	830	64.3
	계약직, 파견	256.1	46.1	1070	89.9	239.3	42.5	1080	83.7
	자영, 가족종사	313.9	58	1040	87.4	237.4	48	950	73.6
여성	정사원	274.2	45.7	1150	96.6	282.5	44.6	1220	94.6
	아르바이트, 파트	134.3	32.9	790	66.4	138.5	35.1	760	58.9
	계약직, 파견	230.6	40.7	1090	91.6	205.2	38	1040	80.6
	자영, 가족종사**					146.5	33.1	850	65.9

※ *공무원 포함. **2006년 여성 중 자영 및 가족종사자는 절대수가 너무 작아서 제외.
　# 시간당 소득은 조사 시점의 예상 연소득/(주당노동시간*52주간)으로 산출.
　## 정사원 임금을 100으로 했을 때의 비율.
※ 출처 : JILPT. 2006. 20쪽에서 재구성.

이번에는 소득 및 노동시간과 더불어 노동조건을 규정하는 중요한 요소인 근무지의 종업원 규모를 살펴보자. 한국과 마찬가지로 일본에서는 기업규모에 따라 임금, 고용안정성 그리고 제반 부가급여가 크게 차이가 나기 때문에 기업규모는 노동조건을 규정하는 중요한 요소 중 하나다.

도쿄와 전국의 15-34세 청년 취업자가 종사하는 사업장의 종업원 규모를 정리한 〈표 10〉을 보면 연령이 낮을수록 그리고 도쿄 청년들은 다른 지역의 청년들에 비해 대기업에 종사하는 경향이 있다. 즉 연령계에서는 전국적으로도 도쿄에서도 100인 미만 사업장에 종사하는 취업자의 비율이 절반에 가까운 데 비해 청년층에서의 그 비율은 전국이 40% 정도 도쿄가 35-36% 정도다. 또 연령이 낮을수록 1,000인 이상 대기업 종사자의 비율이 높은데 도쿄에서는 그 경향이 전국보다 더 강하다. 즉 임금노동자 중 1,000인 이상 사업장 종사자의 비율이 연령계에서는 전국 19.0%, 도쿄 23.5%이지만, 15-24세에서는 전국이 23.4%, 도쿄 32.6%이고 25-34세에서는 전국이 20.9%이고 도쿄가 25.9%다.

이 결과를 6절에서 살펴본 내용과 연결시키면 도쿄의 청년들은 다른 지역의 청년들에 비해 비정규 노동자이긴 하지만 상대적으로 종업원에 대한 노무관리를 철저히 하고 있는 대기업에 속해있는 사람의 비율이 높다고 해석될 수 있다. 과연 그러한가를 검증하기 위해 고용형태별 기업규모 분포를 살펴볼 필요가 있다.

		전국			도쿄		
		연령계	15-24세	25-34세	연령계	15-24세	25-34세
취업자	10인 미만	27.0	12.6	16.0	26.6	9.9	15.0
	10-99인	21.7	26.5	22.9	19.9	25.3	21.4
	100-299인	8.8	11.2	10.6	8.8	11.1	10.6
	300-499인	3.8	5.2	5.0	4.0	6.0	4.9
	500-999인	4.5	5.9	5.9	5.2	5.4	7.3
	1000인 이상	16.5	23.4	20.0	20.8	32.1	24.7
	관공서	7.9	4.5	8.4	6.1	3.0	6.6
	기타법인 등	9.7	10.7	11.2	8.7	7.1	9.4
	합계	100.0	100.0	100.0	100.0	100.0	100.0
	N	6,514	576	1,350	701	63	165
	N*	6,598	591	1,369	715	66	168
피용자	10인 미만	16.2	11.3	12.4	17.2	8.6	11.0
	10-99인	24.7	26.8	23.8	22.2	25.6	22.3
	100-299인	10.2	11.4	11.0	9.9	11.2	11.1
	300-499인	4.4	5.3	5.2	4.6	6.1	5.2
	500-999인	5.2	6.0	6.2	5.9	5.5	7.6
	1000인 이상	19.0	23.8	20.9	23.5	32.6	25.9
	관공서	9.1	4.6	8.8	6.9	3.0	7.0
	기타법인 등	11.2	10.9	11.7	9.8	7.2	9.9
	합계	100.0	100.0	100.0	100.0	100.0	100.0
	N	5,660	568	1,292	619	62	157
	N*	5,727	581	1,308	631	64	160

※ 통계국 홈페이지에 제시되어 있는 연령계의 인원수. 그러나 규모별 종사자수의 합계보다 더 많은 수치가 제시되어 있어 필자가 규모별 인원합계를 산출해 비율을 구했다. N은 규모별 인원수의 합계.

※ 자료 : 総務庁,「平成19年 就業構造基本調査」, 統計局 HP www.stat.go.jp

고용형태별 기업규모를 정리한 〈표 11〉을 보면 도쿄 청년 중 공무 및 300명 이상의 대기업[43)]에 종사하는 사람의 비율은 남성 19.0%,

여성 38.4%로 여성의 대기업 종사비율이 더 높은데 이는 여성 파견 및 계약사원 중 대기업 종사자의 비율이 높기 때문이다. 그리고 응답자 중 정사원 비율은 남성 57.9%, 여성 48.6%로 남성의 정사원 비율이 더 높다. 정사원의 경우 남성 중 29인 이하 소기업 종사자의 비율이 좀 높지만 남녀 모두 대체로 각 기업규모에 고르게 분포되어 있는 편이다. 그러나 아르바이트 및 파트의 경우 남녀 모두 대기업 종사자의 비율이 매우 낮고 절반 정도가 29명 이하 소기업에 종사하고 있다. 즉 도쿄의 청년들은 다른 지역의 청년들에 비해 대기업 종사자의 비율이 높지만, 대기업 종사자는 정규직인 경향이 있으며, 비정규 노동자의 대다수를 차지하는 파트, 아르바이트는 소기업 종사자의 비율이 압도적으로 높다. 파트 및 아르바이트 노동자는 임금과 고용안정성이 낮을 뿐 아니라 제반 기업 복지 및 장기고용가능성에서도 불리한 위치에 있어 청년 노동조건의 양극화 현상이 여기서도 확인된다.

---

43) 일반적으로 일본에서는 대기업관련 수치는 1000인 이상 기업의 수치를 제시하는 경향이 있지만, 일본의 '중소기업기본법'에 따르면, 중소기업은 제조업은 300인 미만, 소매업은 50인 미만으로 정의되어 있다(이는 종업원 규모에 따른 규정이고 자본금 규모에 따른 규정도 있다).

〈표 11〉 도쿄 청년의 성별 고용형태별 근무지 기업규모 분포(2006년) (단위: %)

		정사원	아르바이트, 파트	계약직, 파견	자영, 가족종사	합계
남성	공무	2.6	0.7	0.0	0.0	1.7
	1000명 이상	18.7	8.4	16.2*	0.0	14.3
	300-999명	16.3	8.0	17.6	1.4	13.0
	30-299명	26.0	29.1	39.7 *	8.6	26.5
	29명 이하	36.2	52.4	25.0	88.6	43.5
	무응답	0.2	1.5	1.5	1.4	1.0
	합계	100.0	100.0	100.0	100.0	100.0
	N	572	275	68	70	988
여성	공무	3.4	0.9	7.1		2.9
	1000명 이상	22.8	13.7	34.5	-	20.4
	300-999명	20.5	7.8	18.6	-	15.1
	30-299명	26.4	28.4	23.0 *	-	26.2
	29명 이하	26.9	47.5	13.3	-	33.9
	무응답	0.0	1.8	3.5	-	1.4
	합계	100.0	100.0	100.0	100.0	100.0
	N	443	335	113	18	911

※ 밑줄이 그어진 수치는 2001년보다 10% 포인트 이상 감소한 수치이고 이탤릭체는 10% 포인트 이상 상승한 수치다.
※ 출처 : JILPT. 2006. 17쪽.

7. 청년노동시장의 구조적 변화와 생활보장체계

　이상에서 살펴본 바와 같이 도쿄 지역은 학업과 취업을 위해 일본 전역에서 청년들이 모여드는 지역임에도 불구하고 다른 지역에 비해 전반적으로 청년층의 고용상황이 양호하다고 할 수 없으며, 특히 학력과 성별이 고용형태와 노동조건에 미치는 영향이 크다. 또 불황기 동안 청년 불안정 고용이 크게 증가해 1992년과 2002년의 10년 동안 청년 중 프리타 비율은 남녀 모두 두 배 이상 증가했다.

　게다가 경기회복기에도 청년의 고용상황은 그다지 개선되지 않았고 학력이 고용형태에 미치는 영향은 더 커지고 있어 고졸자 및 중퇴자의 고용안정성이 심각한 문제가 되고 있다. 도쿄의 청년들은 다른 지역의 청년들에 비해 장기불황기 동안에 고학력화 경향이 더 강화되었는데 도쿄 청년의 고학력화는 고용상황에 미치는 학력효과와 긴밀히 연결되어 있다고 판단된다.

　또 불황기에 시작된 청년의 장시간 노동 문제가 경기회복기에 더욱 심각해져, 노동조건뿐 아니라 노동시간의 면에서도 청년노동시장의 양극화 현상이 심화되고 있다. 뿐만 아니라 정규직 청년에 비해 비정규직 청년은 소기업에 종사하는 경향이 강해 전반적으로 청년 노동시장의 양극화 현상이 심각한 것으로 판단할 수 있다.

　고도 성장기를 통해 일본적 고용시스템이 정착되면서 일본은 외부노동시장에서 내부노동시장으로의 이동이 어려운 분절적 노동시장 구조를 형성했고, 내부노동시장은 학교를 졸업하면서 곧바로 취업하는 신졸 노동자로 충원해왔다. 이 때문에 최종학교를 졸업하는 시점에 정규직 노동자로 취업하지 못한 사람은 그 후 정규직 노동자로 고용형태를 전환할 가능성이 상당히 낮아진다.

따라서 청년층의 학교에서의 시장으로의 이행이 순조롭지 못해 불안정 고용층으로 직업경력을 시작할 경우 그 상처효과는 전생애에 걸쳐 지속될 가능성이 크다. 실업률이 높은 시기에 학교를 졸업한 세대의 경우 그렇지 않은 세대에 비해 첫 직장을 그만둘 가능성이 높고 고용안정성 개선 가능성이 낮으며[44], 1990년대 중반 이후에 학교를 졸업한 세대는 1990년대 초반에 학교를 졸업한 세대보다 20대 후반이 되었을 때의 정규직 비율이 낮다[45]는 선행연구도 이런 우려를 지지한다. 또 프리타를 경험한 청년들은 그렇지 않은 청년들에 비해 결혼 및 출산 연령이 더 높으며, 프리타 경험이 결혼과 출산에 미치는 영향이 장기불황 이전보다 이후에 더 커졌다는 선행연구[46]는 청년의 불안정 고용이 가족형성을 저해하는 요인이라는 것을 입증한다.

그런데 위에서 살펴본 바와 같이 경기회복기에도 청년층의 고용상황이 크게 개선되지 않았으며, 청년 비정규 고용이 경기회복기에 오히려 증가했다는 것은 청년의 이행의 곤란이 경기의 문제가 아니며, 청년의 고용환경이 구조적 변화를 겪고 있음을 의미한다. 다시 말

---

44) 玄田有史,『仕事のなかの曖昧な不安』, 東京 : 中公文庫, 2005.
　　太田聰一 외,「溶けない氷河- 世代効果の展望」,『日本労働研究雑誌』, 569卷, 2007년
45) 日本労働研究・研修機構,『大都市の若者の就業行動と移行過程』, 2006.
46) 酒井正・樋口美男,「フリーターのその後 : 就業・所得・結婚・出産」『日本労働研究雑誌』535卷, 2005.

해 이제 일본에서 신졸 시장을 중심으로 학교에서 시장으로의 이행이 순조롭게 진행될 가능성은 매우 저하되었으며, 앞으로 점점 더 낮아질 것이다.

잘 알려진 바와 같이 일본은 공적 복지제도가 취약하고 가족과 기업이 이를 대신하는 생활보장체계를 구축되어 있는 사회다[47]. 그런데 청년 중 기업과 가족을 통해 생활보장을 받을 수 있는 사람의 비율이 급속히 감소되고 있다. 다시 말해 경기회복기의 청년고용 현황은 기존의 생활보장체계로는 일본사회가 제대로 기능할 수 없음을 의미하는 것이며, 고용안정성 강화를 위한 정책적 시도와 더불어 모든 사회 성원들에게 보편적 서비스를 제공하는 새로운 생활보장체계로의 재편되어야 함을 시사한다.

---

47) 오사와 마리,『현대 일본의 생활보장체계』, 김영 옮김, 후마니타스, 2007.

김순영, 「일본의 성별체계와 파트타임 노동」, 서울대 박사논문(2004).

김영, 「녹지 않는 빙하와 청년의 고용상황」, 서울대 일본연구소 인문한국(HK) 기획연구 워크숍 자료집, 『현대일본 생활세계의 시간과 공간』(2011).

오사와 마리, 『현대 일본의 생활보장체계』, 김영(역), 후마니타스(2009).

NHKスペシャル『ワーキングプア』取材班, 『ワーキングプア 日本を蝕む病』, (東京：ポプラ社, 2010).

乾彰夫, 「書評, 『若者と仕事 : 学校経由の就職を超えて」, 『社会科学研究』, 57巻 3/4号, (2005).

苅谷剛彦, 「大学就職の何が問題なのか : 歴史的・理論的検討」, 『大卒就職の社会学』, 東京大学出版会, 2010

宮本みちこ, 「家庭環境からみる」, 小杉礼子 編, 『フリーターとニート』(東京：勁草書房, (2005).

_____, 『ポスト青年期と親子戦略』(東京：勁草書房, 2004).

宮本みちこ・岩上真珠・山田昌弘, 『未婚化社会の親子関係』(東京：有斐閣, 1997).

大竹文雄, 「深刻な男性の「非正規化」」, 日本経済研究センター セミナ講演録(2011. 2. 17.)

大沢真理, 『現代日本の生活保障システム』(東京 : 岩波書店, 2007).

飯島裕子, 『ルポ 若者ホームレス』(東京 : 筑摩書房, 2011).

白波瀬佐和子, 『日本の不平等を考える』(東京 : 東京大学出版会, 2009).

本田由紀, 『若者と仕事ー「学校経由の就職」を超えて』(東京：東京大学出版会, 2005).

山田昌弘, 『パラサイト・シングルの時代』(東京：筑摩書房, 1999).

城繁幸, 『若者はなぜ3年で辞めるのか : 年功序列が奪う日本の未来』(東京 : 光文社, 2006).

小杉礼子 編, 『フリーター 自由の代償』(東京：日本労働研究機構, 2002).

熊沢誠, 『若者が働くとき : 「使い捨てられ」も「燃えつき」もなく』(京都 : ミネルヴァ書房, 2006).

日本労働研究・研修機構, 『大都市の若者の就業行動と移行過程』(2006).

_____, 『地方の若者の就業行動と移行過程』(2009).

日本労働研究機構, 『大都市の若者の就業行動と意識』(2001.

＿＿＿＿＿＿＿＿＿＿, 『新規高卒労働市場の変化と職業への移行の支援』
　　　(1998).

正高信男, 『ケータイをもったサル-「人間らしき」の崩壊』(東京：中央公
　　　論新社, 2003).

酒井正・樋口美男, 「フリーターのその後：就業・所得・結婚・出産」『日本
　　　労働研究雑誌』535巻(2005).

中野麻美, 「貧困化と二極化のなかの女性労働」, 『有物論研究年誌』, 11巻
　　　(2006)

内閣府, 『平成15年版 国民生活白書』(2003).

内田樹, 『下流志向- 学ばない子どもたち働かない若者たち』(東京：講談
　　　社, 2007).

労働省, 『平成12年版 労働経済の分析』(2000).

太郎丸博 編, 『フリーターとニートの社会学』(京都：世界思想社, 2006).

太朗丸博, 『若年非正規雇用の社会学』(大阪：大阪大学出版会, 2009).

太田聡一 외, 「溶けない氷河- 世代効果の展望」, 『日本労働研究雑誌』, 569
　　　巻(2007).

太田聡一, 「地域の中の若年雇用問題」, 『日本労働研究雑誌』, 539巻(2005).

＿＿＿＿＿・玄田有史・近藤絢子, 「溶けない氷河- 世代効果の展望」, 『日本
　　　労働研究雑誌』, 569巻(2007).

坂本和靖, 「優雅なパラサイトシングル像の変容」樋口美雄・太田清 編,
　　　『女性たちの平成不況：デフレで働き方・暮らしはどう変わった
　　　か』(東京：日本経済新聞社, 2004).

玄田有史, 『仕事のなかの曖昧な不安』(東京：中公文庫, 2005).

厚生労働省. 『女性雇用管理基本調査』

厚生労働省. 『賃金労働時間制度等総合調査』

厚生労働省 『賃金構造基本調査』

厚生労働省 『就業形態の多様化に関する総合実態調査』

厚生労働省 『パートタイム労働者総合実態調査』

総務庁統計局 『家計調査』

総務庁統計局 『全国消費実態調査』

総務庁統計局 『労働力調査』

総務庁統計局 『労働力調査特別調査』

総務庁統計局 『就業構造基本調査』

総務庁統計局『国勢調査(人口センサス)』

ビックイッシュ基金, 『若者ホームレス白書』(東京：ビッグイシュー基金, 2010)

メアリー・C. ブリントン, 『失われた場を探して』, 池村千秋, (東京：NTT出版, 2008).

Kim Young, 'Housewife Institution' and 'Market Domination' Poverty, Inequality and Social policy in Korea and Japan from a Gender Perspective, IJS-LSS Project Team Joint Symposium(2010).

Shirahase Sawako. "Gender Gap in the relationship between Delay in Marriage and Income Inequality in Comparative Perspective", 도쿄대학 사회과학연구소 심포지움(Faces of Social Exclusion from a Gender Perspective) 발표문(2009. 2. 28).

Suzuki, Toru, "Leaving the Parental Household in Contemporary Japan." Review of Population and Social Policy. 10: 23-35(2001)

フリーター http://ja.wikipedia.org. (2011. 2. 10)

일본 오타지역의 마치고바와 숙련공의 성격 변화

이종구

1. 마치고바의 모노즈쿠리와 숙련공

일본에서 지역에 밀집한 중소기업 집단의 네트워크는 고도의 기술력을 발휘하여 부품, 소재를 원활하게 공급하고 있었으므로 다품종 소량생산 시대에 적합한 생산 조직으로 평가되고 있다. 지역공장집단을 형성하는 마치고바[1]가 발휘하는 경쟁력은 일본 연구만이 아니라 산업노동연구 분야에서도 국제적인 관심이 집중되는 분야이기도 하다. 유연한 하청 생산 조직의 저변을 구성하는 마치고바의 상태는 해외생산의 확대가 국내 제조업에 미치는 영향을 가장 선명하게 반영하는 지표이기도 하다. 현재 중국을 비롯한 저임금 지역의 공업화가 일

---

* 이 글의 초고는 『사회와 역사』 90호 (2011)에 「일본 오타지역의 마치고바와 숙련공의 성격 변화」라는 제목으로 게재되었다.
1) 町工場, 중소영세공장.

본에 미치는 영향에 대해 산업 공동화를 강조하는 비관론과 새로운 국제 분업 질서에 적합한 산업구조 고도화가 진행되고 있다는 낙관론이 교차하고 있다. 반면에 이러한 논의 자체가 1990년대에 들어와 거품경기가 꺼지고 장기 불황이 지속되고 있는 일본 사회의 위기의식을 반영하고 있으며 제조업 강국의 위상을 유지하려는 모노즈쿠리[2] 담론과 밀접하게 연관되어 있다[3]. 실제로 일본 기업은 고부가가치 제품은 국내, 범용품은 해외로 생산입지를 차별화하고 있다.[4] 제조업의 고부가가치화에 대한 논의는 지역공장집단과 숙련공의 위상에 대한 관심으로 이어질 수밖에 없다. 즉, 고부가가치 제조업을 뒷받침할 수 있는 숙련공과 제조기반기술의 재생산이 이루어지는 장(場)인 지역공장집단의 가치가 재조명되고 있다. 이와 함께 패전, 고도성장, 정보화 기술혁신, 글로벌라이제이션을 거치며 변화하고 있는 마치고바와 숙련공의 성격을 고찰할 필요가 있다. 이상과 같은 논점에 대하여 여기에서는 마치고바가 밀집된 산업 지역에서 장기간 노동생활을 지속해온 숙련공 개인의 생애사적 체험을 통하여 접근하려 시도했다.

---

2) ものづくり、제조.
3) 일본 정부는 2000년 9월에 "제조기반기술진흥기본계획" 추진을 각료회의에서 결정하였으며 2001년 6월부터 "제조기반백서(ものづくり白書)"가 간행되고 있다. 상세한 과정은 (이종구, 「일본 제조업의 국내 회귀와 마치고바」, 국민대학교 일본연구소 편,『일본공간』창간호, 2007, pp. 133-138) 참조.
4) 三橋規宏·內田茂男·池田吉紀,『ゼミナール日本經濟入門』2005年度版、東京: 日本經濟新聞社, 2005, pp. 418-420. (日本經濟新聞 2004. 8. 19).

2. 시각과 출처

일본의 마치고바와 지역공장집단, 숙련공에 대한 고찰은 다른 국가의 중소 제조업 밀집 지역에서 나타나는 현상까지도 포괄할 수 있는 보편적 시각에서 출발할 필요가 있다. 장인적 숙련을 발휘하는 생산 노동자와 중소기업의 횡적 네트워크에 대한 긍정적 평가는 포스트포디즘, 유연전문화, 유연생산방식, 등과 같은 다품종 소량 생산 시대를 설명하는 논리와 밀접하게 연관되어 있다. 유연전문화된 장인적 생산(craft production)이 대량생산(mass production)의 대안이라는 논의는 사실상 1973년의 4차 중동전쟁과 석유파동으로 자본주의 세계에서 전후 고도성장의 시대가 끝나고 시장의 한계에 직면한 선진공업국의 상황을 반영하고 있다. 그러나 수요자의 요구에 민감하게 반응하며 주문생산 체제에 대응할 수 있도록 생산의 유연성을 강조하는 현재의 흐름은 기술적 고도화(sophistication)를 촉발시키고 있다. 특히 일본, 이탈리아, 서독, 오스트리아의 전통적 공업지역에서 컴퓨터 기술이 확산되고 있는 것에 비추어 미국의 쇠퇴하고 있는 공업지역에서도 소기업을 네트워크화 하여 유연생산을 실현할 수 있을 것이라는 전망이 나왔다. 또한 장인적 생산이 성공적으로 정착하려면 숙련된 생산노동자의 확보가 중요하며, 역동적이고 유연성을 갖춘 기업을 창업하려면 공적 교육, 수공적 숙련(manual skill), 실무 경험이 결합될 수 있어야 한다는 점이 지적되었다.[5] 여기에서는 기술적 경쟁력을 갖춘 소기업의 지역적 집단화와 네트워크, 숙련공의 존재가 중요한 의

미를 가지게 된다. 지역에 밀집한 소기업의 네트워크와 장인적 숙련
공의 가치에 주목하는 유연전문화 논의에는 18세기에 시작된 제1차
산업혁명 이후 숙련의 분해와 단순 노동화가 지속되어 왔다는 시각에
서 출발하는 고전적 노동과정론에 대한 이의제기가 포함되어 있다.
또한 현재의 유연전문화 논의는 정보기술이 생산 현장에 보편적으로
적용되고 있는 환경에서 진행되고 있다는 점을 주목할 필요가 있다.

　　브레이버만의 노동과정 변화에 대한 고전적 논의는 제1차 산업
혁명 이후 노동자의 구상능력이 계속 박탈되어 왔다는 시각을 유지하
고 있다. 그는 이러한 시각을 NC[6] 공작기계의 도입이 미친 효과에 대
한 평가에도 적용하고 있다. 즉, NC기계의 보급으로 공정 전체를 파악
하고 있는 숙련공이 '단기 대학에서 양성된 공작 도면을 플래닝 시트
(planning sheet)에 기록하는 부품 프로그래머(programmer)'와 '플래닝
시트를 기계가 읽을 수 있도록 펀치(punch)하여 종이테이프에 입력시
키는 여성 코딩머신(coding machine) 조작자', '기계 조작자'로 구성된
반숙련공으로 분화되었다는 것을 지적하고 있다. 즉, 옛날에 테일러
가 시도했던 경영관리자가 노동자로부터 결정권, 판단, 지식을 박탈
하려는 목표가 이루어졌다는 것이다.[7] 이 논의는 대량생산 체제가 주
류를 이루고 있던 시대의 미국을 배경으로 한 것이며 장기간의 경험

---

5) Piore M. J. & Sabel C. F, *The Second Industrial Divide*, New York: Baskci
　　Books Inc. 1984, p. 6, pp. 13-14, pp. 205-208, p. 286, p. 293.
6) Numerical Control, 수치제어.
7) Braverman Harry、富沢賢治 譯、『労働と独占資本』、東京: 岩波書店、1978,
　　pp. 222~224.

을 쌓아 양성되는 숙련공을 단순노동자와 고학력 노동자가 대체하여 노동력 구성이 양극화된다는 내용을 가지고 있다. 유연전문화론의 입장을 대변하는 세이블은 고도 기술을 가진 중소 제조업체가 집단화되어 있는 지역에서는 의사, 교수, 법률가와 같은 전문직업인 집단 내부에서 진행되는 과정과 유사하게 제조업자의 전문화와 협동화가 이루어진다는 것을 지적하고 있다. 이와 함께 지속적인 혁신, 지적노동과 단순노동의 결합을 통한 능력 향상, 원자재 구입비나 금융비용을 비롯한 간접비용의 절약이라는 효율성이 발생한다. 즉, 포디즘적 대량생산 방식을 대체하는 유연한 다품종 소량 생산체제를 중심으로 한 포스트 포디즘 논의에서는 구상과 실행의 결합이 가져오는 노동자의 창의성이 중요한 의미를 가지며 소기업은 지역적 협력 네트워크를 구성하여 규모의 경제를 달성할 수 있다는 가능성이 제시되어 있다.[8]

이상과 같이 정보기술이 제조업 노동자에게 미치는 효과를 분석할 경우에는 '장인의 부활'과 '경험을 쌓은 숙련공의 분화와 소멸'로 대비되는 상반되는 견해가 존재한다는 사실에서 출발할 필요가 있다. 그러나 '유연전문화된 소기업의 지역네트워크와 새로운 장인의 출현'과 '숙련공이 고학력 정보 기술자와 반숙련공으로 분화되는 대기업의 효율화'라는 대립적 구도에도 불구하고 주력 노동자의 능력이 고도화된다는 판단은 동일하다. 다만 유연전문화론의 장인적 숙련공은 브레이버만이 지적한 프로그래머보다 훨씬 고도의 생산현장에 대한 감각

---

8) Sabel Charles F., *Work and Politics*, New York: Cambridge University Press, 1982, pp.220-227.

과 판단을 갖추고 있다. 또한 이러한 논의는 정보기술 자체의 속성보다는 신기술이 적용되는 사회적 맥락을 반영하고 있다. 현재 논의하는 대상이 다품종 소량생산 체제에 입각한 경쟁력을 발휘하고 있는 일본 제조업의 저변을 구성하는 마치고바라는 점을 감안하면 우선 이의 준거틀이 되는 하청 관계의 성격을 살펴볼 필요가 있다.

일본의 경제적 성공을 상징하는 대표적인 산업인 자동차 산업의 사례를 보면 하청관계의 성격이 경쟁력의 중요한 요소이다. 즉, 기술 수준이 낮은 상태에서 출발하여 생산성과 품질을 급속히 향상시키려면 대다수의 부품을 내부 제작하는 것이나, 외부 시장 거래에 의존하는 것이, 모두 바람직한 선택이 아니었다. 다수의 기업과 장기간에 걸쳐 밀접하게 거래를 하는 하청관계를 가진 것이 결과적으로 성공을 거두었다. 또한 자동차의 모델 체인지가 빨라지고 있으므로 신제품 개발 초기부터 부품 공급 기업이 참가하여 아이디어를 모으고 제품화하는 시기를 단축할 필요가 있었다. 완성차의 설계 단계에서 부품 기업의 의견을 구하는 것이 비용 절약을 가져왔다. 소재의 경량화, 전자 부품의 증가, 다품종 소량화에 대응하기 위해서도 부품 공급 기업과 개발 단계에서 협력할 필요가 있었다.[9] 다수의 부품 공급 하청기업이 필요한 자동차, 정밀기계와 같은 일본 제조업의 주력업종은 다양한 부품을 서로 세밀하게 조정해가며 목표로 삼은 제품의 기능을 실현해가는 '정합형' 설계 구상을 기본으로 삼고 있으므로 개발, 시작(試作)

---

9) 三輪芳朗、『日本の企業と産業組織』、東京: 東京大學出版会、1990, pp. 98-100.

단계와 생산 현장이 밀접하게 연계되어야 경쟁력을 발휘할 수 있다.[10] 즉, 일본 국내의 제조업 기반을 유지하기 위해서는 생산조직의 저변을 형성하고 있는 마치고바와 지역공장집단을 유지해야 하는 정책적 과제가 있다. 본래 일본에서 지역공장집단이 제공하는 이점은 "특수한 기능을 가진 인재의 집중", "저렴한 양질 중간재(생산재)의 신속한 입수", "지역내 대면접촉에 의한 정보의 효율적 교환", "지역내 특화와 분업의 진행으로 인한 생산효율 향상"등이라고 지적되고 있었다.[11] 이와 같은 특성을 가진 일본의 지역공장집단에서는 공정별로 특화된 마치고바의 네트워크가 일종의 지역 유연생산체제(flexible manufacturing system)을 구성하고 있다. 즉, 일본의 지역공장집단에 대한 고찰은 유연전문화론의 적용 가능성을 보여주는 전형적인 사례 연구가 될 수 있다. 또한 이러한 시도를 통해 새로운 장인의 등장을 중시하는 유연전문화론 만이 아니라 구상과 실행의 분리를 전제로 한 노동과정론이 강조하는 숙련공의 분화와 고학력 노동자의 역할 증대라는 전망의 현실적 타당성을 확인하는 의미를 가지고 있다.

그러나 현실적으로 중국을 비롯한 후발국의 공업화는 일본의 지역공장집단을 위축시키고 있다. 1990년대 이후 일본에서는 글로벌라이제이션에 수반한 국제분업이 가속화되었다. 생산조직의 하부를 구

---

10) 吉田敬一、「グローバル化と中小企業の岐路」、労働運動総合研究所　編、『グローバル化のなかの中小企業問題』、東京: 新日本出版社、2005, pp. 21-23.
11) 商工中金調査部、「産業空洞化と中小企業」、『調査時報』、2003年4月7日, p.26.

성하는 지역공장집단과 숙련공들은 제조업 생산 설비의 해외이전과 해외생산의 증대(〈표1〉 참조), 일본에 해외투자 기업이 일본으로 수출하는 역수입의 증대(〈표2〉 참조)라는 새로운 상황에 적응하지 못하면 퇴출될 수밖에 없다는 위기의식을 가지게 되었다. 반면에 일본 내부에 연구개발 능력을 유지하기 위해서도 시작(試作)과 부품, 소재 공급을 담당하는 지역공장집단과 숙련공의 재생산 기제를 유지해야 한다는 논의도 활성화되었다. 이와 함께 마치고바와 숙련공의 생존 여부를 결정하는 요인에 대한 고찰이 중요하다는 것을 의미한다. 경영자와 노동자의 사회적 거리가 좁은 마치고바의 특성에 비추어보면 외부 경영 환경의 변화는 모든 마치고바 구성원에게 동일하게 작용하는 것이므로 글로벌라이제이션이 초래한 위기 속에서 가치를 인정받는 숙련공의 모습은 지역과 전체 일본 사회의 변화를 반영하는 지표이기도 하다.

〈표 1〉 일본 제조업의 해외생산 비율 (단위 : %)

	1994	1995	2000	2005	2006	2007
해외진출기업기준	18.0	19.7	24.2	30.6	31.2	33.2
국내전법인기준	7.9	8.3	11.8	16.7	18.1	19.1

※ 주 : 1) 국내 전법인기준 해외생산비율=[해외현지법인(제조업)매상고/ 해외현지법인(제조업)매상고+국내법인(제조업)매상고] x 100
2) 해외진출기업기준 해외생산비율=[해외현지법인(제조업)매상고/ 해외현지법인(제조업)매상고+본사기업(제조업)제조업매상고] x 100
3) 해외현지법인은 자회사(일본측 출자비율 10% 이상의 해외법인)와 손자회사(일본측 출자비율이 50%를 초과하는 자회사가 50%를 초과하는 출자를 한 해외법인을 말함.
4) 해외진출기업은 해외현지법인을 가진 일본기업을 말함.
5) 2001년도에 업종 분류를 수정하였으므로 2002년도 이전의 수치와는 단층이 있다.
※ 출처 : 経済産業省など編, 『ものづくり白書2005年版』p.36; 『ものづくり白書』 2009年版』p.95"

〈표 2〉 총수입액중 역수입액의 비중 (단위: %)

〈표 2〉 총수입액중 역수입액의 비중 (단위: %)

연도	1992	1995	2000	2005	2007
비중	6.5	11.6	16.0	16.7	19.1

※ 주 : 해외현지법인의 일본에 대한 판매액 기준
※ 출처 : 経済産業省など編『ものづくり白書』2005年版』, p.37;『ものづくり白書』
2007年版』, p.38;『ものづくり白書』2009年版』, p.96"

이 논문에서는 기계금속가공 부문에 종사하는 마치고바가 밀집하여 있는 도쿄 오타(大田) 지역에서 50년 이상 선반공으로 종사한 고세키 도모히로(小関智弘[12])가 남긴 자전적 기록을 중심으로 숙련공과 지역공장집단의 변화를 고찰하려 시도했다. 고세키가 남긴 기록을 분석할 때 중점적인 고찰의 대상은 기계공이 체득하고 있는 숙련의 성격과 형성 과정 기술혁신과 관리기법의 발전이 숙련의 내용에 미치는 변화, 거품경기의 소멸 이후에 장기불황에도 불구하고 경쟁력을 유지하고 있는 마치고바의 특성과 노동자의 성격, 등으로 설정했다. 분석의 초점은 결국 도제 생활을 하며 경험을 쌓은 숙련공이 체험한 마치고바 작업장의 장기적 변화이다. 그러나 이러한 개인의 관찰은 한국전쟁과 미국식 표준화, 경제성장과 대량생산, 품질관리운동, 정보기술의 도입, 글로벌라이제이션과 제조업의 해외 이전이라는 거시적 변화가 일본 사회에 미치는 영향을 반영하고 있다.

오타구는 도쿄 서남부에 위치하고 있으며 면적은 59.46㎢, 인구는 693,426인, 345,949세대(2010.10.1 현재)[13]이다. 도쿄, 카나카와(神

---

12) 1933년생, 공고졸, 선반공, 논픽션작가, 소설가, 1951년에 입직하여 2002년 봄에 현장근무종료, 2011년 3월 현재 42권의 출판물이 기노쿠니야(紀伊國屋) 서점목록에서 검색되었다.

奈川) 지역에 펼쳐진 케이힌(京浜) 공업지대의 중심부이며 죠난(城南)[14]지역 이라고 부른다. 우수한 생산, 가공기술을 보유한 다수의 소규모 영세공장이 상호 결합하여 지역적인 기술집단을 형성하고 있다. 이 곳에는 주택과 작업장이 혼재된 일종의 '산업 지역사회'가 형성되어 있다. 그러나 막대한 무역흑자 누적과 엔고(円高)로 거품경기가 발생한 1980년대 후반 이후에는 지가 상승과 공장 휴폐업의 증가로 공장 부지에 고층 아파트가 들어서는 사례가 늘어나고 있다. 그러나 최근에는 주택과 공장이 공존할 수 있도록 건설한 새로운 공장도 늘어나고 있다.[15] 이 지역의 공업화는 제일차 세계대전을 전후해 시작되었으며, 간토대진재(関東大震災)(1923.9.1.) 이후에 공장지대로 지정되었다. 만주사변(1931)을 계기로 소위 15년 전쟁이 시작되면서 총포류, 장갑차, 전차 등을 생산하는 병기공업지구로 변모하였다. 패전이후에 침체되었던 오타지역은 한국전쟁 특수로 활성화되었다. 1960년대에 들어와 오타지역에는 사장 1인 공장[16]이라고 부르는 영세 기계부품 공장이 급증하기 시작했다. 이와 같은 창업 열기는 1980년대 초까지 지속되었다. 1970년대에는 정부의 공장 분산정책으로 다수의 대공장이 교외나 지방으로 이전하게 되었다. 또한 1960년대부터 공해가 사회문제로 부각되었다. 공해 대책의 일환으로 도쿄만에 매립지를 조

---

13) 平成22年国勢調査, 「人口速報集計結果」.
14) 도쿄 23구의 남부(大田区, 品川区, 渋谷区, 世田谷区, 目黒区, 港区)를 통칭한다.
15) 竹内淳彦 編, 『日本經濟地理讀本』第8版, 東京: 東京經濟新聞社, 2008, pp. 89-98.
16) 一人親方工場.

성해 공장을 이전하기 시작하였다.[17] 산업구조는 제조업이 중심이며 서브시 경제화가 진행되고는 있으나 아직도 2006년 현재 제조업 종사자가 20% 이상을 차지하고 있다. 1970년대 중반에는 제조업 종사자의 비중이 40% 수준이었다. 전국, 도쿄와 비교하여도 제조업과 운수업 취업자의 비중이 높다. 오타구의 산업에서 운수업의 비중이 큰 것은 철도, 고속도로가 지역을 통과하고 있고 도쿄항, 요코하마항, 하네다공항과 인접하고 있기 때문이다.[18] 현재 이 지역에서 지역공장집단이 축소(〈표3〉 참조)되고 고부가가치 제조업으로 전환하는 과정이 진행되고 있으나[19] 마치고바와 숙련공은 여전히 중요한 역할을 수행하고 있다.

<표 3> 오타구의 공장과 제조업 종사자 규모 변화

	공장 (개)	종사자(인)
1983	9,190	95,294
1993	7,160	69,003
2003	5,040	39,976
2005	4,778	37,641
2008	4,351	33,899

"출처: 1) 不況打開大田区実行委員会事務局幹事 作成,「産業空洞化から工場集積と地域経済を守るための東京・大田区における運動について(昌原市からの産業空洞化調査団との懇談メモ)」、2005年12月14日
2) 2005、2008은 工業統計調査"출처에 의함. 工業統計調査의時点은 12월31일."

17) 大田区立郷土博物館 편,『工場まちの探検ガイド- 大田区工業のあゆみ』、東京: 大田区立郷土博物館, 1994, pp.20-43, pp.50-60.
18) 이종구,「일본 제조업의 해외이전과 지역공장집단 -도쿄 오타지역을 중심으로」, 민주사회정책연구원,『민주사회와 정책연구, 통권 20호, 2011년 하반기, pp. 203-205.
19) 山田伸顕、『日本のモノづくりイノベーション−大田区から世界の母工場へ-』、東京: 日刊工業新聞社、2009, 19-20쪽.

이미 1980년대 후반의 거품경기 속에서도 지가 상승과 후계 노동력의 부족으로 미래에 대한 불안감이 감돌던 오타지역의 대표적인 마치고바 밀집 지역인 시모마루코(下丸子) 일대의 자영업자를 면접 조사한 이나카미 다케시(稲上毅)는 1970년대 중반 이후 일본의 지역공장집단은 정보기술을 활용한 자동화 추세에 적응하여 납기를 단축하면서도 품질의 고도화를 동시에 실현함으로써 다품종 소량생산화를 뒷받침하는 역할을 수행해 왔다고 평가하고 있다. 그러나 생산자 정신(workmanship)을 기반으로 한 장인들의 공동체인 "산업 커뮤니티"는 단시간 내에 만들어 낼 수 있는 것이 아니므로 일본에서도 숙련 노동력을 재생산하기 위해서는 마치고바와 지역의 생활 환경을 조화시킬 수 있는 정책적 노력이 필요하다는 점이 지적되고 있다.[20] 즉, 오타지역을 세이블과 피오리가 "제2의 산업 분수령"을 실현하는 주체로 설정한 네트워크화된 소기업 집단의 전형이라고 규정하는 이나카미의 분석에서도 정보기술로 대체할 수 없는 장인 집단의 지역 공동체가 내포하고 있는 눈에 보이지 않는 가치에 대한 평가라고 하는 논점이 등장하고 있다. 역설적으로 자동화의 선결 요건인 작업의 표준화가 어려운 공정을 담당할 수 있는 노동자의 자질과 특성이 더욱 중요하게 되었다.

다케다 나오코는 2000년대 전반기에 해외생산의 영향으로 지역공장집단이 축소되고 있는 오타지역에 대해 "중소영세제조업을 둘러싼 상황은 1980년대, 1990년대를 거치며 크게 변화했다. 상황에 대응

---

20) 稲上毅, 『転換期の労働世界』, 東京: 有新堂高文社、1989, pp. 175-178.

할 수 없는 마치고바는 도태되고 있다. 폐업, 이전하는 공장이 증가하고 산업집적(集積) 효과가 사라지고 있는 것에 대해 행정 당국이나 공업 관계자도 위기감을 느끼고 다양한 대응책을 1990년대 이후 강구하고 있다. 이러한 상황 속에서 경영활동을 계속하고 있는 중소영세공장 경영자의 일부는 첨단기술산업의 연구, 시작(試作) 기능을 담당하는 방향으로 축적한 숙련기술의 활로를 찾아내고 있다. 이러한 경영자들은 노력을 거듭하여 세계에 하나밖에 없는(only one) 기업이 되었다는 강렬한 자부심을 보이고 있다. 경영 규모는 작지만 고도의 기술력을 가지고 있다. 이러한 중소영세공장은 선도 기업이 되어 지역에서 핵심적 역할을 하고 있으며, 산업집적 지역을 유지하는데 공헌하고 있다." 라고 기술하고 있다.[21] 또한 경영자 단체, 노동단체 등 각종 경제단체가 활성화되어 있으며 중앙 정부와 각급 지자체를 상대로 지역공장집단을 보호하기 위한 정책 활동을 전개하고 있다.[22]

지자체의 산업정책 책임자인 야마다 노부아키(山田伸顯)[23]는 지역의 성격에 대해 "기계금속 공업이 밀집되어 있다. 종업원 규모 3인 이하의 가족경영 기업이 8할 이상이다. 반 이상이 하청 가공에 종사하고 있지만 특정 계열 산하에 있는 기업은 오히려 소수이다. 많은 기업이 복수의 주요 고객을 갖고 있으며, 거래 상대는 산업기계, 건설기계,

---

21) 武田尙子,「空間再編成への関与 -地域工業団体の性格の変容」, 武藏大学社會学部,『ソシオロジスト』6, 2004, p. 22.
22) 桑原武志,「地区別工業会の機能 -東京、大阪を比較して」, 植田浩史 編,『縮小時代の産業集積』, 東京: 創風社, 2004, pp. 215-218, pp. 224-225. 武田尙子, p.22.
23) 大田区 산업진흥협회 전무이사,「大田区の製造業の現在と未来』, 奧山睦,『メイド·イン·大田区』, 東京: サイビズ、2005 수록.

전기기계, 자동차, 정밀기기 등의 업종에 종사하는 최종 제품 생산 업체와 부품공급 업체를 비롯해 다양한 분야에 걸쳐 있다. 특정 제품을 생산하는 기술이 아니라 기계가공을 중심으로 한 기반기술에 특화한 기업군이 밀집된 곳이다. '도면으로 종이비행기를 접어 빌딩 옥상에서 날리면 다음날에는 제품과 부품이 되어 돌아온다'는 말이 있다. 개별 기업은 특화된 전문 가공 기술을 가지고 있지만, 생산 공정을 꾸릴 때에는 관련된 기술을 보유하고 있는 인근 기업이 협력하므로, 제품과 부품으로 완성해 낼 수 있다. 지역에 부존하는 다종 다양한 기술 축적과 기업간 네트워크가 오타구 제조업의 특징이다. 현재는 정보처리 기술을 적용한 CAD(computer aided design), CAM(computer aided manufacturing)으로 공작기계를 제어하므로 직인(職人)의 솜씨에 의존하는 시대는 지나갔다. IT(Information Technology)화는 기반기술의 해외유출을 용이하게 하는 문제를 가져왔지만, 도면의 생략, 자료 관리 일원화, 납기 단축의 실현이라는 긍정적인 효과도 있다. IT를 이용한 공정 혁신(procedure innovation)만으로는 신규 수요를 창출할 수 없으므로, 기술을 활용하여 신제품을 개발하는 제품혁신(product innovation)을 지행하고 있다. 선진적인 제조업체는 창조적 혁신을 위해 전통적으로 존재하던 자연발생적 협력 관계를 디지털 네트워크로 결합하려는 시도를 하고 있다. 디지털 시대이지만 아날로그 기능을 겸비한 디지털 마이스터의 양성이 중요하다."라는 구체적인 설명을 하고 있다.[24]

---

24) 奧山睦, 『メイド·イン·大田区』, 東京: サイビズ, 2005, pp. 164-165.

<표 4> 오타구의 종사자 규모별 공장수

규모		1995		2005	
		공장수	구성비	공장수	구성비
대규모	100인 이상	62	0.9%	27	0.6%
중견	30~99人	206	3.0%	122	2.6%
중소	10~29人	1,008	14.9%	713	14.9%
소규모	9人 이하	5,51	81.2%	3,916	82.0%
합계		6,787	100%	4,778	100.0%

※ 출처 : 不況打開大田区実行委員会、「大田区の工場訪問での対話報告集」、2003年 4月、 3쪽 2005 工業統計調査"

고세키는 오타지역에서 태어나 성장하고 50년간 선반공으로 일하며 문필활동을 하였다. 공고 졸업 학력을 가진 그가 남긴 자전적 소설과 논픽션은 마치고바와 숙련공의 상황에 대한 풍부한 정보를 내포하고 있는 기록이다. 1951년부터 2002년에 이르는 자신의 노동생활에 대한 기록은 전후 복구, 고도 경제성장, 정보화와 공장 자동화, 거품경기의 붕괴와 장기불황, 등을 포괄하고 있다. 이 가운데 고세키 본인의 체험과 주변 인물에 대한 관찰 기록에 대한 선집의 성격을 가진 2권의 단행본을 입수할 수 있었다.25) 또한 당사자가 남긴 문학적 기록이라는 "출처의 한계를 보완하기 위하여 일본 호세이(法政)대 오하라(大原)사회문제연구소의 마치고바노동자연구회가 작성한 고세키에 대한 심층 면접 기록을 참조했다. 하기와라 스스무(萩原進) 교수, 아이다 도시오(相田利雄)교수가 면접을 담당했으며 호세이대 경제학부에서

---

25) 小関智弘, 『町工場の磁界』(増補新装版), 東京: 現代書館, 1997.; 小関智弘、 『職人学』、東京: 講談社、2003.

발행하는 학술지인 경제지림(經濟志林)에 녹취록이 연재되어 있다[26]. 고세키 본인에 대한 직접 면접은 이루어지지 못했으나 구술 "출처의 객관성을 최대한 확보하기 위하여 하기와라 실제 면접을 수행한 두 교수로부터 설명을 청취했다.[27]

3. 전후 숙련공의 성격 변화 과정

고세키가 기록하고 있는 내용을 살펴보면, 첫째 기술 발달과 작업방법의 변화가 구체적으로 언급되어 있다. 이는 노동과정의 변화를 기준으로 노동자가 숙련을 획득하고 전파하는 과정을 보여준다. 둘째, 지역 내부의 분업 관계와 사회관계가 기록되어 있다. 셋째, 노동자의 생활세계를 보여주는 일상생활에 대한 기록이 있다. 그러나 여기에서는 노동과정 변화에 주목하여 고세키의 기록을 음미하였다. 전전부터

---

26) 萩原進,(2002a),「町工場の世界 : 小関智弘の町工場巡礼記の研究」①, 法政大學經濟學會, 『經濟志林』69-4(2002.3).
   (2002b),「町工場の世界 : 小関智弘の町工場巡礼記の研究」②, 政大學經濟學會,『經濟志林』70-1,2 (2002.7).
   (2003),「町工場の世界 : 小関智弘の町工場巡礼記の研究」③, 法政大學經濟學會,『經濟志林』70-4(2003.3).
   (2004a),「町工場の世界 : 小関智弘の町工場巡礼記の研究」④, 法政大學經濟學會,『經濟志林』72-1,2(2004.7).
   (2004b),「町工場の世界 : 小関智弘の町工場巡礼記の研究」⑤, 法政大學經濟學會,『經濟志林』72-3(2004.12).
   (2006),「町工場の世界 : 小関智弘の町工場巡礼記の研究」⑥, 法政大學經濟學會,『經濟志林』73-3(2006.3).
27) 2009.11.29. 相田利雄 면접, 2010.2.6. 萩原進 면접.

내려오는 만능적 숙련공이 주력이던 1950년대, 기계와 절삭공구의 성능 향상으로 숙련의 분해와 숙련공의 세대 교체가 시작되던 1960년대, 컴퓨터 기술을 응용한 자동화가 이루어진 1970년대, 글로벌라이제이션으로 인한 해외생산의 확대와 저가 수입품의 증대로 가격 인하 압력이 가중되는 1990년대 이후, 등으로 구분하여 살펴보았다.

1) 숙련 형성과 지역노동시장

고세키의 직업생활 경력에 대한 기록에는 표준화가 곤란한 기계가공 작업에 종사하는 숙련공의 양성과정과 직장 내부의 생활세계가 나타나 있다. 그는 직장을 이동하며 기능의 범위를 넓히고 숙련도를 높였으며 새로운 기술을 전파하기도 했다. 독립한 숙련공은 합당한 보수를 주는 직장을 찾아 떠나고 있다. 즉, 지역공장집단 내부에서 숙련공의 철새 이동은 기능의 확산과 노동조건의 횡단적 평준화를 초래하는 요인이 되고 있었다. 자기의 솜씨를 믿고 마치고바 사이를 이동하였지만 고세키가 출생, 교육, 취업, 결혼, 주택 신축은 모두 반경 4km 이내에서 이루어졌다[28]. 또한 이 지역은 작업장과 주거가 같이 있는 직주(職住) 일체형 주택이 70%에 달한다는 기록이 있을 정도로 직인의 생활공동체가 형성되어 있는 곳이다.[29]

---

28) 萩原進, 「町工場の世界: 小関智弘の町工場巡礼記の研究」, 2004b, p. 104.
29) 小関智弘, 『町工場の磁界』(増補新装版), 東京: 現代書館, 1997, p.94.

(1) 도제 생활과 경험적 숙련

고세키는 도쿄도립대학 부속 공업고교의 보통과(普通科)[30]를 졸업한 직후인 1951년에 역에 붙어 있는 선반 견습공 모집 광고를 보고 찾아가 키타무라(北村)제작소에 취직했다. 기계 3~4대가 있는 소규모 공장이었으며, 작업 마무리와 기계 수리를 담당하는 공장주와 선반공 2명이 있었다. 당시 고졸 학력으로 마치고바에 들어오는 사례는 거의 없었으므로 견습공에게 비어 있던 선반 1대를 배당하는 특혜를 받았다. 임금체계는 시급월급제(時給月給制)[31]였다. 근무 시간은 오전 8시에서 오후 5시까지였으며 잔업에는 25%가 할증되었다. 기계공의 경우에는 기업 규모별 임금 격차는 거의 없었다. 인근의 대기업에 근무하는 동년배의 중졸 판금공이 월 2,000엔을 받았지만 고세키는 고졸이었으므로 월 2,500엔이었다. 한사람 몫을 하는 직인은 월 6,000~8,000엔 수준이었다. 고세키는 여기에서 5개월 정도 있다가 작업에 실수를 했다고 구타하는 선배 직인과 싸우고 사직했다. 그러나 5개월간 선반공 훈련을 단기집중형으로 충실하게 받았다. 고세키는 쇠를 깎는다는 것이 바로 이러한 일이라는 생각을 하게 되었고, 일을 배우며 신선함을 느꼈다고 회고하고 있다. 여기에서 고세키는 불을 피워 재료를 가열하고, 망치로 두들겨 선반에 사용하는 절삭공구인 바이트(bite)를 직접 만들어 쓰는 것을 배워가며 기초를 익힌 것을 중시하고 있다. 또한 선배가 쓰다 버리는 바이트로 깎는 연습을 하였으

---

30) 인문계를 의미.
31) 실질적인 노동시간을 기준으로 임금을 계산해 월 1회 지급.

며, 제품 생산에도 참가해 요구되는 규격보다 여유를 남기고 초벌로 절삭하는 '껍질 벗기기'를 하며 선반 핸들 조작을 익혔다.[32]

당시는 한국전쟁 때였으므로 이 공장에서도 미군에 납품하는 전차 무한궤도용 부품인 플랜지[33]를 제작하고 있었다. 고세키는 사장이 완성품에서 나타나는 미묘한 광택의 차이를 보고 작업자의 숙련도를 판별하는 것을 경험했다. 당시 미군이 부품의 호환성을 확보하기 위해 요구하는 엄격한 규격은 마치고바의 기계공을 놀라게 했다. "어쨌든 쓸 수 있게 한다."는 것이 솜씨라고 뽐내던 직인들 사이에서 당시까지 통용되던 "현물에 맞추기[34]" 방식이 통하지 않았다. 그러나 작업 순서 결정, 절삭공구 선택, 도구와 치구(治具,Jig)의 고안과 같은 작업 준비 능력이 중요한 의미를 가지게 되었다.[35] 여기에서 그가 체험한 1/100mm의 차이를 손으로 느끼는 숙련공의 감각은 여러 저술과 강연의 소재로 등장하고 있다.[36]

1951년 7월에 고세키가 전직하여 4년간 일한 종업원 25~30명 규

---

32) 萩原進,「町工場の世界 : 小関智弘の町工場巡礼記の研究」, 2007b, pp. 75-80, 83-85.
33) flange, 연결에 쓰이는 이음쇠.
34) 現物あわせ, 부품이 설계 규격대로 정밀하게 가공되지 않아 조립이나 실제 작동에 문제가 발생하면 즉석에서 수작업으로 마무리를 하여 완성하는 것을 말한다. 대량생산 방식 도입에 필요한 공업규격의 표준화가 아직 정착되지않은 시대적 상황이 나타난다. 원문에는 전시에 일본군의 고사포가 전장에서 조립되지 않아 낭패를 겪었다는 일화가 소개되어 있다.
35) 小関智弘,『職人学』, 東京: 講談社、2003, pp. 88-95.
36) 小関智弘,『職人学』, pp.46~47.

모의 다이도(大同)정기는 선반만이 아니라 프레이너, 프라이스반, 프레스, 판금, 전기 관계 조립, 등 종합적인 작업을 하는 공장이었다. 마코메(馬込)의 메오또자카(夫婦坂)에 있는 이 공장은 비교적 규모가 큰 마치고바였으며 기계공장, 조립공장, 판금공장과 대장간을 갖추고 있었으며 인근의 대기업에 부품을 공급하지만 자사 제품도 생산하는 독립성이 강한 중소기업이었다. 이 공장에서 제작한 '아폴로'라는 상표명을 가진 자동차용 방향지시기[37]는 널리 보급되었다. 그는 견습공을 하며 주된 업무는 선반이었지만 판금, 프레스 작업을 보조하거나 여러 가지 잔심부름을 한 것이 크게 도움이 되었다고 평가하고 있다. 여기에서 다양한 직인들과 폭넓게 접촉할 수 있었으며 진짜 마치고바에 대해 공부할 수 있었다. 키타무라와 다이도에서 기초를 가르친 선배들은 모두 전쟁 때 도제 생활을 경험한 직인들이었다. 고세키는 전후에 입사하였으므로 급료를 제대로 받는 견습공의 신분이었지만, 직인들로부터는 고죠(小僧)[38]로 취급받았다. 다이도에서 4년을 지내자 일단 그 공장 안에서는 한사람 몫을 할 수 있게 되어 견습공을 벗어났다. 이러한 견습 기간은 전전의 직인들이 경험했던 것과 비슷했다[39].

(2) 자립적 숙련공의 철새 이동

선반공 견습을 마친 고세키는1955년에 케이힌(京浜)건설공업으

---

37) 현재와 같이 전구가 점멸하는 것이 아니라 팻말을 움직여 방향을 표시했다.
38) 아이, 꼬마.
39) 萩原進, 「町工場の世界 : 小関智弘の町工場巡礼記の研究」, 2004b, p. 99; 2007b, pp. 81-83.

로 전직해 1.5년간 일했으나 노동조합을 만들어 서기장을 맡았다가 해고되었다. 고세키에게는 케이힌에서 하는 작업은 잡스러운 일이었다. 솜씨도 제대로 되어 있지 않은 직인들이 고세키에게 "아, 굉장하다"고 말할 정도였다. 그는 독립한 직인이 되었다는 자신감을 가지게 되었다. 노동운동이 발생하게 된 계기는 능률급(성과급)에 있었다. 빈번하게 임률(賃率, 표준단가)을 낮추었으므로 노동자들의 분노를 샀고 노조가 결성되었다. 또한 성과급도 조(組) 단위로 산정되었다. 고세키는 노조 결성 과정을 챙겨 서기장이 되었고 숙련도가 높은 고참 노동자가 조합장을 맡았다. 경영자는 원청회사와 결탁하여 직장을 폐쇄하고 경력이 오랜 직인들을 회유하여 분열시켰다. 즉, "노동자의 요구는 수용하겠지만 붉은 깃발을 흔드는 자를 따르는 공장은 망하게 마련이니 고세키를 내보내야 한다"는 회사의 설득을 받아들인 조합장이 "여기는 당신같이 우수한 사람이 있을 곳이 아니다. 퇴직금을 받아주겠으니 떠나 달라."고 부탁하였다. 고세키는 사직하고 노동조합도 없어졌다. 원청회사인 니혼(日本)야금의 노동조합은 하청 회사의 노동운동을 응원하지 않았다 당시에는 노동자를 가혹하게 대하는 구식 경영자가 많아 오타구 일대의 마치고바에 노동조합이 계속 늘어나고 있었으며 급진적인 젠킨(全金)[40] 계열의 노동조합이 많은 고지야(糀谷) 일대를 젠킨긴자(全金銀座)라고 부를 정도였다.[41]

---

40) 全國金屬勞動組合, 현재 JMIU(全日本金屬情報機器勞動組合)로 이어지고 있다.
41) 萩原進, 「町工場の世界: 小関智弘の町工場巡礼記の研究」, 2004b, p. 100; 2007b, p. 94; 2007c, pp. 341-342.

고세키는 해고된 이후에 실업보험을 받다가 직업안정소가 소개한 오타지역의 대기업인 도쿄계기(計器)의 채용 시험에 응시했다. 한 사람 몫을 하는 24세의 선반공이 임시공으로 들어가는 것은 굴욕적인 일이었으나 오모리와 카마타 일대의 기계공들에게 도쿄계기는 선망의 대상이기도 했다. 학과 시험 과목은 중졸 학력을 대상으로 한 영어, 한자, 수학이었으며, 실기는 선반을 사용하여 핸들의 유선형 손잡이를 제작하는 것이었다. 200여명의 응시자 가운데 3~4명을 뽑는 채용 시험에 합격하였으나 3개월의 임시공 기간이 끝나고 정식 채용 절차를 밟다가 노동운동 때문에 해고된 전력이 드러나 실패했다. 소효[42] (總評) 계열인 젠킨에 속한 도쿄계기의 노동조합도 임시공은 조합원이 아니라는 이유로 개입하지 않았다.[43]

도쿄계기에서 쫓겨난 고세키는 1957년에 도이츠(東一)제작소라는 마치고바에 취직하여 7년간 선반공으로 일했다. 이시카와지마하리마(石川島播磨)조선의 하청공장이었으므로 고세키는 대형 공작물(工作物)을 절삭하는 일을 했다. 여기에서 그는 다양한 형상을 가진 재료를 회전축에 고정시키기 위한 방법과 도구를 고안하고, 선반으로 가공하는 일을 6년간 했다. 고세키는 1964년에 사장에게 셋째 아이가 태어났으니 월급을 5,000엔 올려 달라고 요구했다. 당시 고세키의 임금

---

42) 日本労働組合総評議会、1950. 7.~1989. 11.
43) 萩原進, 「町工場の世界 : 小関智弘の町工場巡礼記の研究」, 2004b, p. 100; 2007b, pp. 94-99.

수준은 잔업과 일요일 출근수당을 합해 약 3,000엔이었다. 공장장이 고세키보다 5,000엔 높은 수준이었다. "올려줄테니 다른 사람에게는 비밀로 하라"는 사장의 요구에 사직했다. 사장이 만류하느라고 퇴직 금을 주지 않아 싸우고 그냥 나왔다.[44]

고세키는 공장장이 그 정도는 줄 수 있다고 소개한 공장에 잠시 갔다가 1964년 봄에 직업안정소의 소개를 받아 효율이 높은 신형 절 삭공구인 초경(超硬)합금으로 제작한 바이트를 사용할 수 있는 선반 공을 찾는 후소(扶桑)제작소에 취직했다. 오타지역의 대기업인 니혼 (日本)특수강의 하청 공장이었다. 경영자는 초경 바이트를 사용하는 니혼특수강의 다른 하청 공장보다 생산성이 뒤쳐지는 것을 고민하고 있다가 고세키에게 월 40,000만엔의 급료를 약속하고 채용하였다. 당 시 후소제작소의 선반공들은 월 30,000엔 전후를 받고 있었다. 고세키 는 철새와 같이 이동하는 직인 생활을 마치고 후소제작소에 사실상 정착하였다. 그러나 석유파동 직후의 불황 속에서 원청회사인 니혼특 수강이 다른 회사와 합병하여 지방으로 이전하고 후소제작소는 1975 년에 폐업하였다. 고세키는 후소제작소를 그만두고 나서 3~4개월 후 에 마지막 직장인 도아(東亞)공기에 취직하여 2002년까지 25년간 근 속하였다. 고세키가 보기에 고참 선반공들이 모두 이 회사에서 키운 양성공들이어서 솜씨는 좋지만 기계를 다루는 방법이 어설펐다. 고세

---

44) 萩原進, 「町工場の世界 : 小関智弘の町工場巡礼記の研究」, 2004b, p. 101; 2007b, pp. 102-103.

키는 여러 공장을 옮겨 다니며 익힌 다양한 기능을 발휘하여 선반공들에게 새로운 사용 방법을 알려 주었으며 정착하였다.[45]

고세키는 직인이 마치고바를 옮겨 다니며 기능을 전파하는 역할을 수행한 것을 높이 평가하고 있다. 고도성장기까지 많은 직인들이 철새 이동을 하며 지역을 돌아 다니고 있었다. 그러나 ME(극소전자) 기술혁신의 진행과 함께 컴퓨터로 제어하는 NC(수치제어)공작기계가 등장한 다음에는 기능이 일률화(一律化)되었으므로 철새 직인은 완전히 없어졌다.[46]

(3) 직인(職人)의 정체성과 지역노동시장

이상에서 살펴 본 바와 같이 고세키는 18세에 선반공을 시작하여 31세에 후소제작소에 들어갈 때까지 여러 마치고바를 옮겨 다니며 숙련을 향상시키고 있었으며 자기의 임금도 높았다. 직인의 정체성을 주장하는 숙련공들은 연공제를 기반으로 한 일본적 노사관계와 거리가 멀었다. 공공 직업안정소가 직인과 마치고바를 연결하고 있었으며 지역노동시장이 형성되어 있었다. 반면에 정보기술을 적용한 공장 자동화가 진행되는 것과 함께 철새와 같이 이동하는 숙련공도 없어졌다는 증언이 함축하는 의미도 중요하다. 즉, 한편으로는 인간의 숙련을

---

45) 萩原進,「町工場の世界 : 小関智弘の町工場巡礼記の研究」, 2007b, pp. 102-105; 小関, 앞의 글, 1997, pp. 213-214; 2003, pp. 202-203.
46) 萩原進,「町工場の世界 : 小関智弘の町工場巡礼記の研究」, 2007b; p. 104.

해독하여 기계 내부로 체화시키는 ME 기술혁신에 적응할 수 있는 능력을 갖춘 노동자가 필요하게 되었으며, 다른 한편으로는 생산성이 향상되어 노동력 수요가 감소되었다는 측면이 있다. 여기에서도 기술혁신과 숙련의 변화에 대한 고전적인 쟁점이 부각된다.

2) 기술혁신과 숙련공의 세대교체

장기간 마치고바를 내부에서 관찰한 고세키의 기록을 보면 새로운 기술과 관리기법의 등장은 숙련공의 세대 차이를 부각시키는 계기가 되고 있다. 절삭공구의 재질이 고급화되고 공작기계의 성능이 향상되면서 전전에 양성된 직인들이 가지고 있는 경험적 숙련의 가치는 저하되었다. 소집단 활동을 기반으로 한 품질관리 기법과 정보기술을 적용한 NC 공작기계가 등장했을 때에도 비슷한 문제가 나타났다. 즉, 노동자의 지적 능력이 중요한 의미를 가지게 되는 것과 함께 경험과 감각으로 숙련을 전수받은 구세대 숙련공들은 새로운 환경에 적응해야 하는 부담을 가지게 되었다.

(1) 대량생산과 숙련의 분화

고세키가 견습공으로 입직했던 시절에는 선반공이 절삭공구인 바이트를 스스로 만들고 수리했다. 고세키보다 윗세대의 직인들은 목공과 비슷하게 모두 자기의 도구상자를 가지고 다녔으며 내용을 보여주지 않았다. 그러나 고세키는 어느 정도 일을 배우고 나서 측정기,

약간의 부속 도구, 특수한 바이트 정도 이외에는 대단한 물건이 들어 있지 않은 도구상자가 독립한 직인이라는 지위를 과시하는 상징이라는 사실을 알았다. 선반공들이 바이트를 직접 만들지 않고 외부의 전문 업체가 만든 것을 사용하게 된 시기는 1950년대 중반부터였다. 안전면도기의 면도날과 마찬가지로 바이트가 무디어지면 버리기 시작했다.[47] 이 시기에는 일본의 전후 복구가 끝나고 고도 경제성장이 시작되었으므로 마치고바도 생산량을 증가시켜야 했다.

다이도정기에 있을 때에도 선반공이 직접 소재를 열처리를 하고 망치로 두들기며 바이트를 만들었으며 초경 바이트는 귀중한 물건이므로 작업이 끝나면 날이 상할까봐 천으로 싸서 보관했다. 그러나 케이힌건설로 옮기자 선반공이 바이트를 만드는 일은 없었고, 초경 바이트 같은 것은 얼마든지 소모해도 좋으니 능률만 올리라는 것이 경영 방침이었다. 고세키가 철새 이동을 끝내고 정착한 후소제작소에 있는 약 20명의 선반공은 모두 전전이나 패전 직후부터 재직한 양성공 출신들이며, 니혼특수강이 단조(鍛造)해 공급한 소재가 파손될 것이 두려워 선반의 회전수를 낮춰가며 구식 절삭공구로 천천히 깎고 있었다. 고세키는 같이 채용된 후지이 유키오(藤井幸男)와 같이 선반공들에게 다이도정기와 케이힌건설공업 시절에 익힌 초경(超硬) 바이트의 사용법을 전파하였다.[48] 여기에서는 새로운 작업방법을 쉽게 받

---

47) 萩原進,「町工場の世界 : 小関智弘の町工場巡礼記の研究」, 2002b, pp. 102-105.

아들이지 않는 경험적 숙련공의 타성 때문에 경영자는 고액의 보수를 주고 신식 절삭공구를 익힌 숙련공을 중도 채용해 충격을 주는 모습이 나타나고 있다.

초경(超硬) 바이트의 등장이 초래한 선반공이 가지고 있는 숙련의 분화는 개별 기계마다 모터가 부착된 직결식(直結式) 선반의 보급으로 가속화되었다. 이전에는 대형 모터를 활차(滑車, pulley)에 연결하고 벨트를 걸어 선반을 가동했다. 고세키는 1960년대 중반까지는 벨트식 선반을 사용했고, 이후에 직결식으로 변했다고 회고하고 있다.[49] 물론 이는 마치고바의 모습이고 대공장에서는 직결식 선반이 더욱 빨리 도입되었다. 고세키는 직결 선반을 입직 후 3~4년이 지난 시기, 즉 1950년대 중반에 사용하기 시작하였으며, "직결 선반에 초경 바이트를 부착해 깎으면 마치 도깨비에게 철봉을 들려준 것이나 마찬가지였다"고 새로운 기계가 초래한 충격을 묘사했다. 그는 초경 바이트의 출현으로 절삭의 세계에는 혁명적인 변화가 일어났다고 해도 지나치지 않는다고 평가하며 실제로 "이제는 내가 일할 시대가 아니다"라는 말을 남기고 쓸쓸한 모습으로 공장을 떠나는 선반 직인이 있었다고 기록하고 있다. 특히 경험이 많은 노동자일수록, "그렇게 다루면 기계가 부서진다. 그러한 속도로는 바이트의 날이 견디지 못한다."는

---

48) 萩原進,「町工場の世界 : 小関智弘の町工場巡礼記の研究」, 2002b, pp. 101-105.

49) 萩原進,「町工場の世界 : 小関智弘の町工場巡礼記の研究」, 2002b, pp. 81-82.

반응을 보였으며 새로운 기계와 절삭공구에 대한 저항이 컸다. 반면에 젊은 층이나 경험이 짧은 노동자일수록 저항이 없었으며 기계의 능력과 바이트의 성질에 빨리 익숙해졌다. 이 무렵부터 새로운 기계가 들어오면 선배 직인이 먼저 사용하고 순서대로 오래 된 기계를 신참인 젊은 직인이 사용하는 습관도 없어졌다. 고세키가 초경 바이트에 대해 처음으로 체계적인 교육을 받은 시기는 케이힌건설공업에 재직하던 1955년이었다. 선반공들이 사용 방법을 몰라 초경 바이트의 소모율이 높았으므로 회사는 제조업체를 불러 강습회를 열었다. 고세키는 강의를 듣고 눈에서 비늘이 떨어져 나가는 것을 느낄 정도로 좋은 내용이었다고 느꼈다. 주위의 선반공들은 설명을 이해하려고 하지도 않았고 아무런 반응을 보이지 않았다. 고세키는 거부 반응을 보이는 동료들을 설득했으며 회사에 요청해 필요한 도구를 구입했다. 여기에서 노조를 만들었다가 해고당하고 임시공으로 입사한 도쿄계기는 집중연마 방식을 사용하고 있어 선반 작업장에는 연마용 그라인더가 한 대도 없었으며 바이트가 무디어지면 공구관리실에서 교환해 주었다. 선반공에게 바이트의 날을 연마하는 훈련을 하기보다는 일분이라도 선반 작업을 더하라고 요구하는 것이 이 공장의 방침이었다. 자기가 쓰는 바이트를 만드는 것은 고사하고 연마도 하지 못하는 선반공이 만들어지고 있는 것을 보고 고세키도 어이가 없었다고 술회하고 있다.[50] 또한 고속으로 강력하게 작동하며 정밀 가공을 하는 직결식

---

50) 小関智弘, 『職人学』, pp. 80-85.

선반의 보급과 함께 "기카이야(機械屋)", "마신쭈루야(machine tool 屋)"라고 하던 기계수리 전문업자도 새로운 기계를 감당하지 못하고 공장지역에서 사라졌다. 공작기계 제작회사들은 경쟁적으로 신제품을 출시하며 수리 부문을 설치해 서비스를 제공하기 시작했다. 고세키는 직결식 선반의 등장으로 직인이 솜씨를 발휘해 기계를 돌보며 사용하는 시대가 지나갔다고 회고하고 있다.[51]

이상과 같은 상황은 경험적 숙련을 보유한 구형 선반공이나 기계수리공의 입지가 축소되고 있다는 것을 보여주고 있다. 그러나 지적 이해력과 결합된 새로운 종류의 숙련이 중요한 의미를 가지게 되었다. 즉, 대량생산 체제의 확립이라는 고도 경제성장 시대의 사회적 요구와 공작기계의 발달이 상승작용을 하여 마치고바의 선반공 사이에서도 세대교체가 일어나고 있었다.

(2) 품질관리운동과 노동자의 지적 능력

마치고바에도 품질관리활동이 보급되는 추세 속에서 노동자에게는 경험의 축적만이 아니라 지적 능력의 보유가 중요한 의미를 가지게 되었다. 고세키는 후소제작소에 있을 때 절삭방법에 대한 기록을 남기기 시작하였다. 소재의 종류, 가공방법, 시간 등을 기록한 메모를 장기간 축적했다. 원청 기업인 니혼특수강은 하청 기업에도 ZD운

---

51) 小関智弘, 『町工場の磁界』, pp. 194-195.

동52)에 협력할 것을 요구하였다. 처음에는 모두가 궁리를 해 그림을 그리거나 문장을 작성해 원청 회사에 보내면 수고했다고 상을 주거나 술을 보내는 정도였다. 그러나 곧 보고할 거리가 없어졌다. 달마다 보고서를 내야 하지만 "우리는 문장을 쓰려고 일하는 것이 아니다"라는 말이 나오게 되었고 선반공에게는 글쓰기가 고역이었다.

원청회사에서 개선 제안이 없다고 압박을 받은 경영자는 고세키에게 문장을 잘 쓰니 어떻게 해보라고 얘기했다. 고세키는 그동안 작성한 메모를 기초로 절삭의 난이도를 7단계로 나누고, 최적의 절삭공구와 절삭속도를 정리하여 일람표를 만들어 ZD회의에 제출했으나 노동자들은 아무런 반응을 보이지 않았다. 오히려 회의장 밖에 나가서는 제안 내용에 대해 "우리에게는 모두 몸에 배어 있는 것인데 코세키가 사장에게 잘 보이려고 하는 짓"이라고 불평하고 있었다. 니혼특수강은 고세키가 작성한 일람표를 연구실에서 조사해 과학적으로 정확하다는 판정을 내렸으며 후소제작소의 경영자를 크게 칭찬했다.53)

1964년에서 1975년에 걸쳐 후소제작소에 재직한 고세키가 묘사한 ZD운동의 사례는 예외적인 것이 아니라 오히려 일반적인 상황이라고 볼 수 있다. 쿠마자와 마코토(熊沢誠)는 소집단 단위로 조직된

---

52) zero defects movement, 무결함운동.
53) 萩原進,「町工場の世界：小関智弘の町工場巡礼記の研究」, 2008, pp. 410-415.

품질관리 운동이 처음에는 경영자가 강제하여 하향식으로 시작되었지만 종업원이 자발성을 가지고 참가하였다는 사실이라는 점을 강조하고 있다.54) 고세키와 비슷한 시기에 카와사키의 특수강 압연공장에서 가열로 운전공으로 일한 경험이 있는 나카무라 아키라(中村章)도 QC55)의 성과를 인정받기 위해 고학력 노동자를 중심으로 발표 자료를 준비하며, 육체노동자가 한 달에 한 번이라도 지적인 활동을 하는 것은 고역이지만 심신을 새롭게 하는 자극이 되며 결코 경영자가 강제로 시켜서 하는 활동이 아니라는 점을 강조하고 있다.56) 철강산업 작업장의 노동자 참가 상황을 조사한 닛다 미치오(仁田道夫)는 가시적인 실익을 확보하는 경제효과가 아니라 종업원이 경영목표를 수용하여 자기의 목표로 내면화하는 조직효과가 중요하자는 것을 발견했다.57) 즉, 원청회사로부터 인정받았다고 하는 고세키의 자랑은 경험을 해석하고 기록할 수 있는 지적 능력을 가진 노동자가 중시되기 시작하였다는 작업장 질서의 변화를 반영하고 있다고 볼 수 있다.

(3) NC기계와 노동자의 적응 과정

제1차 석유파동 직후의 불황 속에서 원청 기업인 니혼특수강이 도산하였으므로 하청 기업인 후소제작소도 1976년에 폐업했다. 고세

---

54) 熊沢誠、『日本の労働者像』、東京: 筑摩書房、1981, p. 111.
55) Quality Control.
56) 中村章、『工場に生きる人びと-内側から描かれる労働者の実像-』、東京: 学陽書房、1982, pp. 109-134.
57) 仁田道夫、『日本の労働者参加』、東京: 東京大学出版会、1988, pp. 45-49, 69-77.

키는 44세에 실업자가 되었지만 NC기술을 배워 재취직에 성공했다. 바로 그 해에 도쿄 바닷가에 있는 하루미(晴海)에서 국제공작기계 견본시가 열렸다. 당시 실업 상태였던 고세키는 핸들이 없이 컴퓨터 제어로 작동하는 공작기계를 처음으로 보고 놀라서 3일간 연속해서 구경했다[58]. NC공작기계가 등장했을 때 숙련공들이 느낀 충격은 오타 지역에서 금형 공장을 하며 2003년에 문부과학대신상을 받은 다니우치 케이지(谷内啓二)의 사례에서도 볼 수 있다[59]. 그는 1977년 가을에 하루미의 견본시에 갔다가 새로운 기계가 사람이 없이 프로그램만 있으면 아무리 복잡한 형상을 가진 금형이라도 만들어 내는 것을 보고, "여태까지 줄칼 하나로 다듬어 내던 것이었는데, 이제 내가 솜씨를 자랑하던 시대는 끝났다"는 생각이 들어 눈물이 멈추지 않았다고 회고하고 있다. 다니우치가 선택한 활로는 컴퓨터가 할 수 없는 일을 하자는 역발상이었다. 고세키는 이를 후까시보리[60]용 금형과 같이 현장 경험이 풍부한 사람이 유리한 분야에 특화하여 성공한 사례로 평가하고 있다.[61]

---

58) 萩原進, 『經濟志林』75-4 2008. 3., pp. 418-419.
59) 이중 안전 풀탭(double safety pull tab) 방식을 사용하여 고리를 당겨 개봉하여 뚜껑이 안쪽으로 밀려 들어가 손을 베지 않는 안전한 깡통을 개발한 공로를 인정받았다. 1992년에 특허를 취득한 이 발명은 17개국에서 특허를 인정받았다. 다니우치의 경력을 보면 1931년 출생으로 1946년에 도쿄 아다치구의 마치고바에서 금형공 생활을 시작해 도제생활을 1956년에 마쳤다. 타이프라이터를 비롯한 사무기계를 제조하다가 1963년에 오타구에서 마치고바를 만들어 금형을 생산했다. 그는 2000년대 초에도 종업원 6인 규모의 다니케이(谷啓)제작소를 운영하며 50여개의 특허를 가지고 있을 정도로 발명과 개발에 대한 의욕이 왕성하다.
60) 深絞り、 딮드로잉(deep drawing)을 말하며 평판으로부터 이음이 없는 중공 용기를 만드는 성형법이다.

고세키의 대응 방식은 신기술에 적응하는 것이었다. 그는 오타구와 인접한 카와사키시의 다카츠(高津)구에 있는 이케가이(池貝)철공소라는 공작기계 분야의 대기업이 개최한 'NC스쿨'에 참가하여 8일간 프로그램 방법과 기계조작 방법을 배웠다. 고세키를 제외한 수강생들은 공작기계를 구매한 회사의 사원들이었다. 회사에 이미 반입된 기계를 자기가 가동해야 한다는 압박감에 시달리고 있는 선반공이 계산을 못해 교육에 적응하지 못하고 점심 시간에 배가 아프다고 호소하다가 구토하는 광경도 있었다. 현재는 기계에 자료를 입력하면 프로그램이 자동적으로 계산하지만 당시에는 NC기계를 사용하는 작업자가 삼각함수, 피타고라스의 정리 정도는 알아야 했고 탁상용 전자계산기로 계산하여 입력시켜야 했다. 당시의 상황에 대해 고세키는 NC기계때문에 신경을 쓰다가 위장병, 원형 탈모증, 성기능 저하에 시달리는 선반공들이 있을 정도였다고 증언하고 있다. 불과 8일간의 강습을 받은 고세키는 오타지역의 마치고바에서 대환영을 받았으며, 직업안정소를 통해 마지막 직장인 도아(東亞)공기(工器)에 취직했다. 이 회사에서도 NC기계 강습을 받으라고 선반공을 보냈지만 싫다고 돌아왔으며, "내 손으로 깎는 것은 자신 있다. 모두가 NC는 삼각함수 같은 것으로 일일이 계산해야 되므로 싫어한다. 건너편에 있는 구식 선반만 할 수 있다"는 반응을 보였다. 구인 조건에는 40세가 상한이었으나 회사는 이미 44세가 된 고세키가 기초적인 것밖에 모른다고 밝혔음에

---

61) 小関智弘,『職人学』, pp. 160-166.

도 불구하고 최선을 다해 열심히 하겠다는 의지만 있으면 좋다고 채용했다.[62]

고세키는 NC기계에 빨리 적응할 수 있었던 배경에 대해 후소제작소에서 7년간 계속해 작성한 작업 방법에 대한 메모가 크게 도움이 되었다고 판단하고 있다. 즉, 메모를 작성하면서 기호를 사용하여 선반의 회전속도나 바이트를 이송하는 거리를 표시하는데 숙달이 되어 있었으므로 그는 수치나 기호를 사용하여 프로그램을 작성하는 일에 저항감을 느끼지 않았다. 그는 이 과정에서 금속에 대한 지식이나 도면에 사용하는 기호와 같은 실무적 지식을 공구업체가 제작한 설명서를 통해 얻었다. 당시 마치고바에서는 금속 재료를 대충 엉성하게 분류하고 있었으며 숙련공들은 계산이나 기호 사용을 어려워했다. 손으로 핸들을 조작하고 있던 일반 선반공들에게 갑자기 프로그램을 하라고 지시해도 소용없었다. 도아공기에도 1970년대 초에 NC선반이 들어왔으나 시모마루코(下丸子) 일대에서는 모두 사장이 비싼 기계를 사들여 도락(道樂)에 빠져 있다고 흉을 보았다. 인근에는 거의 보급되지 않았으며 마치고바 사장들이 견학하러 올 정도였다. 그러나 고세키가 입사하고 4~5년이 지나 1980년대가 되자 NC선반이 없는 공장을 찾기 어려울 정도가 되었다. NC기계가 급속하게 보급될 수 있었던 배경을 보면, 공작기계 제작업체가 사용자를 훈련시켰으며 처음 2주간 정도는 구입한 회사에 직원을 상주시켜 설치, 운전, 조작을 같이 하고, 문

---

62) 萩原進,「町工場の世界 : 小関智弘の町工場巡礼記の研究」, 2008, pp. 421-426.

제가 발생하면 전화, 출장 방문, 팩스 등의 방법으로 지원하는 애프터 서비스를 제공했다는 점이 중요하다.[63]

고세키는 NC기계의 도입과 ME기술혁신이 가져온 충격을 기술하면서도 마치고바와 지역공장집단의 미래에 대해서는 우려를 표시하지 않고 있었다. 즉, 그에게는 공장 자동화가 추진되는 과정에서 발생한 개인의 어려움은 숙련공과 새로 등장한 정보기술에 적응하는 과정에서 발생한 마찰적 문제에 불과했으며 교육훈련과 의사소통으로 해결할 수 있었다.

3) 해외생산과 지역공장집단의 위축

고세키는 중국의 대두로 일본의 산업이 대량생산 방식에서 다품종 소량생산 방식으로 전환하는 시점을 1992년으로 지적하고 있으며 인간이 가지고 있는 기능의 중요성을 다시 한 번 재평가 할 것을 제안하고 있다. 이것은 거품경기가 퇴조하고 해외생산이 증대하면서 하청 생산조직의 하부에 위치한 마치고바의 작업량 확보 자체가 곤란해지는 상황에서 활로를 찾으려는 위기위식을 반영하는 언급이라고 할 수 있다. 고세키가 주장하는 마치고바의 장점은 노동자들이 능력을 발휘해 NC기계를 개량하고 주변기기를 연결해 원래 제작한 업체에서는 생각하지도 못한 용도로 사용할 수 있다는 것이다. 고세키는 NC기계를 제대로 다루는 사람을 양성하려면 몇 달이라도 좋으니 구식 범용

---

63) 萩原進,「町工場の世界 : 小関智弘の町工場巡礼記の研究」, 2008, pp. 430-434, 436-438.

선반을 사용하는 경험을 가지게 하는 것이 필요하다고 지적하고 있다. 절삭은 이렇게 한다고 실감할 정도로 손으로 감각을 익히고 나서 NC기계를 사용하지 않으면 NC기계도 알지 못하게 되며, 모든 것이 블랙박스에 들어가는 결과가 된다는 것이 고세키의 지론이다.[64]

고세키가 언급한 1992년부터 진행된 다품종 소량생산화는 실질적으로 거품경기가 퇴조한 이후 지속된 장기불황 속에서 진행된 해외생산과 기업내 국제분업의 증대를 의미한다. 언론에 1992년부터 가격파괴라는 용어가 등장할 정도로 저렴한 수입 제품이 대량으로 유통된 것은 역수입의 효과였다.[65] 그러나 자동차, 정밀기계와 같은 일본 제조업의 주력 업종은 다양한 부품을 서로 세밀하게 조정해가며 목표로 삼은 제품의 기능을 실현해가는 '정합형' 설계 구상을 기본으로 삼고 있으므로 개발·시작(試作) 단계와 생산 현장이 밀접하게 연계되어야 경쟁력을 발휘할 수 있으므로,[66] 마치고바를 정책적으로 포기할 수도 없었다. 고세키는 다양한 사례를 들어 납품가를 인하하거나 하청회사에 발주하던 물량을 원청회사가 자체 생산하는 일이 벌어지는 것을 보고하고 있다. 특히 NC기계의 보급으로 마치고바가 수행하던 다품종 소량생산 기능을 대기업이 FMS[67]를 도입하여 내부화 할 수 있는

---

64) 萩原進,「町工場の世界 : 小関智弘の町工場巡礼記の研究」, 2008, pp. 432-437.
65) 吉田敬一、「グローバル化と中小企業の岐路」、労働運動総合研究所　編、『グローバル化のなかの中小企業問題』、東京:　新日本出版社、2005,　pp. 20-21.
66) 吉田敬一、「グローバル化と中小企業の岐路」, pp. 21-23.

가능성이 높아졌다는 점이 주목된다.[68] 이는 마치고바가 고유의 위상을 확보하는 일이 더욱 어려워졌다는 말이라고 할 수 있다. 2000년대 후반의 상황에 대해 고세키는 "마치고바는 기능을 중심으로 살아가는 사람들이 모인 집단이다. 이들은 생산조직의 맨 밑바닥에 자리 잡고 있는 불안정한 기업이지만 유동적으로 살아가는 힘도 굉장하다. 그러나 개인에게 고용 불안과 저임금이라는 부담을 지우고 있으므로 앞으로 큰 사회문제가 발생할 수밖에 없다. 일본 사회 자체가 미쳐버리는 것이 아닌가 하는 생각이 든다."는 우려를 하고 있다.[69]

고세키의 기록을 통해 거품 경제가 붕괴 직후인 1990년대 초에 오타지역의 마치고바 사장들이 가지고 있던 상황 인식을 보면 "누구나 할 수 있는 일은 단념하자. 다른 곳에서 흉내내지 못하는 일을 한다.", "이 곳에는 지역의 이점, 사람의 솜씨(技)가 있다.", "최대의 전범은 우리의 일을 3K[70]라고 부른 녀석들이다", "중심부가 공동화 되어도 우리는 외곽을 두르는 테두리가 되어 남는다", 등과 같이 불안감과 자부심이 공존하고 있다.[71] 이와 같은 판단은 과거에 일단 성공했던 ME(Microelectronics, 극소전자)기술혁신에 대한 재평가로 이어진다.

---

67) flexible manufacturing system., 유연생산체제.
68) 小関智弘, 『町工場の磁界』, pp. 51, 233-235.
69) 萩原進, 「町工場の世界 : 小関智弘の町工場巡礼記の研究」, 2008, pp. 437-438.
70) きつい・きたない・きけん, 힘들고, 더럽고, 위험한.
71) 萩原進, 「町工場の世界 : 小関智弘の町工場巡礼記の研究」, 2008, pp. 437-438.

고세키도 이들의 상황을 종합해 기계의 자동화와 인간의 탈숙련화에 대해 "NC기계가 주역이 된 이후에 많은 공장이 잘못된 길을 걸었다. 이제 숙련공은 필요없다, 프로그램과 세팅[72]을 할 수 있는 사람만 있으면 파트 아주머니, 아르바이트 학생도 괜찮다. 이렇게 제조를 안이한 시스템으로 바꾼 공장은 버블 붕괴 후 곧 폐업으로 몰렸다. 대지에 뿌리 내린 기초 기술이 없이 기둥 하나 세우고 단위에 최신 기계를 늘어놓은 시스템으로 모노즈쿠리를 하면 해외 신흥공업국에 지는 것이 당연하다"는 문제를 지적하고 있다.[73]

일본 제조업의 재활성화를 위해서는 첨단 기술만이 아니라 인간의 가치를 인정할 필요가 있다는 이들의 시각은 생산 현장의 상황과 연계되어 있다. "NC 등 새로운 기계 기술을 도입해 작업해야 하는 곳도 있다. 그러나 극히 소량의 물건을 옛날부터 내려오는 기술로 처리해야 하는 세계도 있다. 수요가 다양화되는 사회에서는 이러한 일을 처리할 수 있는 마치고바가 늘어날 것이다",[74] "작업의 흐름을 보면 개별 마치고바는 독자성을 가지면서 지역FMS라고 호칭할 수도 있는 집단을 이룬다. 여기에 로보트와 ME기술을 도입하여, 전통적 기술을 보다 풍부하게 확산시키면서, 아직 마치고바에 계속 남아있는 사람도 있다."[75]는 등의 논의는 제조업의 저변을 형성하는 숙련공과 하청생산 조직의 중요성을 강조하는 시각에서 나오고 있다. 고세키가 기록

---

72) setting 작업준비.
73) 小関智弘, 『職人学』, pp. 220-223.
74) 小関智弘, 『町工場の磁界』, 1997, p. 106.
75) 小関智弘, 『町工場の磁界』, p. 107.

한 현장의 목소리는 NC기계의 한계와 함께 인간의 주도성을 재확인하고 있다. "기계 기술이 발전하고 정밀화 고속화라는 요구가 높아질수록 초정밀 마무리를 할 수 있는 기능이 필요하게 된다. NC의 결정체인 머시닝 센터(MC)의 경우에도 우수한 메이커의 주요 부품은 정성을 쏟아 손으로 마무리한다.[76]" ME기술도 노동자로부터 뽑아내지 못하는 기능이 있다. 작업 준비 능력, 치구(治具, jig) 능력이라고 부르는 것은 마지막까지 인간의 손에 남는다. 일 욕심이 없으면 사람이 망가진다. 한 사람 한 사람이 올그라운드 플레이어가 되라고 입이 닳도록 말한다.", "NC기계를 사용하더라도 치구(治具,jig)를 만들 수 있고, 작업 준비를 할 수 있는 NC 직인이 되라고 젊은이들에게 말하고 있다"고 하는 고세키의 관찰은 결국 구상(conception) 능력을 갖춘 숙련공의 재생산을 촉구하는 주장으로 이어지게 된다. "숙련된 기능자들은 시대적 요구에 민감하게 반응하며 자기의 솜씨를 갈고 닦아 정밀도를 높일 수 있다. 기능은 키우는 것이다",[77] "확실히 마치고바에도 새로운 기계를 다룰 수 있고, 구식 기계로는 불가능한 물건을 만드는 새로운 유형의 직인이 출현하고 있다[78]는 주장도 제조기반기술의 발전과 보존을 장려하는 모노즈쿠리 운동의 문제의식과 일맥상통하고 있다.

이상과 같은 논의는 자동화와 해외생산화가 진행되는 상황에서

---

76) 小関智弘, 『町工場の磁界』, pp. 234-235.
77) 小関智弘, 『町工場の磁界』, p. 18.
78) 小関智弘, 『町工場の磁界』, pp. 221-223.

마치고바가 존립할 수 있는 차별성을 작업자의 능력과 지역공장집단의 네트워크가 발휘하는 유연성에서 찾자는 입장을 반영하고 있다. 즉, NC기계와 해외의 저임금 노동자가 수행할 수 없는 기능을 보유하는 고도의 숙련공을 재생산하고 활용할 수 있는 사회적 기제를 구축할 필요가 있다는 함의를 찾을 수 있다. 여기에서 모노즈쿠리 담론이 등장하는 배경을 파악할 수 있다.

4) 숙련의 가치와 모노즈쿠리 담론

반세기 이상에 걸친 노동생활에 대한 고세키의 기록은 전후 일본의 경제 성장과 기술의 발전이 마치고바에서 일하는 기계공의 직업세계에 미친 영향을 보여주고 있다. 도제식 양성 과정을 거쳐 경험적 숙련을 체득한 전전의 기계공이 가지고 있던 이미지는 대량생산 체제의 도입과 숙련의 분화, 지적 능력이 필요한 품질관리운동과 소집단 활동의 확산, 프로그램 작성 능력이 필요한 NC기계의 보급, 기업내 국제분업의 진행, 등과 같은 거시적 변동을 거치면서 고도의 구상능력을 발휘할 수 있는 생산 노동자로 바뀌었다. 고세키의 직업적 생애는 새로운 기술에 신속하게 적응하는 고학력 노동자의 사례이기도 하다.

반면에 거품경기의 소멸과 해외생산의 증대라는 환경의 변화는 마치고바와 숙련공이 새로운 존재이유를 모색하도록 촉구하고 있다. 이러한 배경에서 지역의 생산네트워크와 노동자 내부에 부존된 제조기반기술의 가치가 재평가 되고 있다. 지신의 체험을 바탕으로 고세키는 정보기술을 적용한 NC기계의 한계와 숙련에 내포된 인간적 요소를 지적하며 오타지역에서 축소되고 있는 마치고바와 지역공장집단이 가지고 있는 의미를 강조하고 있다. 모노즈쿠리를 일본 경제의 기반이라는 관점에서 보면 오타지역의 미래는 중요한 관심의 대상이다. 고세키가 가지고 있는 숙련공과 마치고바에 대한 자부심은 오타지역의 마치고바 집단이 일본 사회에서 차지하고 있는 위상을 반영하고 있다.

여기에 등장하는 사례는 일단 경쟁에서 도태되지 않고 생존한 숙련공과 마치고바의 이야기이다. 현실에서는 해외생산과 저가품의 역수입, 하청 단가 인하 압력, 등의 경영 환경 악화로 젊은 노동자의 입직 기피와 지역공장집단의 축소라는 문제가 지속되고 있다. 역설적으로 숙련의 공동화에 대한 우려가 존재하고 있기 때문에 고세키를 비롯한 직인들은 자동화된 기계를 주도적으로 사용할 수 있는 구상능력의 중요성을 강조하고 있다고 볼 수 있다.

4. 마치고바와 숙련의 재평가

일본에서 산업조직의 저변에 위치한 지역공장집단을 구성하는 마치고바의 선반공이 남긴 기록을 중심으로 1950년대부터 2000년대에 이르는 장기간에 걸친 노동과정과 숙련공의 성격 변화를 살펴 보았다. 이를 위하 도쿄 오타지역에서 반세기 이상에 걸친 선반공 생활에 대해 고세키 도모히로가 남긴 기록을 검토하였으며, 도제식 양성 과정을 거쳐 경험적 숙련을 체득한 전전의 기계공이 가지고 있던 이미지가 변천되는 과정을 살펴 보았다.

고세키는 도제훈련, 대량생산 체제의 도입과 숙련의 분화, 지적 능력이 필요한 품질관리운동과 소집단 활동의 확산, 프로그램 작성 능력이 필요한 NC 기계의 보급, 기업내 국제 분업의 진행, 등과 같은 과정을 경험하였으며 고도의 구상능력을 발휘할 수 있는 생산 노동자의 중요성을 강조하고 있다. 본래 제2차 세계대전 이전에 양성된 선반공은 경험적 숙련을 보유한 장인의 성격을 가진 숙련공이었으며 직무 범위가 넓었다. 한국전쟁기에 미군에 납품하는 군수물자를 생산하면서 일본의 공장도 대량생산 체제의 전제 조건인 부품의 호환성과 규격의 표준화의 중요성을 인식하게 되었다. 고도경제성장기의 대량생산은 생산성 향상을 위한 분업과 숙련의 분화를 촉진하는 계기가 되었다. 개수 임금제와 집단 성과급 경쟁의 도입은 숙련공의 반발을 초래하였으며 경영자의 온정주의는 한편으로는 연고관계를 의식하는 전전에 양성된 고참 노동자의 이의제기 행동을 억제하는 효과를 가져오고 있었지만 다른 한편으로는 지역에서 급진적 노동운동을 고조시키는 배경이 되었다. 1960년대 후반에 대기업에서 생산성 향상과 관리감독자의 리더십 확립을 위해 도입한 품질관리 운동과 소집단 활동은 숙련공 내부에 축적된 암묵지를 추출하여 공유할 수 있는 능력을 가진 고학력 노동자의 존재감을 부각시켰다. 체험을 문장과 기호로 표현할 수 있는 지적 능력의 소유자는 1980년대에 진행된 NC기계의 도입을 비롯한 ME기술혁신에 신속하게 적응할 수 있었다. 기계공의 양성 과정에서도 기술자가 주도하는 교육이 중요한 의미를 가지게 되었으며 이전과 같이 도제가 여러 공장을 이동하며 경험적 숙련을 쌓아 자립하는 관행은 사라졌다. 그러나 경영자가 정보기술을 적용한 공장 자동화에 대응하는 방법에 따라 마치고바가 1990년대 이후의 글로벌라이제이션 시대에 적응하는 능력은 차이를 보이게 되었다. 경험적 숙련을 보존하고 제품 차별화를 지향한 혁신지향적 마치고바는 새로운 시장을 확보하여 생존할 수 있었다. 반면에 임금이 저렴한 미숙련 노동자나 비정규 노동자를 고용하는 방향으로 자동화 기술을 활용한 기업은 중국을 비롯한 후발공업국의 저가 공산품과 경쟁해야 하는 곤경에 직면하였다.

전술한 마치고바의 변천은 고세키의 생애사와 직업경력 가운데 반영되어 있다. 오타의 지역공장집단은 규모가 축소되고 있으나 대기업의 연구개발 부문과 연계되어 있는 시제품 제작 기능을 발휘하여 일본 제조업의 경쟁력 확보에 기여하고 있다. 또한 지역에 축적된 정밀가공기술을 활용한 신제품 개발 및 항공산업과 같은 고부가가치를 창출하는 신산업의 개척이 진행되고 있다. 이러한 변화에 상응하는 새로운 숙련공의 이미지는 생산 현장의 수공적 감각과 정보기술 활용 능력을 겸비한 생산 노동자이다. 지자체, 지방의회, 경영자단체, 노동단체가 정치적 입장의 차이에도 불구하고 모두 지역의 제조업 기반을 유지해야 한다는 목표를 공유하고 있다. 또한 지자체 단위에서 산업 정책의 구상과 추진이 실행되고 있다.

　　지역의 생산네트워크와 노동자 내부에 부존된 제조기반기술의 가치가 재평가 되고 있는 오타의 지역공장집단은 생산방식의 유연전 문화가 발휘하는 경쟁력을 입증하는 사례이기도 하다. 또한 여기에서 는 국경을 초월한 분업과 생산과정의 재배치가 진행되는 글로벌라이 제이션 시대에 일본의 산업구조와 산업조직이 변화하는 모습이 구체 적으로 나타나고 있다. 즉, 직인(職人)으로서의 정체성을 강조하는 고 세키의 생애사 기록에 대한 분석은 현재 마치고바의 작업장만이 아니 라 사회 저변에서 일어나는 구조적 변화에 대한 고찰이기도 하다.

참고문헌

岡野雅行・橋本久義、『町工場こそ日本の宝 -他人のやらないことをやる から儲かる-』、(東京: PHP研究所、2005).

京谷榮二、「転換期の地域と企業 -ヴェンチャ-・ビジネス・タウン長野県 坂城町-」、社会政, 策学会 編、『社会政策学会誌』第4号、(東京: ミネルヴァ書房、2000).

橘川武郎、「統計データが語る地域経済と雇用の現状」、橘川武郎・ 連合総 合生活開発研究所編、『地域からの経済再生』、(東京: 有斐閣、 2005).

吉田敬一、「グローバル化と中小企業の岐路」、労働運動総合研究所 編 (東京:『グローバル化のなかの中小企業問題』、新日本出版社、 2005.

大田区立郷土博物館 編,『 工場まちの探検ガイド-大田区工業のあゆみ』
　　　　(東京: 大田区立郷土博物館, 1994).

梅原勝彦,『町工場強さの理由』(東京: 日本実業出版社、2008).

山田伸顕,『日本のモノづくりイノベーション -大田区から世界の母工
　　　　場へ-』(東京: 日刊工業新聞社、2009).

三橋規宏・内田茂男・池田吉紀,『ゼミナール日本經濟入門』2005年度版
　　　　(東京: 日本經濟新聞社, 2005).

三輪芳朗,『日本の企業と産業組織』(東京: 東京大學出版会, 1990).

商工中金調査部,「産業空洞化と中小企業」,『調査時報』、2003年4月7日.

小林英夫,『産業空洞化の克服』(東京: 中央公論新社, 2003).

小関智弘,『町工場の磁界』(増補新装版)(東京: 現代書館, 1997).

＿＿＿＿、『職人学』(東京: 講談社、2003).

植木武人,「産業政策・中小企業政策と労働運動」、労働運動総合研究所
　　　　編,『グローバル化　のなかの中小企業問題』(東京: 新日本出版
　　　　社、2005).

植田浩史,『産業集積と中小企業　-東大阪地域の構造と課題-』(東京: 創風
　　　　社、2000).

植田浩史,『現代日本の中小企業』(東京: 岩波書店、2004).

野口恒,『ものづくり日本の復活』(東京: 産業能率大学出版部、　2007).

熊沢誠,『日本の労働者像』、(東京: 筑摩書房、1981).

仁田道夫,『日本の労働者参加』(東京: 東京大学出版会、1988).

竹内淳彦　編、『日本経済地理読本』第8版 (東京: 東洋経済新報社、2008).

中村章,『工場に生きる人びと -内側から描かれる労働者の実像-』(東京:
　　　　学陽書房、1982).

萩原進(2007a),「ME革命を生きた旋盤工の物語：小関智弘からの聞き書き
　　　　の記録」①, 法政大學經濟學會,『經濟志林』75-1(2007.7)

　　(2007b),「ME革命を生きた旋盤工の物語：小関智弘からの聞き書きの
　　　　記録」②, 法政大學經濟學會,『經濟志林』75-2(2007.10)

　　(2007c),「ME革命を生きた旋盤工の物語：小関智弘からの聞き書きの
　　　　記録」③, 法政大學經濟學會,『經濟志林』75-3(2007.12)

　　(2008),「ME革命を生きた旋盤工の物語：小関智弘からの聞き書きの記
　　　　録」④, 法政大學經濟學會,『經濟志林』75-4(2008. 3)

奥山睦、『メイド・イン・大田区』(東京: サイビズ、2005).

広島大学大学院　工学研究課▪産学連携センター編,『ものづくり技術▪技能

の伝承と海外展開』(山根八洲男監修) (東京: 日刊工業新聞社, 2008).

稲上毅、『転換期の労働世界』(東京: 有新堂高文社、1989).

経済産業省・厚生労働省・文部科学省経済産業省 編、『ものづくり白書2005年版』、(東京: 2005).

関満博、『地域経済と中小企業』(東京: 筑摩書房、1995).

_____、『ニッポンのものづくり学 -全国優秀中小企業から学べ-』(東京: 日経BP出版センター、2005).

武田尚子、「空間再編成への関与 -地域工業団体の性格の変容」、武藏大学社會学部、『ソシオロジスト』6(2004).

桑原武志、「地区別工業会の機能 -東京、大阪を比較して」、植田浩史 編、『縮小時代の産業集積』(東京: 創風社、2004).

Braverman Harry, 富沢賢治 譯、『労働と独占資本』(東京: 岩波書店, 1978).

Sabel Charles F., Work and Politics. (New York: Cambridge University Press, 1982).

Piore M. J. & Sabel C. F, The Second Industrial Divide (New York: Baskci Books Inc. 1984).

이시재 외, 『일본의 도시사회』, 서울대학교 출판부(2001).

이종구, 「일본적 노사관계의 전환과 다원화」, 서울대학교 국제지역원, 『國際地域硏究』 제6권 제2호 1997년 여름호(1997).

_____, 「일본 산업공동화와 노조의 제조업기반 활성화 운동」, 전국민주노동조합총연맹, 『산업공동화와 노동의 대응 방향』(2005).

_____, 「일본의 산업공동화와 노조의 대응」, 한국노동교육원, 『노동교육』 vol.052 2006봄호 (2006).

_____, 「일본 제조업의 국내 회귀와 마치고바」, 국민대학교 일본연구소 편, 『일본공간』창간호(2007).

_____, 「일본 제조업의 해외이전과 지역공장집단 -도쿄 오타지역을 중심으로」, 민주사회정책연구원, 『민주사회와 정책연구, 통권 20호, 2011년 하반기(2011).

제3부

변화하는 에스닉 커뮤니티

현대일본생활세계총서 **2**

도쿄 메트로폴리스
: 시민사회·격차·에스닉 커뮤니티

도쿄도정과 재일조선인 시책

박정진

1. 국제도시 도쿄와 재일외국인

메트로폴리탄으로서 도쿄도의 위상은 기본적으로 그 규모와 집중성에서 나타난다. 도쿄도의 인구는 천 3백만 이상으로 다른 현의 약 5, 6배에 해당하고, GDP는 일본의 전체의 약 2할을 차지한다. 여기에 정치, 행정, 경제, 문화의 고급 중추기관이 밀접해 있어, 일본 최고의 정보 발신력을 보이고 있기도 하다. 무엇보다 국제성, 또는 글로벌적인 소통력이 도쿄도의 진정한 메트로폴리탄의 면모로서 어필되고 있다. 실제로 도쿄도 스스로가 이를 지향하고 있고, 외부세계로 부터도 개방된 대도시로서의 이미지를 가지고 있다. 다만, 세계적인 대도시로서의 엄밀한 정의는 단순하지 않다. 국제사회에서 도쿄도의 위상에

---

* 이 글의 초고는 『일본연구논총』제3호 (2011)에 「도쿄도의 에스닉 정책과 재일조선인 시책 : 대 총련 시책을 중심으로 본 그 형성과 변화의 인과성」이라는 제목으로 수록되었다.

대한 준거는 다양하며, 평가 또한 상이하다. 여기서는 일단 도쿄도의 국제적 의미에 대한 시각을 '안'으로 돌려보자. 2011년 1월 현재 도쿄도 내에는 42만을 넘는 외국인 등록자가 거주하고 있다[1]. 이 또한 규모로만 보았을 때 '세계적인 수준'이다. 하지만 이로서 도쿄도의 국제성을 단정지어 말할 수 없다. 문제는 이 외국인들이 도쿄에서 어떻게 살아가고 있느냐라는 점이다. 여기서 도쿄도정차원의 외국인 정책 및 각종 시책은 매우 결정적인 환경이 된다.[2] 도쿄도는 외국인들, 즉 다양한 에스닉 커뮤니티에 어떠한 관심과 대책을 세우고 있나? 본고의 문제의식은 우선 여기에서 출발한다.

그간 일본의 에스닉 정책에 대해서는 국가수준의 각종 재일외국인 정책에 대한 분석[3]과 자치단체 및 시민레벨에서의 대응에 대한 논의[4]들이 중점적으로 전개되어 왔다. 특히 후자의 경우, 가와사키시를 중심으로 적극적으로 전개되어 온 '다문화공생 실험'이 대표적인 사례로서 거론되어 왔다[5]. 물론 에스닉 정책과 관련한 논의들에서 도쿄도

---

1) 東京都総務局統計部人口統計課人口動態統計係「東京都の外国人登録人口(昭和63年-平成23年)」(http://www.toukei.metro.tokyo.jp/gaikoku/ga-index.htm, 2011년 4월 10일 검색).

2) 본고에서 도쿄도정의 시책(施策)은, 정책상의 기본방침을 실현하기 위한 구체적인 행정활동의 총체를 지칭하는 용어로서 사용된다. 보다 협의적인 행정활동을 표현하는 것으로서는 사무사업(事務事業)이라는 용어가 존재한다.(総務省行政評価局 2001).

3) 정미애,「글로벌화에 따른 일본적 가치의 적용 : 단일민족국가관에서 다문화공생으로의 사회적 인식의 형성」, 국민대학교 중국인민사회연구소 국내학술대회, 4월, 2011.

4) 정진성,「일본의 외국인 운동」, 사회과학연구, 덕성여자대학교 사회과학연구소 제3집, 2002.

5) 星野修美,『自治体の変革と在日コリアン－共生の施策づくりとその苦悩』, 東京 : 明石書店, 2005.

가 다루어진 바 있지만[6], 도쿄도정의 에스닉 정책 그 자체에 대해서는 본격적인 논의들이 미루어진 상태이다. 이러한 연구경향의 이면에는 도쿄도의 중심성이 다른 자치체와는 구분되는 특수성을 수반하고, 이로 인해 사례의 일반화가 어렵다는 가정이 깔려 있다. 하지만 도쿄도의 예산규모는 12조엔 육박하고, 직원 수는 약 17만 명에 달한다. 특히 도지사는 970만 유권자에 의해 직접 선출되고, 합의제인 내각의 수장보다 리더십의 발휘 폭이 큰 독임제(獨任制)의 성격을 띤다. 따라서 도쿄도정 수준의 정책은 국가 정책에 대한 강한 파급력과 전국 도도부현에 대한 폭넓은 영향력을 가진다. 이는 곧 도쿄도정의 경험이 하나의 원형으로서 가지는 보편성을 획득할 수 있다는 점을 방증한다. 따라서 본고는 먼저 도쿄도의 에스닉 정책이 국정(國政)과의 관계 속에서, 그리고 도정 전체의 전략구상 속에서 어떠한 위치를 차지하는지에 일차적인 관심을 두고자 한다.

한편 일본 전체는 물론 도쿄도 내에서도 가장 오랜 역사와 절대다수를 유지하고 있는 에스닉 커뮤니티는 다름 아닌 재일조선인 사회이다[7]. 재일조선인 사회와 에스닉 커뮤니티와 관계에 대해서도 그 동안 간헐적으로 언급되어 왔지만, 대체로 재일조선인 운동, 또는 재일조선인과 본국과의 관계 등이 주된 논의대상이 되어 왔다. 최근 들어

---

6) 한승미, 「동경도 정부의 '다문화주의' 실험과 재일 한국/조선인에의 함의」, 『한국문화인류학』, Vol.43, No.1, 2010.
7) 본고에서 연구대상이 주로 총련계에 집중되어 있다는 점, 그리고 역사적 경위를 논하는 데 상용되어 왔다는 점 등을 고려해, '재일동포', '재일코리안' 대신 '재일조선인'이라는 용어를 주로 사용하고자 한다. 그리고 한국적 및 민단계를 통칭할 경우에 한 해서 '재일 한국 조선인'으로 표기한다.

다문화공생의 담론과 이에 근거한 재일조선인의 아이덴티티 문제[8], 그리고 조선학교 등 특정사례 속의 도쿄도정의 문제 등을 다룬 연구 성과[9]가 존재한다. 다만, 도쿄도내의 재일조선인 시책과 에스닉 정책 간의 관계를 단일 주제로서 다룬 연구는 아직 찾아보기 어렵다. 도쿄 도내 오랜 기간 동안 에스닉 커뮤니티의 주류가 재일조선인이었던 만 큼, 도정차원의 관련 시책들도 재일조선인 사회를 대상으로 시작했다. 본고는 이 점에 착목해, 도쿄도내 재일조선인 시책과 에스닉 정책과 의 관계, 그리고 그 전자의 시행과 후자의 형성 간의 인과성을 본격적 으로 다루고 자 한다.

이를 위해서는 재일조선인 시책과 에스닉 정책의 기원과 전개과 정에 대한 역사적 검토가 필수적이다. 이 작업에서는 재일본조선인총 연합회(이하 총련) 계열의 재일조선인 사회에 대한 도쿄도의 인식과 대응의 변화과정에 초점을 맞추고자 한다. 도정수준에서 최초의 재일 조선인 시책이 총련계를 대상으로 시작되었기 때문이다. 그리고 그 것의 변화는 혁신도정에서 보수도정으로의 이행 속에 이루어 졌다. 본고는 과거 혁신도정의 재일조선인 시책의 형성과정을 살펴보고, 이 것이 어떻게 현재의 보수도정의 도정의 에스닉 정책으로 어떻게 계승 또는 단절되었는지를 분석한다. 그리고 이를 도쿄도정의 전략구상과 재정 및 복지정책, 그리고 외교(국제) 정책의 연속과 변화라는 관점에 서 재평가하고자 한다.

---

8) 한영혜, 「일본의 다문화공생 담론과 아이덴티티 재구축」, 『사회와 역사』, 제 71집, 2006.
9) 김은혜, 「도쿄도시레짐과 에다가와 조선학교의 역사」 『사회와 역사』 제85 집, 2010.

2. 도정 수준의 재일조선인 시책과 에스닉 정책의 형성

1) '시빌 미니멈'과 조선대학교 인가 문제

1967년 4월 도쿄도지사 선거에서 미노베 료키치(美濃部亮吉)의 당선은 전국적인 혁신지차체 등장의 상징이자, 일본정치지형의 큰 변화를 의미하는 것이었다. 도쿄에 있어 자민당의 패배는 도시문제의 심각화에 대한 보수도정의 무능함과 내부부패를 노정하는 것이었기 때문이다. 미노베 도정의 등장에 대해, 당시 자민당 간사장이었던 다나카 가쿠에이(田中角栄)는 "도쿄의 과밀화에 대응한 정책의 실시에 태만했고, 그 결과 (중략) 도민의 욕구불만의 폭발을 초래했다"고 토로하기도 했다[10]. 이에 대해 미노베 도정은 '도민의 생활방어'를 구호로 하면서 도쿄의 도시 문제에 대한 정면대응을 선언했었다[11]. 하지만 도시문제의 산적한 과제의 해결은 장기적인 정책수행을 요구하는 것이었다. 따라서 최초로 출범한 혁신도정으로서 과거 보수도정과 구별되는 그 선명성을 실증하기 위한 당면 아젠다 설정이 급선무였다.

미노베 도지사가 혁신도정의 '시금석'으로서 정의하고, 취임 2개월도 되지 않은 시기에 전격적으로 단행한 것이 조선대학교 인허가 문제였다[12]. 미노베는 조선통으로 알려진 특별비서 야스에 료스케(安

---

10) 土岐寛, 『東京問題の政治学』, 東京 : 岩波書店, 2003, 72쪽
11) 佐々木信夫, 『東京都政ーあすへの検証』, 東京 : 岩波書店, 2000, 14쪽.
12) 이 문제는 조선학교를 각종학교로 인정할 수 없다는 1965년 문부성 차관통달이 하달된 후, 조선학교 측이 재차 1966년에 인허가신청이 제출하면서 쟁점화 되었지만, 자민당 및 정부의 반대로 미뤄져 있던 사안이었다(美濃部亮吉, 『都知事12年』, 東京 : 朝日新聞社, 1979, 58쪽).

江良介)의 제안으로 1967년 9월에 이 문제를 도쿄도사립학교 변의회에 고문을 의뢰했고, 1968년 4월 17일 조선대학교를 각종학교 법인으로서 허가를 이끌어내는 데 성공했다. 이 과정에서 문부성, 자민당 대 도쿄도의 대립구도가 전개되면서 문제가 사상검증으로 까지 확대되었고, 한국정부의 반대로 국제문제로 비화되었으며, 사회적으로도 재일본대한민국민단(이하 민단), 그리고 우익단체들로부터 강력한 저항을 받았다[13]. 이 때문에 조선대학교 인허가 문제는, 후술할 '도영갬블(都営ギャンブル)'의 폐지와 더불어 주요일간지 1면을 장식했고, 그 성공 사례는 보수 도도부현으로까지 확산되었다. 도쿄도가 특정 시책을 실시하면 전국 자치체에 파급되는 패턴이 등장하는 것은 이 때부터이다[14].

현재적 의미에서 볼 때, 조선인 학교 인가의 추진은 일단 도정차원에서 실시된 최초의 에스닉 시책이었다고 할 수 있다. 그 의미를 미노베 도정의 정책 총론 속에서 파악해 보자. 미노베가 제창한 '도민의 생활방어'라는 용어는 1968년 12월에 발표한 '도쿄도 중기계획 1968(東京都中期計画 1968)'에서 '시빌미니멈'이라는 개념으로 공식화 되었다. 이 개념은 1961년부터 대두된 지역주의론의 전개 속에서 재기된 것으로 그 본래적 규정은 첫째, 생존권으로서의 사회보장(노후보

---

13) 조선대학교 인가과정에서 발생한 대내외적 저항과 이에 대한 도쿄도정의 대응에 대해서는, 김은숙, 「재일본 조선대학교의 설립과 인가에 관한연구(1956-1968)」 『사림』 제34호, 2009, 36-48쪽을 참조바람. 후일 미노베는 도정 12년간을 통틀어 이만큼 저항을 받았던 사안은 없었다고 회상했다(美濃部亮吉, 『都知事12年』, 60쪽).
14) 土岐寛, 『東京問題の政治学』, 74쪽.

장, 건강보험, 생활보호 등 복지정책), 둘째, 공영권으로서의 사회자본 (시민시설, 도시장치, 공영주책 등 도시정책), 환경권으로서의 사회조건(공공위생, 식품위생, 공해 등 환경정책) 으로 구성되며, 지자체 수준에서 만이 아니라 국가수준에서의 내셔널 미니멈, 국제기구 수준에서의 인터내셔널 미니멈의 개념으로 확대 된다[15]. 이 시빌미니멈이라는 개념을 미노베 도정이 1960-70년대 일본 자치체 개혁의 키워드로 만들었던 것이다.

도쿄도 중기계획에 의하면, 그 간 도정에서 나타난 다양한 문제들로 "내셔널 미니멈의 보장"이 부재했음을 지적하면서, 시빌미니멈의 실현목적을 "새로운 혹은 진정한 내셔널 미니멈의 존재방식을 추구하고자 하는 것"에 찾고 있었다.[16] 즉 미노베 도정의 시빌미니멈은 국자차원의-당시 서국 복지국가수준의-이상적인 내셔널 미니멈의 실현을 지향하면서, 정부와의 대립을 처음부터 상정하고 있었던 것이다. 조선대학교 인가를 둘러싼 국정 대 도정 간의 대립은 이러한 맥락에서 이해할 수 있다. 이 시빌미니멈 개념에 기초해, 도쿄도 중기계획은 첫째, 생명과 건강을 지키는 과제, 둘째, 안정된 생활을 위한 과제, 셋째, 젊은 세대를 위한 과제들을 제시했었다. 여기서 주목할 것은 재일

---

15) 시빌미니멈은 "요람에서 무덤까지"라는 말로 유명한 영국의 '비버리지 보고'에 나오는 내셔널 미니멈에서 힌트를 얻은 것으로, 일본에서는 사회주의 이념의 맥락에서 이론화된 측면이 있다. 사회주의 이념에서 시빌미니멈은 자체개혁을 통한 '생활조건에 대한 자주관리의 사상'으로 정의된다(松下圭一, 『現代政治の基礎理論』, 東京 : 東京大学出版会, 1995, 300-301쪽).

16) 東京都, 『東京都中期計画―1968年―いかにしてシビル・ミニマムに到達するか』, 東京 : 東京都, 1969, 8-12쪽.

외국인에 대한 시책들, 즉 에스닉 정책이 누락되어 있다는 점이다. 미노베 도정의 시빌 미니멈 개념에는 재일조선인들을 포함한 재일외국인들이 시민의 범주에 분명히 위치해 있지 않았던 것이다. 이 점에서 조선대학교 인가 문제는 엄밀하게 말해 미노베 도정이 구상한 에스닉 정책의 구체적인 발현이었다고 말하기는 어렵다.

사실 조선대학교의 허가 그 자체는 세제상의 우대조치였고, 따라서 재일조선인 사회에 대한 복지해택의 일환으로서의 성격이 강했다. 조선대학교는 자본주의체제의 일본 안에서 이질적인 사회주의체제를 기초로 한 교육의 장이었다. 하지만 각종학교의 허가의 기준이 되는 학교설비, 기본재산 등은 이미 갖추어져 있는 상황이었다. 이 점을 고려해 미노베는 반대주장들을 법적 논리로 돌파했고, 이를 복지정책으로 확대시킴으로서 국민들의 지지를 확보했다. 미노베에게 있어 복지의 확대는 곧 시빌 미니멈의 실현 그 자체였다[17). '미노베 복지', '복지의 미노베'라는 술어가 생길 정도로, 미노베 도정은 곧 일본 전체의 복지라는 문제를 상기시키는 기폭제가 되었다[18).

이 또한 중앙정부=후생성의 복지정책을 정면에서 문제제기하는 것으로 시작했고, "본래 국가가 실시해야 할 일"을 도정에서 선도함으로서 국정 대 도정 간의 대립이 재현되었다. 국정과의 대립 속에서도 미노베 도정은 애초 시빌 미니멈의 공약사항이었던, 보육소 증설 및 장애인 시설 확충, 그리고 공공시설의 확충 등을 꾸준히 실현해, 1977

---

17) 土岐寬, 『東京問題の政治学』, 71-72쪽.
18) 太田久行, 『美濃部都政12年 政策室長のメモ』, 東京 : 毎日新聞社, 1979, 100쪽.

년까지 70-100%의 달성도를 보였고, 그 결과 일본의 사회보장급여비의 대국민소득비가, 1970년도에 5.8%였던 것이 1975년에는 9.5%로 상승했다[19]. 뒤이어 1973년 1월부터 일본정부는 '복지원년'을 선언했다. 1980년대 이후 후생성이 사회복지 개혁을 진행한 것 또한 미노베 복지의 성과와 무관하지 않다.

미노베 복지는 시빌 미니멈의 실현을 통한 내셔널 미니멈의 확대의 전형을 보여주는 것이었고, 조선대학교 인가 문제 또한 그 각론으로서 동일한 패턴을 보여주었다. 즉 미노베 도정의 조선대학교 인가 문제는 국정과 대립하는 과정에서 혁신도정으로서의 아이덴티티를 극명히 드러내고, 시빌 미니멈의 지향성을 보여준 것이다. 당초 도쿄도 중기계획에 에스닉 정책에 대한 시책이 구체화되어 있지 않았음에도 불구하고, 미노베가 조선대학교 인가문제에 주목한 이유는 무엇보다 사안의 '혁신성'에 있었다. 도정에 있어 혁신성이 주요했던 것은 당시가 베트남 전쟁 중으로 안보문제와 미군기지 문제 등으로 보혁갈등이 선명하게 드러났던 시점이었기 때문이다. 전후 일본의 혁신운동은 재일조선인 운동과 밀접한 관계를 가지고 있었고, 특히 미노베의 지지기반이었던 사회당의 대 한반도 정책이 당시 북한으로 경사하고 있었던 점 등도 혁신도정에서 조선대학교 인가문제가 부각된 중요한 배경이 되었다.

---

19) 하지만, 75년도 사회보장 급여비의 대 국민소득비를 비교해 보면, 스웨덴의 30.9%, 서독 29.0%, 프랑스 26.9%, 영국 19.3%, 미국 15.0%로 일본은 실제로 크게 미치지 못하던 상황이었다(日比野登,『美濃部都政の福祉政策－都制・特別区制改革にむけて』, 東京 : 日本経済評論社, 2002, 31쪽).

이와 더불어 미노베 개인의 도정 스타일 또한 주된 요인으로 작용했다. 미노베는 '대화와 참가노선', '열린 도정'을 표방했었고, "도정에서의 헌법 실현", "도정에서의 민주주의 구현" 등을 자주 언급했었다. 즉 미노베의 리더십은 행정적인 역량보다는 강한 정치성을 특징으로 하고 있었던 것이다[20]. 조선대학교를 허가한 것 또한 행정 초년생(素人), 다시말해, 정치인으로서의 추진력을 드러내는 대목이다[21]. 결국 미노베는 재일외국인을 엄밀하게 '시민(Civilian)'으로서 간주했던 것은 아니었지만, 정책의 수혜는 재일조선인으로 확대되었고, 그 여파는 국정과 전국 지자체에 확대되었다. 이점에서 도쿄도의 조선대학교 인가는 도정 수준에서 에스닉 정책이 태동하는 계기였다고 평가할 수 있다.

2) '시민외교'의 등장과 총련 고정자산세 면제 조치

한편, 1969년 2월 도의회 정례회의에서 미노베는 돌연 도영갬블 폐지를 공언했다. 복지 및 재정에 대해 국가에 문제제기를 하는데 혁신도정의 모럴이 견지되어야 한다는 자세에 입각해, 도쿄도의 재정이 적어도 갬블에 의한 수입에 의존해서는 안 된다는 원칙을 천명한 것이다[22]. 이로서 도쿄도는 100억 엔 규모의 수입을 올리던 경륜, 경마, 경정(競艇), 오토레이스 등의 사업을 포기하게 된다.[23] 하지만 미노베

---

20) 土岐寬, 『東京問題の政治学』, 73쪽.
21) 『都政』1970年11月호.
22) 美濃部亮吉, 『都知事12年』, 62쪽.
23) 다만 에도가와 경정장, 오오이 경마장, 케이오 경륜장은 도쿄도와는 별도로

의 주된 지지기반이 사회당이었기 때문에, 민단계로부터 공영갬블 폐지론의 배경에는 북한 이권이 농후한 파칭코 산업의 확대를 정치적으로 후방 지원할 목적이었던 것이 아니냐는 의구심이 제기되었다. 이러한 의구심을 보다 확대시켜준 조치가 1973년 4월에 이루어진 총련 자산에 대한 고정자산세 면세조치였다. 총련은 1955년 결성 이래, 일본과 북한과의 국교정상화를 운동의 목표로 삼아왔고, 이를 위해 총련 조직의 합법적 지위 획득을 시도했었다. 하지만 1965년 한일 국교 정상화 이후, 총련은 법인이 아니라 법률상으로 임의단체인 '권리 없는 사단'으로 전락된 상태였다[24]. 그 이후에도 총련은 1953년의 자치청(당시) 통달 즉, 총련은 대사관 및 총영사관에는 지방세가 면제된다는 조항에 근거해, 부동산 취득세와 고정자산세의 납부를 거부해 왔었다. 미노베 도정이 이를 합법화 시켜 준 것이다.

달리 말하면, 고정자산세 면세조치로 인해, 총련은 (잠재적 또는 임시적) 외교기관으로서의 위상을 획득하게 된 것이다. 보다 주목할 것은, 미노베 지사의 이 조치가 당시 도쿄도정의 재정정책에 역행하는 것이었다는 점이다. 도쿄도 재정은 1971년의 달러 쇼크 등에 의한 불황 속에서, 도세수입이 예산인 4백억 앤보다 밑돌게 감소한 상황이었고, 이 때문에 도쿄의 자치체재정은 그 전국적인 지위를 상실한 상

시정촌 또는 특별구가 개최권을 가지고 있었기 때문에, 폐쇄 또는 폐지되지 않았고, 도쿄도가 주체하고 있던 개최지분에 대해서는 각각 주최권의 이행이 이루어 졌다(美濃部亮吉,『都知事12年』, 64쪽).
24) 金英達「あなたの隣の北朝鮮」『朝鮮総連研究—あなたの隣の北朝鮮』 別冊 宝島221号, 東京：宝島社, 1995, 48쪽.

태였다[25]. 이에 따라 1972년 도지사 조언기관으로서 〈신재정구상연구회(新財政構想研究会)〉을 설치하고, 이를 통해, 새로운 재원 확보 전략을 세우는 한편, 자치재정의 자주성을 주장하면서, 대 정부 "재정전쟁"을 개시하던 중이었다. 특히 새로운 재원 확보전략은 대기업에 대한 법인세의 불균형 초과세를 부가한다는, 고정자산 초과과세의 실시를 골자로 하고 있었다.[26]

사실 총련 자산에 대한 고정자산세 면세조치의 실질적인 배경은 미노베 도정의 재정정책과는 전혀 다른 문맥 속에 있었다. 일본 선거 사상 최고의 득표기록으로 재선을 이룬 직후인 1971년 9월의 정례도의회에서, 미노베는 도정에 의한 '시민외교'라는 표현을 쓰기 시작했다. 이 발언이 있은 지 약 한 달 후인 10월 25일부터 약 3주간, 이 시민외교를 추진한다는 취지하에 미노베는 북한과 중국 방문일정에 들어갔다. 출발에 앞서 미노베는 "이 기회에 과거 일본이 저지를 죄행을 사죄함과 동시에, 평화를 희망하는 도쿄도민의 기분을 전해 어떻게 해서든 양국 간의 관계를 정상화시키는데 기여하고자 한다."라고 그 취지를 밝혔다[27].

미노베는 당시까지 북한을 방문한 일본인 중 최고의 인사였다. 평양 체류 중 김일성과의 두 차례 걸친 회담에서 미노베는 매우 광범위한 영역에 걸쳐 논의를 가졌고, 그 중 북일 양국 간의 국교정상회담

---

25) 日比野登,『美濃部都政の福祉政策 − 都制・特別区制改革にむけて』, 369쪽.
26) 佐々木信夫,『東京都政 − あすへの検証』, 121쪽.
27) 太田久行,『美濃部都政12年　政策室長のメモ』, 184쪽.

문제를 집중적으로 다루었다. 회담 당시, 김일성은 이 문제의 "중대한 난관"으로서 1965년 체결된 한일 기본조약을 거론했었다. 이에 대해 미노베는 "오늘의 한일관계를 현실로 인정하면서", 그것의 폐기단계에 이르기까지의 노력을 약속했었다[28]. 미노베 도정에 의한 총련자산 고정자산세 면세조치는 바로 이 약속의 실행 중 하나였던 것이다. 흥미로운 것은 미노베 귀국직후 인 1971년 11월 246명의 여야 의원들이 참여한 가운데 '일조국교정상화촉진 의원연맹'이 구성되었고, 자민당의 구노 쥬지(久野忠治)를 단장으로 한 초당파 방북 의원단이 1972년 1월 16일 부터 25일 까지 평양에 파견 되었다는 점이다[29]. 미노베의 시민외교 또한 국가 수준의 외교에까지 파급력을 발휘한 것이다.

북한과 중국방문의 성과를 기반으로, 미노베의 시민외교는 세계의 대도시 수장들이 같은 테이블에 앉아 도시문제 해결을 논의하고, 이를 통해 세계평화확립에 기여한다는 구상으로 확대되었다. 이 구상에 따라, 미노베는 1972년 4월부터 5월에 걸쳐 모스크바, 파리, 런던 등의 유럽의 대도시들을 방문했고, 곧이어 '세계대도시 회의'의 개최를 추진했다. 제1회 세계 대도시 회의는 런던, 모스크바, 파리, 뉴욕, 도쿄 등이 참여 주축이 되어, 동년 11월 28일 도쿄 신주쿠에서 개최되었다. 그리고 회의 폐막 일인 30일, "세계의 평화를 실현하는 것이야 말

---

28) 미노베와 김일성 간의 회견에 대한 상세한 분석으로는 한상일,『지식인의 오만과 편견-세카이와 한반도』, 기파랑, 2008, 211-230쪽 을 참조할 것.
29) 초당파 북한 방문 의원단은 김일성과 접견하고 무역협정각서에 서명했었다. 이후 북한에 대한 일본의 수출대금의 상환연기와 북한의 교역 회사들에 대한 우호적 유치도 이루어졌고, 언론인의 상호방문도 활발히 진행되었다(한상일,『지식인의 오만과 편견-세카이와 한반도』, 229쪽).

로 도시문제해결의 가장 유효한 조건"라는 취지의 도쿄선언이 채택·발표되었다[30]. 도쿄선언의 발표로 미노베 도정의 시민외교는 "모든 대도시 문제는 세계 공통의 문제로서, 국가 간 만이 아니라 시민과 시민이 서로대화하고 교류함으로서, 공동으로 대응하고, 이를 통해 이루어진 국제적인 연계가 세계의 평화유지에도 큰 힘이 될 것이다"는 논리로 정립된다[31].

미노베 스스로 '풀뿌리 외교(草の根外交)'로 자기정의한 것처럼, 시민외교는 일면 국가 수준의 외교정책과는 차별성을 가지는 대안논리로 비쳐졌다. 하지만 실제에 있어서는 1970년대에 도래한 냉전의 해빙기, 즉 데탕트를 배경으로 한 일본의 대사회주의 국가와의 관계 확대, 그 중에서도 일본과 중국의 국교정상화를 강하게 염두 한 것 이었다[32]. 미노베의 북한 방문을 일본정부가 허용하고, 이후 자민당이 북한방문에 적극성을 보인 것도 이 때문이었다. 이렇게 보면, 시민외교의 일환으로 행해진 총련에 대한 고정자산세 면세조치는 국가와의 대립이 아닌 묵인 또는 동조 속에 이루어 진 것이었다고도 할 수 있다.

3) '다문화공생정책'으로의 이행

미노베 도정의 재일조선인 시책은 1972년 에다가와 도쿄 조선 제2초급학교 토지에 대한 20년간 유·무상 체결 등 민족교육권의 지속

---

30) 太田久行, 『美濃部都政12年 政策室長のメモ』, 190-192쪽.
31) 美濃部亮吉, 『都知事12年』, 71쪽.
32) 太田久行, 『美濃部都政12年 政策室長のメモ』, 190쪽.

적인 보장으로 이어졌으며[33], 1973년 1월 도쿄도 특별구의 전 외국인을 대상으로 국민의료보험의 적용을 처음으로 실시함에 따라 재일외국인의 보편적 인권정책으로의 확대를 보이기도 했다[34]. 아직 도정차원의 에스닉 정책으로서 범주화 되지는 않았지만, 이른바 '재정전쟁' 속에서 이루어진 적극적인 복지 재정지출이었다. 이 점에서 미노베 도정의 선도적인 의미를 찾을 수 있지만, 동시에 미노베 도정에 대한 결정적인 비판의 소재가 되기도 했다. 미노베 복지는 '선심성 복지(バラマキ福祉)로서 평가 절하되었고, 이는 미노베의 퇴진과 재정재건을 슬로건으로 한 스즈키 준이치(鈴木俊一) 도지사의 탄생으로 까지 이어졌다. 혁신도정 12년의 실험의 종결과 보수 도정의 재등장이었다.

하지만 도정차원의 복지정책은 스즈키 도정에서도 사실상 계승되고 있었다. 일례로, 도쿄 인구의 1인당 민생비의 전국적인 비율을 보면 스즈키 도정 하의 민생비 수준이 1980년대에 급속히 상승해 미노베 도정기를 상회하는 수준이 되었고, 86년 이래 전국 2위의 지위를 지속하게 된다.[35] 보다 흥미로운 점은 미노베가 시도했던 시민외교, 즉 도정 차원의 국제정책이 스즈키 도정 시대에 들어 다른 차원의 모습에서 보다 적극적으로 추진되고 체계화 되었다는 점이다. 혁신도정

---

33) 김은혜, 「도쿄도시레짐과 에다가와 조선학교의 역사」, 273쪽.
34) (東京都国民健康保険団体連合会 「国民健康保険制度の沿革と推移」, p.10 (http://www.tokyo-kokuhoren.or.jp/kokuho/kh03kankei/enkaku.pdf, 2011년 4월 10일 검색)정부차원에서는 1981년 11월 25일 후생성 통달(保険発第84号通知)에 의해 전면적용이 결정되었다.
35) 日比野登, 『美濃部都政の福祉政策－都制·特別区制改革にむけて』, 32쪽.

의 이슈였던 도정차원의 '복지'와 '외교'를 보수도정이 선점하기 시작한 것이다.

스즈키 도정의 국제정책은 1980년대 국가주도 ODA의 한계를 지적하고, 유럽 자치체의 NGO들이 주창했던 지역으로 부터의 개발협력 구상에 그 기원을 찾고 있었다.[36] 한마디로, 친선과 교류의 차원을 넘어서는 도정차원의 국제협력을 꾀하자는 것이었고, 기본적으로 미노베 도정의 시민외교로 확대된 도정 수준의 국제협력사업 분야를 토대로 한 것이었다. 스즈키 도정의 국제정책이 보다 구체성을 띄게 된 계기는 1989년 2월 자치성이 각 도도부현 및 지정도시에 대해 '지역국제 교류추진대강의 책정에 관한 지침(地域国際交流推進大綱の策定に 関する指針)'을 통달하고, 그 일환으로, 재단법인자치체국제화협회 (CLAIR)가 설립되면서 부터이다. 이에 자극받아 스즈키 도정은 1994년 12월 '도쿄도국제정책추진대강(東京都国際政策推進大綱)'을 책정했다. 여기서 "세계의 평화와 번영에 공헌하는 도쿄", "매력과 활력이 넘치는 친근한 도쿄", "외국인에 열린 지역사회", "지구시민으로서의 의식" 등의 4가지 주요목표를 설정하고, 이에 근거해 국제화를 총합적으로 추진해 갔다[37].

도쿄도의 국제화 정책은 스즈키 도정의 뒤를 이은 아오시마 유키오(青島幸男) 도지사의 선거공약에도 적극적으로 반영되었다. 아오시

---

36) 한승미, 「동경도 정부의 '다문화주의' 실험과 재일 한국·조선인에의 함의」, 『한국문화인류학』, Vol.43, No.1, 2010, 257쪽; 269쪽.
37) 東京知事本局秘書部外務課, 『東京都国際政策推進大綱』, 東京 : 東京都, 1994.

마의 국제정책은 같은 시기인 1995년 4월에 자치성이 '자치체국제협력추진대상의 책정에 관한 지침에 대해(自治体国際協力推進大綱の策定に関する指針について)'라는 공문을 각 자치체에 하달하면서 보다 탄력을 받게 된다. 그 결과가 도쿄도 국제정책추진의회가 1997년 연달아 발표한 '도쿄도 국제정책의 현상과 금후의 과제(東京都国際政策の現状と今後の課題)'와 '도쿄도 국제정책플랜(東京都国際政策推進プラン)'이다. 특히 후자는 도쿄도정의 국제정책과 관련한 가장 체계화된 보고서로 평가되고 있다[38].

이 처럼 보수 도정이 국제정책을 적극적으로 추진하게 된 대·내외적인 배경은 국제화에 대한 압력과 재일외국인 사회의 변화가 자리 잡고 있었다. 먼저 '도쿄도 국제정책 플랜' 등은 '보다 강한 일본', '국제화 시대에 보다 앞선 도쿄도'라는 슬로건을 내걸고 있다. 이는 경제불황의 타개를 위해 이미 혁신에 박차를 가하고 있는 기업들의 발목을 잡지 않도록 지자체 스스로 개혁을 단행해야 한다는 발상의 반영이기도 했다[39]. 즉 도쿄도 스스로 경쟁력을 가지면서 그 지위를 확고히 해야 한다는 위기의식이 작용한 것이다. 국제화 시대에 도쿄도의 경쟁력을 확보하기 위한 지역 활성화 전략은 곧 도정 차원의 국제협력 확대와 도쿄도내 지역사회의 국제화라는 양대 과제의 수행으로 나타났다. 여기서 지역사회의 국제화 문제는 당시 급증하던 외국인들을 어떻

---

38) 東京知事本局秘書部外務課, 『東京都国際政策推進プラン』, 東京 : 東京都, 1997.
39) 한승미, 「동경도 정부의 '다문화주의' 실험과 재일 한국/조선인에의 함의」, 277쪽.

게 해서든 제도적으로 포섭해야 한다는 현실적 요구에 의한 것이었다.

도쿄도 국제정책 플랜이 작성된 1997년도 한해의 외국인 입국자 수는 380만 9679명이었고, 외국인 등록자수는 148만 2707명으로 과거 최고 기록을 갱신하고 있었다. 이로서, 일본의 총인구에서 차지하는 외국인 등록자수의 비율은 1997년에 1.18%에 이르게 된다[40]. 특히 외국인들의 정주화의 확대로 '생활인으로서의 외국인 문제'가 급부상했다. 이로 인해, 재일외국인들의 노동문제, 공적의료보험 및 연금문제, 교육문제, 집주화(集住化) 문제 등이 새로운 이슈로 등장하기 시작했다[41]. 특히 집주화 문제[42], 즉 뉴커머 들의 증가와 이로 인한 동일 국가 및 민족 출신 네트워크의 거대화 문제는 그 형태에 따라 지역별로 대처방안이 요구되었고, 이 때문에 재일외국인 정책에 있어 자치체, 그 중 도쿄도의 역할이 중요하게 부각된 것이다[43]. 결국 도정 차원의 국제정책은 국가 차원의 이해관계와 매우 밀접히 연동되어 있었던 것이다.

중요한 것은 도정차원의 국제정책이 국가이해와 맞물려 체계화

---

40) 財団法人入管協会編『在留外国人統計 平成9年版』, 東京 : 1997, 3쪽.
41) 塩原良和, 「日本の外国人政策の現状と課題」, 『SRIC Report』, Vol.3 No.4, 1989, 67-69쪽.
42) 일본으로 온 외국인, 특히 아시아계 외국인은 일본에서의 이주지의 선택과 직업선택을 위해, 이미 정착한 같은 국가 또는 민족 출신자의 네트워크를 이용하는 경향이 강하다. 집주화 문제는 그 결과 뉴커머 외국인이 많이 집주하는 지역에서 발생하게 되는 제 문제를 의미 한다(広田康生, 「エスニック・ネットワークの展開と回路としての都市」奥田道大編『コミュニティとエスニシティ』, 東京 : 勁草書房, 1995, 191-239쪽).
43) 駒井洋, 「内なる国際化による多分化共生社会の構築」駒井洋・渡戸一郎編『自治体の外国人政策－内なる国際化への取り組み』東京 : 明石書店, 1997, 15-23쪽.

되는 과정에서, 기존의 재일조선인 시책 중심의 초보적인 에스닉 시책이 국제정책의 일부로서 통합적으로 자리매김 되고, 공식적인 도정의 정책범주로서 구체화되었다는 점이다. 물론 도쿄도정의 국제정책은 궁극적으로 일본의 경쟁력 제고를 목표한 것이었고, 따라서 관심의 초점은 일본이 이민을 보다 자유롭게 허용하고 있는 국가들과의 경쟁에서 뒤지지 않도록 우수한 인력 유출을 막을 수 있을 것인가에 두어져 있었다. 하지만 재일외국인들을 국가경쟁력에 적극 '활용'하기 위해서는 동시에 이들과의 공생체제가 필연적으로 동반되어야 했다. 따라서 재일외국인들의 참정권이나 민족교육 문제 등이 중요한 당면과제로 등장하게 되었다. 1990년대 후반에 제출되었던 각종 국가 발전전략에서 외국인들의 유치와 이들과의 '공생사회'의 구축이라는 과제가 공통적으로 제기되고 있던 것도 이 때문이다[44]. 이러한 필요성은 도쿄도를 비롯한 전국의 도도부현에서의 이른바 '다문화공생'의 실험으로 이어졌다.

다만 자치단체별 다문화공생의 실험들은 유사한 총론을 공유하고 있지만, 각각의 역사적 배경에 따라 도쿄도와는 다른 성격과 전개과정을 보였다. 여기서 차이를 드러내는 핵심이 되는 요소는 다름 아닌 각 자치체와 재일조선인 사회와의 관계였다. '다문화공생정책' 시

---

44) 「일본경제재생 전략(日本経済再生への戦略)」(1999년 2월), 21세기 일본의 구상간담회의 최종보고서인 「일본의 프론티어는 일본 안에 있다(日本のフロンティアは日本の中にある)(2000년 1월)」에서는 본격적인 외국인노동자, 유학생, 이민의 수용을 제언함과 동시에 '외국인과 공생해 가는 사회 만들기'를 호소하고 있다(「外国人受け入れ緩和検討」『朝日新聞』2000년 2월 24일(석간); 「外国人労働者受け入れ対策協議へ」『朝日新聞』2000년 3월 2일).

행의 대표적인 사례로 거론되어 왔던 가와사키시와 도쿄도를 비교할 경우 이 점은 보다 선명히 나타난다. 가와사키시의 다문화공생의 실험, 즉 에스닉 정책의 구체화 움직임은 재일조선인 문제를 베이스로 한 시책 들이었다[45]. 전술한 바와 같이 도쿄도의 에스닉 정책의 출발도 재일조선인 시책에서 비롯되었다. 하지만 이것이 다문화공생 정책으로 진화하는 과정에서 도쿄도는 전혀 다른 양상을 보인다. 이를 가장 분명하게 보여주는 것이 '재일외국인도민회의(在日外国人都民会議)' 제도의 전개과정(1997-2001)이었다.

1997년 11월 도쿄도는 도지사 자문기관으로서 외국인 위원 총25명(13명 공모, 12명 행정지명)으로 구성된 '재일외국인도민회의'(이하 도민회의)를 설치했다. 가와사키시의 '외국인시민대표자회의(川崎市外国人市民代表者会議)'(1996. 12)보다 1년이나 앞선 것으로 전국 도도부현 가운데 최초의 출범이었다. 이는 아모시마 지사가 1995년 4월 선거당시 외국인 참정권 문제를 국제정책의 틀 안에 명문화 시킨 공약의 실천사항이기도 했다. 따라서 도민회의 제1기(1997-1999)에서 가장 많이 거론된 이슈는 참정권 문제였다. 그런데 참정권 문제를 비롯한 에스닉 시책의 현안들의 쟁점화는 이루어지지 못했다. 주목할 점은 그 표면적인 원인이 다름 아닌 재일 한국 조선인 위원들로 부터 표출되었다는 사실이다. 당시 민단계열의 위원은 참정권의 실현을 적극 주장한 반면, 총련계 위원은 '내정불간섭'을 주장하며 반대 입장을

---

45) 그 대표적인 예가 1991년에 책정된 가나가와 현의 '가나가외국제정책 플랜'(かながわ国際政策推進プラン)이다(星野修美,『自治体の変革と在日コリアン－共生の施策づくりとその苦悩』, 48쪽).

고수했다. 한편, 총련계 위원은 민족학교에 대한 지원확대를 요구했었지만, 이는 민단계의 반대는 물론 뉴커머들의 입장을 대변하던 다른 위원들의 반대를 초래했다[46].

게다가 제1기가 끝난 1999년 3월에 아오시마 지사에 제출된 보고서는 구체성을 결여한 '의견교환개요'와 '참고자료' 등에 머물러 있었다. 여기에는 보다 근본적인 문제가 관련되어 있었다. 가와사키시 외국인시민대표자회의가 조례에 의해 설치된 것에 비해, 도쿄도의 도민회의는 요강에 의해 설치된 도지사의 사적 자문기관에 불과했기 때문이다. 그리고 도민회의 내부에는 재일외국인 시책의 역사에 정통한 리더십도 부재한 상황이었다. 가와사키의 경우, 재일조선인 이인하 (李仁夏)가 외국인시민대표자회의 결성을 주도하고, 제1, 2기 위원장을 역임하고 있었다.[47] 반면 도쿄도민회의를 만들고 그 운영을 주도한 것은 도청내 국제부 관련부서의 과장급 관료였다. 당시 담당 관료는 재일조선인 문제는 어디까지나 국내문제로 간주한다는 입장이었고, 따라서 도민회의는 재일조선인 문제가 전면에 등장하는 것을 최소화시키는 방침 하에 운영되고 있었다.[48] 이는 도쿄도정의 에스닉 정책의 효시였던 재일조선인 시책이, 에스닉 정책이 구체화되어가면

---

46) 한승미, 「동경도 정부의 '다문화주의' 실험과 재일 한국/조선인에의 함의」, 286쪽.
47) 山脇啓造 「地球時代における東京都の外国人施策について」東京都職員研修所編 『国際社会と都市－変貌する国際社会への対応』, 東京 : 東京都職員研修所, 2000, 28쪽.
48) 한승미, 「동경도 정부의 '다문화주의' 실험과 재일 한국/조선인에의 함의」, 276쪽.

서 오히려 이로 부터 분리·배제되어 가는 방향으로 변화하고 있었음을 보여준다.

3. 이시하라 도정의 대 총련 시책과 에스닉 정책의 변화

1) '대(大)도쿄주의'의 국제정책

도민회의는 1999년부터 제2기에 접어들었다. 하지만 제2기 도민회의는 곧 해체의 길로 접어든다. 전술한 데로, 도민회의는 재일외국인들의 참정권을 전제로 한 것이 아니라 도지사의 자문기구에 불과했기 때문에, 새로운 도지사의 도정방침 또는 정치적 입장에 따라 손쉽게 폐지될 수 있는 제도적 한계를 가지고 있었다. 도민회의를 해체시킨 장본인은 '도쿄로부터 일본을 바꾼다'라는 캐치프레이즈로 도민회의 제2기의 개시와 더불어 등장한 이시하라 신타로(石原慎太郎)였다[49]. 이시하라 개인사로 보면 당시 도지사 선거는 미노베에 대한 설욕전이기도 했다. 미노베는 3선에 입후보 할 당시, "이시하라의 출마에 의한 파시즘의 부활을 저지한다"라는 표현으로 출마의 변을 한 적이 있었다.

자민당 후보로는 25년 만에 도지사의 자리에 오른 이시하라는 미노베 도정의 유산을 부정하는 정책지향을 분명히 했다. 이는 그 간의

---

49) 佐々木信夫, 『東京都政―あすへの検証』, 16쪽.

보수도정이 미노베 퇴진의 요인이었던 재정문제 해결에 무능함을 보였던 점과도 관련이 있다. 스즈키 도정은 거대 임해 도심부 계획을 무리하게 추진했고, 아오시마 도정은 버블기에 모아둔 각종 기금을 탕진해, 이시하라의 취임당시에 이르면 누계적자는 1068억엔에 이르러 미노베 말기와 비슷한 수준을 보였다[50]. 상황적으로도 이시하라는 도지사 당선과 더불어 미노베 도정의 부(負)의 유산을 처리해야하는 과제에 직면해 있었던 것이다.

이시하라는 '미노베 복지'를 '계약의 복지'로 전환시켰고, 2003년 6월 고이즈미 내각의 '삼위일체 개혁(三位一体の改革)', 즉 신자유주의에 입각한 구조개혁에 적극적으로 보조를 맞추면서 추진력을 획득했다[51]. 특히 이시하라는 그 간 보수도정에서도 계승되어 자가발전의 가능성을 보이던 에스닉 정책에 대해 매우 상이한 인식과 자세를 보였다. 2000년 4월 9일 이시하라가 자위대 네리마(練馬) 주둔지 창대 기념식에서 행한 제일 외국인에 대한 소위 '삼국인(三国人) 발언'[52]은 그 시작이었다. 이 발언을 계기로 퇴행적인 조치들이 속속 뒤따랐다. 이는 이시하라가 취임직후 발표한 정책비전 '도쿄구상 2000(東京構想

---

50) 土岐寛, 『東京問題の政治学』, 125쪽.
51) 2003년 6월 3일 내각 산하 경제재정고문회의에서 '삼위일체 개혁'의 실시를 결정하자, 3일 후인 동월 6일 이사하라는 오사카 도지사와 더불어 이를 지지하는 공동어필을 발표했다.
52) '삼국인'이란 과거 연합국 점령하의 일본에서 관공청이나 국회를 포함해 일본인 및 GHQ가 일본의 조선, 대만 등 구 식민지에서 이주해 온 사람들을 일컬을 때 사용되던 호칭이었다. 현재에는 재일외국인에 대한 차별적 용어로서 사용되고 있고, 특히 이시하라가 공인으로서 직접적으로 거론된 것이 문제시되었다.

2000)'에 이미 예견된 것이었다.

도쿄구상 2000에는 "세계를 리드하는 국제도시 도쿄"로서 "세계의 사람들을 매료"시키고, 나아가 "지역의 국제화를 진전시켜, 외국인과 공생하는 사회"를 지향한다고 되어 있었고, '만객만래(万客万来)의 세계도시 도쿄'를 부재로 하고 있기도 하다[53]. 실제로 이시하라는 취임 직후 "조만간 이민의 시대가 반드시 온다. (중략) 국가가 나서서 해야만 한다. 법률도 바꾸어야 한다"라고 소신표명을 한 바 있었다[54]. 일면 '삼국인'발언과 상반되는 주장처럼 보인다. 하지만 그는 여기서 "노동력을 확보한다는 차원에서"라는 대 전제를 두고 있었다. 도쿄구상 2000에서 말하는 '만객만래의 세계도시 도쿄'라는 표현의 의미 또한 "격렬해 지는 도시 간 경쟁에서 승리해, 일본의 경제를 힘 있게 견인하고, 세계의 선두에 서는 국제도시"로서의 도쿄를 지향하고 있었다.[55] 여기서 '공생'이라는 용어는 등장하지만 관련한 에스닉 시책은 도쿄의 경쟁력을 위한 외국인과의 교류와 유치, 이를 위한 '지원'으로 대체되어 있었다.[56]

도쿄구상 2000에 드러난 신자유주의적 조류는 이전의 보수도정의 기본전제를 계승한 것이었지만, 그 실행은 매우 공격적인 것이었

---

53) 東京都知事本部企画庁西部企画調整課,『東京構想2000－万客万来の世界都市をめざして(第4刷)』, 東京 : 東京都生活文化局広報部公聴部情報公開課, 2002, 6쪽; 232쪽; 235쪽.
54) 「新春, 石原都知事に聞く」『朝日新聞』2000년 1월 3일.
55) 東京都知事本部企画庁西部企画調整課,『東京構想2000－万客万来の世界都市をめざして』, 6쪽.
56) 東京都知事本部企画庁西部企画調整課,『東京構想2000－万客万来の世界都市をめざして』, 235쪽.

고, 이는 곧 에스닉 정책의 전반적인 후퇴로 나타났다. 먼저, 도쿄구상 2000의 발표와 더불어 정열적인 활동을 벌여왔던 도 국제부는 급격한 위상하락과 더불어 해체되기에 이르렀고, 뒤이어 외국인들의 유일한 도정참여의 통로였던 도민회의도 완전히 해산되어 버렸다. 나아가 도의 국제정책의 의미 그 자체가 새롭게 재정의 되었고 그 추진체제와 방식도 재편되기 시작했다. 이는 이시하라 도정이 주창한 '도시외교'의 추진 속에서 그 모습을 드러냈다.

이시하라 도정의 도시외교라는 개념은 '주요 도시와의 자매결연, 도지사의 주요도시 방문, 국제협력기구(JICA)와의 협력(볼란티어 등)'을 둘러싼 제 시책으로 정의되었다[57]. 이 도시외교라는 용어는 이시하라가 2008년 8월에 델리, 쿠알라룸푸르, 서울, 도쿄의 대표를 공동 제창도시로 하여, 〈아시아 도시 네트워크 21(アジア大都市ネットワーク21)〉(이하 ANMC21)의 창설을 제안하면서부터 등장했다. ANMC21은 "아시아 지역의 수도 및 대도시가 신기술개발 및 환경대책 등의 공통의 과제에 연계해서 대응한다."는 취지하에 도시 간 네트워크를 강화하자는 것으로 궁극적으로는 도쿄도의 경쟁력 강화가 목표였다. 그 후에도 도쿄도의 이니셔티브 하에 각 도시 간 관광 및 투자 사업을 중심으로 한 12개의 공동사업이 진행되었다[58]. 이시하라의 리

---

57) 東京都知事本部外務部「東京都の都市外交」.
   (http://www.chijihon.metro.tokyo.jp/gaimuka/index.html 2011년 4월 30일 검색).
58) 12개의 공동사업이란, 중소형제트여객기의 개발촉진, 웰컴 아시아 캠페인, 아시아의 비지니스 및 투자촉진 프로젝트, 도시 발전을 향한 ICT전략, 저가에 안전하고 단기간에 건축가능한 주책기술개발 프로젝트, 도시와 지구환경문제, 위개관리 네트워크, 아시아 전염병 감염 대책 프로젝트, 아시아 무

더십으로 추진된 사업인 만큼, 여기서 그 주무부서는 지사의 톱 매니지먼트를 보좌하고 중요한 시책을 기획 입안 및 총괄 정리하는 지사 본부의 산하의 외교부가 되었다. 이 때 이후 도쿄도정에서 국제부의 이름은 사라졌다.

물론 도시외교의 범주에는 '지역의 국제화 및 재주외국인 시책'이 포함되어 있었지만, 사업의 담당은 생활문화국 산하 도민생활부로 이관되었고 그 의미에도 수정이 가해졌다. 그리고 이와 관련한 정책자문 기구로서 2001년 6월 15일 〈지역국제화촉진검토위원회(地域国際化促進検討委員会)〉(이하 검토위원회)가 새롭게 설치되었다. 이는 종래 도민회의의 해체에 따른 후속작업이기도 했다. 위원회는 외국민만이 아니라 일본인 학자 및 NGO 단체 관계자 등이 다수 참여하는 속에서 구성되었다. 중요한 것은 이들의 자문 주체가 도지사가 아니라 생활문화국의 스포츠국장이라는 점이다. 위원회의 구성, 그리고 각 시책과 관련한 의제의 설정 및 운영도 모두 스포츠 국장의 의뢰 및 주재에 의해 이루어지게 되었다[59]. 외국인 참여의 가능성이 제한된 것만이 아니라 관련한 시책의 의미가 극적으로 격하된 것이다. 이는 종래 국제정책의 일환으로 위치 지어졌던 에스닉 정책이 도정의 국제 '외교'가 특화되면서, 사실상 분리되었음을 의미한다.

대예술제, 여성의 사회참가, 아시아 젊은세대 교류, 직원능력향상 프로젝트 등을 말한다.(東京都知事本部外務部「アジア大都市ネットワーク21共同事業参加都市一覧表」http://www.anmc21.org/projects/pdf/p-member.pdf, 2011년 4월 30일 검색).

59)「地域国際化推進検討委員会設置要綱」, 2001年6月.
(http://www.seikatubunka.metro.tokyo.jp/index3.htm, 2011년 4월 30일 검색).

도쿄도의 국제정책에서 분리되어 그 의미가 격하된 에스닉 정책의 각론들은 도쿄구상 2000에서 말하는 수준의 공생을 위한 시도인 방재 및 피난 지원, 외국어 표기문제, 민간단체와의 연계 협력에 의한 외국인 도민의 사회참가 촉진, 각종 정보제공 등 이었다. 외국인들의 시민권 또는 참정권 문제 등이 의제에서 완전히 배제된 것이다. 물론 이시하라 도정 제3기에 들어 검토위원회에 의한 '외국인 도민의 사회참가 촉진' 제언이 있기는 했다. 2007년 7월에 제출된 동 위원회의 보고서는, 외국인의 자립과 지역사회로의 참가를 촉진하기 위해 민간단체의 연계와 협력 추진의 필요성을 주장하면서, 이를 위한 도의 지원과 선진사업 모델의 소개 등을 제언하고 있다[60]. 하지만 이 제언조차 도쿄도의 독자적인 움직임은 아니었다. 2004년을 정점으로 2005년부터 인구감소시대에 접어든 반면, 2007년을 기점으로 외국인 등록자 수는 208만을 넘어서고 이들의 정주화도 급진전됨에 따라, 정부가 외국인 정책을 재검토하기 시작했기 때문이다. 이에 따라 2005년 6월 내각 산하에 〈다문화공생의 추진에 관한 연구회〉가 설치되었고, 그 결과로 2006년 3월 총무성에서는 '다문화공생추진 플랜(地域における多文化共生プラン)'이 책정되는 한편[61], 동년 12월에 내각관방에서는 외국인에 대한 종합대책이 구체화되었다[62].

---

[60] 地域国際化促進検討委員会「民間団体と連携・協働による外国人都民の社会参加の促進について」2007. 7, 6쪽.
[61] 総務省「多文化共生の推進に関する研究会報告書：地域における多文化共生の推進に向けて」2006. 3.
[62] 内閣官房室「『生活人としての外国人』に関する総合的対策」2006.12.

정부의 이러한 움직임을 반영해, 같은 시기 도쿄도 지사본부에서 작성한 '10년 후의 도쿄'라는 정책비전에는 "외국인도 지역의 일원으로서 활기차게 살아가는 다문화공생을 추진 한다"는 문구가 삽입되었고, 이를 위해, "정보제공 등에 의한 생활지원, 외국인과 일본인의 상호이해, 교류를 향한 시책", "재해정보를 비롯한 다양한 정보의 다언어화 추진", "외국인 주택확보 지원" 등이 거론되었다[63]. 검토위원회의 '외국인 도민의 사회참가 촉진' 제언에 관한 보고서는 그 후속 조치였던 것이다[64].

당시 도쿄도는 외국인등록자수가 37만을 넘어, 도민의 약 3%를 점하는 현실에 직면해 있었다. 검토위원회의 보고서에서는 이들의 참여를 위한 민간과 행정 간의 연계 협동의 대표적인 사례로서 〈국제교류·협력 TOKYO연락회〉(이하 TOKYO연락회)를 들고, 이에 대한 지원 강화를 제안하고 있었다. TOKYO연락회는 도와 NGO와의 의견교환, 정보교환을 이루면서 파트너십을 형성하고, 국제교류, 협력, 지역국제화추진을 도모하기 위한 장으로서 아오시마 도정 말기 인 1999년에 설치된 바 있었다[65]. 하지만 이시하라 도정기에 들어가면서 TOKYO연락회에 대한 예산배분의 약속은 대부분 집행되지 않았고, 행정인원도 외국인 방재대책에 관련한 소방서 측 인원만이 남겨지게 되었

---

63) 東京都知事本部企画調整部企画調整課『10年後の東京ー東京が変わる』東京: 贍栄社, 2006年12月, 78-79쪽.
64) 地域国際化促進検討委員会「民間団体と連携·協働による外国人都民の社会参加の促進について」, 1쪽.
65) 地域国際化促進検討委員会「民間団体と連携·協働による外国人都民の社会参加の促進について」, 6쪽.

다. 검토위원회는 애초부터 생활문화국의 자문기관에 불과했기 때문에 여기서의 제안은 애초부터 실효성이 없었던 것이다.

특히 유학생 지원예산이 삭감되는 대신 유학생의 범죄를 막는 프로그램에 대한 새로운 지원이 생기기 시작했다. 이는 그 이전부터 이시하라가 추진해 오던 외국인에 대한 대대적인 치안대책의 연장이었다. 도쿄도는 "2002년 전국 범죄건수는 약 285만 건, 10년 전에 비해 약 110만건 증가했고. 그 중 도쿄도가 30만 건으로 전국에서 가장 많다"라는 인식 하에 "불량 외국인에 의한 조직범죄"를 없애기 위해, 2003년 8월 1일에 〈도쿄도긴급치안대책본부〉를 설치하고[66], 10월 17일 법무성 입국관리국, 도쿄 입국관리국, 경찰청과 더불어 '수도 도쿄의 불법외국인대책 강화에 관한 공동성명'을 발표했다[67]. 이시하라 도정에서 외국인 정주자의 확대로 인해 절박하게 다가 온 것은 '공생'의 과제가 아니었던 것이다. 도쿄도가 재일외국인에 대한 치안대책을 보다 본격화한 것은 이시하라 도정 제2기 출범 직후였다. 즉 2003년부터 정부차원에서 '다문화공생추진 플랜'이 책정되고, 도내 검토위원회에 의한 제언이 있은 2007년까지 도쿄도의 에스닉 시책들은 이미 크게 후퇴한 상태였던 것이다. 특히 이 시기 후퇴한 이시하라 도정의 에스닉 시책들은 재일조선인 사회, 그 중 총련계를 향해 집중적으로 표출되고 있었다.

---

66) 東京都, 『広報』, 2003년 9월 1일.
67) 東京都, 『広報』, 2003년 12월 1일.

2) 총련 고정자산세 면제조치 해제의 문맥

이시하라 도정의 출범 당시 재일조선인 커뮤니티는 내외적으로 큰 변화를 맞이하고 있었다. 먼저 도쿄도내 외국인 등록자 수가 급격히 증가하고 있었지만, 상대적으로 재일조선인 커뮤니티의 비중은 감소하는 경향을 보이기 시작했고, 2001년에 이르러서는 중국계 외국인 커뮤니티에 역전되기에 이르렀다. 재일조선인 커뮤니티의 변화는 일본 국적을 선택하는 재일조선인의 증가에만 연유하지 않았다. 한편에서는 상업을 목적으로 한 뉴커머들의 대량 유입이 있었고[68], 다른 한편에서는 '조선적' 올드커머 제2세, 3세의 '조국'에 대한 정체성 변화가 나타나기 시작했다. 이 양자는 각각 총련계와 민단계에 직간접적으로 소속되어 있었지만, 점차 개방적인 태도를 보이기 시작했고, 특히 젊은 세대를 중심으로 이러한 경향이 두드러지기 시작했다. 2002년 도쿄에서 열린 조선적과 한국적 재일한국인, 뉴커머, 일본적 재일한국인을 포함한 '재일'의 모임이 그 대표적인 사례이다[69]. 이러한 흐름은 총련과 민단 간의 화해 움직임으로도 확대된 바 있었다. 이처럼 재일조선인 사회의 변화는 2000년 6월 한반도에서 실현된 남북한 정상회담이 중요한 배경으로 작용했었다. 그리고 전술한 이시하라의 '삼국인' 발언은 총련과 민단 간의 화해 및 재일조선인 커뮤니티의 결속을

---

68) 한국 및 조선 국적자는 도쿄도 전역에 분포하고 있었다. 여기서 뉴커머의 경우, 신주쿠 오쿠보 지구, 우에노 킨시쵸, 아카사카를, 올드커머는 미카와 시마를 활동거점으로 분화되기 시작했다(東京都生活文化局文化振興部事業推進課『東京在住外国人リポート』東京 : 山広印刷所, 2005, 4쪽).

69) 정진성, 「조총련 조직 연구」『국제·지역연구』 제14권 제4호, 겨울, (2005), 21쪽.

촉발시키는 계기적 요인으로 작용했었다. 여기에는 총련은 보다 적극성을 보이고 있었다.

당시 총련은 일본 정부로부터 다양한 외압을 받고 있었다. 2001년 1월에는 조은도쿄신용조합의 이사장 등이 약 8억 엔을 횡령한 사건으로 경시청으로부터 최초로 총련 중앙본부의 가택 수사를 당했었고, 이후 총련의 불분명한 자산관리가 문제시되기 시작했다. 당초 총련 소유의 중앙본부의 토지 및 건물은 간토흥업(関東興業)이라는 민간회사 소유로 등록되어 있다가, 자금난 등의 이유로 1998년 '합자회사 조선중앙관리회'로 명칭변경이 이루어졌었다. 이러한 자금상의 불투명성과 더불어 일본 국내 비합법활동, 즉 스파이, 부정송금, 마약 및 총기류 판매 등의 혐의가 더해져 2002년 경 부터 총련 관련조직 및 시설에 대한 각종 우대조치가 폐지되기에 이른다.

〈표 1〉 도쿄도 외국인 등록자 수 및 한국, 조선 국적자 비율의 변화

	2000	2001	2002	2003
외국인등록자수	296,823	318,996	344,221	355,289
도내 인구총수 대 비율	2.5%	2.6%	2.8%	2.9%
한국, 조선	97,710	100,870	103,241	102,680
중국	92,142	102,559	114,233	122,381

※ 출처 : 東京都総務局統計部人口統計課人口動態統計係「国籍別外国人人口」
(http://www.toukei.metro.tokyo.jp/gaikoku/ga-index.htm, 2011년 4월 10일 검색).

총련에 대한 압박이 도쿄도정 차원으로 구체화 된 것은 2003년 1월 20일에 열린 자민당 도련의 도시기반부회 소위원회에서 였다. 여

기서 총련의 '외교기관'으로서의 성격에 대한 문제제기가 이루어졌고, 도정 측에서도 이에 대한 재평가 작업이 착수되었다[70]. 뒤이어 2003년 2월 19일, 이시하라는 도지사 기자회견에서 총련의 토지, 건물의 고정자산세에 대해 "공관으로 취급해 (세금을) 지불하지 않는 건물이 상당수 있다. 주세국(主税局)이 조사해서 과세할 것"이라고 공언했다. 이시하라는 문제의 근원으로서 "그 간 미노베 씨 시대에 무엇이든 인정해 버리고 말았다"는 점을 들고 있었다.[71] 이시하라의 이 공언은 도지사 선거를 두 달 앞 둔 시점에서 이루어 진 것이었다. 따라서 이 시책의 실행은 이시하라의 재선여부에 달려 있었다. 결과는 이시하라의 압승이었다. 득표수로 보면 미노베 지사 2기의 362만표에 이은 2위이지만 득표율은 70%에 육박해 도지사 사상 최고를 기록했다[72].

제2기 이시하라 도정의 당면한 중심과제는 '위기관리'와 '치안의 강화'였다. 전술한 〈도쿄도긴급치안대책본부〉의 대책은 그 일환이었다. 그 주요 대상은 외국인들이었고, 그중에서도 총련계에 가장 구체적으로 나타났다. 특히 이시하라는 도민들의 지지를 배경으로 총련에 대한 고정자산세 폐지를 강하게 추진하기 시작했다. 재선 직후 인 동년 5월에 도주제국이 총련 본부에 들어가 건물명의 및 사용실태 조사에 착수했고[73], 다음 해인 2003년 6월에 총련에 대해 납세 통지가 공식적으로 송부되었다. 이에 대해 10월 6일 북한 외무성이 총련이 "조

---

70) 『毎日新聞』 2003년 2월 20일.
71) 『石原知事定例記者会見録』 2003. 2.19.
72) 土岐寛, 『東京問題の政治学』, 126쪽.
73) 당시 국교가 없는 대만 관련 시설도 조사대상이 되었었다.

일 양국에 국교가 없는 상태 하에서, 일본인민과의 우호친선을 위해 외교대표부격의 사명과 역할을 수행하고 있다"는 취지의 대변인 담화를 발표했다[74]. 북한 당국이 공식성명을 통해 도쿄도정에 직접 개입하고 나선 것은 매우 이례적인 것이었다. 뒤이어 2004년 5월 19일 총련 중앙본부의 등록상의 부동산 소유자인 합자회사 〈조선중앙회관관리회〉가 도쿄도의 과제처분 취소를 요구하고 소송을 제기하면서, 도쿄도와 총련 간에 법적 공박이 전개되었다.

결국, 2007년 7월 20일에 열린 도쿄 지방법원은 총련이 "북한의 법제상의 행정기관이 아니고, 기본적으로 재일조선인과 그 단체로 구성되는 임의단체로서의 성격을 가진다."고 판결했다. 총련 중앙 측의 청구를 모두 각하하는 것이었다. 판결문이 의거하고 있는 것은 도쿄도 주세국장 통달기준이었다. 이에 의하면 총련에 대한 고정자산세 문제는 도세조례실시 규칙 134조 1항 4호에 해당하는 문제라는 것이다. 도세조례 134조 1항 2호에는 "공익을 위해 직접 전용하는 고정자산"을 면제한다고 규정하고 있었다. 도쿄도 지방법원의 판결문에는 총련의 자산이 "공익을 위한" 고정자산이 아니라는 점을 분명히 하고 있다. 사실 도세조례실시 규칙 제31조 1항에는 "특별한 사정이 있다고 인정되는 경우의 고정자산"은 면세가 가능하도록 되어 있었고, "특별한 사정"이 의미하는 구체적인 내용도 명시되어 있지 않았다. 하지만 판결은 이에 대해서도 인정하지 않았다. 총련의 '공익성'에 대한 판단은 도쿄도의 재량에 전적으로 맡긴 것이다.

---

74) 「외무성 대변인담화」, 『로동신문』, 2003년 10월 6일,

다만, 소유 부동산 중 "여권발급업무 용도에 직접 제공하고 있는 부분"에 대해서는 면세를 허용했다. 하지만, 이 조차 총련의 활동이 "정규의 재외공관으로서의 활동과는 명확히 일선을 긋고" 있다는 대전제 하에서였다[75]. 이 판결 이후에도 총련 중앙은 재심 청구를 계속했지만, 1심과 2심 모두 기각되었고, 2009년 8월 12일 최고재판소에서도 패소했다. 이로서 총련은 중앙본부의 토지 및 건물에 대한 고정자산세로서 연간 약 5000만 엔을 지불하게 되었다. 이는 총련 중앙만이 아니라 전국의 하부 조직 및 산하단체에 까지 파급되었다. 1972년 미노베 도정에 의해 총련의 면세해택이 부여된 이래, 전국의 각 자치단체 또한 해당 지역의 총련관련 시설 및 토지에 '준 외교기관' 또는 '공민관유사시설'로서 면세조치를 취해 왔었다. 하지만 최고재판에서 총련 중앙의 청구가 패소된 2009년 당시, 총무성의 조사에 의하면 전국 130 자치체 중 전액면제를 하고 유지하던 자치체는 홋카이도 구시로시(釧路市) 뿐이었다.[76]

총련에 대한 고정자산세 부과는 기본적으로 이시하라 도정의 에스닉 정책의 후퇴라는 문맥 속에 자리하고 있었다. 총련의 법적인 위상은 일거에 흔들렸고, 특정 재일외국인을 대표하는 단체로서의 '공익성'마저 부정되었다. 나아가 민단과의 화해 무드도 이를 계기로 무산

---

75) 主税局資産税部計画課, 「報道発表資料 朝鮮中央会館・固定資産税等賦課処分等取消請求事件の判決について」, 2007년 7월.

76) 主税局資産税部計画課, 「報道発表資料[別紙1]朝鮮中央会館(朝鮮総連中央本部)訴訟東京高裁判決(平成20年4月23日)の概要」, 2008년 4월. 구리로시도 2010년에 과세조치를 시행함에 따라 전국의 모든 지자체가 총련에 대한 고정자산 면세 조치를 해제하게 된다.

되기에 이른다. 민단으로서는 총련과의 화해가 새로운 재정 부담으로 다가왔기 때문이다. 이로서 재일조선인 사회는 다시 분열로 치닫게 된다. 반면, 도쿄도정은 새로운 재원의 확보가 가능해졌다. 실제로 총련에 대한 고정자산세 부과는 이시하라 도정의 최대 과제, 즉 재정의 확립이라는 당면과제와도 직결되는 것이었다. 이시하라는 총련에 대한 과세를 정당한 "법적 시행"으로서, 그리고 도정의 당연한 "과세권리"로서 평가했다[77]. 주세국장 또한 정부가 추진하고 있는 구조개혁을 고려했을 경우 자주재원인 세수의 확보가 중요함을 강조하면서, 총련 시설에 대한 과세는 지방세 징수율을 높이는데 있어 "전국자치체의 선두에 선" 모범적인 사례라는 인식을 보이고 있었다.[78]

재일조선인 커뮤니티에 대한 재세 부담의 확대 안은 이시하라 제1기인 2000년 6월에 지사 자문기관으로서 〈도쿄도도세제조사회(東京都税制調査会)〉(이하 세제조사회)를 발족시킬 때부터 제시된 바 있었다. 세제조사회는 동년 12월에 재정재건을 위한 세수의 확대를 위한 보고서를 제출했고, 여기서 '파칭코세의 신설을 제안했다[79]. 결국 이 안은 실현되지는 못했지만, 이는 총련계 재일조선인 상공인들

---

77) 『平成15年第2回定例会会議録』第10号, 2003. 7. 2.
78) 『平成16年第1回定例会会議録』第4号, 2004. 3. 4.
79) 파칭코세의 신설은 도내 약 30만대의 파칭코 본체가 약 1년 정도의 주기로 교체가 된다는 점에 착목한 것이다. 일부 리사이클도 이루어지고 있기는 하지만, 대량의 폐기물로서 배출된다는 것이다. 따라서 신기로 도입하는 파칭코 본체에 과세함으로서, 폐기대의 배출을 억제하고, 중고 본체의 보급의 촉진을 도모한다는 것이 파칭코세 신설의 취지였다(東京都主税局税制部税制課, 「東京都税制調査会答申のあらまし : 21世紀の地方主権を支える税財政制度」, 2000.12, 739쪽).

에 대한 직접적인 타격을 의미하는 것이었다. 파칭코 사업에 대한 예외조치는 전술한 바데로 미노베 도정의 유산이었다. 이시하라는 파칭코세의 추진에 그치지 않고, 2004년 3월에 '지방자치체 카지노 연구회'를 발족시키는 등, 본격적인 갬블사업의 재개를 통한 세수확대를 도모했었다. 여기서는 '갬블 폐지'를 도정 재정운영의 '모럴'로 생각했던 미노베의 인식과 현저한 대조를 보인다. 보다 주목할 것은 파칭코세의 추진과 달리 총련에 대한 고정자산세 부과와 관련한 계획은 도정 주재국은 물론, 세제조사위원회의 보고서에도 존재하지 않았다는 점이다[80]. 이는 총련에 대한 고정자산세 부과가 도정 차원의 계획적인 정책수행의 연장으로서 보다, 이시하라 개인의 주도에 의해 이루어졌음을 시사한다.

3) 에스닉 정책의 분화와 재일조선인 시책의 실종

과거 미노베가 총련에 대한 고정자산세 면제조치를 취했던 것은 준(잠재적) 외교기관으로서의 위상을 부여하기 위해서였다. 전술한 바와 같이 이는 도정차원의 시민외교의 연장에서, 북한과의 관계개선을 고려했기 때문이었다. 총련에 대한 감시와 통제를 담당하던 공안조사청의 오가타 시게다케(緒方重威) 전 장관조차 인정할 정도로 "총련회관은 실질적으로는 북한의 대사관, 영사관의 기능"을 수행해 왔었다[81]. 다시 말해, 총련의 고정자산에 대한 과세는 곧 북한의 외교기

---

80) 東京都税制調査会,「平成22年度東京都税制調査会中間報告」, 2011.11.
81) 緒方重威,『考案検察 私はなぜ,朝鮮総連ビル詐欺事件に関与したのか』東京:

관으로서의 위상이 상실되었음을 의미하는 것이고, 이는 당연히 당시 일본과 북한과의 관계를 직접적으로 반영하는 것이었다. 2002년 9월, 북일 양국 정상에 의해 평양선언이 발표직후 분출된 일본인 납치문제의 부상으로 일본 열도 전체는 북한 네거티브 이미지가 일거에 확산되었음은 주지의 사실이다. 당시 재선을 앞둔 이시하라는 북한과의 '전쟁불사론'으로 그 선두에 섰고, 이에 동반한 도민의 지지는 도지사 선거에서 이시하라에게 최고득표율을 가져다주었다.

총련에 대한 고정자산세 부과선언은 이러한 흐름 속에 있었다. 이시하라는 이 문제를 둘러싸고 총련 측과 법정공방이 이루어지는 광경에 대해, 과거 미노베 도정의 유산을 지적하며 "결국, 이러한 일들이 쌓여서 납치문제가 된 것 아닌가. 나는 역시 그 인과관계라는 것이 상당히 있다고 생각한다."는 인식을 보이기도 했다[82]. 특히 제2기 당선 이후, 이시하라가 도정 차원의 치안확립이라는 명분하에 외국인 범죄에 대한 소탕을 주장하는 와중에, 북한은 곧 범죄의 원흉으로서 등장했다. 대량의 각성제가 북한으로부터 총련을 경유해 유입되었다고 보고, 이것이 일본의 "자녀들의 정신과 육체를 파괴하고 큰 범죄로 이어지고 있다"는 것이다[83]. 도의 경시총감 또한 북한에 의한 범죄확산 저지라는 차원에서 납치문제 해명을 위한 본격적인 수사에 착수하기도 했다[84]. 이와는 대조적으로 2003년 12월부터 도정 차원에서 '북한에

講談社, 2009, 4쪽.
82) 『石原知事定例記者会見録』 2007. 6.29.
83) 『平成15年第2回定例会会議録』 第10号, 2003. 7 2.
84) 『平成16年第1回定例会会議録』 第1号, 2004. 2.25.

납치된 피해자의 지원에 관한 법률(拉致問題その他北朝鮮当局による人権侵害問題への対処に関する法律)'이 새롭게 제정되었고, '북한 인권침해문제 계몽 주간'이 설정되기도 했다[85]. 재일조선인을 비롯한 외국인에 대한 인권이 도외시 된 반면, 납치 피해자들이 새로운 인권수혜의 대상으로 나타난 것이다.

도쿄도의 이러한 독자적 행보는 이시하라 개인의 북한에 대한 인식을 드러내는 것이었다. 그리고 이 과정에서 그의 국제정치관 및 새로운 도정 외교방식이 구체적으로 표출되었다. 그는 북한이 "목적을 위해 수단을 가리지 않는 범죄국가라는 인식을 공유"할 것을 호소하면서, 이러한 "귀찮은 이웃"을 가까이 둔 것을 계기로 "외교란 무엇인가, 국제관계란 무엇인가를, 국민도 숙지해야"한다고 주장했다. 그리고 국민의 의사가 북한에 확실히 전해져야 한다며, 이를 주저하는 정부의 대응을 비판했다[86]. 그의 행동은 매우 노골적이었다. 이시하라는 니가타 항에서 있었던 북한의 만경봉호를 항의하는 집회에서 김정일 총서기의 사진과 북한의 국기를 태우자고 제안하는 한편, 도정차원의 의사표시로서 총련 관련시설에 대한 과세 조치를 실시했다고 말했다. 이에 대한 비판여론에 대해 이시하라는 "외교에서는 (중략) 경우에 따라서는 돌을 던지듯이 정면에서 응수하는 것이 필요하다"는 지론을 피력했다[87].

---

85) 東京都, 『広報』, 2003년 12월 1일.
86) 『平成15年第2回定例会会議録』第10号, 2003. 7. 2.
87) 『平成18年予算特別委員会速記録』第3号, 2006. 3.15.

고정자산세 부과에 대한 총련 중앙의 항소에 대한 도교지법의 기각판결 이후, 이시하라는 새로운 차원의 활동을 개시했다. 최고재판소 판결을 앞둔 2008년 11월 27일, 전국의 모든 도도부현의 지사들이 참가한 가운데, 이시하라는 스스로 발기인이자 회장으로서 〈북한에 의한 납치피해자를 구출하는 지사의 회(北朝鮮による拉致被害者を救出する知事の会)〉(이하 납치문제 지사회)를 발족시켰다. 그 후 관련한 각종집회 및 대북제재 촉구 활동을 주도해 감은 물론, 이시하라 자신의 명의로 일본 및 북한 정부는 물론 미국 대통령에 대해서도 직접 각종 요망서 및 메시지를 발신했다[88]. 그리고 이 납치문제 지사회의 활동을 도쿄도의 핵심적인 외교활동의 하나로 위치 짓고, 도청 지사본부 홈 페이지에 개진해 적극적인 홍보에 나섰다. 이시하라 도정의 국제정책에 새로운 활동범주가 등장한 것이다.

납치문제 지사회의 활동이 도정차원에서 정례화 되면서, 도 수준의 국제정책 범주는 재 분화를 겪게 되었다. 이시하라 도정 출범과 동시에 도시외교가 등장하면서 지역국제정책이 분리되었고, 여기에 납치문제 지사회의 활동을 중심으로 한 도지사 독자적인 외교활동이 가세한 것이다. 먼저 도시외교와 지역 국제정책의 분리는 이시하라 도정의 공격적인 신자유주의적 성격에서 파생된 것이었다. 이 전의 보

---

88) 「石原東京都知事しおかぜメッセージ」(集録日 : 2008年6月11日); 「日本人拉致に関する北朝鮮に対する申し入れ」, 2009年1月13日; 「米国オバマ次期大統領への書簡文」, 平成21年1月13日;「政府への要望書」, 2008年11月27日 (http://www.chijihon.metro.tokyo.jp/rati/chijinokai/chijinokai.html, 2011년 4월 30일 검색).

수도정도 '경쟁력 제고'라는 매우 신자유주의적 목표를 공유하고 있었지만, 그 추진과정에서는 취약계층의 외국인까지 포괄하는 다문화공생정책의 추진이 동반되었었다. 반면 이시하라 도정은 경쟁력 제고를 국가주의적 논법으로 확대시켰고, 이 과정에서 재일외국인에 대한 통제와 감시가 동반되었다. 따라서 다문화공생이라는 용어는 잔존했지만, 그 시책들은 외국문화의 이국적 요소들의 전시효과를 위한 이벤트 사업으로 화석화되었고, 시민으로서 외국인의 삶의 질의 문제, 즉 참정권도 없이 압도적 다수의 외국인이 비정규 취로상황에 놓여 있는 현실은 논외가 된 것이다.

한편 이시하라가 납치문제 지사회를 통해 독자적인 외교활동을 전개한 것은 도지사 개인의 리더십에 의한 국제정책의 과잉화를 초래했다. 이시하라는 지사본부장을 국장의 톱으로 한 '정책회의'를 최고 의사결정기구로 하고 국제정책도 이곳에서 관장하도록 하였다. 이로서 도정 차원의 국제정책의 범주는 확대되었지만, 동시에 그 하위 범주로서 에스닉 정책의 위상은 격하되거나 경외시 되었다. 이시하라 도정이 추진한 국제정책에서 집중적으로 대상화 된 것이 총련계 재일조선인이었음은 이상의 논의에서도 일수 있다. 과거 미노베 도정이 재일조선인 문제에 착목하고 이것이 재일외국인 시책의 기원이 되었다는 사실과는 극적으로 대비를 이룬다. 이시하라 도정은 이를 '재일특권'으로 간주하고 강한 거부감을 보였다.

물론, 미노베의 시민외교와 이시하라의 도시외교에는 동일하게 도지사의 리더십이 작용했다는 공통점이 존재한다. 하지만 혁신도정의 체계적인 틀 내에서 전개된 미노베의 시민외교와 달리, 이시하라의 도시외교는 도지사 개인에게 수렴되는 양상을 보였고, 관련한 시책들도 그의 관심도 여하에 따라 전개되었다. 무엇보다 시민외교의 등장은 도정차원의 에스닉 정책의 토대가 된 반면, 도시외교의 확장은 에스닉 시책을 후퇴시키는 요인이었다고 할 수 있다. 결국 이시하라 도정의 탈 미노베 시도는 국제정책 내 에스닉 정책의 정체성 혼란과 후퇴를 가져왔고, 이 과정에서 재일조선인 시책은 실종되어갔다.

4. 지체되는 다문화공생의 청사진

이상에서 도쿄도정의 재일조선인 시책과 에스닉 정책의 형성 및 변화의 인과성을 대 총련 시책을 중심으로 살펴보았다. 그 역사적 전개과정을 정리하면 다음과 같다. 미노베 도정(1967-1979년)은 공공요금의 억제와 복지재정의 적극화를 시도했고, 혁신도정의 '시금석'으로서 1968년 4월 조선대학에 각종학교 인가를 단행했다. 여기에 파칭코 산업에 대한 예외적 시혜가 더해지면서, 총련계 재일조선인 사회의 교육권과 경제권이 안정화되어 갔다. 특히 총련 관련시설의 고정자산에 대한 면제조치는 미노베 복지의 수혜로서의 의미를 넘어, 총련의 위상을 '준 외교기관'으로서의 규정하는 계기가 되었다. 이는 미노베가 제창한 시민외교의 연장이었고, 도정 차원의 국제정책을 등장시키는 계기가 되었다. 그리고 국제정책은 스즈키·아오시마 도정 시기

구체화된 에스닉 정책, 즉 다문화 공생 프로젝트로 이전되었다. 이를 대표하는 것이 스즈키 도정하의 재일외국인 도민회의제도였다. 하지만 이는 신자유주의적인 전제를 바탕으로 한 것이었고, 이 때문에 재일조선인 문제는 재일외국인 시책과 점차 분리되기 시작했다.

보다 공격적인 국가주의적 관점에서 이 다문화 공생의 의의마저 부정한 것이 이시하라 도정(1999-2011년)이었다. 이시하라는 국제정책에서 새롭게 도시외교를 등장시킴과 동시에 종래의 에스닉 시책들을 후퇴시켰다. 이를 전형적으로 보여준 사례가 총련 관련 자산에 대한 고정자산세 면제 해제조치였다. 이 조치는 재일외국인에 대한 치안단속 및 도의 재정확충 구상의 문맥에 있었지만, 보다 근본적으로는 이시하라 개인의 국제정치관이 개입되어 있었다. 이시하라는 이후에도 납치문제를 중심으로 한 독자적인 도지사의 외교활동을 전개해 갔다. 이 과정에서 에스닉 정책은 혼란을 거듭하고 재일조선인 시책은 점차 실종되어 갔다.

이 일련의 과정을 통해, 본고에서는 도정 수준에서 재일외국인 시책이 형성된 계기가 다름 아닌 재일조선인 시책 그 중 대 총련 시책이었고, 이는 곧 도쿄도정의 장기구상과 당면정책의 성격을 가늠하는 중요한 준거점이 될 수 있다는 점을 확인했다. 현재 도쿄도정이 말하는 다문화 공생의 개념 속에는 지역사회에서의 일본 시민과 외국인들의 대등한 관계가 상정되어 있다. 하지만 현실에서 에스닉 정책은, 치안의 강화라는, 공생과 거리가 먼 대책으로 발현되고 있다. 그 정도가 지속되고 안착될 경우, 다문화 공생은 새로운 사회통합을 위한 이데올로기로서 격차와 배제를 은폐시키는 기제가 될 것이다. 이러한 전망이 물론 도쿄도 이외 모든 자치체들에게까지 적용되는 것은 아니다. 하지만 도쿄도정의 다문화 공생 논리는 일본정부의 그 것을 그대로 차용한 것이고 다른 자치체들도 예외가 아니다. 이 점에서 도쿄도의 사례는 국가권력에 좌우되지 않는 다문화정책의 토착화의 중요성을 시사한다. 이를 위한 토대로서 일본 시민과 재일외국인들의 연대, 그리고 도정으로의 참여 실현을 통한 제도화의 노력이 필요하다. 여기서 재일조선인 사회의 역할은 새롭게 조명될 필요가 있다.

이러한 과제들의 실행은 보수와 혁신을 넘는 새로운 도정모델 창출을 통해 가능할 수도 있다. 다만 2011년 통일지방선거에서 이시하라가 4선을 이루면서 포스트 이시하라 도정은 도래하지 않았다. 진정한 에스닉 정책의 확립과 재일조선인 시책의 복원 가능성도 일단 멀어졌다고 할 수 있다. 하지만 도쿄도민과 도내 정주 외국인, 그리고 재일조선인들 간의 노정된 모순들은 계속 점증할 것이다. 무엇보다 동북지역 대지진 복구과정은 도쿄에 있어서도 재일외국인과의 관계에 있어 새로운 의제를 만들어 낼 것이다. 이에 대한 진정성 있는 대응여부는 곧 에스닉 정책의 성패로도 직결될 것이다. 위기를 극복하고, 안으로 부터의 국제화에 성공한, 메트로폴리탄으로서 도쿄도의 청사진은 아직 그려지지 않고 있다.

1. 정기간행물
『都政』『朝日新聞』『広報』『毎日新聞』『로동신문』

2. 자료
『石原知事定例記者会見録』(2003. 2.19); (2007. 6.29).
『平成15年第2回定例会会議録』第10号(2003. 7. 2).
『平成16年第1回定例会会議録』第1号(2004. 2.25).
『平成16年第1回定例会会議録』第4号(2004. 3. 4).
『平成18年予算特別委員会速記録』第3号(2006. 3. 15).

東京都,『東京都中期計画 1968年―いかにしてシビル・ミニマムに到達す
　　　　るか』(東京：東京都, 1969).
東京都生活文化局文化振興部事業推進課,『東京在住外国人リポート』(東
　　　　京：山広印刷所, 2005).
東京都主税局税制部税制課,「東京都税制調査会答申のあらまし：21世紀
　　　　の地方主権を支える税財政制度」(2000.12.).
東京都知事本部企画調整部企画調整課,『10年後の東京―東京が変わる』
　　　　(東京：謄栄社, 2006年12月).
＿＿＿＿＿＿＿＿＿＿＿＿＿＿＿＿＿,「東京構想2000－万客万来の世界
　　　　都市をめざして(第4刷)』(東京：東京都生活文化局広報公聴部情
　　　　報公開課, 2002).
東京都知事本部外務部,「東京都の都市外交」
　　　　(http://www.chijihon.metro.tokyo.jp/gaimuka/index.html 2011년 4월
　　　　30일 검색)
＿＿＿＿＿＿＿＿＿＿,「アジア大都市ネットワーク21共同事業参加都市
　　　　一覧表」(http://www.anmc21.org/projects/pdf/p-member.pdf, 2011년
　　　　4월 30일 검색)
東京都国民健康保険団体連合会,「国民健康保険制度の沿革と推移」, p.10
　　　　(http://www.tokyo-kokuhoren.or.jp/kokuho/kh03kankei/enkaku.pdf)
東京都税制調査会,「平成22年度東京都税制調査会中間報告」(2011.11.).
東京都総務局統計部人口統計課人口動態統計係,「東京都の外国人登録人
　　　　口（昭和63年－平成23年）」

(http://www.toukei.metro.tokyo.jp/gaikoku/ga-index.htm, 2011년 4월
　　30일 검색)
東京知事本局秘書部外務課,『東京都国際政策推進大綱』(東京：東京都,
　　1994).
　　　　　　　　　　　　　　　,『東京都国際政策推進プラン』(東京：東京都,
　　1997).
財団法人入管協会編,『在留外国人統計 平成9年版』(東京：財団法人入管
　　協会, 1997)
主税局資産税部計画課,「地域国際化推進検討委員会設置要綱(2001.6.)」
　　(http://www.seikatubunka.metro.tokyo.jp/index3.htm, , 2011년 4월
　　30일 검색)
　　　　　　　　　　　,「報道発表資料[別紙1]朝鮮中央会館(朝鮮総連中央
　　本部)訴訟東京高裁判決(平成20年4月23日)の概要」(2008. 4.).
　　　　　　　　　　　,「報道発表資料 朝鮮中央会館·固定資産税等賦課
　　処分等取消請求事件の判決について」(2007. 7.).
地域国際化促進検討委員会,「民間団体と連携·協働による外国人都民の社
　　会参加の促進について」(2007. 7.).
内閣官房室,「『生活人としての外国人』に関する総合的対策」(2006.12.).
総務省,「多文化共生の推進に関する研究会報告書：地域における多文化
　　共生の推進に向けて」(2006. 3.).
総務省行政評価局,「政策評価に関する標準的ガイドライン」(2001)

3. 논문 및 단행본
김은숙,「재일본 조선대학교의 설립과 인가에 관한연구(1956-1968)」『사림』
　　제34호, (2009).
김은혜,「도쿄도시레짐과 에다가와 조선학교의 역사」『사회와 역사』제85집
　　(2001).
정미애,「글로벌화에 따른 일본적 가치의 적용：단일민족국가관에서 다문화
　　공생으로의 사회적 인식의 형성」, 국민대학교 중국인민사회연구소
　　국내학술대회, 서울, 4월 (2011).
정진성,「일본의 외국인 운동」, 사회과학연구, 덕성여자대학교 사회과학연구
　　소 제3집, (2002).
　　　　,「조총련 조직 연구」『국제·지역연구』제14권 제4호, 겨울 (2005).

한상일, 『지식인의 오만과 편견-세카이와 한반도』, (기파랑, 2008).

한승미, 「동경도 정부의 '다문화주의' 실험과 재일 한국/조선인에의 함의」, 『한국문화인류학』, Vol.43, No.1(2010).

한영혜, 「일본의 다문화공생 담론과 아이덴티티 재구축」, 『사회와 역사』, 제71집, (2006).

駒井洋, 「内なる国際化による多分化共生社会の構築」駒井洋·渡戸一郎編『自治体の外国人政策ー内なる国際化への取り組み』(東京 : 明石書店, 1997).

金英達, 「あなたの隣の北朝鮮」『朝鮮総連研究ーあなたの隣の北朝鮮』別冊宝島221号(東京 : 宝島社, 1995).

美濃部亮吉, 『都知事12年』(東京 : 朝日新聞社, 1979).

山脇啓造, 「地球時代における東京都の外国人施策について」東京都職員研修所編『国際社会と都市ー変貌するこ国際社会への対応』(東京 : 東京都職員研修所, 2000).

星野修美, 『自治体の変革と在日コリアン-共生の施策づくりとその苦悩』(東京 : 明石書店, 2005).

松下圭一, 『現代政治の基礎理論』(東京 : 東京大学出版会, 1995).

塩原良和, 「日本の外国人政策の現状と課題」, 『SRIC Report』, Vol.3 No.4(1989).

日比野登, 『美濃部都政の福祉政策ー都制·特別区制改革にむけて』(東京 : 日本経済評論社, 2002).

佐々木信夫, 『東京都政ーあすへの検証』(東京 : 岩波書店, 2000).

太田久行, 『美濃部都政12年 政策室長のメモ』(東京 : 毎日新聞社, 1979).

土岐寛, 『東京問題の政治学』(東京 : 岩波書店, 2003).

_____, 『東京問題の政治学』(東京 : 岩波書店, 2003).

広田康生, 「エスニック·ネットワークの展開と回路としての都市」奥田道大編『コミュニティとエスニシティ』(東京 : 勁草書房, 1995).

緒方重威, 『考案検察 私はなぜ, 朝鮮総連ビル詐欺事件に関与したのか』(東京 : 講談社, 2009).

요코하마의 에스닉 미디어와 다문화공생의 딜레마

서동주

1. 에스닉 미디어, '다문화 사회' 일본을 보는 창(窓)

1990년 이후로 일본사회의 인구구성은 뚜렷하게 '다민족'화의 양상을 보여주고 있다. 1990년 외국인등록자수가 처음으로 100만 명을 넘어선 이래, 2008년에는 221만 7천명을 기록해 지난 20년 사이에 2배 이상 증가했다. 1980년대 중반까지 외국인등록인구가 70만 명 정도였던 것에 비하면, 최근 20년 동안 진행된 외국인인구의 급격한 증가는 일본사회가 이른바 '다문화다민족' 사회로 진입하고 있음을 증거하고 있다.[1] 여전히 전체인구에서 외국인등록인구가 차지하는 비중은 2%에도 미치지 못하고 있지만, 2000년 이후 '다문화공생' 담론의 확산 현상

---

* 이 글의 초고는 건국대학교 아시아 디아스포라 연구소 편 『Asia Diaspora』 (2010.11)에 수록되었음.
1) 2009년에는 경기 침체 등의 영향으로 외국인등록자수가 177.8만명(총인구의 1.7%)로 다소 감소하였다.

에서 알 수 있듯이[2], 인구구성의 다민족다문화화 현상은 일본사회를 바라보는 현대일본인들의 인식에 새로운 변화를 가져오고 있음은 분명해 보인다. 특히 제2차 세계대전 이후 오랫동안 '일본인=단일민족'이라는 '동질성의 신화'가 부동의 자기인식으로 헤게모니를 누려온 점에 비춰볼 때, 다문화다민족화의 추세를 불가역적인 사회적 변화로 받아들이고 그 위에서 '다문화공생'을 모색하는 모습은 일본사회가 다문화 사회를 향한 구조적 전환기를 경험하고 있음을 보여준다.[3]

그러나 '다문화 사회'를 향한 사회적 합의의 확산에도 불구하고, 일본사회 전체적으로 볼 때 다문화다민족화의 경향에 지역적 편차가 존재한다는 점은 간과할 수 없다. 예를 들어 2005년 현재 도도부현별 외국인인구를 보면, 도쿄도(東京都) 248,363명, 오사카부(大阪府) 175,766명, 아이치현(愛知県) 150,115명, 가나가와현(神奈川県) 115,412명, 효고현(兵庫県) 85,943명 순으로, 이들 5개 도부현에 거주하는 외국인인구가 전체 외국인인구의 약 절반(49.9%)을 차지하고 있다. 이렇게 외국인들이 일부 지역에 편중되어 거주하고 있다는 사실은 당연하게도 다문화 사회에 대한 일본인들의 경험에 지역적인 차이가 일어날 수밖에 없다는 것을 환기시킨다. 따라서 일본사회의 다문화화를 배경으로 등

---

2) '다문화공생'은 1990년대 이후 일본사회에서는 재일외국인의 급속한 증가와 정주화(定住化)를 배경으로 등장한 사회적 이슈라고 할 수 있다. 이 용어는 재일외국인이 다수 거주하는 지방자치단체가 중심이 되어 지역활성화를 위한 이념으로 채택하면서 더욱 넓은 범위에서 쓰이게 되었다.(한영혜「일본의 다문화공생 담론과 아이덴티티의 재구축」『사회와 역사』2006. p.155).
3) 권숙인「일본의 '다민족다문화화'와 일본 연구」권숙인 엮음『다문화사회 일본과 정체성 정치』서울대학교출판문화원, 2010, p.14.

장한 다문화공생의 실태를 파악하고자 할 경우, '내셔널(national)'한 수준의 동향만이 아니라, '로컬(local)'한 수준에서 일어나고 있는 경험의 차이에 주목할 필요가 있다. 다시 말해, 일본사회 전체의 변화를 주의깊게 조망하면서도 지역 혹은 일상으로 시선을 '하강'시켜 그곳에서 전개되는 구체적인 움직임을 포착할 때, 다문화공생에 대한 실제적인 이해에 도달할 가능성이 열린다고 말할 수 있다. 이러한 문제의식 위에서 여기에서는 최근 다문화하는 지역사회의 새로운 커뮤니케이션 수단으로 주목받고 있는 '에스닉 미디어(ethnic media)'에 초점을 맞춰, 지역사회에서 전개되고 있는 다문화공생 실천의 구체적인 양상을 살펴보고, 그것을 참고로 하여 일본의 다문화공생이 보여주는 가능성과 과제를 생각해 보고자 한다.

에스닉 미디어를 '이념형'으로 접근할 경우, 그것은 제작에 투여된 자본, 그리고 제작자와 수용자 모두가 특정 국가 혹은 지역사회 내의 에스닉 집단으로 구성된 미디어로 정의된다. 그러나 이것은 '좁은' 의미의 정의로서, 실제로는 자본과 제작의 영역에 이른바 '주류사회'가 관여하는 경우가 적지 않다. 이런 사정을 감안하여, 일반적으로 에스닉 미디어는 수용자를 기준으로 하여 특정 국가 내에 거주하는 에스닉 마이너리티 집단을 '대상'으로 하는 출판, 방송, 인터넷 등의 정보매체의 의미로 통용되고 있다.[4] 이렇게 '넓은 의미'의 정의가 갖는 유효성에도 불구하고, 제작 주체의 문제는 해당 에스닉 미디어의 성

---

4) 白水茂彦『エスニック・メディア研究—越境・多文化・アイデンティティ』明石書店、2004、p.23.

격 규정에 중요한 변수로 작용한다. 예컨대 주류사회가 발행하는 에스닉 미디어가 주류사회와 에스닉 마이너리티 집단 사이의 가교 역할을 하면서 후자가 지역사회에 원만히 적응·정착할 수 있도록 지원하는 데 역점을 두고 있다면, 이주외국인에 의한 미디어는 대개의 경우 에스닉 아이덴티티(ethnic identity)의 유지를 중요한 발행목적으로 설정하고 있다. 이처럼 제작주체에 따라 에스닉 미디어의 사회적 기능은 뚜렷이 구별된다.5)

한편 에스닉 미디어는 지역사회에서 전개되고 있는 다문화현상 그리고 다문화공생을 위한 실천의 현재적 양상을 검토하는 데있어서 다음과 같은 시사점을 제공한다. 첫째, 에스닉 미디어는 지역사회 (local community)에서 전개되는 다문화화의 양상을 들여다볼 수 있는 유력한 통로가 될 수 있다. 도쿄에 발행거점을 두고 있는 미디어의 경

---

5) 시라미즈 시게히코(白水茂彦)는 에스닉 미디어의 사회적 기능이라는 관점에서 '집단내적 기능', '집단간 기능', '사회안정기능'이라는 세 가지의 세부분류를 제시하기도 한다. '집단간 기능'이 에스닉 미디어가 에스닉 집단 사이의 이른바 '가교' 역할을 한다는 점에 주목한 것이라면, '진단내적 기능'은 에스닉 미디어가 특정 에스닉 집단 내부의 소통과 공론형성의 매개로 기능하는 것을 가리킨다. '사회안정기능'이란 이상과 같은 '가교' 혹은 '매개'의 역할을 통해 지역사회 내의 사회적 갈등을 최소화하고, 특히 재난 및 사고와 같은 위급상황에서 에스닉 미디어가 수행하는 구호기능으로부터 도출된 개념이다. (白水茂彦『エスニック・メディア研究』(2004), 『エスニック・メディア―多文化社会日本をめざして』明石書店、1996 등 참조) 한편 마치무라 다카시(町村敬志)는 에스닉 미디어를 '공론형성' 기능에 초점을 맞춰, 이민자 집단 내부의 소통에 기여하는 '이민미디어', 지역사회에서 인종적·민족적 소수자(minority)이 집단의 결속과 이익보호를 위한 '마이너리티 미디어', 그리고 다양한 수준의 월경자들이 만드는 '월경자 미디어'로 구분하고 있다. (町村敬志「エスニック・メディアのジレンマ―ロスアンジェルス日本系メディアを事例に」奥田道大編『都市エスニシティの社会学―民族・文化・共生の意味を問う』ミネルヴァ書房、1997참조).

우는 일본 전역을 배포범위로 하는 '내셔널'한 성격을 보이지만, 현존하는 대부분의 에스닉 미디어는 지역사회의 수준에서 유통되고 있다. 다시 말해 에스닉 미디어는 특정 지역사회에 근거를 두고 '일본인' 사회와 에스닉 마이너리티 집단의 '가교' 역할을 담당하고 있다는 점에서, 기본적으로 '로컬 미디어'의 성격을 갖는다. 그런 점에서 에스닉 미디어는 다문화·다인종화 현상을 둘러싼 지역사회 내부 행위자들의 자기인식과 상호인식을 살펴볼 수 있는 유의미한 사례라고 할 수 있다.

둘째, 에스닉 미디어는 1990년대 이후 일본사회의 특징적인 변화를 의미하는 다문화공생 담론의 확산과 관련하여, 그것을 에스닉 마이너리티 집단의 시점에서 살펴볼 수 있는 가능성을 제공한다. '다문화 일본'에 관한 최근의 연구가 드러내는 문제점의 하나는, 일본인들의 대응을 둘러싼 정책과 담론에 대한 분석에서 상당한 연구의 축적을 보이는 반면, 이주자들을 주체로 한 관점, 이주자들의 경험, 그들의 실천과 전략 등에 초점을 맞춘 연구, 즉 이주자들을 '내부로부터' 접근하는 연구가 상대적으로 부족하다는 것이다.[6] '이동'과 '월경'의 경험을 통해 다소간 문화적 기반을 상실한 이방인은 낯선 곳에서 하루하루를 살아가는 지혜를 축적하고, 스스로의 생활에 새로운 의미를 부여하기 위해 새로운 정보환경을 생활세계의 중요한 일부로서 구축해 간다.[7] 그런 점에서 특히 에스닉 마이너리티 집단이 주체가 되어 발행하는 미디어에 주목함으로써 에스닉 마이너리티를 행위 주체로 파악

---

6) 권숙인, 앞의 책, p.17.
7) 町村敬志「エスニック・メディアのジレンマ」1997 p.123.

하고 이들의 실천과 관점을 부각시킬 수 있는 여지를 확보할 수 있다.[8)]

셋째, 지금까지 지역사회에서의 다문화현상은 주로 주류사회와 에스닉 마이너리티 집단의 양자관계 속에서 다루어져 왔다. 여기에 에스닉 미디어는 이주민의 '본국'이라는 제3의 변수의 도입을 가능케 함으로서, 지역적 수준의 다문화현상을 인구와 정보의 글로벌화라는 거시적 맥락과 결부시켜 살펴볼 수 있는 시야의 확장을 제공한다. 에스닉 미디어가 담당하는 역할 중에 하나는 에스닉 아이덴티티의 유지와 이국 생활이 불가피하게 초래하는 문화적 결핍감을 보충하는 것이다. 그래서 특히 에스닉 마이너리티 집단에 의한 미디어는 본국의 소식을 비중있게 다루고, 익숙한 본국의 문화콘텐츠를 중계하는 역할에 적극적이다. 이렇게 에스닉 미디어는 다문화화의 문제를 이민자의 시점만이 아니라, '본국-이주자-이주지'를 둘러싼 중층적 역학 속에서 탐색할 수 있는 분석 상의 이점을 제공한다.

에스닉 미디어는 다문화하는 사회의 산물이자, 동시에 다문화공생을 위한 유력한 수단의 의미를 갖는다. 또한 대부분의 에스닉 미디

---

8) 권숙인은 다문화 일본에 관한 연구에서 '이주자의 시점'이 활성되지 못한 사정이 갖는 문제를 다음과 같이 언급하고 있다. "일본 내에서 확산되고 있는 다민족다문화적 상황이 흥미로운 것은 그것이 기존의 제도적 틀과 관행으로는 담아내기 힘든 새로운 역학들이 교차하며 진행되는 현장이기 때문이다. 이런 상황은 한편으로는 구고적 변혁과 제도적 재편을 요청하고, 다른 한편으로는 그 현장에 개입된 행위자들의 대응과 모색을 요구한다. '다문화 일본'에 대한 기존의 많은 연구는 다문화주의와 다문화공생을 주요 축으로 진행되었는데, 이런 관점에서는 결국 이주자를 받아들이는 일본 사회의 맥락—지역사회에 초래된 변화, 해당지역 일본인 주민들과의 갈등, 통합을 위한 지자체와 지역주민들의 노력 등—이 강조될 수밖에 없다."(권숙인, 앞의 책, p.17).

어는 지역사회에 그 기반을 두고 있다는 점에서 '로컬 미디어'의 성격도 갖고 있다. 이러한 에스닉 미디어의 기본적 특성을 고려할 때, 에스닉 미디어는 지역사회에서 전개되는 다문화공생 실천의 양상을 살펴보는 데 유의미한 시점의 역할을 할 수 있다. 여기에서는 '개항지'의 역사 위에서 '국제도시'라는 확고한 자기표상을 만들어 온 요코하마(橫浜)의 에스닉 미디어를 둘러싼 현황과 실천의 양상을 살펴보고, 그 위에서 오늘날 다문화공생이 처한 가능성과 한계, 달리 말하면 다문화공생 실천이 직면한 어떤 '구조적 난제(aporia)'에 대하여 생각해 보고자 한다.

2. 요코하마 에스닉 미디어의 역사와 현황

그렇다면 왜 요코하마인가? 에스닉 미디어를 통해 지역사회에서 전개되는 다문화공생의 현재를 살펴보는 데 있어서, 요코하마의 사례에 주목한 배경은 다음과 같다.

첫째, 적어도 요코하마에서 다문화공생은 단지 슬로건 수준에 머물지 않고 지역활성화를 위한 정책의 실질적이고 불가결한 항목으로 자리잡고 있다는 점을 들 수 있다[9]. 물론 그 배경에는 개항지라는 역

9) 요코하마시의 다문화공생 정책은 1994년의 '유메하마 2010플랜(ゆめはま 2010プラン)'을 통해 처음으로 지역발전계획의 일부로서 언급되었다. 참고로 거기에는 다문화공생을 위한 시책으로서 국제교류가운지를 전구(全区)에 설치하고, 자원봉사자를 지원·육성하며, 다언어정보 제공 환경을 구축

사를 지역에 관한 자기표상의 중요한 일부로 받아들이고, 전전(戰前)부터 형성된 중국인 및 조선인(한국인)의 커뮤니티가 존재하며, 특히 1990년대 이후 동남아와 남미로부터의 이민자가 급증하면서 지역사회의 풍경이 한층 혼성화되는 상황이 존재한다. 수도 도쿄를 제외하면, 요코하마는 오사카부(大阪府)와 아이치현(愛知県)과 더불어 외국인등록자수에서 상위를 점하는 가나가와현(神奈川県) 안에서도 외국인 인구의 비율이 가장 높은 지역으로서, '다문화 일본'의 현재를 조명하기 위한 유의미한 사례라고 할 수 있다.[10]

둘째, 요코하마에는 1970년대부터 시작되는 독자적인 에스닉 미디어 발간의 역사를 가지고 있다. 후술하는 바와 같이, 1971년 타이완계 화교가 주체가 되어 발간한 『부흥신문(復興新聞)』을 시작으로 1976년에는 대륙계 화교들에 의한 『요코하마화교통신』이 그 뒤를 이었고, 특히 1990년대 이후에는 이주자의 국적이 다양화되면서 미디어의 수와 사용언어도 늘어나는 등 전반적으로 활성화되는 양상을 보여주고 있다. 특히 『요코하마화교통신』이라는 일본어신문은 '요코하마화교총회'라는 요코하마 화교들의 자치조직의 기관지라는 성격을 띠면서도, 현재까지도 발간을 이어가면서 화교집단의 지역사회 내의 사회적 지위의 상승과 요코하마의 일본인 사회와 화교 사회의 '가교' 역

하고, 외국인 시정모니터를 증원한다는 계획이 제시되어 있다. 한편 2009년 새 시장이 취임하면서 '유메하마 2010플랜'을 공식적으로 새로 '중기 4개년 계획(2010~2013)'이 발표되어 추진 중이다. 그러나, 이러한 지역 활성화 정책의 변경에도 다문화공생 관련 시책은 거의 변화가 없다.

10) 2010년말 현재 요코하마의 외국인등록자수는 77,419명으로 가나가와현에서 외국인 인구비율이 가장 높다.

할을 넘어서 에스닉 집단 내부의 공론형성의 매개로서 그 역할을 꾸준히 확대시키고 있다.

셋째, 요코하마는 이렇게 독자적인 에스닉 미디어 발간의 역사만이 아니라, 에스닉 미디어 활성화를 위한 '일본인 사회'의 다각적인 실천 사례를 보유하고 있다는 점도 간과할 수 없다. 예컨대 1990년대에는 지자체와 NPO단체의 협력 하에 지역 내 에스닉 미디어에 대한 실태조사가 이루어졌으며, 2000년대에는 현내 자치체 정책협의회가 주도한 에스닉 미디어 활성화를 위한 프로젝트에 요코하마시가 일원으로 참여하기도 하였다. 이처럼 요코하마는 에스닉 미디어 발간의 역사만이 아니라, 다문화공생 실천의 일환으로 에스닉 미디어를 활성화하려는 일본인 사회의 대응이라는 점에서도 주목할 만한 '성과'를 보여주고 있다.

앞서 언급한 거처럼 요코하마 에스닉 미디어의 역사는 1971년 타이완계 화교 집단이 창간한 중국어신문『부흥신문』으로부터 시작된다. 이하에서는 지난 40여년을 통해 요코하마의 에스닉 미디어가 어떠한 변천을 거쳐 현재에 이르고 있는지를 개괄적으로 살펴보고자 한다.

우선 요코하마에서 최초의 에스닉 미디어로 1971년부터 발간을 시작한『부흥신문』은, 이후『아동신문(亞東新聞)』(1980),『동경상보(東京商報)』(1986)의 시기를 거쳐, 1989년에는 다시『아주신문(亞州新聞)』으로 이름을 바꾸어 1996년 3월 종간 때까지 총394호를 발행하였다. 특히 1990년대에는 요코하마에 본사를 두고 일본 전역은 물론, 타이완, 싱가포르, 말레이시아, 한국, 홍콩 등에 지사를 설립하여 매주 32,000부를 발행하기도 하였다.[11] '양안 통일의 촉진제가 되고, 대륙과

타이완의 교류에 기여한다'는 창간 취지의 일절에서 알 수 있듯이, 이 신문은 해외중국인의 '국적'을 초월한 결속을 목적으로 내걸었고, 이러한 창간 목적을 반영하여 지면도 재일화교단체 관련 소식, 무역을 중심으로 한 비즈니스 정보 및 타이완관광 안내가 큰 비중을 차지하였다.[12]

『부흥신문』의 뒤를 이어 1976년에는 '대륙계' 화교 집단에 의한『요코하마화교통신(横浜華僑通迅)』이 창간된다. 이 신문은 발간의 목표로서 중일관계의 '우호적 발전'에 기여하고 '중국인'으로서의 아이덴티티를 유지하는 것을 내걸었는데, 현재까지도 발행을 이어가고 있다. 참고로 발간형태는 월간지고, 발행부수는 2000부이다.『요코하마화교통신』은 중국계 이주자들이 발행주체가 되어 '중국인'으로서의 아이덴티티 유지를 지향하면서도 지면을 일본어로 제작하고 있다는 점에 특징이 있는데, 이것은 이 신문이 요코하마 '화교사회' 안에서 유통되는 것에 머물지 않고, 일본인 사회와 화교사회를 매개하는 '가교'의 역할과 더불어 주류집단인 일본인들의 '시선'을 의식하고 있음을 보여준다.[13] 한편 지면에서는 요코하마의 유명한 차이나타운인 '중화가(中華街)'를 중심으로 한 화교사회동정, 중국 내 정치적 이슈 및 중일관계 관련 소식이 비중있게 다루어지고 있다.[14]

---

11) 총 발행부수 32,000부 가운데 일본에서의 발행부수는 6000부이고, 거기서 약400부 정도가 요코하마에 배포되었다.
12) 요코하마국제교류협회 편「국제문화도시 요코하마의 재생에 관한 조사보고서(国際文化都市ヨコハマの再生に関する調査報告書)」(1997) 참조.
13) 신문의 편집장 Y씨는 필자와의 인터뷰에서 지역 내 일본인의 시선을 의식하여, 특히 중일관계를 둘러싼 민감한 사안을 다룰 경우 기사작성에 특별히 신중을 기한다고 언급했다.
14) 이렇게 요코하마의 에스닉 미디어의 역사가 1970년대 들어와 그것도 재일

1970년대 요코하마의 에스닉 미디어의 동향에서 간과할 수 없는
것은 이 시기에 이상과 같은 화교 집단에 의한 신문과 더불어 '일본인'
이 외국인을 대상으로 하는 미디어가 거의 동시적으로 등장했다는 점
이다. 『요코하마화교통신』과 마찬가지로 1976년부터 발행이 시작된
『Yokohama echo』가 그것인데, 영어지면을 갖춘 이 신문은 요코하마
에 거주하는 외국인들에게 요코하마의 사정을 알리고, 현지적응에 필
요한 정보를 제공한다는 취지에서 주로 요코하마의 문화, 경제, 사회에
관한 뉴스와 행정서비스와 관련 내용을 담고 있다. 최근에는 요코하마
에 거주하는 외국인의 국적이 다양화됨에 따라 영어로 제작되는 인쇄
신문 외에 웹(web) 신문의 형태로 영어를 비롯해 중국어, 한국어, 스페
인어, 포르투갈어, 인도네시아어, 베트남어, 일본어판을 제공하고 있다
(〈그림 4〉 참고).

　　이렇게 화교사회의 결속과 '중국인'으로서의 아이덴티티 유지를
목적으로 내건 중국인 이주자들의 미디어와 일본인 사회가 외국인의
현지적응을 위해 발행하는 생활정보지의 등장으로 시작된 요코하마

────────────

중국인에 의해 시작된 것에는 1972년 9월 29일에 이루어진 '중일국교정상
화'가 결정적인 역할을 한 것으로 생각된다. 시기적으로 봤을 때, 1971년에
이루어진 『부흥신문』의 창간은 '중화인민공화국'과 일본의 관계 전환이 예
감되는 상황에서 '중화민국'을 지지하는 화교들이 '양안의 통일'이라는 이념
을 매개로 결속을 강화하려는 움직임과 무관하지 않을 것이다. 반면 『요코
하마화교통신』의 창간은 지면의 내용에서 추측해 볼 때, 국교회복을 통해
일본에서 중화인민공화국이 중국을 대표하는 '유일한' 국가라는 위상을 갖
게 됨에 따라, 그 동안 보이지 않는 형태로 존재했던 대륙계 화교들의 '본국'
과의 관계를 가시화·활성화하고, 지역사회 수준에서 '새로운' 중국에 대한
일본인들의 이해를 증진한다는 민간외교적 역할을 둘러싼 자기인식의 산물
임은 분명해 보인다.

의 에스닉 미디어의 역사는, 1980년대에 일시적인 정체기를 거쳐 1990
년대 이후 그 수와 성격에서 괄목할 만한 '질적' 변화를 나타낸다. 무
엇보다도 발행되는 미디어의 수 자체가 증가했을 뿐만 아니라, 거주
외국인의 국적이 다양화되는 상황을 반영하여 사용언어도 다양화되
는 모습을 보여주고 있다. 요코하마시국제교류협회(横浜市国際交流
協会)가 요코하마 시민을 대상으로 국제교류 관련 정보를 제공하기
위해 발행하는 정보지『요크피아(ヨークピア)』1996년 3·4월 통합호
에는 당시 요코하마에 발행 거점을 두고 있는 에스닉 미디어에 대한
현황이 실려 있는데, 거기에는 〈표1〉에서 보는 바와 같이 11개의 인쇄
물이 에스닉 미디어로서 소개되고 있다.

〈표1〉 요코하마 에스닉 미디어 일람(1995년 현재)

미디어명	발행 연도	언어	발행형태 및 부수	발간주체
亜州新聞	1971	중국어	주간, 최대 32000	아주신문사
横浜華僑通訊	1976	일본어(1면 정도 중국어)	월간, 2000	요코하마화교총회
Yokohama echo	1976	영어	월간, 6000	(재)요코하마시국제교류협회
KAWARABAN	1987	일본어, 영어(때때로 스페인어, 중국어 포함)	격월간, 11000	요코하마국제교류라운지
Naka Ward Town News	1991	영어	격월간, 4000	요코하마시 중구(中区)
国際交流 ほどがや	1991	일본어(일부 포르투갈어, 한국어, 스페인어, 중국어, 영어)	계간, 1000	호도가야구(保土ヶ谷区) 국제교류회
こんにちは かながわ	1992	영어, 한국어, 중국어, 스페인어, 포르투갈어	연3회, 영어5000, 기타언어 3000	가나가와현 국제과 지역국제문화반
YOKOHAMA Day & Night	1992	일본어, 영어	계간, 30000	(有) 開港舍

たまてばこ	1993	일본어, 영어	월간, 700	요코하마시 아오바(青葉) 국제교류 라운지
匠 jang	1994	일본어	격월간, 20000	장(jang) 편집주
PALASIA	1994	일본어	계간, 3000	재일본대한국민청년회가나가와지부

〈그림1〉 요코하마의 외국인 대상 정보지

※ 출처 : (『ヨークピア』(1996.3・4)

이렇게 1990년대 이후 요코하마의 에스닉 미디어가 전반적으로 활성화된 배경에는 요코하마내 외국인인구의 급격한 증가라는 현상이 자리잡고 있다. 〈표2〉에서 보는 바와 같이 지난 30년 동안 요코하

마에 거주하는 외국인등록인구는 3배 이상 늘어났으며, 한국조선 출신이 압도적인 비중을 차지하던 과거와 달리 1990년대 이후 중국으로부터의 이주자가 한국·조선 출신을 추월하는 한편, 동남아와 남미로부터의 이주자가 꾸준히 증가하는 양상을 보이고 있는 것이 특징적이다. 『국제교류 호도가야(国際交流 ほどがや)』와 같은 지역 내 국제교류라운지가 발행하는 다언어 생활정보지의 등장과 일본인이 발행하는 미디어의 다언어화 현상은 중국인 이주자의 꾸준한 증가 외에도 앞서 언급한 동남아(필리핀)와 남미(브라질) 출신 신규 이주자의 증가가 가져온 자연스러운 결과라고 할 수 있다. 특히 일본인사회가 주체가 되어 발행하는 미디어의 증가는 다양한 문화적 배경을 가진 이주자들과의 일상적인 접촉의 빈도가 높아지는 가운데, 일상에서 문화적차이로 인해 발생할 수 있는 신규 이주자들과의 갈등을 최소화하기위해서라도 그들의 현지 적응과 정착을 지원할 필요가 있다는 현실인식이 낳은 결과라고 할 수 있다.

〈표2〉 요코하마시 외국인등록인구의 추이(1979-2008)

연도	총인구	외국인등록인구					총인구대비 비율
		총계	중국	한국·조선	필리핀	브라질	
1979	2,763,270	20,574	4,418	12,622	184	72	0.7%
1989	3,190,703	32,964	8,492	15,075	1,559	1,055	1.0%
1999	3,392,937	52,569	15,320	15,524	4,507	3,600	1.5%
2008	3,651,428	78,752	31,611	16,152	7,359	3,827	2.1%

한편, 요코하마 에스닉 미디어를 둘러싼 최근 10년간의 가장 두드러진 변화는 요코하마시가 설치하여 시민단체, NPO법인 등이 시민

자원봉사자들의 협력을 받아 운영하는 '국제교류 라운지'가 외국인을 대상으로 발행하는 생활정보지의 급속한 증가세이다. 1996년 당시 아오바 국제교류 라운지(青葉国際交流ラウンジ)와 호도가야구 국제교류회(保土ヶ谷区国際交流会)의 2개소에 불과했던 요코하마의 국제교류 라운지는 2010년 현재 9개소로 늘어났고, 그 가운데 7곳이 뉴스레터 형태의 생활정보지를 인쇄물뿐만 아니라 라운지의 홈페이지를 통해서 제공하고 있다.15) 이들 국제교류 라운지가 발행하는 생활정보지는 공통적으로 다언어 발신체제를 갖추고 있으며, 일부는 일본어 지면 속의 한자어에 히라가나로 '루비'를 달아서 외국인 독자의 접근을 적극적으로 배려하는 형식을 갖추고 있다.(〈그림2〉참조) 지면은 라운지가 개최하는 각종 교류 이벤트, 일본어 및 외국어 학습회에 관한 안내, 행정서비스 관련 안내, 일상생활에 필요한 정보 등으로 이루어져 있다.

---

15) '라운지 뉴스(ラウンジニュース)'의 형태로 정보지를 발행하고 있는 라운지는 다음과 같다. 아오바국제교류라운지(青葉国際交流ラウンジ), 가나자와국제교류라운지(金沢国際交流ラウンジ), 고난국제교류라운지(港南国際交流ラウンジ), 고호쿠국젝류라운지(港北国際交流ラウンジ), 쓰즈키다문화청소년교류프라자(都築多文化・青少年交流プラザ), 나카국제교류라운지(なか国際交流ラウンジ), 호도가야구국제교류코너(保土ヶ谷区国際交流コーナー).

〈그림2〉 아오바라운지뉴스(青葉ラウンジニュース)

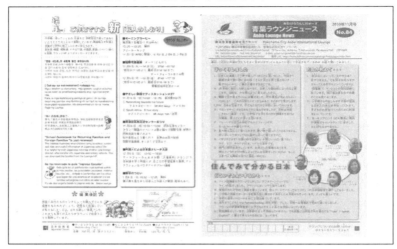

　　국제교류라운지를 하나의 거점으로 하여 지역 내 외국과의 접촉
및 소통을 확대하려는 요코하마 일본인 사회의 노력이 활성화되고 있
는 것과는 달리, 에스닉 마이너리티집단에 의한 미디어는 2000년대에
들어와 현저히 위축되는 양상을 보이고 있다. 예컨대 1990년대 중반까
지 발행되고 있었던『匠jang』과『YOKOHAMA Day & Night』은 현재 폐
간된 상태이고, 재일본대한민국청년회 가나가와지부가 발행했던
『팔 아시아(PALASIA)』는 상급단체인 재일본대한민국청년회가 발행하
는『안녕(アンニョン)』으로 통합되면서 중단된 상태이다. 이러한 '퇴조'
의 배경에는 신문 발행에 필요한 경험과 지식을 갖춘 인력 확보의 어려
움과 더불어 발행단체의 재정상황의 악화가 주요 요인으로 거론되고
있다.16)

이상에서 1970년대 이후 요코하마 에스닉 미디어의 역사를 개괄
해 보았다. 1970년대 화교 집단이 내셔널 아이덴티티의 보존, 유지를
위해 발행한 신문에서 시작된 요코하마 에스닉 미디어의 역사는, 1980
년대의 일시적 정체기를 거쳐 1990년대 이후 다양한 국적과 문화적
배경을 가진 외국인 인구의 증가를 배경으로 에스닉 집단에 의한 미
디어만이 아니라, 외국인의 지역사회 적응을 위해 일본인이 발행하는
미디어의 수도 급격히 늘어나는 등, 전반적으로 활성화되는 모습을
보여주었다. 그러나 2000년대에 들어와서는 인력확보와 재정상의 어

---

16) 시라미즈 시게히코의 조사에 따르면, 에스닉 미디어의 제작자 중에는 과거
 '미디어' 관련 업계에 종사한 경험을 가진 사람들이 적지 않고, 또한 비교적
 젊은 사람들이 많아서 인건비의 부담과 환경에 대한 유연한 대응의 점에서
 이점이 있다. 다만 노동조건이 그다지 혼은 편은 아니기 때문에 이직률도 높
 은 편이다. (白水繁彦『エスニック・メディア―多文化社会日本をめざして』
 明石出版、1996、p.37참조)한편, 참고로『요코하마화교통신』의 경우도 지면
 의 대부분을 편집장 혼자서 제작하는 '열악한' 제작조건에 놓여있다.

려움으로 일부 에스닉 집단에 의한 미디어가 폐간에 이르는 반면, 지자체가 설립하여 민간의 참여로 운영되는 국제교류라운지를 거점으로 하는 생활정보지는 상대적으로 활성화되는 양상이다.

요코하마 에스닉 미디어가 걸어온 이와 같은 궤적은 에스닉 미디어가 다문화공생 실천의 유력한 수단으로 기능하기 위해서는 주류사회의 노력만이 아니라, 에스닉 마이너리티 집단의 미디어 제작환경을 지탱하는 인적, 재정적 기반의 안정화가 필요하다는 점을 보여준다. 또한 일본인 사회가 제작하는 미디어가 지역사회 내의 '집단 간 소통'에 주력하고, 외국인에 의한 미디어가 에스닉 집단 내부의 소통에 중점을 두는 '분업체제'는, 공론형성이라는 미디어의 일반적 역할이라는 관점에서 볼 때 요코하마의 에스닉 미디어 제작 주체들이 장기적으로 극복되어야 할 과제라고 할 수 있다.

3. 에스닉 미디어 활성화를 위한 '일본인' 사회의 대응

요코하마 에스닉 미디어의 역사에서 주목할 부분은, 일본인 사회 스스로가 미디어 발행의 주체가 되고 있을 뿐만 아니라, 지역사회 내에 존재하는 에스닉 미디어를 활성화하기 위한 다각적인 노력을 전개하고 있다는 점이다. 여기에서는 1990년대 이후 다문화공생이 지역활성화 정책의 필수항목으로 자리잡아 가는 가운데, 다양한 모습으로 제출되었던 요코하마 일본인사회의 에스닉 미디어 활성화 방안의 내용을 소개하고자 한다.

1) 가나가와현 자치체국제정책연구회 편
〈에스닉 미디어 조사 보고서〉, (2006, 2007)

우선 요코하마시가 관련된 에스닉 미디어 활성화을 위한 활동의 사례로는 가나가와현 자치체국제정책연구회(神奈川県自治体国際政策研究会)가 주체가 되어 2005년과 2006년에 이루어진 에스닉 미디어 실태조사를 들 수 있다. 당시에 이루어진 가나가와현 내의 에스닉 미디어에 관한 조사 결과는 2006년과 2007년 각각 〈에스닉 미디어 조사보고서〉로 발간되었다. 참고로 가나가와현 자치체국제정책연구회는 가나가와현 내 지자체의 국제교류관련 부서의 책임자가 멤버로 참여하는 행정기관 중심의 연구조직으로서, '1990년부터 지역의 국제화에 관한 시책의 충실화를 위한 각종 조사활동을 수행'한 이력을 가지고 있다. 요코하마시의 경우 2005년 조사에는 국제과가, 2006년에는 기존의 국제과를 개편하여 설치된 국제정책과가 조사팀의 일원으로 참여했다.

〈2006년 조사보고서〉부터 살펴보면, 여기에서는 현내 에스닉 미디어 실태조사의 배경으로 다음의 두 가지를 들고 있다. 첫째 외국 국적을 가진 현민의 수가 매년 증가하고 있는 가운데 일본어를 모어로 하지 않는 사람도 안심하고 쾌적하게 생활할 수 있는 환경 조성이 요청되고 있으며, 둘째 외국 국적 현민에게 '필요한 정보가 도달되지 않고 있다'는 일부의 지적이 있으며, 에스닉 커뮤니티 내에서 정보가 어떻게 유통되고 있으며 외국인은 어떻게 정보를 얻고 있는가에 관한 실태조가가 지금까지 이루어지 않았다는 것이다. 이런 배경에서 에스닉 커뮤니티 내의 정보유통의 실태를 조사하여 외국 국적 현민에게 필요한 정보를 전달하기 위한 효과적인 방법, 특히 이를 위해 행정측이 생각해야할 방책을 모색하는 것을 목적으로 설정하고 있다.

조사의 방법에 관해서는 각 에스닉 커뮤니티 내에는 종교기관과 상점 등이 정보거점의 역할을 하고 있으며, 핵심적인 인물이 상담역을 맡는 등의 정보 전달방식의 특징에 주목하여, 이미 파악된 미디어를 방문하여 앙케이트 조사와 인터뷰를 실시하며, 이와는 별도로 '도쿄도재일외국인대상 미디어연락회' 관계자와의 면담조사를 실시한다는 계획을 제시하고 있다. 이런 계획에 따라 2005년 12월 6일부터 2006년 1월 29일 사이에 7개의어에 대하여 인터뷰 조사가 실시되었고, 4개의 미디어에 대해 앙케이트 조사가 이루어졌다.17) 아울러 2005년 12월 14일 '재일외국인정보센터', 2006년 1월 17일 '도쿄도재주외국인대상 미디어연락회' 관계자가 출석한 가운데 간담회도 진행되었다.

이상과 같은 방식으로 진행된 조사결과를 〈보고서〉는 다음과 같이 정리하고 있다.(〈표3〉참조)

〈표3〉 2005년 에스닉 미디어 실태조사 결과

발행언어	중국어 3, 포르투갈어 1, 스페인어 1, 타이어 1, 타가로그어 1, 영어 1, 한국·조선어 2, 베트남어 1, 캄보디아어 1
발행형태	신문 7, 잡지 3, 뉴스레터 2
발행빈도	주간 5, 월 3회 1, 월간 4, 2개월마다 1, 연 5회 1
지면구성 (복수 응답)	정치·경제 12, 의료·복지 11, 사회·사건 12, 교육·보육 10, 예능·스포츠 10, 시설 9, 문화·역사 11, 생활정보 11, 구매·관광 8, 행정정보 8, 독자투고 9, 기타 8
독자 요구의 파악방법	독자투고 이외에는 뉴스원이 되는 사람들과의 네트워크를 이용하거나, 커뮤니티와의 관계 속에서 파악하거나, 교회 등 대상자가 자주 모이는 장소에서 수집하는 방법이 있다. 또한 기자 자신이 재일외국인이기 때문에 기자의 요구가 그대로 커뮤니티의 요구로 간주하는 미디어도 있다.

17) 인터뷰 및 앙케이트 실시 대상 미디어 관련 정보는 〈에스닉 미디어 조사 보고서〉 2006.9.6-7. 참조.

배포방식	각각의 민족이 모이는 장소에 송부한다는 점에서 특징이 보인다. 타가로그어의 미디어는 교회, 타이어의 미디어는 식재점을 중시하고, 모두 정기구독자가 많다. 스페인어, 포르투갈어 미디어는 정기독자가 적은 것도 특징적. 각 미디어는 서점, 식재점, 음식점에 배포하는 것 외에 독자에 직송(정기구독)이 이루어지고 있다. 또 그 외에 대학, 도서관에 발송하는 곳도 여러 곳 있다. 커뮤니티 내에서 수작업으로 제작되는 미디어는 발행부수가 적기 때문에 배포방법이 직접송부이거나 독자 집주지역에 어떤 시설을 유효하게 활용하는 등의 방식이 관찰된다.
행정과의 관계	일부 미디어(도코도재일외국인 대상 미디어연락회 소속)을 제외하면 행정측으로부터 적극적으로 정보를 제공받고 있지 못한 실정이며, 조사대상 미디어의 대부분은 기존 독자의 행정에 대한 요구를 행정측에 제공할 의향을 갖고 있음을 확인
조사결과 정리	· 재일외국인에게 에스닉 미디어는 중요한 정보원이 되고 있다. · 신문, 잡지 계열의 미디어는 발행빈도에서 정보 속보성은 기대하기 어렵지만, 정보를 확실하게 재일외국인에게 전달하는 수단으로서는 유효하다. · 정보제공처가 넓은 미디어는 그 다수가 도쿄에 거점을 두는 경향이 있고, 가나가와현에는 거의 없다. · 독자의 지역적 범위가 넓은 미디어에게 로컬한 행정정보는 게재되기 어렵다. · 에스닉 미디어는 방재정보 등의 행정정보의 게재에 긍정적인 곳이 많다. · 에스닉 미디어는 행정으로부터의 정보제공과 미디어측으로부터 독자의 요구를 행정에 전달하는 것에 관하여 상호 연계를 희망하는 경우가 많다.

이상과 같은 조사결과 위에서 〈보고서〉는 금후의 방향을 다음과 같이 제시하고 있다. 첫째, 재일외국인에게 에스닉 미디어가 중요한 정보원이 되고 있는 만큼, 행정정보의 제공을 활성화하는 데 에스닉 미디어와의 연계를 검토해야 한다. 둘째, 자치체 단위의 정보발신을 생각한다면 비교적 독자의 수가 적은 미디어(미니코미, ミニコミ)및 로컬 미디어의 존재와 상황에 관한 상세한 조사가 필요하다. 셋째, 휴대폰과 인터넷 등 새로운 정보통신기술의 발전에도 관심을 기울일 필요가 있다. 넷째, 가나가와현을 벗어난 지역의 독자에게도 구심성을 갖는 정보, 예컨대 방재자원봉사모집, 관광정보 등과 공동공보 등에 관하여 여러 자치체가 연계하여 대응하는 방식을 검토할 필요가 있다. 다섯째, 에스닉 미디어에 의해 제공되는 행정정보는 미리 번역을 하는 것이 효과적이지만, 시정촌(市町村) 단위에서는 한계가 있을 수 있으므로 연계협동의 방책을 구체적으로 검토할 필요가 있다. 여섯째,

에스닉 미디어는 독자의 속성, 정보의 전달방식과 수용방식 등에 관한 독자적인 노하우를 갖고 있으며, 행정서비스의 향상이라는 관점에서 행정측에 자신들이 가진 정보를 제공하는 것에 전향적인 곳이 많다. 즉 행정은 외국국적 현민의 요구를 파악하기 위한 하나의 채널로서 에스닉 미디어와의 연계방식을 검토할 필요가 있다는 것이다.

다음으로 〈2007년 에스닉 미디어 조사부회 보고서〉의 내용을 살펴보면, 이 〈보고서〉는 2005년 에스닉 미디어에 관한 조사활동 이후 2006년부터, 에스닉 미디어와의 연계 방법을 모색하기 위해 시험적으로 지자체와 에스닉 미디어와의 〈정보연락회〉를 설치하여 운영한 경과와 실적에 관한 내용을 담고 있다. 세부적으로는 에스닉 미디어 정보연락회가 주관한 '견학프로그램'과 '재일외국인정보센터'와의 간담회 내용이 실려있다.

에스닉 미디어 정보연락회는 2006년 10월 31일 10곳의 지자체와 22개의 에스닉 미디어 관계자가 참여한 가운데 중국계 뉴커머가 설립한 기업에 대한 견학을 실시하면서 에스닉 미디어와 행정과의 연계방식에 관한 협의를 진행하였다. 〈보고서〉에는 당시 협의 내용에 관하여 다음과 같이 정리되고 있다. 즉, 그것은 첫째 행정이 발신하는 (다언어) 정보의 내용이 어렵다, 둘째 정보는 내용의 요점을 정리한 것을 제공했으면 좋겠다, 셋째 일반적으로 정보에 관한 문의처를 알기 어렵다, 넷째 행정으로부터 정보를 제공받아도 기사 마감시한과 맞지 않아 게재되지 못하는 경우가 있다, 다섯째 쉬운 일본어와 루비를 사용하는 등의 배려가 필요하다, 여섯째 전문용어와 제도·법률의 개정 등은 미디어측도 번역이 쉽지 않기 때문에 미리 다언어화해서 제공했으면 좋겠다, 일곱째 지역관련 정보는 제공하기 어렵다, 정도로 요약된다.

이어서 2007년 3월 15일에 이루어진 재일외국인정보센터 관계자와의 간담회 내용을 보면, 간담회에서는 주로 에스닉 미디어에 대한 정보제공방법을 중심으로 논의가 진행되었고, 고이케(小池) 재일외국인정보센터 대표로부터 다언어정보를 작성할 때 주의해야 할 사항, 특히 표현과 문체 등에 관하여 사례를 곁들인 설명을 듣고, 그것을 참고로 기존의 정보제공 매뉴얼에 대한 보완이 그 자리에서 이루어졌다.

2007년 〈보고서〉는 마지막에 연간 활동을 다음과 같이 결산하고 있다. 우선 〈보고서〉는 행정정보를 에스닉 미디어에 전달하는 사항과 관련하여, 제공되는 정보의 긴급성과 미디어의 발행빈도의 차이로 인한 시의적절한 정보전달의 곤란함, 그리고 행정정보의 내용과 용어의 난해함과 같은 문제가 정보전달 과정에서 여전히 문제가 되고 있다는 점을 지적하고 있다. 한편 지역이벤트에 관해서도 하나비(花火)대회 등의 정보가 비교적 자주 게재되는 반면, 지역의 특성을 살린 이벤트 정보가 상대적으로 소홀히 취급되는 점을 고려하여, 생활에 밀착된 정보가 자주 게재될 수 있도록 정보제공의 방법에 대한 모색이 필요하다는 점을 덧붙이고 있다. 더불어, 행정정보의 전달방식과 관련하여 현내 자치체가 공동으로 혹은 일괄로 정보를 제공하는 방식이 아닌, 각 지자체의 판단으로 에스닉 미디어에 정보를 제공하는 것이 현실적이며, 아울러 각 자치체가 에스닉 미디어를 대상으로 정보를 제공할 경우에는 일정한 룰에 따라 수행하는 것이 미디어측의 부담도

덜고 정보연계의 효율성도 높일 수 있다는 점도 거론하고 있다. 여기에 각 부회 차원에서 정보제공에 관한 매뉴얼을 제작해 각 자치체에 제공하는 것으로 결정한 사항을 2006년 활동의 중요한 성과로서 제시하면서 끝맺고 있다.

2) 도시연구회편 〈국제문화도시 요코하마의 재생에 관한 조사보고서〉(1997)

요코하마시의 활동과 함께 에스닉 미디어의 활성화를 위한 요코하마 일본인 사회의 대응으로 주목할 사례는 '재단법인 요코하마국제교류협회'의 위탁을 받아 요코하마 소재 대학의 연구자들로 구성된 '도시연구회'가 작성한 〈국제문화도시 요코하마의 재생에 관한 조사보고서(国際文化都市ヨコハマの再生に関する調査報告書)〉(1997, 이하, 조사보고서)이다. 조사보고서에는 조사활동의 취지가 다음과 같이 기술되어 있다. "국제화라는 거대한 조류 속에서 사람과 사람이 구체적인 관계를 만들어가는 장으로서의 지역사회도 크게 변화하고 있다. 지역사회가 어떠한 방향으로 변화해 갈 것인가는 그 장을 공유하는 사람간의 연계가 만들어내는 화학반응을 거쳐 지역사회의 분위기로서 나타나게 된다. 요코하마가 국제문화도시로서 어떠한 분위기를 가진 지역이 될 것인가, 그 청사진에는 미치지 못하더라도 이 보고서 속에 등장하는 사람들의 말과 태도와 행동의 단편에서 그것을 예감할 수 있을 것이다."

이러한 취지 위에서 〈조사보고서〉는 다음의 목차에서 보는 바와 같이, '국제문화도시'로서의 요코하마의 변화하는 일상세계를 '가족, 교육, 미디어'에 초점을 맞춘 리포트와 요코하마의 다문화공생을 위한 정책적 제언을 중심으로 구성되어 있다(〈표 4〉 참조). 이 〈조사보고서〉는 당시 요코하마를 국제문화도시라는 비전 속에서 '유메하마2010 플랜'이라는 장기적인 지역활성화 방안을 제출했던 요코하마시의 움직임과 연동되어, (재)요코하마국제교류협회가 위탁사업으로 실시한 것으로, 1990년대 중반 요코하마의 국제화 및 다문화정책의 양상을 살펴볼 수 있는 중요한 자료라고 할 수 있다. 하지만 여기에서는 에스닉 미디어 관련 내용에 한정하여 〈조사보고서〉를 소개하고자 한다.

〈표4〉

```
1. 서론 : 국제화와 지역사회(国際化と地域社会)
2. 지역사회의 국제화와 몇 개의 장면(地域社会の国際化といくつかの場面)
  2-1. 들어가며(はじめに)
  2-2. 국제가족의 장면에서 보는 아이덴티티의 만남과
      갈등(国際家族の場面にみるアイデンティティの出会いと葛藤)
  2-3. 교육의 장면에서 보는 다문화공생의 현실과 가능성(教育の場面に見る多文化共生の現実と可能性)
  2-4. 미디어의 장면에서 보는 재주외국인의 세계형성력(メディアの場面に見る在住外国人の世界形成力)
  2-5. 나오며(終わりに―第3章への導入として)
3. 조사표 조사의 결과로부터(調査票調査の結果から)
4. 요코하마에서의 다문화공생-과제와 제언(横浜における多文化共生-課題と提言)
  4-1. 경계를 넘는 방식(境界のこえかた)
  4-2. 다문화공생사회의 상상력(多文化共生社会の想像力)
5. 참고자료(参考資料)
```

'미디어의 장면에서 보는 재주외국인의 세계형성력'은 크게 두 부분으로 이루어져 있는데, 전반부는 요코하마 에스닉 미디어의 현황과 사회적 기능에 관한 내용이고, 후반부에는 『아주신문』편집자와의 인터뷰 내용이 실려 있다. 전반부는 앞서 소개했던 『요크피아』(1996년

3·4월호)에 게재된 일람표를 인용하여 요코하마에는 11개의 에스닉 미디어가 발간되고 있다는 사실을 확인한 후, 그 가운데 60% 이상의 미디어가 91년 이후에 창간되었고, 수행하고 있는 사회적 기능도 미디어에 따라 다양하지만, 대부분의 미디어가 공통적으로 '외국인의, 일본, 요코하마에의 적응을 위해'라는 목적을 내걸고 있으며, 특히 공적 기관이 발행하는 미디어의 경우, 행정공보의 외국어판의 성격을 갖지만, 재주외국인에 미치는 결과의 측면에서 보면, 기본적으로는 외국인에 의한 미디어와 그 역할에서 본질적인 차이는 없다고 언급하고 있다. 또한 『아주신문』의 취재 결과를 담은 후반부에서는, 발행인의 국제적인 활동상을 소개하면서, 요코하마 외국인의 해외진출이 활발해지면서 요코하마의 국제화에 기여하고 있다는 점을 강조하고 있다.

이 〈조사보고서〉는 외국인에 의한 미디어의 발행 현상이 '요코하마의 국제화'에 갖는 의미에 관하여 다음과 같이 결론짓고 있다. 우선 재일외국인 내부의 세대간 이질성의 확대되고 있지만 미디어가 그러한 변화에 순조롭게 대응하지 못하는 경향을 보이고 있다는 점을 지적하고 있다. 그럼에도 불구하고 '아이덴티티의 확립'과 특히 '독자적인 비즈니스 세계의 구축'이라는 점에서 에스닉 미디어의 갖는 의미는 여전히 중요하다는 점을 재확인하고 있다. 그리고 마지막에 "항만도시 요코하마는 에스닉 미디어를 하나의 수단으로 하여 국경을 넘어선 사람들의 거점으로서 발전할 가능성"이 언급되면서 〈조사보고서〉는 마무리되고 있다.

3) 요코하마국제교류협회(YOKE)

에스닉 미디어를 활성화하기 위한 일본인 사회의 대응으로서 마지막으로 소개할 사례는 앞서 언급한 〈조사보고서〉활동을 기획한 요코하마국제교류협회(Yokohama Association for International Communications and Exchanges)의 활동이다. 요코하마국제교류협회, 일명 'YOKE'는 "외국인이 생활하기 편하고 그들의 사회참여가 보장되는 다문화공생의 마을만들기, 글로벌하게 행동할 수 있는 인간만들기, 시민활동의 지원·연계촉진, 국제협력의 추진" 등의 사업을 추진하고 있는 요코하마시의 '외곽단체'로서, "국제도시 요코하마의 역사적·문화적 특성을 계승하면서 다른 문화와 가치관을 함께 인정하고 서로 존중하는 풍요로운 사회를 만드는 것"을 활동의 목표로 제시하고 있다.

YOKE의 에스닉 미디어 활성화를 위한 활동 내용은 다음과 같다. 우선 '다문화공생의 마을만들기(Multicultural Community Planning)'의 일환으로 외국인을 대상으로 한 정보지 발행을 들 수 있다. 앞서도 언급한 바 있는 다언어 정보지 『Yokohama echo』도 이러한 활동의 일환으로 발간되고 있다. 여기에 '국제교류정보의 제공'이라는 사업의 일환으로서 '다언어 홈페이지'를 제작, 운영하고, 지역내 일본인들의 국제교류활동과 외국인지원활동을 촉진하기 위한 공보지 『요크피아(ヨークピア)』(월간, 4100부 발행)를 발행하고 있는 것 등이 주목을 끈다.

〈그림4〉『ヨークピア』와 『Yokohama echo』

이상에서 에스닉 미디어와 관련된 일본인 사회의 대응을 주요 사례를 중심으로 살펴보았다. 우선 1990년대, 에스닉 미디어의 양적 성장과 질적 다양화와 병행하여 지자체와 공적기관을 중심으로 지역 내 에스닉 미디어에 관한 현황조사가 이루어졌다는 점을 언급해 두지 않을 수 없다. 또한 2000년대 들어와 요코하마시가 가나가와현과의 연계 속에서 외국인에 대한 행정정보의 새로운 발신수단으로서 에스닉 미디어를 활용한다는 구상에 참여하는 등의 실천사례를 확인할 수 있었다. 결론적으로 최근 20년간 요코하마의 일본인 사회는 다문화공생을 위한 실천 수단으로서 에스닉 미디어에 꾸준히 관심을 기울여 왔다. 다만 최근에는 들어와 과거의 활성화를 위한 실천에 뒤이은 지속적인 후속 조치가 전개되고 있지 못한 상황으로 보인다.[18] 외국인에 의한

---

18) 요코하마시 국제정책과 담당자와의 인터뷰에서 최초 에스닉 미디어 활성화를 위한 새로운 후속 조치는 실시되지 못하고 있다는 답변을 들었다.

미디어의 발행 건수가 줄어드는 가운데, 일본인 사회의 지속적인 대응력의 부족이라는 문제는 요코하마의 에스닉 미디어가 풀어야할 과제라고 할 수 있다.

4. 에스닉 미디어와 에스닉 마이너리티 집단의 자기표상
  : 『요코하마화교통신』을 사례로

그렇다면 에스닉 미디어를 통해 보여지는 요코하마 다문화공생의 현재는 어떤 모습일까? 여기에서는 현존하는 가장 오래된 미디어인 『요코하마화교통신(橫浜華僑通迅)』에 초점을 지역사회의 맞춰 다문화적 재편에서 요코하마 에스닉 미디어가 제기하는 가능성과 과제를 생각해 보고자 한다.

『요코하마화교통신』은 요코하마 화교들의 자치조직인 요코하마화교총회[19]의 기관지로 1976년 창간되었다. 매월 2000부를 발행하고 있으며, 지면의 언어로는 일본어를 사용하고 있고 1~2면 정도에 한하여 중국어 지면을 할애하고 있다. 신문의 주요 독자는 기관지라는 성격에서 알 수 있듯이 요코하마화교총회에 회비를 납부하는 회원들이다. 그러나 일본어를 신문의 중심 언어로 삼고 있는 체재상의 특징으

---

19) 요코하마 화교들의 자치조직으로, 『요코하마화교통신』의 발행 외에, 자체 여행사를 두어 요코하마 중국인들의 중국여행을 중계하는 역할만이 아니라, 부녀회 같은 친목모임의 지원, 요코하마야마노테중학교와 연계하여 '민족교육' 강화를 위한 캠페인도 펼치고 있다.

〈그림5〉『요코하마화교통신』

로부터, 신규 이주자보다는 오래 전부터 요코하마에 정착한 이른바 '올드 커머' 중국인이 주요 독자층을 이루고 있으며, 정식 독자에는 포함되지 않지만 일본인들도 잠재적 독자로서 의식하고 있음을 알 수 있다. 내용적으로 살펴보면, 지면은 8면으로 이루어져 있는데, 1면에는 주로 중국 관련 뉴스 혹은 국내외 화교 집단의 동향 관련 뉴스가 실리고, 2~3면에는 요코하마화교총회의 동정, 4-7면은 지역사회 내 화교들의 동정, 그리고 8면에는 협찬 기업과 상점이 소개되고 있다.

그렇다면 요코하마의 다문화공생의 현재적 양상이라는 문제에서 볼 때, 『요코하마화교통신』이라는 사례는 어떻게 평가할 수 있으며, 『요코하마화교통신』이라는 '창'을 통해 보여지는 요코하마의 다문화공생의 모습은 어떻게 평가할 수 있을까. 이 신문이 다루는 내용에 대한 분석을 통해 이 문제에 접근해 보자.

첫째, 일반적으로 신문의 1면은 해당 미디어가 가장 중요하게 생각하는 이슈가 차지한다는 관점에서 볼 때, 앞서 소개한 개괄적인 지면 구성에서도 알 수 있듯이 『요코하마화교통신』은 철저하고 일방적인 방식으로 '중국과 화교'를 둘러싼 이슈에 관심을 집중하는 모습을 보이고 있다. 2009년 9월부터 1년간 신문의 1면 기사를 정리한 〈표5〉

에서 확인하듯이, 『요코하마화교통신』의 1면 기사들은 요코하마라는 현재의 공간적 거점보다도 중국이라는 민족적 기원에 대하여 일관된 관심을 드러내고 있다.

〈표5〉 2009-2010 1면 기사 목록

발행일자		1면 주요기사
2009년	9월	제60회국경절(国慶節)경축행사일정
	10월	제60회국경절(国慶節)경축행사 성대하게 개최
	11월	요코하마야마노테중화학교(横浜山手中華学校) 중국으로 수학여행
	12월	요코하마화교총회(横浜華僑総会), 요코하마화인연우회(横浜華僑華人聯友会) 공동주최 이즈(伊豆)로 버스여행
2010년	1월	2010년 요코하마화교총회 회장의 신년인사
	2월	요코하마화교총회 신년단배개최
	3월	요코하마화교총회 춘절을 축하하다
	4월	(기획) 양안의 화교동포가 단결하여 중화중흥을
	5월	중화학교신축교사 낙성, 축하회 성대하게 개최
	6월	세계화교화인사단(世界華僑華人社団)대회, 베이징에서 개최
	7월	원자바오(溫家宝)총리 환영만찬 개최
	8월	일본인화교화인연합총회, 교토에서 대표위원대회 개최

『요코하마화교통신』이 보여주는 이러한 '본국 지향성'은 낯선 이주지의 생활 속에서 본국의 소식을 통해 삶의 연속성을 확보하려는 이주자들의 자연스런 욕망에 부응하는 것임은 두말할 나위도 없지만, 본국의 소식에 어렵지 않게 접근할 수 있는 최근의 정보통신기술의 비약적 발전에 의해 더욱 자극받고 있다.

그럼에도 불구하고, 예컨대 재일본대한민국청년회 가나가와현지방본부가 발행하는 『팔아시아(PALASIA)』와 비교해 볼 때, 『요코하마

『화교통신』의 본국 지향성은 특히 이른바 정치적 문제에 집중된 형태로 표출되고 있다는 점에서 특징적이다.『팔아시아』는 〈그림6〉에서 보는 바와 같이 한국 관련 정치적 이슈보다는 2000년대 중반부터 시작된 이른바 한류 붐을 적극적으로 이용하는 방식으로 본국(한국)에 대한 독자의 관심을 환기시키고 있다. 반면『요코하마화교통신』의 지면에서 현대 중국의 문화에 대한 관심을 거의 찾아볼 수 없으며, 화교 사회의 국내외적 '이벤트'에만 일관되게 초점을 두고 있다. 물론『팔아시아』도 2005년 8월호에 광복 60주년 기념식에 관한 기사를 게재하거나, 2007년 여름호에서 청년회 결성 30주년을 맞이하여 조선통신사 관련 특집성 기사를 배치하는 경우를 찾아볼 수 있지만, 그것이 결코 전체 지면 구성에서 중심을 차지하고 있지는 않다. 오히려 한류 관련 기사와 식당 소개, 구인, 구직 등 생활정보의 비중이 압도적으로 높다. 결국 내셔널 아이덴티티의 유지라는 목적에 대하여,『요코하마화교통

〈그림6〉『PALASIA』와 한류

신』은 이 문제를 이른바 정치적 이슈를 매개로 접근하고 있다고 할 수 있는데, 덧붙여 그 배후에는 화교라는 아이덴티티를 '일시적'인 해외 이주자, 다시 말해 본국으로의 귀환을 운명으로 받아들이는, '화교 디아스포라'에게서 일반적으로 확인되는 자기인식이 기능하고 있을 가능성도 언급해 두고자 한다.

『요코하마화교통신』의 자기인식과 관련하여 언급할 두 번째 특징은, 위에서 거론한 정치적 이슈에 대한 일관되고 과잉된 관심과도 연결되는 사항인데, 즉 자신을 지역사회 안에서 중국에 민족적 기원을 두고 있는 이주자들을 대표=대행(representation)하는 존재로 표상하고 있다는 점이다. 이것은『요코하마화교통신』의 지면에 등장하는 유의미한 행위자가, '중국인'을 제외하면 거의 일본의 중앙정부 및 지자체와 같은 행정기관에 편중되어 있다는 점에서 확인할 수 있다.『요코하마화교통신』의 지면을 살펴보면, 시민 차원의 교류에 관한 기사는 거의 찾아볼 수 없으며, 반면 요코하마의 화교 사회가 주관하는 각종 공식 행사에 중앙정부 및 자자체의 고위직 인사가 참여했다는 사실이 비중있게 취급되고 있다. 이것은『요코하마화교통신』이 지향하는 화교들의 생존방식으로서 시민적 교류보다는 이른바 행정조직의 상층부와의 관계형성을 우선하고 있다는 점을 보여준다.

　『요코하마화교통신』이 보여주는 '중국' 그리고 중국에 대한 동질감에 기초한 화교 아이덴티티에 대한 강조는, 민족 집단의 글로벌한 이동(혹은 트랜스-내셔널한 이동)이 국민국가의 이데올로기적 기반인 내셔널리즘에 대하여 양가적인 의미로 관여하고 있다는 점을 새삼 환기시킨다. 즉, 화교와 재일한국조선인과 같은 '올드 커머'의 사회적 위상의 상승과 1990년대 이후 다양한 국적의 외국인들의 유입 증가는 전후일본이 고수했던 '균질적인 공동체'에의 신념을 동요시키며, 다문화주의에 입각한 사회의 재편을 재촉하고 있다. 문화와 인종을 달리하는 타자의 출현은 혈통과 문화의 단일성에 기대고 있던 일본의 내셔널리즘의 변용을 불가피한 현실로서 이끌고 있는 것이다. 그러나 이러한 '탈 내셔널리즘'의 경향과는 정반대의 방향으로, 예컨대 위에서 거론한 『요코하마화교통신』의 예에서 알 수 있듯이, 지역사회 내의 에스닉 마이너리티 집단은 이주지와의 관계보다 본국관의 관계를 아이덴티티의 핵심에 위치시키는 상상력을 발휘하고 있다. 이때 이들의 상상력은 특정한 영토 안에서 작동하는 것이 아니라, 오히려 국민국가적 경계에 구애받지 않고 민족적 기원의 연속성을 상정한다는 점에서 공간적 경계(영토)와 결부되었던 근대적 내셔널리즘과 이질적이다. 이들의 내셔널리즘은 월경적 이동을 통해 드러난다는 점에서 '트랜스내셔널 내셔널리즘(transnational nationalism)'이라고 할 수 있으며, 디아스포라로서의 존재를 단일한 민족적·인종적 집단으로 상상한다는 점에서 '디아스포라 내셔널리즘'이라고 부를 수도 있을 것이다.[20]

혼성화하는 요코하마의 현실에서 『요코하마화교통신』은 어떠한 모습으로 존재하고 있는가를 생각할 때, 마지막으로 주목할 점은 결국 『요코하마화교통신』라는 미디어의 표상공간이 민족적으로 그리고 문화적으로 분화를 가속화하고 있는 현실과 조응하고 있지 않다는 것이다. 뿐만 아니라 어떤 의미에서는 화교 사회 내부에서 진행되는 아이덴티티의 분화를 의도적으로 '왜곡'하고 있다는 지적에서도 결코 자유로울 수 없다. 앞서 외국인 인구통계에서도 살펴본 바와 같이, 최근

---

20) '화교 디아스포라'의 내셔널리즘에 관해서는 Ien Ang「ディアスポラを解体する」吉見俊哉・テッサ・モーリス=スズキ編『グローバリゼーションの文化政治』平凡社, 2004 참조.

중국으로부터의 이주자는 매년 꾸준한 증가 추세에 있다. 중요한 것은 이들이 모두 균질적인 아이덴티티를 갖고 있다고 확신할 수 없다는 점이다. 특히 중화가를 중심으로 오랜 기간 요코하마에서 거주한 올드 타이머 화교와 신규 이주민 사이에는 이주의 동기 및 문화적 배경에서 여러 가지 이질성을 상정할 수 있다. 무엇보다 중국인 3, 4세 사이에서는 현지화에 대한 열망들이 강하게 표출되는 등 화교 집단 내부의 분화도 점차 심화되고 있다. 그러나 『요코하마화교통신』의 지면을 통해 이러한 현실의 분화에 대한 인식은 찾아보기 어렵다. 물론 이러한 현실외면에 대한 윤리적 비판은 간단하다. 아마도 중요한 사실은 미디어 스스로가 이러한 사태를 인식을 하고 있지 못하고 있는 것이 아니라, 거꾸로 이러한 분화 현상을 강력한 정치적 이슈를 통해 제어하고 '중국'이라는 상징기호를 통해 분화를 재통합으로 유도하려는 에스닉 미디어의 정치적 역할일 것이다.

이상에서 『요코하마화교통신』이라는 우회로를 통해 요코하마에서 진행되고 있는 다문화공생의 현주소를 짚어보았다. 『요코하마화교통신』이 보유하고 있는 화교 사회 내부의 공론형성능력과 지자체와의 협력관계는 분명 요코하마의 다문화공생에서 유의미한 자산으로 간주되어야 할 것이다. 그러나 이 신문이 보여주는 강력한 중국(본국) 지향성은 요코하마의 다문화공생의 미래를 전망할 때, 결코 간과될 수 없는 문제를 제기한다. 즉, 현재 일본사회에서 추진되고 있는 다문화공생은 민족 간 차별과 대결을 지양한다는 의도에도 불구하고, 결과적으로 에스닉 집단이 추구하는 각각의 내셔널리즘을 '합법적'으로 승인하는 쪽으로 기능하고 있는 듯이 보인다. 다시 말해 오늘날의 다문화공생은 글로벌화를 배경으로 활성화되고 있는 탈영토화된 내셔널리즘이 지역사회 안에서 각자의 영역을 할당받은 채 '갈등없이 공존'하는 현실을 추인하는 담론으로 변용되고 있는 것은 아닐까. 에스닉 미디어가 다문화공생을 위한 유력한 실천의 수단이면서도, 그것을 낙관적으로만 볼 수 없는 이유가 바로 여기에 있다.

5. 다문화공생의 딜레마

에스닉 미디어를 통해 살펴본 다문화공생의 현장은 깊은 '괴리'의 양상을 드러내고 있다. 우선 그러한 괴리는 일본인 사회가 발행하는 미디어와 에스닉 집단이 발행하는 미디어 간의 소통 부재와 차별적 지향성에서 확인할 수 있다. 전자가 외국인 이주자의 지역사회 정착과 생활지원에 역점을 두고 있다면, 후자는 재일한국인 집단과 화교 집단의 미디어에서 보는 바와 같이 아주자의 아이덴티티를 본국과 연계시키는, 이른바 '아이덴티티의 정치'에 주력하는 모습이다. 예컨대『팔 아시아』의 '한류'에 대한 적극적인 관심, 그리고 하루가 다르게 높아가는 중국의 대외적 위상에 대한 자부심 가득한 시선과 그것을 자신들의 아이덴티티의 '자랑스러운' 요소로서 간주하는『요코하마화교통신』의 태도는 오늘날 지역사회의 에스닉 미디어가 어디서 존립의 근거와 가치를 구하고 있는지를 여실히 보여준다. 일본인이 발행하는 미디어가 다양한 문화의 '공존'을 넘어선 아이덴티티의 문제에 관하여 주의 깊은 신중함을 보여주고 있다는 점에 비춰볼 때, 에스닉 마이너 리티 집단이 발행하는 미디어의 본국 지향성은 극명한 대조를 이룬다.

둘째, 에스닉 미디어의 아이덴티티에 관한 관심과 에스닉 마이너 리티 집단 내부의 아이덴티티의 분화현상 사이의 괴리도 언급하지 않을 수 없다. 앞서도 지적한 것처럼 재일한국조선인 및 재일중국인 3, 4세 사이에서 일어나는 이른바 '탈(脫)본국화' 경향은 에스닉 마이너 리티 집단의 미디어가 드러내는 본국지향성의 현실적 근거에 관하여 의문을 갖게 한다. 분명한 것은, 외국인에 의한 에스닉 미디어가 보여 주는 '탈영토화된 내셔널리즘'이 에스닉 집단 내부의 강한 결속에 근거하고 있기보다는, 아이덴티티를 둘러싼 급격한 분화에 대한 반발로서 표출로 이해된다는 점이다. 에스닉 미디어는 그 자체가 이렇게 분화하는 현실에 대한 괴리로서 존재하고 있는 것이다.

셋째, 이상과 같은 두 가지 괴리의 귀결로서 다문화공생이 내셔널리즘에 대해 갖는 어떤 괴리에 도달하게 된다. 다문화공생은 이질적 존재(타자)에 대한 개방적인 태도를 요구한다는 점에서 일본사회의 내셔널리즘적 자기표상(단일민족으로서의 일본인에 대한 신념)의 동요와 약화를 초래하고 있다. 하지만 다른 한편으로 다문화공생이 다양한 문화와 가치의 공존을 지상과제로 함으로써 에스닉 집단 내부에서 일어나는 내셔널리즘을 '추인'하는 역할에 관여하는 경우도 확인하게 된다. 즉, 다문화공생 담론의 확산이 에스닉 집단의 내셔널리즘을 정당화하는 역설이 일어나고 있는 것이다. 여기에 다문화공생이 직면한 중대한 '딜레마'가 놓여져 있다고 한다면, 지나친 우려일까?[21]

　이러한 우려감에도 불구하고, 에스닉 미디어는 지역사회의 생활세계에서 일본인 사회와 이주외국인 사회를 연결하는 역할을 담당하고 있으며, 특히 행정기관을 중심으로 외국인에게 행정정보를 전달하기 위한 유력한 수단으로 주목을 받고 있다. 이렇게 다문화공생의 실현을 위해 에스닉 미디어를 보다 실질적인 것으로 만들기 위한 다양한 노력들이 지역사회 내에서 전개되고 있다는 점은 결코 과소평가될 수 없다. 다시 말해 에스닉 미디어가 다문화공생을 위한 중요한 문화적 실천으로 실제로 기능하고 있다는 점이 중요하다. 요코하마의 사례는 다문화공생과 에스닉 미디어의 '순기능'에 대한 막연한 낙관론에 주의를 환기시키며, 오히려 '혼성사회 속의 내셔널리즘'이라는 잠재적 긴장에 어떻게 대응해 갈 것인가라는 '낯익은' 과제를 우리에게 던지고 있는 것이다.

---

21) 그렇다면 이러한 괴리, 혹은 어긋남은 어디에서 비롯되는 것일까? 일본의 다문화공생이 탈냉전 이후 글로벌화의 심화를 그 배경으로 하면서, 그것과 동시적으로 진행되었다는 점에 착목할 때, 글로벌화 현상을 '괴리=분리(disjuncture)'로서 파악하는 A. 아파두라이의 논의는 시사적이다. 그에 관한 내용은 Arjun Appadurai(1996), Cultural Dimensions of Globalization, Minesota : University of Minesota Press 참조.

권숙인 역음『다문화사회 일본과 정체성 정치』서울대학교출판문화원, 2010

야마모토 가오리「다문화공생시책이 간과해 왔던 것―경제불황 하의 일본계
　　　브라질인」한국사회학회편『사회학대회논문집』Vol.2, 2009

이정남「동북아의 차이니스 디아스포라와 국가정책」『국제지역연구』제12권,
　　　제3호, 2008

임채완「지구화시대 디아스포라의 초국가적 활동과 모국―동남아 화인과 중
　　　국조선족에 대한 비교연구」『國際政治論叢』Vol.48, No.2, 2008

한영혜「일본의 다문화공생 담론과 아이덴티티 재구축」『사회와 역사』Vol.71,
　　　2006

アルジュン・アパデュライ, 門田健一訳『さまよえる近代―グローバル化
　　　の文化研究』平凡社, 2004

神奈川県自治体国際政策研究会編『エスニック・メディア調査報告書
　　　2006』

＿＿＿＿＿＿＿＿＿＿＿＿＿＿『エスニック・メディア調査報告書
　　　2007』

櫻井武「グローリゼーションとエスニック・メディア」『武蔵工業大学環
　　　境情報学部情報メディアセンタージャーナル 』2003

白水茂彦『エスニック・メディア―多文化社会日本をめざして』明石書
　　　店、1996

＿＿＿＿＿『エスニック・メディア研究―越境・多文化・アイデンティ
　　　ティ』明石書店、2004

都市研究会編「国際文化都市ヨコハマの再生に関する調査報告書」1997

日本経済新聞社編『華僑―商才民族の素顔と実力』日本経済新聞社、1981

町村敬志「エスニック・メディアのジレンマ―ロスアンジェルス日本系
　　　メディアを事例に」奥田道大編『都市エスニシティの社会学―民
　　　族・文化・共生の意味を問う』ミネルヴァ書房、1997

吉見俊哉・テッサ・モーリス=スズキ編『グローバリゼーションの文化政
　　　治』平凡社, 2004

吉見俊哉・姜尚中『グローバル化の遠近法―新しい公共空間を求めて』岩
　　　波書店, 2004

Arjun Appadurai(1996), Cultural Dimensions of Globalization, Minesota :
　　　University of Minesota Press

현대일본생활세계총서 **2**

도쿄 메트로폴리스
: 시민사회 · 격차 · 에스닉 커뮤니티

10 도쿄 신오쿠보 에스닉 커뮤니티의 성장과 지역사회

이호상

1. 일본의 에스닉 커뮤니티 성장

일본에서 '에스닉(ethnic)'에 대한 학술적 연구가 다양한 분야에서 본격화된 것은 1980년대 중반 이후부터라고 할 수 있다. 이 시기는 일본 사회에서 건설업이나 제조업을 중심으로 노동력부족 현상이 심화되었으며, 이로 인해 동남아시아계 노동자들을 중심으로 외국인 노동자들이 일본으로 대거 유입되었다. 국제화·세계화의 진전 속에서 노동력의 국제적 이동이 일어나기 시작하던 바로 그 무렵이었다.

또한 1990년부터 시행된 일본의 〈출입국관리법 및 난민인정법(이하 입관법)〉은 외국인 거주자의 체류자격에 영향을 미치면서 남미계를 중심으로 많은 외국인 노동자들이 유입되게 된다.[1] 한편, 1989년

---

* 이글의 초고는 『한국도시지리학회지』 14(2) (2011)에 「에스닉 커뮤니티 성장에 따른 지역사회의 변화 : 도쿄 신오쿠보를 사례로」라는 제목으로 수록

우리나라에서는 해외여행자유화 조치가 시행되면서 많은 사람들이 취업을 위해 일본으로 넘어가게 된다. 일본에서 '뉴커머(new commer)' 라고 불리는 재일 한국인들은 대부분 이 시기 이후부터 일본에 정착한 사람들을 말한다.

2010년 외국인 등록자 수를 기준으로 일본에 거주하고 있는 외국인은 약 220만명에 달한다.[2] 도쿄도의 경우 1980년에 약 11만명이었던 외국인 등록자 수가 입관법이 시행된 1990년에는 약 21만명으로 10년새 두배 가까이 증가하였고, 1999년에 새로운 이민정책이 제시되면서 2001년에는 30만명을 돌파하게 된다. 이후 2010년에 이르러서는 41만명 이상의 외국인이 도쿄에 거주하고 있는 것으로 나타났으며, 그 중에서 재일한인은 약 11만명에 이른다.[3] 도쿄도만 보더라도 1년에 약 1만명에 달하는 외국인이 증가하고 있는 셈이다. 이와 같이 일본 사회에서 급속히 증가하고 있는 외국인 주민에 대한 시책은 일부 지역만의 문제가 아니라 국가적인 과제가 되고 있다.

일본에서 시행되고 있는 대표적인 외국인 주민에 대한 시책으로 2006년부터 시행되고 있는 다문화공생사업을 들 수 있다. 이 정책은

되었다.
1) 조현미, 「일본의 '다문화공생' 정책을 사례로 본 사회통합정책의 과제」, 『한국지역지리학회지』, 15권 4호, 2009, 452쪽.
2) 法務省, 登録外国人統計統計表,
http://www.moj.go.jp/housei/toukei/toukei_ichiran_touroku.html (2011년 3월 5일 접속).
3) 東京都 総務局 統計部,外国人登録人口,
http://www.toukei.metro.tokyo.jp/gaikoku/2011/ga11010000.htm (2011년 3월 5일 접속).

외국인 노동자 정책이나 입국관리 차원을 넘어 외국인 주민을 일본인들과 함께 생활하는 지역주민으로 인식하는 것에서 출발한다. 즉, 다문화가 공생하는 지역을 만드는 것이 목적인 것이다. 다문화공생사업은 외국인 주민 개개인이 일본사회에 정착하는 과정을 지원할 뿐만 아니라, 폐쇄적인 에스닉 커뮤니티가 일본사회에 융화될 수 있는 방안을 모색하기 위한 정책이다.

일본에는 제2차 세계대전 전후부터 형성된 외국인 집단거주지 외에도 1980년대 중후반부터 경제적인 목적으로 일본에 건너온 외국인들이 모여 사는 집단거주지의 사례를 많이 찾아 볼 수 있다. 특히 한국인들이 많이 모여 사는 집단거주지가 가장 많은 편이며, 최근에는 한류 등의 영향으로 일본 전국에 걸쳐 한국음식점들도 다수 분포하고 있다. 이와 함께 재일 한인들을 대상으로 하는 에스닉 비즈니스도 지속적으로 성장하고 있는 추세이다. 특히 각종 매스미디어에서 '코리아타운'으로 소개되고 있는 도쿄도 신주쿠구에 위치한 신오쿠보(新大久保) 지구는 일본의 여러 에스닉 타운(ethnic town) 중에서도 매우 독특한 경관과 성장과정을 보여주고 있는 곳이라고 할 수 있다.

일반적으로 전형적인 소수민족집단 집적지는 주류사회에 적응하지 못한 소수집단들이 독자적인 생존전략으로 비공식적인 영세한 규모의 자영업에 집중하면서 형성되는 사회적·경제적 공동체를 의미한다.[4] 박세훈 외(2009) 연구에서는 이러한 외국인 밀집지역을 소수민

---

4) 권상철, 「미국 대도시지역 동양계 동족경제의 특성에 관한 연구 : 뉴욕과 로스앤젤레스의 비교」, 『지리·환경교육』, 8권 1호, 1998, 121쪽.

족집단(ethnic minorities)의 공간적 집적체와 관련 인프라로 의미했다. 외국인 밀집지역은 외국인들이 정보교환을 통해 해당국에 가능한 빨리 정착하도록 유도하며, 민족적·문화적 정체성을 유지할 수 있는 공간을 제공한다는 장점이 있다. 외국인들은 집단거주지에서 자국인들끼리의 사회적 연계망을 활용하여 경제적 자립을 도모하고 사회·문화적 적응을 추구한다. 그러나 다른 한편으로 밀집 지역으로 인해 주류사회와의 단절이 고착화되고 이질적 문화정체성이 지속되며 지역이 슬럼화 되는 역기능도 존재함을 밝히고 있다. 이 연구에서 신오쿠보 지구에 주목한 것은 외국인 집단거주지의 이러한 일반적인 특성과는 다른 모습을 발견할 수 있기 때문이다.

이 연구와 관련된 국내 선행연구를 살펴보면, 조현미(2005)는 (외국인 밀집지역에서의 에스닉 커뮤니티의 형성 연구)에서 대구시 달서구 이곡동을 사례로 대도시 일각에서 나타나는 세계화의 단면을 외국인 노동자들의 밀집주거지역에서 형성되는 에스닉 커뮤니티를 통하여 분석하였다. 에스닉 커뮤니티화는 더욱 급속하게 진행될 것이며 보다 공생이 가능한 다민족사회의 실현을 위한 방안이 검토되어야 함을 주장하였다. 한편, 김현숙(2003)은 (도쿄 오쿠보의 한국인 관련 상업시설의 집중 메커니즘 및 그 영향에 관한 연구)에서 오쿠보 지역에 한국인 및 한국 관련 상업시설이 집중된 과정과 요인 그리고 그 과정에서 발생한 문제와 과제를 규명하였다. 그리고 사토 아키히토(2007)는 오쿠보 외국인 집주 지구의 형성과 발전 과정이 일본사회와 어떠한 관련성을 맺고 있는가를 고찰한 바 있다.

이 연구는 도쿄 신오쿠보 일대의 한인 커뮤니티 성장과정과 그로 인해 나타나는 신오쿠보 지역사회의 변화상을 살펴보고, 최근 일본 사회에서 제기되고 있는 다문화공생의 측면에서 한인 커뮤니티와 지역 사회의 관계에 대해서 고찰하고자 한다. 이를 위해, 먼저 도쿄에서 한인들을 대상으로 발행되고 있는 각종 생활정보지에 수록된 한인상가의 전화번호와 주소를 이용하여 신오쿠보 지구에 위치한 한인상가의 제반 현황을 조사하였다. 또한, 2005년부터 수차례에 걸쳐 관공서와 각종 관련 기관 및 지역주민들을 대상으로 인터뷰 조사를 실시하면서 지역의 변화상을 관찰하였다. 이를 바탕으로 현지조사를 통해 신오쿠보 한인상가들의 분포상태를 지도화 하는 작업도 병행하였다.[5]

이 연구의 조사대상 지역은 〈그림 1〉에서 보는 바와 같이 신오쿠보역 주변의 햐쿠닌초(百人町) 1·2쵸메(丁目), 오쿠보(大久保) 1·2쵸메 그리고 쇼쿠안도오리 주변의 가부키초(歌舞伎丁) 2쵸메 일부 지역이다. 동서로는 오쿠보역 사거리에서 메이지도오리(明治通り) 사이이며, 남북으로는 오쿠보도오리(大久保通り)와 쇼쿠안도오리(職安通り) 일대가 연구지역에 해당된다. 한인상가가 많이 분포하는 지역을 일반적으로 오쿠보 지구라고 일컫고 있으나, 〈그림 1〉에서 보는 바와 같이 행정구역상 햐쿠닌초와 가부기쵸 일부에도 한인상가가 많이 분포하고 있음을 현지답사를 통해서 알 수 있었다. 따라서 이 연구에서 '신오쿠보(新大久保) 지구'는 오쿠보와 그 주변부까지 포함한 지역을 일컫는다.

---

5) 한인상가의 분포는 2010년 8월 기준으로 현지조사 결과를 토대로 작성 됨.

〈그림 1〉 연구대상지역인 '신오쿠보 지구'

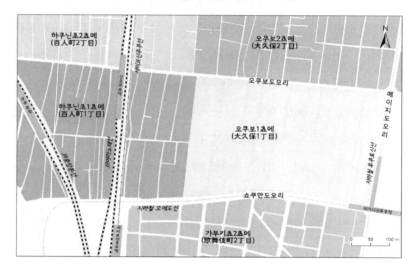

2. 신오쿠보 한인 상권의 특성 및 변화

1989년에 재일한인을 대상으로 발간되기 시작한 생활종합정보지
는 현재 재일한인뿐만 아니라 한류에 관심을 가지고 있는 일본인들을
대상으로 하고 있는데, 그 종류가 약 30여 종에 이르고 있다. 이들 정
보지 및 정기간행물은 각종 생활정보 및 취업정보, 한국관광객을 위
한 일본여행정보, 일본인을 위한 한인타운 및 한류 정보, 한인상가 및
한국인을 대상으로 하는 업체의 광고 또는 전화번호부, 한인사회 뉴
스 등 그 내용이 매우 다양하다. 간사이(關西) 지방에서도 2005년 11
월부터 이와 같은 정보지가 발간되고 있다. 이러한 생활정보지는 신

오쿠보와 일본내 한인사회의 실태를 파악할 수 있는 중요한 자료라 할 수 있다.

　이 연구에서는 이들 생활정보지를 분석하여 신오쿠보에 입지하고 있는 한인상가의 현황을 조사하였으며, 이를 토대로 현지 실사를 통해 상가의 분포와 실태를 확인하였다. 생활정보지 분석결과 신오쿠보 일대의 한인 업체는 모두 408개로 파악되었다. 또한 현지 실태조사를 통해 398개 업체를 직접 확인하고, 그 위치를 지도화 하였다. 두 조사에서 서로 중복되는 업체를 제외하면, 2010년 8월 현재 신오쿠보 지구의 한인 업체는 총 473개로 조사되었다. 이 연구는 두 조사의 결과를 비교 검토하여 업체현황을 파악하였는데, 〈표 1〉은 그 결과를 업종별로 정리한 것이다.

　신오쿠보 한인업체의 업종별 구성을 살펴보면, 한국음식을 판매하는 각종 식당 및 분식점이 196개 점포로 가장 많은 비율(약 41%)을 차지하고 있다. 다음으로는 한류스타나 한국의 기념품을 판매하는 한류샵이 26개로 전체의 약 5.5%를 차지하고 있다. 한류 초기에는 그 수가 3~4개에 불과하였으나, 2000년대 후반들어 급증하고 있다. 〈표 1〉에서 보는바와 같이 신오쿠보 한인업체의 약 60%가 음식점과 오락·문화 관련 서비스업종이다. 그 외에는 통신, 종교, 건설업, 제조업, 운송업, 도·소매업 등 에스닉 비즈니스 업체는 약 30%에 달하는 것으로 조사되었다.

〈표 1〉 신오쿠보의 업종별 한인업체 현황

(2010년 8월 기준)

업 종		상가 수
대분류	소분류	
숙박 및 음식점업	한식당(분식집 포함)	196
	크라브·스낙크	14
	커피숍	8
	민박기숙사	8
	호텔	3
소 계		229
오락문화 관련 서비스업	한류샵	26
	노래방	6
	피시방	7
	비디오 대여점	4
소 계		43
기타 서비스업	미용실	21
	피부미용관리업소	12
	일본어학원	11
	학원	5
	회계·법률·행정사무소	9
	여행사	9
	직업소개소	4
	철학관	8
소 계		79
소매업	식료품 소매업	6
	휴대폰 판매점 (전화카드, 인터넷 포함)	21
	의류 소매업	4
	기타 소매업	20
	통신판매업	14
소 계		65
기타	부동산	15
	병원	4
	건축업	4
	이사택배	6
	종교시설	13
	기타	15
소 계		57
총 계		473

또한 〈그림 2〉는 현지 실태조사를 통해 확인된 398개 한인상가의 분포상태를 나타낸 것이다. 오쿠보 출장소 관계자의 설명에 따르면, 이 지역은 일본인들이 쇼와(昭和) 10년대(1935년)부터 상가를 운영하기 시작하였는데, 현재는 고령화와 후계자 부재 등의 이유로 상가를 유지하기 어려운 상황에 봉착해 있다. 이러한 상가들은 대부분 한인 상가로 대체되고 있으며, 한인들에게 상가를 넘긴 일본인들은 이곳에서 일은 하지 않지만, 대부분 이곳에 계속 거주하고 있다고 한다.

과거 한인상가들은 〈그림 2〉에서 쇼쿠안도오리 남쪽의 가부키쵸 일대를 중심으로 형성되어 있었다. 그러나 거품경제 이후 가부키쵸 일대의 유흥업소들이 직접적인 영향을 받게 되면서 한인상가의 매상도 급감하게 되었다. 가부키쵸에서 종사하는 한인들과 이곳을 찾는 사람들을 대상으로 영업을 하던 한인상가들 또한 심각한 경영난에 빠지게 되었다.

이 지역에서 오랫동안 상가를 운영해온 한인들에 따르면, 일본 국내 은행들은 가부키쵸와 같이 윤락가에 있는 유흥업소나 상가들에 대한 은행융자를 엄격히 제안하고 있는데, 경기 침체가 장기화되면서 이곳에 입점하였던 한인상가들은 가부키쵸의 높은 임대료를 감당할 수 없게 되었다. 때문에 당시에는 상대적으로 임대료가 낮았던 쇼쿠안도오리 북쪽의 신오쿠보 방면으로 상가들이 이동하였는데, 현재는 점차 오쿠보도오리의 북쪽으로까지 확산되고 있는 추세라고 한다. 과거 쇼쿠안도오리와 오쿠보도오리의 도로변을 중심으로 입지하던 한인상가들이 이 두 도로들을 연결하는 주요 골목길에 새롭게 입점하며

〈그림 2〉 신오쿠보의 한인 업체 분포 (2010년 8월 기준)

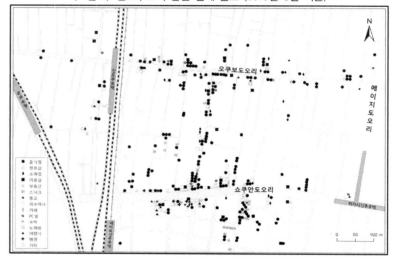

한인상가의 분포가 점차 확대되고 있음을 알 수 있다.

　10여년 전까지 한인상가의 종업원은 대부분 한국인이었으나, 한국의 원화절상과 고임금 등으로 인해 특히, 서비스업 분야에서 취업을 위해 도일하는 한국인 수가 급감하였고, 이를 대신하여 중국 국적의 조선족이 상당수 진출하였다. 이로 인해 신오쿠보 지구에서 중국인 수가 급증하게 되고, 이들을 대상으로 하는 중국인 또는 조선족 상가도 나타나기 시작하였다. 또한 유흥업소에 종사하는 여성들도 과거에는 대부분 한국인이었고, 이들을 대상으로 하는 미용실, 의류매장, 숙박업소, 식당 등이 많았으나, 최근에는 다른 아시아계 여성들이 유흥업소에 대거 취업하면서 이들이 주요 고객으로 부상하고 있다. 또한 이러한 다른 아시아계 외국인의 수가 증가하면서 〈그림 2〉에서 신오쿠보역의 서쪽에 위치한 햐쿠닌초 1쵸메를 중심으로 태국, 인도, 중국, 대만 등의 외국인들이 운영하는 식당이나 상가들이 입지해있다.

현재 신오쿠보에서 상가를 운영하는 사람들은 1980~90년대에 도일해서 20~30년간 자수성가하여 정착한 사람들이 상당수 차지하고 있다. 이 지역 부동산업체 관계자에 따르면, 현재 신오쿠보 일대에 거주하거나 상가를 운영하는 사람들의 특성을 성별로 구분하여 보면, 남성들은 처음부터 취업을 목적으로 도일하여 장기체류를 하고 있는 사람들이 대부분이다. 반면, 여성들은 현지에서 결혼을 하면서 정착하게 된 사람들이 많다고 한다.

특히 거품경제 이전에 가부키쵸 등의 유흥업소에 종사하던 한국여성들 중 일부는 일본인과 결혼하여 일본에 정착하였는데, 이후 남편의 재력이나 위자료 등으로 한국식당, 스낙크(snack)·크라브(club)와 같은 일본식 술집 등을 경영하기도 하였다. 이러한 경향은 한류열풍이 불기 시작하던 시기에 수요가 늘어나면서 많이 나타났다. 이는 신오쿠보 뿐만 아니라 일본의 많은 지역에서 나타나는 현상이기도 하다.

한편, 거품경제시기부터 일자리를 찾아 건너온 한국노동자들이 불법체류하면서 러브호텔이나 민박에 장기체류하였는데, 이에 이러한 숙박업소가 증가하기도 하였다. 거품경제 이후, 신오쿠보 일대에 많이 운영되던 러브호텔들이 경기침체로 폐업을 하거나, 한국인 관광객이나 장기체류자들을 대상으로 하는 숙박업소로 전환하기도 하였다. 한국의 여행자유화 이후 급증하는 한국관광객을 대상으로 일반주택이나 러브호텔이 숙박업소로 개조되었고, 저렴한 가격으로 인해 장기체류자의 주거지로도 이용되었다. 그러나 상당수가 무허가로 운영되었는데, 현재는 일본 당국의 집중단속 때문에 그 수가 많이 감소하였다. 최근에는 관광객이나 유학생, 어학연수생 등을 대상으로 하는 민박, 기숙사가 증가하고 있다. 이 학생들은 한인상가에서 아르바이트를 병행하고 있으며, 일부 학원들은 아르바이트, 숙박업소 등을 알선하기도 한다.

거품경제기에는 가부기초 일대에 한국계 스낙크, 크라브와 같은 유흥업소, 윤락업소 등이 200개 이상 존재했다.[6] 그러나 일본정부의 불법체류자에 대한 지속적인 단속과 거품경제 붕괴의 영향으로 유흥·윤락업소의 수는 급격히 감소되었다. 한때, 이들 업체에는 수천명이 종사하고 있었는데, 업소가 급감하면서 이곳의 한인사회도 크게 위축되었다. 이후 신오쿠보의 한인사회는 업종 다변화와 건물매입 등을 통해 상권 안정화를 꾀하였다.[7] 특히 이시하라(石原慎太郎) 도쿄도지사 취임 이후, 다른 지역보다도 신오쿠보 일대의 불법체류자 단속이 강화되었다. 불법체류자 단속은 범죄가 많이 발생하는 지역이었던 신오쿠보 일대에서 집중적으로 이루어졌는데, 2000년대 중반까지도 일본 경찰들이 거리에서 무작위로 검문검색을 하였다고 한다.

과거 한인들을 대상으로 영업하던 대부분의 한인 음식점들은 한류의 영향으로 인해 주고객층이 일본인들로 확대되었다. 이와 같은

---

6) 稲葉佳子, 『オオクボ都市の力―多文化空間のダイナミズム』, 京都: 学芸出版社, 2008, 87쪽.
7) 임채완·장윤수·최영관·이진영·최영표·김재기, 『재외한인 집거지역 사회경제』, 집문당, 2005, 110쪽.

일본인들의 수요 급증은 음식점뿐만 아니라, 한류샵, 한국식품점 등의 상가 증가로 이어졌으며, 일부 업체는 대형화기업화 되고 있다. 또한 한국관광객의 증가로 숙박업소, 음식점, 여행사, 위락시설 등의 매출도 증가하고 있다. 이는 신오쿠보가 신주쿠와 가깝고, 국제공항과의 교통편이 편리하며, 일본여행에 관한 각종 정보입수가 용이하기 때문이다.

최근에 도일한 뉴커머들은 한국과 동일한 라이프스타일 추구하는 경향이 있는데, 이 때문에 한국인의 생활에 필요한 거의 모든 업종의 업체가 운영되고 있다. 예컨대, 종교시설, PC방, 미용실, 비디오·DVD대여점, 노래방, 한국 제품 및 음식 배달업체 등 한국식 스타일의 업체가 증가하고 있다. 특히 최근에 발달하고 있는 업종은 통신판매업인데, 인터넷이나 전화를 이용하여 한국의 상품을 판매하는 것이다. 이들 업체는 신주쿠 일대의 한인들뿐만 아니라, 수도권 및 일본 전국으로 배송하면서 상권을 넓혀가고 있다. 현재 신오쿠보 일대에서 발행되고 있는 생활정보지 중에는 통신판매업체가 마케팅 차원에서 발행하는 홍보물이 점차 증가하고 있다.

그리고 최근에 나타나고 있는 또 다른 현상은 가부키쵸 등의 유흥업소에 종사하는 아시아계 여성을 대상으로 하는 미용실, 피부관리실 등의 증가이다. 한인이 운영하는 이들 업체는 일본인 업소보다 저렴하고 기술이 뛰어나기 때문에 선호되고 있다. 이러한 다양한 한인 상가들의 증가는 세무사, 부동산, 법률사무소, 유통업체 등의 증가로 이어졌고, 결국 에스닉 비즈니스가 더욱 성장하게 되는 배경이 되었다.

이와 같은 일련의 배경 하에 신오쿠보 지구는 지역성장의 선순환 구조가 형성되고 있으며, 한인상권을 중심으로 형성된 신오쿠보 일대의 상권 확대는 에스닉 커뮤니티로의 성장은 물론 지역 활성화의 원동력이 되고 있는 것이다. 신오쿠보 한인상권의 성장배경을 살펴보면, 초기에는 외적요인에 의해 에스닉 타운으로 성장하였으나, 점차 신오쿠보 내부에서 형성되는 규모의 경제로 인해 한인상권이 형성되었다. 그러나 지역경제의 성장동력이 외부의 영향을 많이 받는 서비스업에 집중되어 있기 때문에 신오쿠보의 안정적인 지역성장을 위해서는 장기적인 비전이 고민되어야 할 것이다.

3. 신오쿠보의 지역 특성 변화

1950년에 신오쿠보역 부근에 롯데 껌 공장이 이전되면서 신오쿠보에 한국인들이 살기 시작하였다.[8] 그러나 본격적으로 한인 상권이 형성된 것은 1980년대 중반 이후부터라고 보는 것이 타당하다. 당시 수천 명의 한인 호스티스들이 거주하면서 이들을 상대로 한인상가들이 문을 열기 시작하였다. 이들은 대부분 가부키초의 유흥업소 등에 종사하였는데, 대중교통이용이 불가능한 심야에 일이 끝나기 때문에 가부키초에서 멀리 떨어진 곳에 거주지를 정하기가 곤란하였다.[9] 때

---

8) 川村千惠子 編著, 『他民族共生の街·新宿の底力』, 東京 : 明石書店, 1998, 46쪽.
9) 사토 아키히토, 「도쿄 오쿠보(大久保) 외국인 집주지구 형성과 '다문화 병생

문에 그들은 도보로 이동이 가능한 거리에 저렴하게 거주지를 구할 수 있었던 신오쿠보를 선호하였고, 이들을 대상으로 하는 상점들이 하나씩 생겨나기 시작한 것이었다. 이후 한국의 해외여행 자유화, IMF 로 인한 한인들의 이주, 일본 불법체류 외국인 단속, 거품경제 붕괴 등 일련의 사회경제적 요인으로 인해 일본 한인사회는 큰 변화과정을 겪게 된다. 특히 2000년대 초반부터 한류의 영향으로 일본인들의 한 국 관련 문화소비가 급증하면서 신오쿠보는 한류의 메카로 자리매김 하며 현재에 이르고 있다.

신오쿠보 일대에 한국인이 급증하기 시작한 것은 1980년대 이후 로, 유학생이나 주재원과 그 가족들이 이곳에 정착하면서 한인 상권 의 형성이 본격화 되었다고 볼 수 있다. 이들이 신오쿠보 일대로 모여 들기 시작한 것은 일본의 다른 지역에 비해서 작은 평수의 저렴한 아 파트가 많고 상대적으로 주거비가 낮으며, 외국인에 대해서 개방적인 분위기가 형성되어 있어 외국인이 집을 구하기 쉬웠기 때문이다. 또 한 신주쿠에 전문학교와 일본어 학원이 많이 입지하고 있다는 점도 처음 도일한 한국인들에게는 큰 매력으로 작용하였다. 무엇보다 가부 키초를 중심으로 이미 한인상가들이 일부 운영되고 있었고, 한인 학 교와 비교적 가까우며, 도쿄의 부도심인 신주쿠와도 인접해 교통이 편리하다는 지리적 이점도 주거지 선택요인으로 작용하였다.

한인들이 점차 증가하면서 한국이나 한국인과 관련된 사업기회

'에 관한 연구 : 한국인 커뮤니티를 중심으로」, 서울대학교 석사학위논문, 2008, 35쪽.

가 많이 창출되었고, 더욱 다양한 업체들이 입지하여 한인상권이 형성되기에 이른다. 현재는 신오쿠보에서 사업을 확장해서 다른 지역으로 이전하는 업체도 많다. 또한 업체 경영자들은 신오쿠보에서 다른 지역으로 거주지를 많이 옮긴 상태이며, 한인업체에 종사하는 한국인 직원이나 아르바이트생 등이 이 지역에 많이 거주하고 있다.

도쿄 우에노(上野) 일대에는 올드커머(old commer)들이 운영하는 한인상가들이 많이 있는 반면, 신오쿠보를 비롯한 신주쿠 일대는 뉴커머나 불법체류자들이 한인상가 운영의 중심을 이루고 있었다. 초기에는 신오쿠보의 한인상가들은 야쿠자나 호스티스, 일용직 노동자를 대상으로 영업하는 식당이나 업체가 대부분이었다. 1980~90년대 중반까지 이곳은 '야쿠자의 거리'라고 불릴 만큼 야쿠자들이 많은 우범지역이었고, 1955년경부터 가부키초의 영향으로 러브호텔들이 세워지기 시작하였다. 거품경제시기까지 많은 러브호텔들을 중심으로 러시아나 아시아계 여성들의 매춘행위나 남미계 외국인들의 호객행위가 성행하였으며, 일용직 노동자들이나 노숙자가 많았던 곳이었다. 제2차 세계대전 이후부터 오쿠보의 쇼쿠안도오리에는 직업소개소가 많이 생겨났으며, 이곳에서 일을 구하기 위해 모여들었던 일용직 노동자들 중에는 일제시대에 강제징용 당했다가 돌아가지 못하고 일본에 남아서 하층민으로 살아가던 한인들도 상당수 포함되어 있었다.[10] 결국 과거의 신오쿠보는 일본인들에게 이러한 음지의 이미지가 강하게 작용하였던 지역이었던 것이다.

---

10) 川村千恵子 編著, 『他民族共生の街·新宿の底力』, 34~35쪽.

슬럼가나 다름없던 신오쿠보가 일본사회에서 주목을 받게 된 것은 다음과 같은 사건들이 발생한 이후이다. 바로 2001년 신오쿠보역에서 술에 취한 일본인 승객을 구하려다 숨진 고 이수현씨 사건과 2002년 한일월드컵 당시 신오쿠보를 중심으로 펼쳐진 한인들의 열정적인 응원문화가 일본 언론에 집중 보도 되면서 부터이다. 이를 통해 신오쿠보라는 지역은 일본 전역에 걸쳐 유명세를 타게 되었고, 월드컵 이후 일본사회에 아주 큰 반향을 불러일으킨 한류열풍이 시작되면서 신오쿠보는 한류의 메카로 인식되기에 이르렀다. 사실 1990년대 초반까지 신오쿠보에는 에스닉 비즈니스를 경영하는 상점은 거의 존재하지 않았다. 이후 90년대에 걸쳐 외국인 주거지역으로서의 경관이 나타나기 시작하였다.[11] 즉 한류를 비롯한 일련의 이슈들이 이 지역의 변화에 결정적인 영향을 미쳤다고 볼 수 있는 것이다.

각종 언론을 통해 신오쿠보와 이곳에 입지한 한인상가들은 현재까지도 일본 전국에 소개되고 있는데, 이를 통해 도쿄의 '코리아타운'이라는 지역 이미지가 형성되었고, 일본인들 사이에는 그러한 이미지가 고착화되고 있다. 그러나 도쿄도나 신주쿠구에서는 아직 이 지역을 코리아타운으로 정식으로 지정하지 않고 있으며, 그러한 계획도 가지고 있지 않고 있다.

---

11) 사토 아키히토, 「도쿄 오쿠보(大久保) 외국인 집주지구 형성과 '다문화 병생'에 관한 연구 : 한국인 커뮤니티를 중심으로」, 48쪽.

한때 일부 한인들을 중심으로 코리아타운 지정을 위한 움직임은 있었으나 지역 주민들의 반대로 무산된 바 있다. 현재 신오쿠보는 〈사진 1〉에서 보는 바와 같이 '한류의 거리(韓流の町)'로 지역을 홍보하고 있을 뿐이다.

즉, 신오쿠보는 과거 음산한 분위기의 음지에서 '한류'라는 새로운 일본 문화코드를 재생산하는 일본사회의 양지로 지역성이 변화되고 있는 것이다. 과거와는 전혀 다른 신오쿠보의 활기찬 모습은 거리에서 쉽게 확인할 수 있다. 평일 낮에도 한류샵이나 한국식당을 찾아오는 30대에서 60대의 일본 여성들과 젊은이들로 거리는 생기가 넘치며, 저녁이 되면 직장인들과 단체 한국관광객들로 식당마다 만원이다. 최근 드라마에서 시작된 한류가 음악으로 옮겨가면서 이곳을 찾는 10대~20대의 젊은층도 증가하고 있는 추세이다. 특히, 주말이나 한류스타의 이벤트가 있는 날에는 일본 전국에서 단체로 신오쿠보를 방문하는 사람들과 관광버스들로 거리를 가득 메우는 모습을 쉽게 볼 수 있다.

〈사진 2〉 일본인들로 가득 찬 한류샵

이와 같이 신오쿠보의 한인상권은 재일 한인들을 위한 에스닉 비즈니스 중심에서 한류 또는 한국음식을 키워드로 하는 관광지로 그 기능이 달라지고 있는 것이다. 예컨대, 과거 에스닉 비즈니스가 중심이었던 시기에는 한글 간판이 대부분을 차지하였으나, 최근에 입점한 한인 상가들은 대부분 일본어 간판을 내걸고 있다. 이는 주고객이 한국인이 아니라 일본인이라는 것을 단적으로 보여주는 사례라고 할 수 있다.

과거에는 상상하기도 어려웠던 신오쿠보의 이러한 모습이 지역의 이미지를 제고시켰다는 긍정적인 측면도 있으나, 지역사회에 새로운 문제를 야기시키고 있다. 한류의 거리로 많은 사람들이 찾아오면서 한인상가의 매출은 크게 증가하고 있으나, 이 지역 일본인 상가의 매출은 감소하면서 점차 폐업하는 일본인 상가가 늘어나고 있다. 현지 조사에서도 한국식당들은 자리가 없어 밖에서 기다리는 손님들을 쉽게 볼 수 있었으나, 각종 일본 음식점들은 빈자리가 많고, 오히려 한국 관광객들이 다수를 차지하는 광경도 심심치 않게 발견하였다. 심지어 최근에는 맥도날드나 롯데리아와 같은 대표적인 프렌차이즈 매장들이 신오쿠보에서 폐점하였고, 그 자리에 한국식당이 입점한 곳도 있다. 이러한 현상은 신오쿠보의 지역적 특수성 때문에 기인한 것으로 볼 수 있는데, 이 지역을 방문하는 일본인들 대부분은 한국 음식을 먹고 한류의 분위기를 느끼기 위한 목적으로 찾아오기 때문에 다른 곳에서도 먹을 수 있는 일본 음식이나 상품을 구매하지 않는 것이다.

이러한 지역의 변화에 대응하여 일본인 상가의 자구책이 지역 내에서도 요구되고 있으나 대응은 아직 매우 미비한 실정이다. 한국인 관광객들이나 외국인을 대상으로 한글 또는 영어 메뉴를 준비하는 등 지역의 변화에 따른 새로운 영업 전략이 없는 것이다. 한인회 산하의 〈신주쿠 한인 발전위원회(이하 신발위)〉 관계자에 따르면, 이 지역의 상인회 조합원 중에 일본인 수는 감소하고 있으나 한국인은 증가하고 있는 추세이며, 현재 상인회에 소속된 일본인과 한국인 비율은 7:3 정도이다.

이 지역 한국 상인들은 지금의 신오쿠보는 한류가 만들었다고 입을 모은다. 때문에 그들은 한류가 한때의 붐이 아니라 한국문화가 일본 사회에 정착되어 지속되는 것이 관건인데, 이를 주도할 구심점이 필요하다는 의견을 많이 제시하였다. 한국영사관, 문화원, 한인회, 지역주민 등으로 구성된 복합체를 중심으로 신오쿠보를 일본문화와 한국문화가 융합될 수 있는 거리로 조성하거나 일회성 이벤트로 개최되는 한류스타들의 각종 이벤트들이 장기적인 안목을 가지고 체계적이며 지속적인 이벤트가 진행되는 것이 바람직하다고 보는 것이다. 그러나 이를 위해서는 현실적으로 극복해야할 문제도 많다. 기본적으로 신오쿠보 지역주민들의 동의와 지자체의 지원도 필요하겠지만, 일부 일본 우익단체는 지금도 신오쿠보에서 한국인은 돌아가라고 시위를 할 정도로 일본사회에서 한류나 한국인을 부정적으로 바라보는 시선들도 존재하는 것이 현실이다.

신오쿠보의 한인상권에는 이러한 외부적인 문제점뿐만 아니라 한인상권 내부의 문제도 존재한다. 한류가 지속되면서 한류스타나 한국 관련 기념품을 판매하는 한류샵들이 최근 급증하고 있다. 그러나 주변 상인들의 말에 의하면, 이곳에서 판매되는 한류 기념품 상당수가 중국이나 동남아시아에서 제조된 불법상품이라고 한다. 이 때문에 한류나 한국에 대한 이미지가 저하될 것을 우려하고 있다. 또한 각종 한국식당이 200개에 이르면서 과열경쟁으로 인해 가격인하가 이루어지고 있는데, 그로 인해 한국 음식과 문화의 품격이 저하되는 것을 우려하는 사람들이 많다. 실제로 이러한 과열경쟁으로 인해 일부 한인상가들이 상도덕을 경시하면서 한인상가들 간의 갈등도 빚어지고 있다. 따라서 신오쿠보 한인상권은 양적인 성장보다 질적인 개선과 성장을 고민해야 할 단계에 이르고 있는 것이다.

요컨대, 과거 신오쿠보 지구는 슬럼이나 다름없는 낙후된 지역이 었으나, 한류라는 외부요인에 의해 기존의 한인상권이 급속히 성장하면서 지역사회가 변화하였음은 부인할 수 없는 사실이다. 한류가 지역성의 변화에만 영향을 미친 것이 아니라, 지역의 구성원들 간의 관계에도 영향을 미치고 있다. 즉 한인들과 일본인들은 더 이상 사회의 비주류계층과 주류계층의 관계에서 머물지 않고, 이 지역의 한인상권에서 한인들은 '한류'의 판매자이고, 일본인들은 그것의 소비자라는 관계가 새롭게 형성되고 있는 것이다. 그러나 한류로 인해 신오쿠보가 관광지화 또는 한류의 메카로 변화할수록 에스닉 커뮤니티로서의 신오쿠보 지구는 그 정체성이 모호해지는 양면성을 지니고 있다. 재일 한인들의 공동체가 존재하는 삶의 터전으로서의 신오쿠보가 아니라, 한류라는 상품을 판매할 수 있는 비즈니스의 장으로 변화되고 있는 것이다.

4. 다문화공생과 한인 커뮤니티

일본 사회는 한국 사회만큼이나 단일민족사관이 뿌리 깊은 사회였으나, 1990년대 이후 이러한 인식에 다소 변화가 나타나고 있다. 1980년대 후반부터 외국인 노동자가 대거 유입되고, 국제화·세계화가 시대적 흐름으로 인식되면서 사회의 다양성이 강조되었다. 이로 인해 '다민족 공생', '소수자와의 공생' 등이 주요 키워드로 등장하였다. 공생은 인종, 민족, 성별 등 서로 다른 특성의 사람들이 가지고 있는 각자의 가치관이나 생활양식인 '문화'의 이질성을 존중하면서 공존하는 '차이의 존중과 인정'을 주요 주제로 삼고 있다. 이는 미국의 '다문화주의'와 연결되어 '다문화 공생'이라는 형태로 일본 사회에서 확산되었다.[12]

일본 총무성은 2006년 『다문화공생의 추진에 관한 연구회 보고서』에서 지역의 다문화 공생을 "국적이나 민족 등이 다른 사람들이 문화적 차이를 서로 인정하고, 대등한 관계를 구축하고자 지역사회의 구성원으로서 함께 살아가는 것"이라고 정의하고, 지방자치제가 다문화 공생의 추진과제로 '커뮤니케이션 지원', '생활 지원', '다문화 공생 지역 만들기' 등을 제시한 바 있다. 또한 다문화 공생을 추진하기 위해서는 외국인 주민에 대한 정책뿐만 아니라, 일본인 주민의 다문화 공생에 관한 의식개발이 중요하다고 설명하고 있다.

2011년 기준, 도쿄에서 외국인이 가장 많은 신주쿠구의 외국인등록자 수는 약 3만 5천명으로 이 중 한국인 수가 약 1만 4천명으로 약 40%를 차지한다. 신주쿠구에서도 외국인이 가장 많이 거주하는 곳이 오쿠보이다. 오쿠보 1쵸메와 2쵸메 인구의 약 63%가 외국인이며, 햐쿠닌쵸 1쵸메의 경우 50%가 외국인인데, 이들 지역에 거주하는 외국인은 6,500여명에 이른다.[13] 신오쿠보 지구의 경우 지역 주민의 과반수 이상이 외국인이며, 수치상으로는 이 지역에서 만큼은 더 이상 외

---

12) 김태영,『저항과 극복의 갈림길에서 재일동포의 정체성, 그 역사와 현재 그리고 미래』, 강석진 옮김, 지식산업사, 2005, 73쪽.
13) 新宿區 地域調整課, 新宿区の人口統計, http://www.city.shinjuku.lg.jp/kusei/index02_101.htm (2011년 3월 5일 접속).

국인이 일본사회의 소수자가 아님을 보여준다. 외형적으로는 신오쿠보 지구가 이미 다민족사회로 접어들었음을 알 수 있다.

신주쿠구는 전체 인구의 약 12%가 외국인이며, 이로 인해 신주쿠구는 일본에서도 가장 먼저 외국인 주민에 대한 정책이 개발되고 시행되었다. 2003년에 일본에서 최초로 신주쿠에 설립된 다문화공생플라자는 일본어 교육, 교류의 장, 자원봉사, 일본인 친구 소개, 자국어로 대응하는 각종 상담 창구 개설, 외국인의 민원 해결, 외국 요리, 문화 체험마당 등의 프로그램을 운영하고 있다. 이곳은 신주쿠에 거주하는 외국인뿐만 아니라 도쿄 다른 지역의 외국인들도 많이 이용하고 있으며, 주로 일본에 도일한지 얼마되지 않은 사람들이 이용하고 있다. 그러나 이러한 다문화공생플라자에 대한 회의적 시각도 많다. 예컨대, 지역사회와 연계가 되지 않으며, 지역공동체와도 교류가 부족하고, 개인적 차원으로 접근하고 있는데 이 시설에 대해서 알고 있는 지역 주민이나 외국인은 소수에 불과한 점 등을 그 이유로 들 수 있다.

한편, 지역주민들과의 공생을 위한 한인들의 노력으로 2009년 발족한 한인회 산하의 신발위는 신주쿠구청과 함께 신오쿠보 지구에서 다문화공생사업을 추진하고 있다. 출범한지 이제 1년여 정도라 30여 명 정도가 활동을 하고 있을 뿐이나, 신발위의 활동내용을 살펴보면, 한인커뮤니티가 지역 사회의 한 구성원으로 자리매김되어, 지역 주민들과 '공생'할 수 있는 가능성을 엿볼 수 있다. 신발위는 한인회에서 대응하기 어려운 지역적 문제를 해결하기 위해 조직되었는데, 일본 주민들의 지역자치모임인 쵸카이(町会)의 형태를 지향하고 있다. 쵸카이는 일본인들만의 조직으로 지역의 외국인은 배제되어 있기 때문에 외국인 주민들에게 지역의 정보를 전달하는데 어려움이 있다. 신발위는 지역의 각종 단체와 교류하며 지역주민과 한인들 간의 연결고리 역할을 하고 있는데, 구체적인 활동내용은 아래와 같다.

① 지역 축제 참가 : 지역 구성원으로서 주체적으로 지역주민들과 함께 행사를 기획·준비
② 신주쿠 다문화 공생플라자 운영참여 : 신주쿠구청, 지역 단체장, 외국인 단체들과 함께 신주쿠에서의 다문화 공생을 위한 활동 및 회의 등에 참여
③ 한글전용 게시판 설치 : 일본 최초로 신주쿠에 거주하는 약 18,000여명의 한국인에 대한 계몽, 홍보, 행사안내 및 지역주민들과의 커뮤니티 형성을 위해 오쿠보에 2개소 설치
④ 지역 미화운동 : 한국인과 일본인들이 한인타운 일대에서 매월 1회 지역 미화 및 계몽운동 실시
⑤ 패트롤 순찰 : 한인타운 일대의 불법 쓰레기 투기 및 불법 주차 단속 등 지역방범활동의 자체적 전개
⑥ 한인상가 계몽운동 : 쓰레기 처리 문제, 주류의 적정한 판매 및 관리, 입간판 설치문제, 자전거 방치, 범죄 예방 활동 등 지역주민들과 갈등을 빚고 있는 사안이나 문제의 소지가 있는 것들을 중심으로 한인상가에 대한 계몽운동 실시

〈사진 3〉 일본 최초로 오쿠보에 설치된 한글전용 게시판

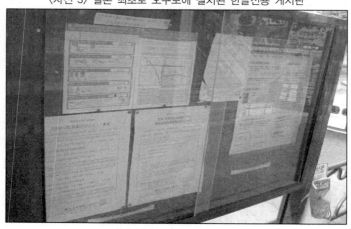

신발위는 한인타운의 활성화와 함께 다문화 공생을 위해 한인커뮤니티의 구심점 역할을 하고, 이러한 구체적인 실천들이 한인들과 지역 주민들이 서로를 같은 공간에서 함께 살아가는 이웃으로 인정하고 '공생'할 수 있는 계기가 될 수 있도록 노력하고 있다.

지역의 유지들을 중심으로 구성된 오쿠보의 쵸카이는 보수적 경향의 고령자가 중심인데, 과거에는 한국에 대한 이해가 부족하였다. 1990년대 이전까지 신오쿠보의 외국인들은 대부분 사회적·경제적 약자의 입장에 놓여져 있었다. 매춘이나 하위계층의 직업군에 종사하면서 악질적인 사업자나 폭력단과 연루되거나 비자 기간만료나 불법 취업 등으로 인해 노동여건이 더욱 열악한 곳으로 취업하는 악순환이 지속되면서 이웃과의 교류라든지 사회 참여는 생각하기 어려운 실정이었다. 그러나 최근 그 상황이 변했다. 신발위를 중심으로 지역의 한

인들과 유대관계를 중시하면서 지역의 여러 문제들에 대해서 지역의 구성원으로서 함께 대응하기 위한 노력이 이루어지고 있다. 아직 그 수준은 미비하지만, 신오쿠보의 한인들과 일본 주민들간의 교류가 이루어지기 시작하였고, 재일 한인들에 대한 주민들의 인식도 차츰 변화하고 있다.

신발위의 활동내용에서도 알 수 있듯이 무엇보다 현실적인 지역문제가 존재하고 있으며, 일본인들과 외국인 주민들 간의 마찰도 나타나고 있다. 한인들과 일본인 지역주민들 간의 의식차이와 치안문제가 주된 원인이다. 일본의 관습이나 법률을 잘 모르고 한국의 방식대로 상가를 운영하면서 여러 가지 문제가 발생되고 있다. 예컨대, 심야까지 영업하는 한인식당들이 많아지면서 늦은 시간에도 취객들이 많아 이를 불안하게 여기는 주민들이 많다. 또한 일본에 오래 살지 않은 사람이 많아 자신의 마을이라는 주인의식이 희박하고, 일본의 생활규칙이 잘 지켜지지 않아 주민들 간 마찰이 발생하는 것이다. 한인들 사이에도 세대차이나 도일기간에 따른 시각의 차이로 인해 갈등이 생기기도 하며, 과열경쟁으로 인해 한인상가 간의 갈등도 증가하고 있다. 한류로 인해 한인상권이 성장하며 이 지역 내에서 한인들과 일본인들 간 생활공간의 경계가 허물어질수록 새로운 문제가 부각되는 측면도 존재하는 것이다.

일부 한인들을 중심으로 신오쿠보 지구를 코리아타운으로 지정하기 위해 노력했다가 실패한 사례에서도 드러나듯이, 신오쿠보를 바라보는 다양한 시각이 존재한다. 현지 조사에서 '코리아타운'이라는 표현에 신오쿠보 지역사회를 구성하는 일본인, 한인, 다른 외국인들 상당수가 거부감을 가지고 있음을 확인할 수 있었다. 신오쿠보가 한인만의 사회로 변하는 것은 공존과 공생에 반하는 것이며, 여러 국적 출신의 지역주민이 새로운 국제적 공동체를 형성해야 한다는 의견이 지배적이었다. 특정 국가 중심의 폐쇄적 공동체로 비춰지는 것을 경계하고 있는 것이다. 이는 신오쿠보가 단순히 특정 민족이 중심이 되는 에스닉 커뮤니티가 아니며, 다양한 국적, 문화, 가치관, 종교 등이 공존하는 다민족사회임을 지역 구성원들이 인식하고 있음을 보여준다.

5. 한류와 한인상권

이 연구는 도쿄 신오쿠보 지구의 한인 커뮤니터의 성장과정과 그로 인해 나타나는 신오쿠보 지역사회의 변화상을 살펴보았다. 그리고 그 과정에서 나타나는 한인 커뮤니티와 지역 사회의 관계에 대해서 고찰하였다. 신오쿠보 지구의 현재의 모습은 이곳을 배경으로 살아가는 외국인과 일본인 주민들뿐 아니라 다양한 외부 요인의 존재에 의해 형성되고 성장한 것이다. 에스닉 커뮤니티는 일반적으로 주류 사회와의 이질성으로 인해 격리되거나 슬럼화 되는 경향이 나타나는 반면, 신오쿠보 지구의 경우는 에스닉의 이질성이 오히려 지역 성장을 견인하고 있고, 한인 커뮤니티는 지역 사회의 중심축으로 성장하고 있다. 그러나 한류를 단순한 비즈니스의 기회로만 여기고 경제적 이익에만 몰두하여 한인상권의 양적인 성장에만 치중하는 것은 자칫 재일 한인사회의 구심점으로서의 기능과 역할을 상실케 하여 한때 유행했던 관광지로 전락하게 하여 또다시 슬럼화를 초래할 수 있다.

신오쿠보 지구는 에스닉 커뮤니티로 그 뿌리를 내렸으나, 한류와 같은 외부요인에 의해 이 지역의 한인상권은 크게 성장하였고, 지역경제를 활성화시키는 원동력이 되고 있다. 외형적인 성장뿐만 아니라 한인상권의 내부에도 많은 구조적 변화를 겪게 되는데, 에스닉 비즈니스보다는 한류와 관련된 일부 업종에 성장이 집중되는 경향을 나타내고 있다. 이러한 현상은 초기에는 폐쇄적인 에스닉 커뮤니티를 개방시키고, 주류 사회로 편입시키는 효과가 있었다. 그러나 점차 한인상권의 주 고객층이 재일 한인에서 일본인으로 변화하면서 과거 한인커뮤니티의 거점 역할을 했던 한인 상가들이 한류로 인해 오히려 그러한 기능이 약화되는 현상까지 나타날 가능성이 제기된다. 신오쿠보의 한인상권은 재일 한인들을 위한 에스닉 비즈니스 중심에서 한류 또는 한국음식을 키워드로 하는 관광지로서의 기능이 강화되고 있기 때문이다.

이러한 한인상권의 변화는 신오쿠보의 지역성에까지 영향을 미치고 있다. 신오쿠보는 과거 슬럼가의 이미지를 벗고 일본 내에서 대표적인 한류의 중심지로 탈바꿈되면서 지역의 이미지가 개선되는 긍정적 측면이 나타났다. 그러나 한인상권이 성장할수록 지역 내에서 일본인 주민들과의 갈등이 심화되고, 일본인이 운영하는 상점들이 지속적으로 감소하는 문제와 한인상가들 간의 과열경쟁으로 인한 부작용도 나타나고 있다. 그로 인해 이 지역이 '코리아타운화'되는 것을 경계하는 목소리도 높다. 이 문제는 단순히 한인들과 일본인 주민들간의 관계뿐만 아니라, 이 지역의 다른 외국인 주민들과의 '공생'관계에도 영향을 미치기 때문이다.

　신오쿠보의 사례는 일본에서도 흔히 볼 수 있는 경우는 아니다. 그러나 신오쿠보의 한인 커뮤니티는 많은 시사점을 보여주고 있으며, 그만큼 많은 새로운 과제를 제시하고 있다. 에스닉 커뮤니티가 지역사회를 구성하는 하나의 요소에 그치지 않고 지역사회 그 자체를 변화시키고 이끌어갈 수 있는 주체가 될 수 있음을 신오쿠보의 사례에서 확인할 수 있었다. 또한 에스닉 커뮤니티의 성장 배경이 외부로부터 기인하고 그것이 지역의 변화를 초래할 때에는 자칫 에스닉 커뮤니티뿐만 아니라 지역사회의 정체성까지 영향을 미칠 수 있으며, 이는 지역 주민의 삶에 직접적인 영향을 미칠 수도 있음을 알 수 있었다. 일본사회에서 다문화공생정책의 실효성에 대해서 의문을 제기하는 의견도 많으나, 일본인들이 재일 외국인들을 자신과 함께 살아가는 지역 주민으로 인식하고 받아들이는 데에는 분명 시간과 인내가 필요한 일이다. 외국인 주민을 위한 다양한 정책과 노력은 공생을 위한 계기를 마련하는 것이지 단기간에 결과를 이끌어낼 수 있는 해결책은 아닐 것이다.

권상철, 「미국 대도시지역 동양계 동족경제의 특성에 관한 연구 : 뉴욕과 로
　　　 스앤젤레스의 비교」, 『지리·환경교육』, 8권 1호(1998).

김태영, 『저항과 극복의 갈림길에서 재일동포의 정체성, 그 역사와 현재 그
　　　 리고 미래』, 강석진 옮김, 지식산업사, 2005).

김현숙, 「도오쿄오 오오쿠보의 한국인과 관련 상업시설 집중 메커니즘 및 그
　　　 영향에 관한 연구」, 『대한국토·도시계획학회지』, 38권 1호, 2003).

박　일, 『재일한국인 : 차이와 평등의 딜레마』, 전성곤 옮김(범우, 2005).

박세훈 외, 『다문화사회에 대응하는 도시정책 연구(국토연구원, 2009).

사토 아키히토, 「도쿄 오쿠보(大久保) 외국인 집주지구 형성과 '다문화 병생'
　　　 에 관한 연구 : 한국인 커뮤니티를 중심으로」, 서울대학교 석사학위
　　　 논문(2008).

윤인진, 『코리안 디아스포라』, (고려대학교 출판부, 2004).

임채완·장윤수 최영관 이진영·최영표· 김재기, 『재외한인 집거지역 사회 경
　　　 제』, (집문당, 2005).

조현미, 「일본의 외국인 주민에 대한 지역별 시책비교 : 가나가와현을 사례로」,
　　　 『한국지역지리학회지』, 10권 3호(2004).

＿＿＿, 「외국인 밀집지역에서의 에스닉 커뮤니티의 형성 : 대구시 달서구를
　　　 사례로」, 『한국지역지리학회지』, 12권 5호(2005).

＿＿＿, 「일본의 '다문화공생' 정책을 사례로 본 사회통합정책의 과제」, 『한
　　　 국지역지리학회지』, 15권 4호(2009).

최석신· 임채완 백형엽· 조성도· 이석인, 『재일코리안사회의 경제환경』, (집문
　　　 당, 2005).

山下青海, 「民族集団のすみわけに関する都市社会地理学的研究の展望」,
　　　 『人文地理』, 36권 4호(1984).

山下青海· 秋田大学地理学研究室学生, 「横浜中華と大久保エスニックタ
　　　 ウン―日本における 2 つのエスニックタウン―」, 『秋大地理』, 44
　　　 권(1997).

新宿區 地域調整課, 新宿区の人口統計,
　　　 http://www.city.shinjuku.lg.jp/kusei/index02_101.htm (2011년 3월 5일 접속).

川村千恵子, 『他民族共生の街·新宿の底力』, (東京 : 明石書店, 1998).

広田康生, 『エスニシティと都市』(東京 : 有信堂, 2003).

稲葉佳子, 『オオクボ都市の力—多文化空間のダイナミズム』(京都 : 学芸
　　　出版社, 2008).

東京都 総務局 統計部, 外国人登録人口,
　　　http://www.toukei.metro.tokyo.jp/gaikoku/2011/ga11010000.htm
　　　(2011년 3월 5일 접속).

法務省, 登録外国人統計統計表,
　　　http://www.moj.go.jp/housei/toukei/toukei_ichiran_touroku.html
　　　(2011년 3월 5일 접속).

한영혜

현재 서울대학교 국제대학원 교수로 재직하고 있으며, 2006년10월부터 2012년8월까지 서울대학교 일본연구소 소장을 역임했다. 서울대학교 영어교육과에서 학사, 동대학 사회학과에서 석사 학위를 받았으며, 쓰쿠바대학에서 사회학 박사학위를 취득하였다. 한신대학교 교수를 역임했고, 방문교수로서 미시건대학, 스탠포드대학, 도쿄대학 등에서 연구활동을 하였다. 주된 연구 분야는 현대일본의 시민운동, 에스닉 마이너리티, 사회적 관념의 형성 등이며, 「현대일본 시민운동에서 '생활'의 의미」(2011), 「在韓在日朝鮮人」: 在日朝鮮人と本国の新しい関係」(2011), 「두 개의 어린이날: 선택된 이야기와 묻혀진 이야기」(2005) 『다문화사회 일본과 정체성 정치』(공저, 2010) 『일본의 지역사회와 시민운동』(2004), 『일본사회개설』(2001) 외 다수의 논문과 저서가 있다.

임채성

서울대학교 일본연구소 HK교수. 동경대학대학원 경제학연구과 박사(2002). 귀국후 현대경제연구원 연구위원, 대통령자문정책기획위원회 전문위원, 배재대학교 일본학과 조교수를 거쳐, 2010년부터 서울대학교 일본연구소 조교수로 재직 중이다. 주된 관심분야는 동아시아의 전시경제의 전개와 인프라스트럭쳐의 형성과 성장 등에 관한 연구이며, 최근에는 한중일 3국에 관한 철도부문의 노사관계, 노동위생, 임금구조에 주목하여 분석을 진행하고 있다. 주요업적은 『戦時経済と鉄道運営 「植民地」朝鮮から「分断」韓国への歴史的経路を探る』(東京大学出版会, 2005年), 「戦時期華北交通の人的運用の展開」(『経営史学 』2007) 등이다.

김은혜

서울대 사회학과 박사(2013). 도쿄대학 사회과학연구소에서 객원연구원을 지냈으며(2011), 일한문화교류기금 초청펠로십(2007)으로 히토쓰바시대학 사회학연구과(2008)에서 1년간 연구했다. 관심분야는 도시·문화·일본사회학으로, 「성장연합과 경관을 통해 본 도쿄 임해부도심 개발: 1980-2000년대」라는 제목으로 박사학위를 취득하였다. 현재 '개발주의와 TV: 한일의 댐 영상을 중심으로'라는 비교연구 프로젝트를 실행 중에 있으며, 주요 논문으로는 「도쿄 도시레짐과 에다가와조선학교의 역사」(2012)가 있다.

조아라

서울대학교 일본연구소 HK연구교수. 서울대학교 지리학과박사(2007). 리쓰메이칸(立命館) 대학에서 객원연구원을 지냈으며, 서울시정개발연구원에서 문화정책을 연구하였다. 관광정책과 문화정치, 도시정책, 일본지역연구 등 분야에 관심을 가지고 연구하고 있다. 주요 업적으로는 「일본 전통경관의 생산과 변화」(2011), 「일본 행정구역 개편의 공간특성과 유형」(2010) 등 수편의 학술논문과 『관광으로 읽는 홋카이도 : 관광산업과 문화정치』(2011), 『다문화사회 일본과 정체성 정치』(2010, 공저) 등의 저서, 『관광목적지 브랜딩』(2007, 공역) 등의 역서가 있다.

정영훈

헌법재판소 책임연구관. 일본 교토대학 법학연구과에서 법학 박사(2008). 교토대학 법학연구과 조교, 서울대학교 일본연구소 HK연구교수 역임. 주요업적으로는 「취업규칙 불이익변경방법에 관한 일고찰」(『노동법학』, 2009), 「근로관계 종료후의 경업금지의무에 관한 고찰 - 독일과 일본의 논의를 중심으로-」(『노동법학』, 2009), 「ドイツにおける勞動關係終了後の競業避止契約の法的規制の歷史的展開(一), (二), (三)」(『法學論叢』, 2009) 등이 있으며, 주요연구대상은 일본의 노사관계법, 비정규직근로자법, 근로계약법이다.

김영

부산대학교 사회학과 조교수. 서울대학교 사회학 박사(2004). 1990년대 후반부터 행위자의 전략적 행위와 구조의 상호작용에 초점을 맞추어 일본의 유통업 파트타임 노동에 대한 조사연구를 수행해왔다. 최근에는 한국과 일본의 비정규 노동시장 및 청년층의 고용상황에 관한 비교연구를 진행중이다. 『젠더연구의 방법과 사회분석』(2006, 공저), 『세계화와 아시아 여성』(2007, 공저) 등의 저서와 『현대 일본의 생활보장체계』(2009), 『여성 노동 가족』(2008, 공역) 등의 역서를 비롯해 일본의 파트타임 노동에 관해 다수의 논문을 발표했다. 기업의 인사제도개정 배경을 분석한 논문(Personal Management Reforms in Japanese Supermarkets)으로 동경대학 사회과학연구소와 옥스포드대학 출판부로부터 우수논문상(ISS/OUP Prize)를 수상(2009)한 바 있다.

이종구

성공회대학교 사회과학부 교수. 동경대학교에서 사회학 박사(1991). 한국사회학회 이사, 한국산업사회학회 회장, 한국산업노동학회 회장을 역임하였다. 저서로는 『1950년대 한국 노동자의 생활세계』(2010, 공저), 『人文社会科学研究とオラールヒストリー』(2009, 공저) 가 있다. 논문은 「시사교양프로그램 외주제작 구조와 노동통제 방식의 변화」(2010), 「韓国の労働史研究とオーラル ヒストリー」(2007) 등이 있다.

박정진

서울대학교 일본연구소 HK연구교수(2013년 일본 쓰다주쿠(津田塾)대학 조교수 임용 예정). 동경대 대학원 총합문화연구과 국제관계학 전공 박사(2009). 고려대아세아문제연구소 연구원, 동경대 총합문화연구과 특임연구원등을 지냈다. 일본 및 북한의 정치외교, 현대 북일관계사를 주제로 한반도와 일본의 관계라는 차원에서 연구 활동을 해왔다. 지은 책으로는 『冷戦期日朝関係の形成』(저서, 2011) 『帰国問題は何だったのか : 封印された日朝関係史』(편저, 2005),

『의제로 본 한일회담』(공저, 2010)가 있으며, 옮긴 책으로는『일본 전후 정치사
: 일본 보수정치의 기원과 전개』(2006), 『북한의 군사공업화』(공저, 2009)가 있
다.

서동주

서울대학교 일본연구소 HK연구교수. 쓰쿠바대학에서 문예언어 문학박사
(2007).『전후 일본의 사상공간』(2010)의 저서와『テクストたちの旅程 : 移動と
変容の中の文学』(공저), 『근대가족의 성립과 종언』(공역) 등이 있다. 최근 논문
으로는「지배의 역설 광기의 식민지 : 나카지마 아쓰시 '순사가 있는 풍경'에서
의 제국·천황·타자」(2011),「帝国の「脱歴史」を越えて : 1930年代後半徐寅植
の歴史哲学と「可能性」としての歴史 」(2010)이 있다.

이호상

서울대학교 일본연구소 HK연구교수. 일본 쓰쿠바대학에서 인문지리학 박사
(2008). 서울대 일본연구소에서 박사후 연수연구원을 지냈으며, 고려대, 상명대,
경일대 등에서 강사로 근무한 바 있다. 도시지리학, 교통지리학, 지역지리학, 지
도학, GIS 등의 분야에서 '朝鮮末 日帝 參謀本部 장교의 한반도 정찰과 지도제
작', '라틴아메리카의 국제항공네트워크 성장과 공간적 상호작용의 변화', '都市
システムからみた九十九里地域における茂原市の中心性とその変容', 'The
networkability of cities in the international air passenger flows 1992-2004' 등 다수
의 저서 및 논문을 국내외에 발표하였다.

통계로 보는 수도권

※ 자료 : 『통계로 보는 도도부현의 모습2011(統計でみる都道府県のすがた2011)』
(統計局, 平成 23年 3月 刊行) http://www.stat.go.jp/data/ssds/5a.htm

A. 인구·세대	총인구 (전국총인구대비)		유소년인구비율 (총인구대비 15세미만인구)		노년인구비율 (총인구대비 65세이상)		생산연령인구비율 (총인구대비 15~64세)		합계특수출생율		주야간인구비율 (연명미확인 제외)		외국인인구 (인구10만명당)		사회증가율 (전입자수-전출자수/총인구)		일반세대수		일반세대평균인원	
단위	만명(%)		%		%		%		－		%		명		%		만세대(%)		명	
연도	2009		2009		2009		2009		2009		2005		2005		2009		2005		2005	
	지표치	순위	지표치	순위	지표치	순위	지표치	순위	지표치	순위	지표치	순위	지표치	순위	지표치	순위	지표치	순위	지표치	순위
전국	12,751 (100)		13.3		22.7		63.9		1.37		100		1,217.40		...		4,906 (100.0)		2.55	
도쿄도	1,287 (10.09)	1	11.9	46	20.9	42	67.3	1	1.12	47	120.6	1	1,974.80	3	0.44	1	575 (11.71)	2	2.13	47
가나가와현	894 (7.01)	2	13.4	25	20	45	66.6	2	1.28	39	90.3	44	1,312.80	14	0.24	4	355 (7.24)	3	2.43	41
사이타마현	713 (5.59)	5	13.6	18	20	44	66.4	3	1.28	39	87.5	47	1,134.60	18	0.25	3	263 (5.36)	5	2.64	27
치바현	614 (4.81)	6	13.3	28	21	41	65.7	4	1.31	35	88.5	46	1,207.20	17	0.35	2	230 (4.70)	77	2.58	33

B. 자연환경*	총면적 (전국총면적대비)		산림면적비율 (총면적대비)		자연공원면적비율 (총면적대비)		주거가능지역면적비율 (총면적대비)		연평균기온		최고기온 (일최고기온의월평균최고치)		최저기온 (일최저기온의월평균최고치)		연평균상대습도		일조시간 (연간)		강수량 (연간)	
단위	100km²(%)		%		%		%		°C		°C		°C		%		시간		mm	
연도	2009		2000		2009		2009		2008		2008		2008		2008		2008		2008	
	지표치	순위	지표치	순위	지표치	순위	지표치	순위	지표치	순위	지표치	순위	지표치	순위	지표치	순위	지표치	순위	지표치	순위
전국	3779.47(100)		65.7		14.5		32.6		...		...		...		...				...	
도쿄도	21.88(0.59)	45	35.9	43	36.5	2	63.8	5	16.4	18	30.9	35	1.9	40	60	47	1,858	30	1,858	11
가나가와현	24.16(0.65)	43	39.3	42	22.8	10	60.4	6	16.1	23	30.6	37	1.7	37	65	35	1,957	24	1,919	8
사이타마현	37.97(1.02)	39	32.4	44	32.8	4	67.6	3	15.4	27	32.2	20	-1.1	14	67	26	2,053	13	1,393	29
치바현	51.57(1.38)	28	31.7	45	5.5	45	67.6	2	16.1	23	31	33	1.5	36	68	24	1,873	29	1,639	18

* 자연환경은 북방지역 및 독도 제외.

C. 경제기반	1인당 현민소득	현내 총생산액 전년증가율 대비		현민총소득 (실질)전년증가율대비		현민소득 전년증가율 대비		현민총소득 [명목] 전년증가율 대비		제2차산업사업수구성비(사업소수대비)		제3차산업 사업소수구성비(사업소수대비)		종사자1~4명 사업소비율		종사자100명 이상사업소 비율		전국물가지역차지수종합	
단위	천엔	%		%		%		%		%		%		%		%		-	
연도	2007	2007		2007		2007		2007		2006		2006		2006		2006		2007	
	지표치 순위	지표치	순위	지표치	순위	지표치	순위	지표치	순위	지표치	순위	지표치	순위	지표치	순위	지표치	순위	지표치	순위
전국	3,059	0.3		1.5		0.7		0.9		18.61		81.02		60.94		0.99		100	
도쿄도	4,540 1	0.7	16	2.1	15	0.4	26	0.8	19	15.4	41	84.55	5	56.95	47	1.48	1	108.5	1
가나가와현	3,284 4	0	23	1.9	17	1.1	18	1.3	17	16.46	33	83.38	11	57.03	46	1.25	2	104.8	2
사이타마현	2,973 15	0.1	21	0.7	29	0.6	22	0.7	23	23.65	5	76.19	42	59.54	42	0.99	10	98.7	16
치바현	3,010 11	2.7	4	3	7	3	4	3	4	16.48	32	83.2	14	58.64	44	1.02	7	99.8	7

D. 행정기반	재정력지수 [현재청]		실질수지 비율 [현재청]		지방채무재고 비율(세출결산총액대비) [현재청]		경상수지 비율 [현재청]		자주재원비율(세출결산총액대비) [현재청]		일반재원 비율(세출결산총액대비) [현재청]		투자적경비의 비율(세출결산총액대비) [현재청]		지방세비율(세입결산총액대비) [현재청]		지방교부세비율(세입결산총액대비) [현재청]		국고지출금비율(세입결산총액대비) [현재청]	
단위	-		%		%		%		%		%		%		%		%		%	
연도	2008		2008		2008		2008		2008		2008		2008		2008		2008		2008	
	지표치	순위	지표치	순위	지표치	순위	지표치	순위	지표치	순위	지표치	순위	지표치	순위	지표치	순위	지표치	순위	지표치	순위
전국	0.521		0.9		169.4		95.3		58.5		60.4		15.2		41.65		16.9		11.97	
도쿄도	1.406	1	2.2	3	85.3	47	84.1	47	91	1	77.7	1	10.7	43	74.79	1	0	47	5.71	47
가나가와현	0.963	3	0.3	36	172.9	32	97.8	10	76.2	2	71.7	2	8.2	46	69.32	2	0.96	45	10.67	41
사이타마현	0.769	6	0.5	31	194.5	16	95.8	26	62.9	6	65.3	3	10.1	45	52.53	4	11.32	41	10.54	43
치바현	0.801	5	0.5	31	158.4	40	97.8	10	65.5	10	59.9	10	10.4	44	49.65	6	8.96	43	11.42	38

E. 교육	소학교 수 (6~11세인구10만명당)		중학교 수 (12~14세인구10만명당)		고등학교 수 (15~17세인구10만명당)		유치원 수 (3~5세인구10만명당)		보육 수 (0~5세인구10만명당)		등교거부에 의한 소학교장기결석아동비율 (아동천명당)		등교거부에 의한 중학교장기결석아동비율 (아동천명당)		대학 수 (인구10만명당)		출신고교 소재지 현 대학 입학자 비율 (대학입학자수대비)		대학수용력 지수 (고졸자중대학진학자수)	
단위	교		교		교		원		소		연간30일이상(%)		연간30일이상(%)		교		%		-	
연도	2009		2009		2009		2009		2008		2008		2008		2009		2009		2009	
	지표치	순위	지표치	순위	지표치	순위	지표치	순위	지표치	순위	지표치	순위	지표치	순위	지표치	순위	지표치	순위	지표치	순위
전국	319.3		303.8		143.1		422.8		351.2		3.18		28.95		0.61		...		121.1	
도쿄도	227.1	43	259.3	39	123.7	41	370.2	33	282.5	40	3.14	25	25.68	38	1.06	2	62.4	4	237.1	2
가나가와현	183.1	47	194.6	47	93.3	47	321	41	199.3	47	4.24	7	36.32	1	0.3	44	43.6	12	159.9	3
사이타마현	208.6	46	213.4	44	94.1	46	352	41	241.5	45	2.85	30	30.07	17	0.41	32	33.2	21	124.2	9
치바현	256.1	42	237.5	43	108.4	43	384.2	31	227.9	46	2.43	37	27.09	33	0.46	28	34.6	16	120.1	10

F. 노동

F. 노동	노동력인구비율 (15세이상인구대비)[남]		노동력인구비율 (15세이상인구대비)[여]		제1차산업취업자비율 (취업자대비)		제2차산업취업자비율 (취업자대비)		제3차산업취업자비율 (취업자대비)		완전실업율 (완전실업자수/노동력인구)		고용자비율 (고용자수/취업자)		현내취업자비율 (취업자대비)		외지노동자비율 [판매농가]		취직율 (취직건수/구직자수)	
단위	%		%		%		%		%		%		%		%				%	
연도	2005		2005		2005		2005		2005		2005		2005		2005		2004		2008	
	지표치	순위	지표치	순위	지표치	순위	지표치	순위	지표치	순위	지표치	순위	지표치	순위	지표치	순위	지표치	순위	지표치	순위
전국	72.1		47.8		4.8		26.1		67.2		6		78.6		91.7		0.48		6.2	
도쿄도	67.8	47	46.5	41	0.4	47	18.7	46	77.4	1	5.6	27	78.6	15	93	37	0.07	46	4.4	47
가나가와현	73.7	14	46.7	38	1	45	23.7	34	72.1	4	5.5	30	84.1	1	76.8	44	0.06	47	4.5	46
사이타마현	74.6	7	48.3	26	2.2	44	26.8	21	68.4	12	5.7	25	82.2	2	71.5	46	0.37	17	4.8	45
치바현	72.8	21	47.1	31	3.7	38	21.7	39	72	5	5.6	28	81.9	3	72.7	45	0.44	11	4.9	44

G. 문화·스포츠

G. 문화·스포츠	공민관 수 (인구100만명당)		도서관 수 (인구100만명당)		박물관 수 (인구100만명당)		청소년교육시설수(인구100만명당)		근로청소년·부인복지시설수		상설영화관 수 (인구100만명당)		사회체육시설 수 (인구100만명당)		자원봉사활동 연간행동자율 (15세이상)		여행·행락연간행동자율 (10세이상)		해외여행 연간행동자율 (10세이상)	
단위	관		관		관		소		소		관		시설		%		%		%	
연도	2008		2008		2008		2008		2009		2008		2008		2006		2006		2006	
	지표치	순위	지표치	순위	지표치	순위	지표치	순위	지표치	순위	지표치	순위	지표치	순위	지표치	순위	지표치	순위	지표치	순위
전국	124.9		24.8		9.8		8.8		...		13.7		375.3		26		76.2		10.1	
도쿄도	6.7	47	29.9	20	8.3	35	3.7	47	0	45	25.3	4	158.7	46	22.5	45	81.7	3	17.5	1
가나가와현	19.2	46	9.3	47	5.9	43	8.2	31	1.8	42	6.5	44	174	45	24.9	35	82.1	1	15.2	2
사이타마현	71.4	39	22.1	36	3.2	47	4.1	46	-		5.2	47	232.3	43	24.2	38	80.7	5	11.4	7
치바현	50.1	43	21.7	38	6.7	39	6.5	38	3.6	31	3.9	31	261	40	24	40	78.9	7	12.4	3

H. 거주

H. 거주	자가소유비율 (거주세대주택수대비)		차가(借家)비율 (거주세대주택수대비)		민영차가비율 (거주세대주택수대비)		단독주택비율 (거주세대주택수대비)		공동주택비율 (거주세대주택수대비)		공영임대주택 집세 (1개월3.3㎡당)		민영임대주택 집세 (1개월3.3㎡당)		시가화조정구역면적비율 (도시계획구역지정면적)		주거전용지역면적비율 (도시계획구역역지정면적)		공업전용지역면적비율 (도시계획구역역지정면적)	
단위	%		%		%		%		%		円		円		%		%		%	
연도	2008		2008		2008		2008		2008		2009		2009		2008		2008		2008	
	지표치	순위	지표치	순위	지표치	순위	지표치	순위	지표치	순위	지표치	순위	지표치	순위	지표치	순위	지표치	순위	지표치	순위
전국	61.1		35.8		26.9		55.3		41.7		...		...		57.4		38.7		7.9	
도쿄도	44.6	47	49	1	37.1	2	28.4	47	69.6	1	3,532	1	9,031	1	20.9	34	58	2	1.2	46
가나가와현	57.2	43	37.6	8	29.6	2	41.4	45	56.1	2	3,277	2	6,672	2	39.8	18	50.4	3	7	25
사이타마현	65.3	32	31.8	21	25	16	55.8	38	42.6	9	2,643	4	5,860	3	59.9	6	42.3	12	4.7	35
치바현	64.4	34	31.6	22	23		54.3	39	43.6	8	2,844	3	4,710	6	57.2	19	46.9	7	10.1	11

I. 건강의료

	일반진료소수 (인구10만명당)		일반병원수 (인구10만명당)		일반병원 상근의사 수 (100병상당)		구급고시병원·일반진료소수 (인구10만명당)		구급차 수 (인구10만명당)		연간구급 출장건수 (인구1천명당)		약국 수 (인구10만명당)		약국 수 (거주면적10만km²당)		의약품판매업 수 (인구10만명당)		의약품판매업 수 (거주면적100km²당)	
단위	소		시설		명		시설		대		건		소		소		소		소	
연도	2008		2008		2008		2008		2009		2008		2008		2008		2008		2008	
	지표치	순위	지표치	순위	지표치	순위	지표치	순위	지표치	순위	지표치	순위	지표치	순위	지표치	순위	지표치	순위	지표치	순위
전국	77.6		6		10.7		3.4		4.7		39.9		41.7		43.9		38.8		40.8	
도쿄도	97.9	5	4.6	40	16.2	1	2.6	42	2.5	47	51.5	2	46.1	14	423.8	1	36.5	40	335.6	1
가나가와현	70.4	35	3.4	47	14.4	2	2	46	3	46	41	9	37.8	36	230.8	3	22.1	47	134.7	3
사이타마현	55.7	47	4.3	41	10.1	22	2.7	39	3.5	42	36.7	24	33.7	45	93.5	6	28.3	44	78.6	6
치바현	59.5	44	4.1	43	11.2	8	2.4	44	4.1	39	40.7	10	35.6	40	62.5	10	23.8	46	41.9	20

J. 복지·사회보장

	생활보호피보호실인원 (인구1천명당)		생활보호교육부조인원 (인구1천명당)		생활보호의료부조인원 (인구1천명당)		생활보호주택부조인원 (인구1천명당)		생활보호개호부조인원 (인구1천명당)		생활보호피보호고령자수 (65세인구1천명당)		신분장해자수장교부수 (인구1천명당)		보호시설수 (생활보호피보호실인원10만명당)		개호로인복지시설수 (65세이상인구10만명당)		고용보험수급비율 (대피보험자수)	
단위	명		명		명		명		명		명		명		소		소		%	
연도	2008		2008		2008		2008		2008		2008		2008		2008		2008		2008	
	지표치	순위	지표치	순위	지표치	순위	지표치	순위	지표치	순위	지표치	순위	지표치	순위	지표치	순위	지표치	순위	지표치	순위
전국	12.47		1.06		10.04		10.22		1.53		22.8		39.4		18.8		21.3		1.6	
도쿄도	16.18	9	1.06	14	13.04	10	13.88	7	1.87	13	34.6	6	34.2	37	18.3	31	14.5	47	0.6	47
가나가와현	12.38	15	1.18	11	10.26	15	11.05	11	1.29	21	24.8	13	27	46	10.9	40	15	45	1.9	34
사이타마현	8	29	0.74	21	6.02	30	6.75	26	0.88	32	15.5	25	27	45	10.5	41	17.9	43	2.2	20
치바현	8.72	27	0.69	23	6.4	29	7.01	24	0.88	33	16.4	23	26.6	47	11.2	39	16.9	44	2.3	19

K. 안전

	소방서 수 (거주면적100km²당)		소방단·분단수 (거주면적10만km²당)		소방펌프자동차 등 보유수 (인구10만명당)		소방사수 (인구10만명당)		화재발생건수 (인구10만명당)		교통사고발생건수 (도로실연장1천km당)		경찰서등파출소·주재소수 (거주면적100km²당)		경찰관수 (인구1천명당)		재해피해액 (인구1명당)		공해불만건수 (인구10만명당)	
단위	서		단		대		명		건		건		소		명		엔		건	
연도	2009		2009		2009		2009		2008		2008		2009		2009		2009		2008	
	지표치	순위	지표치	순위	지표치	순위	지표치	순위	지표치	순위	지표치	순위	지표치	순위	지표치	순위	지표치	순위	지표치	순위
전국	4.7		20.9		73.6		122.9		41		640.5		11.8		1.98		2,046		46.8	
도쿄도	21.8	1	58.4	1	28.2	46	144.6	9	45.4	13	2,571.30	2	87.3	1	3.39	1	2	47	46.8	22
가나가와현	19.8	3	40.4	6	30.4	44	104.3	44	30.8	43	1,787.20	3	47.6	3	1.7	28	70	40	37.3	37
사이타마현	9.1	5	26.3	16	27.9	47	113.1	38	37	36	879.5	10	16.1	12	1.56	47	24	43	60.7	7
치바현	6.8	9	25.8	21	50.3	40	125	23	39.8	32	692.8	14	15	14	1.84	18	140	38	46	24

L. 가계	실수입		세대주 수입		소비지출 (1세대당 1개월간)		식료품비 비율		주거비 비율		보건의료비 비율(소비지출대비)		교육비 비율		현 저축재고		현 부채재고		주택·토지를 위한부채비율	
	(1세대당 1개월간)		(1세대당 1개월간)		[2인이상 세대]		(소비지출 대비)		(소비지출 대비)		[2인이상 세대]		(소비지출 대비)		(1세대당)		(1세대당)		(현부채 재고대비)	
	[근로자세대]		[근로자세대]				[2인이상 세대]		[2인이상 세대]				[2인이상 세대]		[전체세대]		[전체세대]		[전체세대]	
단위	천엔		천엔		천엔		%		%		%		%		천엔		천엔		%	
연도	2009		2009		2009		2009		2009		2009		2009		2004		2004		2004	
	지표치	순위	지표치	순위	지표치	순위	지표치	순위	지표치	순위	지표치	순위	지표치	순위	지표치	순위	지표치	순위	지표치	순위
전국	518.2		419.3		291.7		23.4		5.8		4.5		4.4		15,557		5,844		86.2	
도쿄도	596.2	6	500.2	3	326.3	4	24.8	7	7.5	7	4.8	8	5.7	5	19,577	1	7,772	1	88.8	6
가나가와현	600.2	5	520.1	2	316.4	9	23.6	20	4.8	38	4.8	3	5.5	8	17,664	7	7,564	3	89.1	5
사이타마현	624.8	2	523.2	1	341.6	1	22.7	31	5.8	26	4	39	8.8	1	14,531	30	7,570	2	87.3	14
치바현	528.3	22	444.2	13	295.9	25	25	5	3.3	45	5.3	1	5	11	16,416	15	6,131	8	86.9	17

IJS 서울대학교 일본연구소

현대일본생활세계총서 **2**

도쿄 메트로폴리스
- 시민사회·격차·에스닉 커뮤니티

초판인쇄 2012년 06월 22일
초판발행 2012년 06월 30일

기 획 서울대학교 일본연구소
저 자 한영혜 엮음
발행처 박문사
발행인 윤석현
등 록 제2009-11호

주 소 서울시 도봉구 창동 624-1 북한산현대홈시티 102-1106
전 화 (02)992-3253(대)
전 송 (02)991-1285

전자우편 bakmunsa@hanmail.net
홈페이지 http://www.jncbms.co.kr
책임편집 정지혜, 이신

ISBN 978-89-98468-04-0 93910   **정가** 25,000원